중국어 어순의 지리적 변이와 유형학적인 의미

강병규姜柄圭

서울대학교 중어중문학과 학·석사를 마치고 북경대학(北京大學) 전산언어학연구소에서 박사학위를 받았다. 서울시립대학교 중국어문화학과 조교수를 거쳐 서강대학교 중국문화전공 부교수로 재직 중이다.

● 저서

『언어 현상과 언어학적 분석』(2015) (공저), 『R을 이용한 코퍼스언어학 연구』(2018) (공저)

● 주요논문

「중국어의 기본어순에 대한 고찰」(1999), 「중국어 명사구 어순에 대한 언어유형론적인 고찰」(2011), 「현대중국어 미완료상 표지 '在'와 '着'의 동사 결합 관계 양상 고찰」(2011), 「중국어 코퍼스 분석을 위한 검색 프로그램 비교 고찰」(2013), 「현대중국어 좌향전이 이중타동구문의 논항 실현 양상 고찰」(2015), 「신문 빅데이터를 통한 신중국 60년 시기의 어휘 사용 양상 고찰」(2016) 외 다수

중국어 어순의 지리적 변이와 유형학적인 의미
표준어, 방언, 인접 언어의 비교를 중심으로

초판 1쇄 인쇄 2019년 1월 21일
초판 1쇄 발행 2019년 1월 29일

저 자 강병규
펴낸이 이대현
편 집 홍혜정
디자인 김보연
펴낸곳 도서출판 역락
주 소 서울시 서초구 동광로 46길 6-6 문창빌딩 2층
전 화 02-3409-2058(영업부), 2060(편집부) | 팩시밀리 02-3409-2059
이메일 youkrack@hanmail.net
역락홈페이지 http://www.youkrackbooks.com
등 록 제303-2002-000014호(등록일 1999년 4월 19일)

ISBN 979-11-6244-360-6 93720

"이 저서는 2014년 대한민국 교육부와 한국연구재단의 지원을 받아 수행된 연구임 (NRF-2014S1A6A4025300)"

이 도서의 국립중앙도서관 출판예정도서목록(CIP)은 서지정보유통지원시스템 홈페이지(http://seoji.nl.go.kr)와 국가자료공동목록시스템(http://www.nl.go.kr/kolisnet)에서 이용하실 수 있습니다.(CIP제어번호 : CIP2019001850)

중국어 어순의 지리적 변이와 유형학적인 의미

표준어, 방언, 인접 언어의 비교를 중심으로

강 병 규

역락

머리말

이 책에서 필자가 다루고 있는 것은 중국어의 기본어순이다. 여기서 말하는 '중국어'는 표준중국어와 다양한 중국어의 변이형을 모두 가리킨다. 즉 표준중국어 및 중국의 여러 지역 방언을 연구 대상으로 하여 논의를 전개하였다. 더 나아가 중국어와 인접하고 있는 여러 언어의 어순도 비교의 대상이다. 이러한 의미에서 본 연구는 언어유형론적인 관점을 취하고 있다. 필자는 기존의 중국어 어순에 관한 논의를 언어유형론이나 언어지리학적인 관점으로 해석하고자 이 작업을 시작하게 되었다. 그래서 본문에서 중국의 지역 방언뿐만 아니라 알타이어, 티베트어, 타이-카다이어 등과 같은 인접 언어 자료를 분석의 대상으로 하여 고립어적인 특징과 알타이어적인 특징이 중국어와 어떻게 연결되는지를 고찰하고자 하였다.

중국은 땅이 넓고 인구가 많은 만큼 언어도 표준어 이외에 다양한 방언이 혼재한다. 다양한 중국 방언은 북쪽에서 남쪽으로 점진적인 연속체를 이루고 있다. 북경에서 상해와 홍콩으로 이어지는 지리적 연장선상에서 지역 방언은 여러 가지 측면에서 다른 양상을 보인다. 남방 지역과 북방 지역의 중국어는 성조 분화 정도가 다르며 음절구조도 차이가 난다. 기본어휘도 중국 방언별로 큰 차이가 난다. 뿐만 아니라 고대중국어의 통사구조를 계승한 방식에 있어서도 남방 지역과 북방 지역은 상당한 차이를 보인다. 본서에서 다루고 있는 중국어 어순 유형도 그러하다. 남방 지역은 고대중국어의 어순을 많이 보존하고 있지만 북방 지역은 고대중국어의 기초 위에 내부적·외부적(언어접촉) 요인이 작용한 혼합적인 어순 유형을 가진다. 또한 중국 서북쪽의 청해성, 감숙성에서부터 남서쪽의 운남성, 광서성에 이르는 지역에는 여러 소수민족 언어와 끊임없는 접촉을 통해 전형적인 중국어와는 다른 새로운 형태의 중국어가 사용되고 있다. 이곳은 공시적으로나 통시적으로 알타이어, 티베트어, 타이-카다이어, 묘어 계통의 언어와 인접하여 역동적인 언어 변화가 발생한 지역이다. 본서에서는 이러한 지리적 조건과 역사적 배경을 감안할 때 중국어가 여러 언어의 특징이 혼합된 유형의 언어일 것이라는 가정을 하였고 실제 어순유형학적 자질을 분석한 결과 어느 한 유형에 귀속시키기 어려운 복합적인 언어라는 것을 확인할 수 있었다.

필자가 중국어 어순에 대해서 처음 관심을 가지게 된 것은 대학원 석사과정 때였다. 석사과정 때 중국어학을 전공하는 선후배들이 중국어 어순을 주제로 스터디를 했었다. 그 때 석사과정생 신분으로 참여하면서 중국어 어순에 관한 대가들의 논문을 읽었다. 개인적으로는 Sun Chao-fen(孫朝奮) 논문을 발제하고 번역했던 기억이 가장 많이 남는다. 그것을 토대로 중국어의 어순에 대해서 처음으로 소논문을 써 보기도 했다. 그러나 그 뒤 중국어 어순에 관해서는 한 동안 잊고 지냈다. 중국어는 고립어이고 어순은 SVO 유형을 기본으로 하고 몇 가지 변이형이 존재한다고 정리하면 될 것 같았다. 그러다가 2009년 무렵부터 언어유형론이라는 주제에 대해서 새롭게 스터디를 하게 되었고 Hawkins, Rijkhoff 등과 같은 서양학자들의 책을 보면서 세계의 여러 언어 중에서 중국어가 가지는 유형학적 특징을 정리해 보면 좋겠다는 생각이 들었다. 그러던 중에 '중국어의 유형학적 변화와 그 발전 기제'라는 공동연구팀에 들어갔고 '중국전자문화지도 제작' 토대연구팀에서 중국 언어지도 구축에 참여하면서 중국 방언지도를 정리하는 기회를 가지게 되었다. 기존에는 추상적인 중국어의 어순을 다루었다면 최근의 연구팀에 합류하면서 중국어 방언별로 구체적인 어순 변이형을 분석하는 작업을 하게 된 것이다. 그런데 어순변이형을 정리하고 그 특징을 귀납해 가면서 이미 수십 년 전에 대가들이 주장했던 어순 유형과 어순상관성 연구가 이미 충분히 타당하다고 생각되었다. Greenberg가 제시한 범언어적인 어순상관성에 대한 보편성 원리는 부분적인 오류는 존재하지만 지금 다시 봐도 단순하고 명쾌하다. 중국어 어순에 관한 Li & Thompson, James Tai, 하시모토 만타로(橋本萬太郎)의 연구도 여전히 통찰력 있는 성과라고 판단된다.

이런 의미에서 본다면 이 책은 기획 단계에서부터 독창적인 견해를 제시할 수 있는 여지가 적을 것이라는 한계를 가지고 시작되었다. 어떻게 보면 기존 이론의 '술이부작(述而不作)'에 지나지 않은 참조문법서에 불과하다는 생각이 들기도 한다. 그래도 선행연구와는 다른 뭔가가 있어야 할 것 같아서 집필과정에서 최대한 관찰의 폭을 넓히는데 힘을 기울였다. 이 책이 가지는 의미를 굳이 말한다면 중국어 어순에 관한 선행연구보다 관찰 자료의 수량이 많고 정량적인 분석이 추가되었으며 지리적 공간 위에 그 특징을 묘사했다는 점일 것이다. 부족하지만 이러한 자료학적 보충을 통해 중국어 어순의 다양성을 조금이라도 더 알아갈 수 있기를 소망해 본다.

이 책이 나오기까지 여러 선생님들께 도움을 받았다. 언어유형론 연구팀 선생님들께 감사드린다. 그 분들 덕분에 중국어를 객관화시켜서 볼 수 있었고 새로운 해석을 할 수 있었다. 특히 공동연구팀과 토대연구팀에서 이끌어 주셨던 류동춘 선생님, 백은희 선생님, 박정구 선생님, 이정재 선생님, 신용권 선생님께 감사를 드린다. 그리고 연구팀에서 같이 공부하고 작업했던 여러 선생님들께도 감사를 드린다. 또한 지금까지 항상 동고동락해줬던 아내 당윤희에게도 진심으로 감사의 마음을 전한다. 끝으로 부족한 원고를 출판하도록 도와주신 역락출판사 박태훈 이사님, 홍혜정 과장님 및 여러 관계자 분들께 감사하다는 말씀을 전하고 싶다.

2019년 1월
서강대 정하상관 연구실에서
강병규

차 례

⋮

머리말 5

제1장 중국어 어순 연구의 목적과 방법 ──────── 13
    1.1. 중국어 어순 연구의 목적   13
    1.2. 중국어 어순에 대한 선행연구   15
    1.3. 중국어 어순 연구의 주요 내용   19
    1.4. 중국어 어순 연구의 방법   25

제2장 표준중국어의 어순 유형과 어순상관성 ──────── 33
    2.1. 중국어의 어순에 대한 접근 방식   33
    2.2. 명사구의 어순   37
    2.3. 동사구의 어순   47
    2.4. 부치사의 어순   50
    2.5. 의문표지의 어순   52
    2.6. 종속절 연결성분의 어순   53
    2.7. 중국어 내부 성분 간의 어순 위계   55
    2.8. 어순상관성의 관점에서 본 중국어의 어순   65
    2.9. 중국어 어순 배열 원리에 대한 기능주의적 해석   69
    2.10. 유형학적 관점에서 본 중국어 어순   79

제3장 표준중국어와 지역 방언의 어순 비교 ──────── 81
    3.1. 중국 지역 방언별 어순 유형 비교의 필요성   81
    3.2. 중국 지역 방언 조사 지점의 설정과 조사 방법   84

3.3. 표준중국어와 지역 방언의 어순 비교　　　　　　　　　86
3.4. 중국 지역 방언의 어순 유형 비교　　　　　　　　　135

제4장 어순 유형에 따른 중국 방언의 친소관계 통계 분석───── 137
4.1. 중국 방언 어순 유형의 상대적 거리 측정 방법　　　　138
4.2. 군집분석 방법을 활용한 중국 방언의 친소 관계 분석　　153
4.3. 다차원 척도 분석법을 활용한 중국 방언의 친소 관계 분석　172
4.4. 중국 방언의 어순 유형 분류　　　　　　　　　　　182

제5장 방언 코퍼스를 활용한 남방 방언과 북방 방언의 어순 비교 분석─ 185
5.1. 홍콩(광동) 구어 코퍼스의 어순 유형 분석　　　　　186
5.2. 상해 방언 코퍼스의 주요 어순 분석　　　　　　　220
5.3. 북경 구어 코퍼스의 어순 유형 분석　　　　　　　243
5.4. 홍콩·상해·북경 코퍼스에 기초한 어순의 공통점과 차이점　256

제6장 중국어와 인접 언어의 어순 유형 비교──────────── 261
6.1. 동아시아 언어와의 비교를 통한 중국어 어순 유형학적 특징 고찰　261
6.2. 어순 매개변수별 분석　　　　　　　　　　　　266
6.3. 구글 지도를 통해서 본 동아시아 언어의 지리적 차이　271
6.4. 참조문법 자료를 통한 중국어와 인접 언어의 어순 유형 비교　281
6.5. 동아시아 지역별 어순 유형 통계 분석　　　　　　287
6.6. 어순상관성에 대한 언어지리유형학적인 접근　　　291
6.7. 언어지리유형학적인 관점에서 본 중국어의 어순 유형　295
6.8. 동아시아 언어의 지리적 인접성과 언어 유형　　　298

제7장 중국어와 인접 언어의 언어접촉과 어순 변화————— 301

　　7.1. 언어접촉의 관점에서 본 중국어의 다양성　　　　302

　　7.2. 언어유형론 관점에서 본 언어접촉과 어순 변이　　307

　　7.3. 중국어와 남방 언어의 접촉과 어순 변화　　　　314

　　7.4. 중국어와 북방 언어의 접촉과 어순 변화　　　　344

　　7.5. 중국어와 인접 언어의 영향 관계　　　　　　360

제8장 통시적 관점에서 본 중국어의 어순 변화와 유형학적인 의미———— 363

　　8.1. 중국어의 통시적인 어순변화에 대한 선행 연구 검토　　364

　　8.2. 중국어의 어순 변화의 유형과 기제　　　　373

　　8.3. 중국어 어순 변화의 유형학적인 의미　　　　395

제9장 중국어 어순 유형의 요약적 제시 ———————— 399

┃참고문헌 405
┃색인 413

—
제1장

중국어 어순 연구의 목적과 방법

1.1. 중국어 어순 연구의 목적

이 책에서는 표준중국어 뿐만 아니라 중국 방언과 인접 언어의 어순을 종합적으로 비교하여 중국어가 유형학적으로 얼마나 다양한 특성을 가지고 있는지를 고찰하고자 한다. 또한 언어지리학적인 관점에서 중국어를 북방형과 남방형으로 나누고 지리적 거리에 따라 그 차이가 얼마나 큰 지를 기술하고자 한다. 더 나아가 중국어가 중원 지역에서 주변 지역으로 확산되어 가는 과정에서 인접 언어들과 어떤 영향을 주고받았는지를 살펴보고자 한다.

중국어의 지역적 특징은 유럽 전체에 비견될 정도로 다양하다. 그리고 그 다양성은 북쪽에서 남쪽으로 일종의 점진적인 연속체(continuum)를 이루고 있다. 북경에서 상해와 홍콩으로 이어지는 지리적 연장선상에서 지역 방언은 여러 가지 측면에서 다양한 양상을 보인다. 남북에 따른 성조의 분화의 정도가 그러하며 음절구조의 복잡성도 그러하다. 형태·어휘론적으로도 남북의 차이는 매우 크다. 더욱 놀라운 것은 고대중국어의 통사구조를 계승한 방식에 있어서도 남방 방언과 북방 방언이 상당한 차이를 보인다는 점이다. 이 책에서 다루고자 하는 중국어 어순 유형도 예외가 아니다.

오늘날의 표준중국어는 유형학적으로 볼 때 SVO/SOV 어순의 특징이 혼재되어 있다. 중국어의 동사구는 일반적으로 핵이 선행하는(head-initial) 어순을 보인다. 동사구의 핵인 중심술어가 선행하고 그 목적어가 뒤에 오는 VO형 어순을 가진다. 그러나 이에 비해 명사구는 일반적으로 핵이 후행하는(head-final) 어순이다. 특히 관계절이나 속격어(genitive) 성분도 모두 중심명사 앞에 위치한다. 결국 VP는 핵-선행 언어의 특징이 강한 반면 NP는 핵-후행 언어의 특징을 가지고 있어 상호 모순적이다. Greenberg(1963)가 제시했던 어순 상관관계와 함축(implication)의 측면에서 볼 때에도 중국어의 VP는 SVO 유형의 어순 유형과 유사하지만 NP의 어순은 SOV 유형의 언어와 비슷한 특징을 공유한다.

중국어는 어순 유형의 측면에서 상당히 예외적인 특징을 가지는데 그 이유는 무엇일까? 중국어는 VO형 언어임에도 불구하고 지시사, 수사, 형용사뿐만 아니라 관계절과 속격어가 모두 명사에 선행하는 특징을 가지고 있다. 이것은 VO형 언어에서는 상당히 드문 현상이다. 이에 대해 많은 학자들은 중국어가 아시아 대륙에서 확산되는 과정에서 내부적 요인뿐만 아니라 외부 언어와의 잦은 접촉으로 인한 요인이 복합적으로 작용해서 변했다고 보고 있다. 이 책에서는 이런 선행 연구를 토대로 언어 내적인 변이와 지리적 인접성으로 인한 언어 외적인 접촉이 구체적으로 어떠한 양상을 띠는지에 대해서 논의하고자 한다.

중국어는 민족의 크기와 지리적 크기만큼이나 다양한 변이형을 가지고 있다. 그러나 그것이 언어지리학적으로나 유형론적으로 어떤 의미가 있는지에 대해서는 아직 연구가 부족한 실정이다. 더욱이 중국어의 경계를 넘어서 알타이어와 티베트어, 타이-카다이어 등과 같은 인접 언어와의 관련성에 대한 검토는 많지 않다. 특히 동남아시아의 베트남어, 태국어 등과 같은 고립어적인 특성이 강한 언어와 중국 남방 방언의 유사성 등에 대해서는 어순 유형학적인 측면에서도 종합적인 고찰이 필요한데 아직은 본격적인 연구가 이루어지지 않았다.

유형학과 언어지리학은 언어 현상의 지리적 분포를 조사하고 그것을 해석해 내는 것이 주요한 과제이다. 언어는 지리적으로 확산되어 간다. 언어의 확산은 지리적으로 가까운 곳부터 시작된다. 언어의 확산은 화선지 위에 떨어진 잉크가 주변으로 퍼져 나가며 얼룩지는 형상과 유사하다. 가까운 곳은 더 빨리 물들고 색깔도 진하다. 주변으로 갈수록 색깔은 점점 더 옅어진다. 중국이라는 지리적 공간 위에 언어적 속성을 표시해 보면 가까운 지역은 서로 유사한 속성을 보이고 멀리 떨어진 곳은 차이를 보이게 된다는 것을 알 수 있다. 언어적 특성은 지리적 거리에 따라 일련의 연속체를 이룬다. 이것은 한 언어에만 국한되지 않고 언어 간의 경계를 넘나들 수도 있다. 문화적으로 교류가 있고, 경제적인 교류가 있으며, 정치적인 통합과정에서 언어접촉과 확산은 더욱 활발하게 이루어진다. 지도를 펼치고 보면 중국 북쪽의 지리적 환경은 북방 언어와의 접촉이 빈번했음을 짐작하게 한다. 반대로 중국 남쪽의 지리적 환경에서는 남방중국어가 남방 언어와의 접촉에 노출될 가능성이 높다는 것도 알 수 있다. 언어지리학적인 관점에서 보면 북방 중국어와 남방 중국어는 지리적 환경이 확실히 다르다. 중국어의 유형학적 다양성은 지리적 요인과 밀접한 관계를 가진다. 본 저서에서는 이러한 지리적 공간 위에서 중국어의 유형적 특징을 분석하고 언어학적 의미를 해석해 보고자 한다.

1.2. 중국어 어순에 대한 선행연구

중국어 어순의 지리적 다양성에 대한 선행 연구는 여러 학자들이 논의한 바 있다. 이는 크게 일반언어학적인 연구(통사론, 의미화용론적 측면), 역사언어학적 연구, 유형학적인 연구, 방언학적인 연구, 언어지리학적 연구 등으로 나누어진다. 모든 연구자를 다 열거할 수 없어 아래에서는 대표적인 학자 중심으로 열거해 보기로 한다.

어순 연구 영역	대표적인 연구자
○ 일반언어학적인 연구	Li and Thompson, James Tai, 梅廣, Timothy Light, Sybesma, James Huang, Audrey Li 등
○ 역사언어학적인 연구	王力, 趙元任, 李榮, James Tai, 屈承熹, Li and Thompson, Sun Chaofen, 吳福祥 등
○ 방언학적 연구	王力, 趙元任, 李榮, Timothy Light, 橋本萬太郎, 李如龍, 張振興, 張雙慶, 劉丹靑 등.
○ 언어유형론적인 연구	橋本萬太郎, Li and Thompson, Dryer, Comrie, 陸丙甫, 劉丹靑 등.
○ 언어지리학적 연구	橋本萬太郎, 李榮, Dryer, Iwata Ray(岩田, 礼), 曹志耘 등

중국어 어순에 대한 연구는 여러 측면에서 고찰할 수 있다. 그 중에서 본 연구는 언어유형론적인 관점과 방언학 및 언어지리학적인 관점에서 논의된 선행 연구를 중심으로 어순의 문제를 살펴보고자 한다.

우선 '언어지리유형학'을 흥기시킨 하시모토만다로(橋本萬太郎)(1976, 1985[2008]) 의 연구를 언급하지 않을 수 없다. 그의 연구 결과는 국제한장언어학회와 동경의 아시아-아프리카 언어의 컴퓨터 분석 학술지 등에 발표되었고 뒤에는 ≪언어지리유형학≫이라는 책으로 출판되었다. 연구의 요지는 고대 중국어 는 남방의 타이-카다이어 계통과 유사했으나 알타이어와의 끊임없는 접촉으로 인하여 점점 북방 언어의 특징을 가지게 되었다는 것이다. 하시모토의 연구는 이후 중국계 학자들의 반박을 받기도 했지만 Li and Thompson(1981)등의 중국어 어순유형변화 연구에 중요한 방증 자료를 제시해 주었다. 하시모토만다로는 중국어 어순 변이 현상이 언어접촉과 역사적 변화에 기인한 것으로 보았다. 특히 북방중국어가 알타이어와의 접촉을 통해 SVO에서 점점 SOV 언어 유형으로 변한 것이 가장 큰 특징이라고 하였다. Lehmann(1973)도 "언어들이 예상과 다른 패턴을 보일 때는 그것들이 변화하는 중이라고 가정할 수 있다."라고 하였다. 이들의 논리를 받아들인다면 전형적인 VO/OV 언어는 일관적인 특징을 보이지만 한 가지 유형에서 다른 유형으로 변화 중인 언어는 두 가지 특징을 모두 가지게 된다[1]. 언어지리학적으로 보자면 중국어는 서로 다른 유형의 언어와 접촉하면서 두 가지 유형적 특징을 모두 흡수한 형태를 취했을 가능성이 높다. Dryer(2005:367)과 SongJaeJung(2012:68)에서도 중국어가 SVO 어순 중에서 아주 예외적인 관계절 후치형(NRel) 언어인 것은 북방 알타이어를 비롯한 SOV 언어의 영향을 받았기 때문이라고 주장하였다.

중국어 어순의 변이형에 대해서는 방언학의 관점에서 접근할 수도 있다. 그러나 초기의 방언 연구에서 어순에 대한 연구는 상대적으로 주목을 받지는 못했다. 방언의 음운적 변이형이나 어휘의 변이형에는 상당한 연구가 이루어진 반면 어순이나 문법적인 특징의 연구는 그렇지 못하다. 특히 여러 어순의 특징을 종합적으로 고찰하여 체계적인 분류를 시도한 연구는 더욱 드물었다. 李方桂, 趙元任, 丁聲樹 등의 학자들에 의해 본격적으로 시작된 방언 유형 분류에서도 음운적 특징이나 어휘 형태상의 특징이 주요한 관심사였다. 이에 비해 어순 유형이나 문법적 특징의 변이형에 대해서는 큰 주목을 받지 못했다. 전통적인 방언 연구에서는 주로 ≪方言調查字表≫와 같은 단음절 형태소(漢字)의 음운 변이 양상을 분석하고 귀납하는 것이 주류를 이루었다. ≪漢語方言字匯≫도 그러한 연구 결과이다.

초기의 방언 연구와 달리 최근의 연구에서는 중국 방언의 어순 변이나 문법적 특징에 대한 연구가 점점 활발해지고 있다. 최근의 연구를 통해 중국어가 지역별로 서로 다른 역사적 발전과정을 거치면서 음운, 어휘뿐만 아니라 어순이나 문법에도 언어적 변이가 존재한다는 것이 보고되었다. 劉丹靑(2001)은 오(吳) 방언의 문법적 특징과 어순 유형이 표준중국어와 다르다는 점을

---

1) Lindsay J. Whaley(김기혁 역, 2010:115).

기술하고 그것이 가지는 유형학적인 의미를 논하였다. 張振興(2003)은 거시적 관점에서 현대 중국 방언의 어순 유형이 어떠한지를 설명하고 이것이 방언 분류에서 가지는 중요성을 언급하였다. 鄧思穎(2003)은 중국 방언 문법의 매개변수 이론을 제시하면서 방언 연구에서 문법적 변이 양상을 통해 중국어 보편성과 특수성을 설명할 수 있다고 주장하였다. 石毓智(2008)는 통시적·공시적 관점에서 중국어 방언의 어순 변화의 기제를 논의하였다. 이 밖에도 王森(1993), 李啓群(2004), 林素娥(2007), 吳子慧(2009), 單韻鳴(2016), 卜杭賓(2016) 등의 연구에서도 중국 방언의 어순과 문법적 특징에 대한 논의가 이루어져 왔다. 개별적인 연구 성과 이외에도 공동의 연구를 통해 중국 방언지도와 데이터베이스를 축적한 결과물도 주목할 만하다. 특히 Iwata Ray(2009, 2012)와 曹志耘(2008a, 2008b, 2008c)의 방언지도집에는 기존에 시도되었던 것보다 훨씬 큰 규모의 음운·어휘·문법(어순포함)의 조사 결과가 지도 형태로 제시되어 있다. 이러한 방언학의 연구 성과는 중국어의 언어적 다양성을 이해하는데 중요한 기초 자료로 기능한다.

  세계 언어유형론 학계의 선행연구 자료로는 Haspelmath, Comrie, Dryer 등의 학자들이 연합하여 구축한 '언어구조의 세계지도집(The World Atlas of Language Structures:WALS)'이 대표적이다. 이 언어지도집은 독일, 미국 등의 55명의 연구자들이 1,000개 이상의 언어를 토대로 기술한 음운, 형태, 어휘, 문법 정보를 담고 있다. 언어 정보는 데이터베이스 형태로 정리되어 있고 온라인 지도로 시각화가 가능하기 때문에 세계 언어의 유형적 특징을 직관적으로 파악하는데 도움을 준다. 아시아 대륙의 언어의 어순유형론적인 특징을 논의한 개별 연구로는 Dryer(2008)와 Comrie(2008)을 들 수 있다. Dryer(2008)는 중국 남부에 분포하는 티벳 버마어들의 어순유형적 특징을 중국어와 비교하여 기술하였다. Comrie(2008)는 "The areal typology of Chinese: between North and Southeast Asia"에서 WALS 자료를 토대로 중국어의 언어지리유형학적인 특징을 개관하였다. 이들의 기본적인 입장은 중국어가 북방의 알타이어와 남방의 타이-카다이어 등의 언어적 특징이 혼재되어 있는 중간적인 형태를 띤다는 것이다. 범언어적인 경향성에 기초한 이러한 유형론적 연구 성과는 본 연구에서 다루는 중국어 어순 유형에 대한 중요한 참고자료이다.

1.3. 중국어 어순 연구의 주요 내용

본 연구의 연구 내용과 방법을 개략적으로 소개하면 다음과 같다.

○ 표준중국어의 어순 유형 개관

북방 방언을 기초로 하는 표준중국어의 기본어순에 대해서 논의한다. 기본어순은 다시 동사구의 어순(동사·목적어 어순, 동사·부사의 어순, 상표지의 어순, 부정사의 어순)과 명사구의 어순(형용사 수식어의 어순, 수시 · 지시사 · 양사(量詞)의 어순, 관계절의 어순)으로 나누어진다. 이 밖에 전치사구의 어순에 대해서 다룬다. 또한 비교구문과 처치구문(把字句), 의문문의 어순에 대해서 설명한다. 더나아가 종속절의 연결성분인 접속사의 어순이 유형학적으로 어떤 의미를 가지는지에 대해서 논의할 것이다.

○ 표준중국어와 중국 방언의 어순 비교

표준중국어 이외에 중국 방언의 어순을 조사하여 비교한다. 중국의 중국 방언은 북쪽에서부터 남쪽까지 분포되어 있다. 이는 크게 장강(長江)을 경계로 장강 이북 방언(북방 방언), 장강 인접 지역 방언, 장강 이남 방언(남방 방언)으로 나누어진다. 관화(官話) 방언, 진(晉) 방언, 오(吳) 방언, 상(湘) 방언, 휘(徽) 방언, 감(贛) 방언, 객가(客家) 방언, 민(閩) 방언, 월(粵) 방언, 평화(平話) 방언이 그런 지리적 순서로 나열될 수 있다. 본 연구에서는 방언별로 북방 지역에서 남방지역까지 어순의 차이를 기술하고 그 특징을 비교 분석할 것이다.

○ 핵 선행(head-initial) 어순과 핵 후행(head-final) 어순의 대립적 분포 고찰

기존의 연구에서 중국 남방 방언이나 문어체 문장은 '핵 선행(head-initial)' 어순을 유지하는 경향이 있다고 하였다. 반면에 북방 방언이나 구어체 문장에서는 '핵 후행(head-final)' 어순의 특징이 상대적으로 강하다고 하였다(Qian Gao, 2008). 본 연구에서는 다양한 어순 매개변수와 관계된 예문을 참고하여 이러한 경향성에 대해 논의하고자 한다. 예를 들어 (1-4)에서 보이듯이 북방 방언일수록 동사가 후치하는 비율이 높다. 상표지도 후행한다. 이에 비해 남방 방언은 상대적으로 동사가 문말(verb-final)에 위치하는 비율이 높다. 전치사구의 사용빈도도 낮다. (4.c)처럼 상표지도 동사 앞에 위치하는 경향이 있다.

(1) a. 我到學校去。북방중국어(verb-final : 남방중국어에서는 잘 쓰이지 않음)
　　　나는 학교에 간다.
　　b. 我去學校。
　　　나는 학교에 간다.

(2) a. 許多人正在向西部移民。북방중국어(verb-final : 전치사구+동사)
　　　많은 사람들이 서부로 이주하고 있다.
　　b. 不少人已經移民美國。남방중국어(문어체에서 사용 가능)
　　　많은 사람들이 이미 미국으로 이민을 갔다.

(3) a. 張三把桌子擦幹淨了。북경어(처치구문 사용빈도가 높음)
　　　장삼은 책상을 깨끗이 닦았다.
　　b. 張三抹干淨咗張枱。광동어(처치구문 사용빈도가 낮음)
　　　장삼은 책상을 깨끗이 닦았다.

(4) a. 你搞錯了沒有?　搞錯了。북경어(상표지 후치)
　　　네가 잘 못한 거 아니야?　잘 못했어.
　　b. 有勿有搞錯脫?　搞錯脫勒。상해어(상표지 전치/후치)
　　　잘 못한 거 아니야?　잘 못했어.

c. 有冇搞錯?　　有, 有搞錯。 광동어(상표지 전치)
잘 못한 거 아니야?　잘 못했어.

본 연구에서는 이러한 일련의 핵-후행 어순으로 표현되는 문법표지가 북
방 방언에서 훨씬 발달해 있음을 상술하게 될 것이다. 이에 비해 고대중국어
의 언어적 특징을 반영하는 문어체나 남방 방언에서는 상대적으로 그러한
표지가 덜 발달해 있다.

○ 중국어와 인접 언어의 어순 유형 비교

중국어와 인접 언어의 비교는 지역별로 크게 중국 대륙의 남쪽(남서부, 남
동부)에 인접한 언어들과 중국 대륙의 북쪽에 인접한 언어들을 대상으로 한
다. 남방 인접 언어들은 티벳-버마어군(藏緬語群), 동태어군(侗台語群, 타이-카다
이어족의 일부), 묘요어군(苗瑤語群), 남아어군(南亞語群) 및 기타 동남아시아 언어
의 어순을 비교한다. 중국 대륙의 북쪽으로는 몽골어군, 튀르크어군, 만주퉁
구스어군에 속하는 언어의 어순에 대해서 조사하고 중국어와 비교하게 될
것이다. 실례를 보이기 위해 동물 성별을 나타내는 남방 언어의 어순 유형을
일부 제시하기로 한다(李雲兵, 2008).

(5) 티벳-버마어군　　　　va³³pu³³ "公雞"　　　　　　ɣa⁵⁴ma³³qv³³ "公雞"
　　(藏緬語群)　A. 彝語　雞　公(수탉)　　B. 拉祜語　雞　公(수탉)
　　　　　　　　　　　　va³³ma⁵⁵ "母雞"　　　　　　ɣa⁵⁴phv³³qa¹¹ "母雞"
　　　　　　　　　　　　雞　母(암탉)　　　　　　　　雞　母(암탉)

(6) 타이-카다이어군　　　kai⁵tak⁸ "公雞"　　　　　　ka : i⁵sai³ "公雞"
　　(侗台語群)　A. 壯語　雞　公(수탉)　　B. 毛南語　雞　公(수탉)
　　　　　　　　　　　　kai⁵me⁶ "母雞"　　　　　　ka : i⁵ni⁴ "母雞"
　　　　　　　　　　　　雞　母(암탉)　　　　　　　　雞　母(암탉)

(7) 묘요어군　A. 布努語　po⁴³ka³³ "公雞"　　　B. 佘語　kwei²²kɔ³³ "公雞"
(苗瑤語群)　　　　　　公　雞(수탉)　　　　　　　　　雞　公(수탉)
　　　　　　　　　　　mi²¹tɬe⁴³ "母狗"　　　　　　　kja³³me³⁵ "母狗"
　　　　　　　　　　　母　狗(암캐)　　　　　　　　　狗　母(암캐)

(5-7)에서 보이듯이 중국 남쪽의 언어들은 대개 동물성별 수식어가 뒤에 온다. 형용사도 명사 뒤에 위치한다(NAdj). 물론 일부 남방 언어들은 명사/형용사 수식어가 앞에 오기도 한다(AdjN). 그러나 전체적인 비율로는 'NAdj'가 다수를 차지한다. Dryer(2008:36)에서는 아시아대륙을 중심으로 형용사 수식어의 분포를 조사하였는데 중국 남방 지역은 대부분 형용사가 뒤에서 수식한다. 이러한 것을 참고하면 중국 남방 방언의 '鷄公(수탉)', '牛公(수소)', '菜干(말린 채소)', '魚生(생선)' 등의 어순도 그 지역에서는 자연스러울 것이라 짐작할 수 있다.

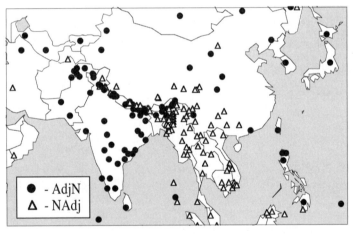

<그림 1> 형용사 + 명사 수식어의 어순의 지리적 분포

○ 역사적 변화와 지리적 변이형의 상관관계

언어는 역사적으로 변한다. 표준중국어의 중심 지역에서부터 주변 지역까지 언어는 서로 다른 방향으로 변해 간다. 시간적 간격이 클수록 그 변화의 차이도 커진다. 결국 지리적 변이형은 서로 다른 역사적 변화의 양상을 보여 주는 사례이다. 본 연구에서는 통시적 관점에서 중국어 어순 변화의 지역적 차이를 고찰할 것이다. 이를 위해서 고대중국어의 목적어의 어순, 전치사구의 어순, 수량사의 어순, 비교구문의 어순, 처치구문의 어순과 현대중국어의 어순을 비교하고자 한다. 특히 남방 방언과 북방 방언의 어순이 고대중국어와 어떤 공통점과 차이점이 있는지를 검토하고자 한다.

○ 중국어의 지리적 변이현상과 다양성에 대한 연구

중국어의 지역적 특징은 유럽 전체에 비견될 정도로 다양하다. 그리고 그 다양성은 북쪽에서 남쪽으로 일종의 점진적인 연속체를 이루고 있다. 북경에서 상해와 홍콩으로 이어지는 지리적 연장선상에서 방언 간에 언어적 특징은 다양한 형태를 보인다.

중국 지역 방언의 어순이 남북의 지리적 거리에 따라 차이를 보인다는 것은 이미 여러 방언학자와 유형론 연구자들의 연구에서 언급되었다. 선행연구에 따르면 중국 북방 방언의 언어 구조는 북방 알타이어와 유사한 특징을 가진다. SOV 언어 중에는 동사가 문말에 위치하는 'verb-final' 어순이 상대적으로 많다. 또한 대부분의 수식어는 피수식어 앞에 위치하며 전치사구도 동사구 앞에 위치한다. 이에 비해 남방 방언은 그렇지 않다. 남방 방언은 고대중국어의 SVO 어순 유형을 더 많이 보존하고 있다. 또한 남방의 소수민족 언어나 동남아시아의 언어와도 유사한 점이 많다.

이러한 지역적 차이는 음운론적으로나 형태론적으로도 드러난다. 수많은 음운론적 특징 가운데 특히 성조와 음절구조에 대한 지역적 차이가 두드러진다. 성조의 측면에서 중국어는 남쪽으로 갈수록 복잡해지고 북쪽으로 갈수록 단순해진다. 橋本萬太郎(1983[2008]:56)이 지적한 것처럼 중국어에서 성조의 구별이 가장 적은 방언은 섬서(陝西), 감숙(甘肅) 방언이다. 이 방언은 대부분 알타이어와 접촉이 빈번했던 동간(東幹 Dungan)사람들의 방언이다. 이에 비해 성조가 매우 다양한 방언은 중국 남부 광동성 일대의 월(粵) 방언이다. 월 방언은 동남아시아 일대에 걸쳐있는 타이-카다이(Tai-Kadai, 중국내의 侗台語群 포함)어 성조체계와 유사하다.

알타이어와 타이-카다이(또는 타이어) 사이에 연속체를 구성하는 또 다른 자질은 음절구조이다. 중국 북방 방언은 음절구조가 간단하고 남방 방언은 음절구조가 복잡하다. 또한 북쪽으로 갈수록 2음절화의 경향이 강하며 남쪽으로 갈수록 단음절성이 강하다.

형태론적 측면에서 볼 때에도 양사(量詞)의 분화 정도가 지리적으로 다르다. 중국 북쪽으로 갈수록 개체양사는 '個'로 단순화되는 경향이 있다. 반면 남쪽으로 내려 갈수록 중국어 양사체계가 복잡하며 문법화의 정도가 심하다.

중국어의 지역적 다양성은 이미 공론화되어 있는 특징이다. 그러나 그것이 언어지리학적으로나 유형론적으로 어떤 의미가 있는지에 대해서는 아직 연구가 부족한 실정이다. 더욱이 중국어의 경계를 넘어서 알타이어와 타이-카다이어 등과 같은 인접 언어와의 관련성에 대한 검토는 적지 않았다. 특히 동남아시아의 베트남어, 태국어 등과 같은 고립어적인 특성이 강한 언어와 중국 남방 방언의 유사성 등에 대해서는 어순 유형학적인 측면에서도 종합적인 고찰이 필요한데 아직은 본격적인 연구가 이루어지지 않았다.

○ 아시아 대륙에서의 언어 확산과 중국어의 유형학적 다양성 문제

중국어와 인접 언어의 지리적 분포를 연구할 때 학자들은 다수의 언어 그룹이 중국 대륙 주위에 분포되어 있다고 본다. 중국 대륙에는 적어도 4-5개 이상의 어족이 분포한다. 예를 들어 한장어족(Sino-Tibetan), 티벳-버마어족(Tibet-urman), 타이-카다이어족(Tai-Kadai), 알타이어족(Altaic), 오스트로아시아어족(Austro-siatic) 등이 분포되어 있다.

그러나 이러한 어족의 구분으로만 이해하면 계통론적인 한계에 사로잡히

기 쉽다. 어족의 구분에만 갇혀 있으면 언어 변화의 다양성을 간과하기 쉽
다. 어족이란 용어는 서로 다른 계통적 기원과 유형학적 특징을 가지고 있음
을 내포한다. 그러나 중국을 비롯한 아시아 일부 어휘의 관련성, 통사구조
및 어순의 지리적 유사성 등을 고려할 때 어족 간의 접촉도 빈번했음을 알
수 있다. 특히 지리적으로 인접한 언어 간에는 차용과 융합이 매우 활발하
다. 아래의 세계언어지도집(WALS)의 지도공간을 보더라도 이러한 가능성을
짐작할 수 있다. 따라서 중국과 주변 지역의 언어를 연구할 때 어족의 경계
를 넘어서 통합적으로 관찰할 필요가 있다.

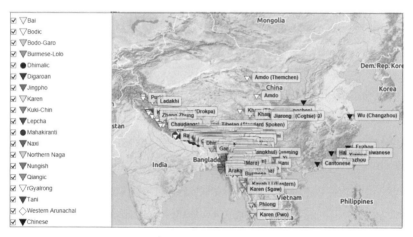

<그림 2> 중국 대륙과 인접지역의 언어 분포 지도

1.4. 중국어 어순 연구의 방법

○ 어순상관성에 대한 언어지리학적 접근

Greenberg(1963)의 어순상관성과 함축적 보편성 원리는 어순유형론에서 매
우 중요한 의미를 가진다. 언어의 유형적 특징을 단순히 기술하는 것에 그치

지 않고 성분 배열 순서의 함축적 상관관계를 밝히고 있기 때문이다. 그러나 Greenberg(1963)에서는 중국어를 비롯한 아시아 언어에 대한 관심이 상대적으로 부족하였다. 그의 논의는 서양 언어와 아프리카 언어를 중심으로 진행되었다. 그러나 아시아 언어에 대한 조사가 활발해지면서 중국을 비롯한 아시아 대륙에서 관찰되는 어순 유형의 지역적 특성이 점차 주목을 받고 있다. 앞서 언급한 것처럼 Dryer(1992, 2009), Comrie(2008)등의 연구에서 아시아 대륙 언어의 어순상관성 문제가 본격적으로 제시되었다. 본 연구에서는 이러한 연구에 기초하여 중국을 비롯한 아시아 대륙의 언어의 어순 특징에 대해서 논의할 것이다.

○ 언어지도를 통한 어순의 지리적 분포 비교

언어지도란 어떤 언어 현상의 지리적 분포를 한눈에 알아볼 수 있도록 지도 형식을 빌려 나타낸 것을 말한다. 언어의 변이형을 지리 공간에 직접 표현하게 되면 언어의 분포를 생생하게 이해할 수 있다. 뿐만 아니라 지리적 인접성과 언어적 유사성 및 언어의 확산 과정을 직관적으로 파악할 수 있다. 세계의 언어지도, 아시아의 언어지도, 중국의 언어지도를 종합하여 보면 일정한 경향성도 발견할 수 있다. 최근에는 단순한 진열지도가 아닌 언어 해석지도(interpretative map)도 늘어나고 있는 추세이므로 적절히 활용한다면 언어 연구에 큰 도움이 될 것이다. 본 연구에서는 종이형태의 지도뿐만 아니라 온라인상으로 제공되는 지도집(linguistic atlas) 형태의 자료를 면밀히 분석하여 연구에 활용하고자 한다.

최근 들어 컴퓨터 기술의 발전과 데이터베이스 기술의 발전으로 세계언어지도집(WALS)이나 중국언어지도처럼 중국어에 관한대량의 언어자료가 구축되고 있다. 알타이어와 남아어족은 물론 티벳-버마어족에 관한 언어별 참조문법(reference grammar) 자료도 지난 몇 십년간 축적되어 있는 상태이다. 이러한 성과는 중국 언어학의 고립성을 극복할 수 있게 만든다.

본 연구에서는 중국어 어순유형의 문제를 중국어만이 아닌 아시아적인 차원에서 다루는 것이 통시적인 연구에서는 말할 필요도 없고 공시적인 연구에도 얼마나 필요한지를 밝히고자 한다. 아울러 중국어를 거시적으로 조망할 수 있는 새로운 견해를 보여주고자 한다. 중국어 어순의 다양성도 '언어지리학' 이라고 하는 언어 유형의 지리학적 관점에서 검토될 것이다.

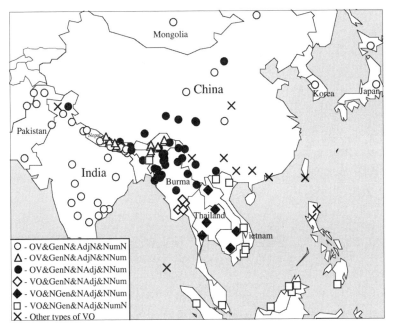

<그림 3> 언어지도의 실례(VO/OV의 어순상관성)(Dryer, 2008:80)

○ 통계적 방법을 활용한 중국 방언과 인접 언어 어순의 친소관계 분석

유형론과 언어지리학에서는 범언어적으로 관찰되는 문법구조의 변이형을 분석하여 언어 간의 유사성과 차이점을 종합적으로 개괄하는 것을 일차적 목표로 삼는다. 그리고 친소관계를 토대로 일정한 경향성과 보편성을 도출해내는 연구 방향을 지향한다.

본 연구에서는 다변량 통계 분석 방법을 사용하여 다양한 어순 자질에 기초하여 방언과 인접 언어 간의 친소관계를 고찰할 것이다. 그 중에서도 군집분석(cluster analysis) 방법을 주로 사용하고자 한다. 이 분석법은 변수들의 유사성을 중심으로 분류를 하고 그 의미를 탐색하는데 적합한 통계적 방법이다. 방언 분류의 효율적인 절차는 서로 관련 있는 변수에 관한 모든 자료를 수집하여 이들 간의 유사성의 정도를 추정하고 유사한 개체들을 동질 집단으로 분류하는 것이다. 더 나아가 다차원척도법(MDS: multidimensional scaling)과 같은 통계적인 방법을 사용하여 방언과 인접 언어를 새로운 지도 형식으로 표현해 보고자 한다. 다차원척도법은 개체 간의 유사성(또는 상이성) 자료를 토대로 다차원(주로 2차원) 공간상에 n개의 개체를 상대적으로 좌표화하여 기하학적으로 형상화하는 기법이다. MDS를 사용하는 경우, 연구 대상이 서로 얼마나 다른지를 평면 공간상의 상대적 거리(distance)로 표현한다. 이런 방법을 사용하면 중국어와 방언 및 인접 언어의 친소관계가 객관적으로 파악될 수 있을 것이다.

○ 방언 코퍼스를 활용한 남방 방언과 북방 방언의 어순 비교 분석 방법
본 연구에서는 홍콩·상해·북경 구어 코퍼스를 중심으로 주요 어순의 분포적 특징을 기술한다. 홍콩의 광동어(월 방언) 코퍼스는 홍콩대학(香港大學)과 홍콩이공대학(香港理工大學)에서 구축한 구어자료를 토대로 할 것이다. 상해어(오 방언) 구어 코퍼스 자료는 상해 외국어대학이나 온라인 상해어 교과서 본문을 선별하여 분석하고자 한다. 북경의 구어 코퍼스는 대화록 녹취 자료를 선별하여 분석하게 될 것이다.
분석 방법은 다음과 같다. 먼저 홍콩·상해·북경의 언어를 반영하는 문장을 임의로 500개 정도 추출한다. 그 다음 어순 매개변수와 관계된 동사, 목적어, 전치사구, 부사어, 수량사구, 관계절, 비교구문, 처치구문 등의 사용빈도를 조사한다. 마지막으로 세 지역 방언의 어순 분포 비율을 상호 비교한다.

○ 어순상관성의 관점에서의 **중국어 접근하기**

여러 언어의 어순 유형에 대한 통계를 살펴보면 일정한 경향성이 있다. Greenberg(1963)과 Lehmann(1973)은 매개변수 간의 어순상관성을 SVO/SOV/ VSO 등의 기본어순을 기준으로 제시하였다. 예컨대 Greenberg(1963)에 따르면 전형적인 VSO 어순의 언어는 항상 전치사를 가지고('보편성-3'), SOV 어순의 언어는 대개 후치사를 가지며('보편성-4'), 전치사가 있는 언어는 속격어가 항상 중심명사 뒤에 온다('보편성-2'). Lehman(1973)에서도 V와 O의 어순이 다른 성분(매개변수)의 어순에 많은 영향을 준다고 하였다. 그러므로 동사와 목적어의 상대적인 순서를 알면 명사와 소유격, 부치사(adposition)와 명사, 명사와 형용사, 동사와 부사 등의 어순도 예측할 수 있다는 것이다.

그러나 Greenberg와 Lehmann이 제시한 매개변수 간의 상호관련성은 충분한 언어 샘플을 통해 검증되지 않아 실제 언어와 부합하지 않은 항목들이 존재한다. 중국어에서도 Lehmann이 제시한 상호 관련성과 다른 특성들이 다수 발견된다.

Hawkins(1983:281)은 300개 이상의 언어 샘플을 사용하여 Greenberg, Lehmann 등의 이론을 수정하고 보충하였다. Hawkins(1983:281)의 분석은 기존의 30여 개의 언어 샘플보다 10배 이상의 데이터를 기초로 작성되었고 통계적으로 상관성이 높은 항목들이 상세하게 제시되어 있다.

Dryer(1992, 2009)에서는 625개의 언어를 대상으로 하여 매개변수 간의 상관관계를 분석하였다. 그의 통계 분석에 따르면 '관계절＋명사', '속격어＋명사' 등은 동사, 목적어 어순과 비교적 높은 상관관계를 가진다. 그러나 '형용사＋명사', '지시사＋명사'의 어순은 VO/OV 어순과는 관련성이 많지 않다는 것도 밝혀졌다.

최근에 계속 보충되고 있는 "The World Atlas of Language Structures (WALS)" 데이터베이스에는 1000개 이상의 언어에 대한 유형분석이 이루어져 있다. 그 중에 VO/OV 어순과 비교적 많은 상관관계를 가지는 항목으로 관계절의 어순과 전치사/후치사의 분포 등을 들 수 있다. 예를 들어 VO 형 언어는 대부분 관계절이 후행한다. 한편 VO 언어는 대부분 전치사를 가지고 OV 언어는 대부분 후치사가 존재한다는 것도 통계적으로 상관성이 비교적 높다.

이상의 선행연구들을 종합해서 볼 때 Greenberg가 제시한 어순상관성 항목 중에 유형학적으로 여전히 유효한 것은 전치사/후치사, 관계절과 속격어의 어순 등이라고 할 수 있다. Hawkins(1983:288)과 Rijkhoff(2004:262)에 따르면 VO 언어에서는 속격어가 뒤에 오는 'N Gen' 유형이 'Gen N' 보다 2배가 많다. OV 언어에서는 'Gen N'의 비율이 'N Gen'의 비율보다 5배 이상 많다. 관계절의 어순도 VO/OV 언어에 따라 큰 차이를 보인다. VO형 언어에서 관계절의 어순이 전치되는 'Rel N'의 유형은 거의 없고 대부분 관계절이 중심명사에 후행한다.

그렇다면 이러한 어순상관성이 가지는 의미는 무엇일까? 또한 중국어는 어순 유형의 측면에서 상당히 예외적인 특징을 가지는데 그 이유는 무엇일까? 중국어는 VO형 언어임에도 불구하고 지시사, 수사, 형용사뿐만 아니라 관계절과 속격어가 모두 명사에 선행하는 특징을 가지고 있다. 이것은 VO형 언어에서는 상당히 드문 현상이다. 중국어 어순 유형의 변이 현상에 대해서 어떠한 해석이 필요하다.

필자는 이전 연구에서 중국어 어순의 특징을 유형론과 기능주의적 관점에서 분석하였다[2]. 예를 들어 언어 보편적으로 어순의 배열은 복잡성을 감소시키는 방식으로 이루어진다(복잡성 감소의 원리). 또한 성분 파악이 최대한 빠르고 효율적으로 이루어지도록 정렬된다(조기 직접 성분 원리). 중심어는 근접하여 출현해야 성분파악이 용이하다(중심어 근접성 원리). 이러한 기능주의적인 관점에서 중국어의 어순 배열의 특징을 설명하고자 하였다.

그러나 이러한 해석은 표준중국어의 어순에만 초점을 맞추어 진행된 것

---

2) 강병규(2011) 참조.

이다. 표준중국어 이외에 존재하는 다양한 어순의 변이형의 형성 원인에 대해서는 설명하지 못했다. 그것은 결국 여러 방언자료와 주변 언어의 자료들을 공시적으로 고찰해야 가능하기 때문이다. 뿐만 아니라 통시적으로 중국어가 어떻게 변해왔는지도 동시에 고찰해야만 한다. 한 언어 안에 복합적인 언어 유형이 존재한다는 것은 중국어가 내적인 원인 또는 외적인 원인으로 인해 유형적인 변화를 겪었기 때문일 것이다. 어순의 측면에서도 이 부분에 대한 심화된 연구가 필요하다.

본고에서는 중국어만이 아닌 다른 언어들과 비교하는 언어유형론적인 관점에서 논의를 출발하고자 한다. 특히 범언어적인 어순 유형을 분석한 Greenberg 1963), Dik(1978[2006]), Hawkins(1994, 2004), Rijkhoff(2004, 2008), Dryer(2005) 등의 연구 성과를 주로 참고하였다. 또한 유형학적인 성과를 중국어에 적용한 劉丹靑(2005), 陸丙甫(2005), 唐正大(2007) 등의 관점도 부분적으로 참고하였다. 이들은 세계 언어가 가진 구성적 특징과 유형을 가능한 많은 언어를 기초로 분류하려는 목적을 가진다. 물론 어순의 매개변수에 대한 설정과 상관관계, 어순 배열 원리 등에 대한 입장은 다르지만 여러 언어를 통해 언어적 보편성을 개괄하려는 궁극적인 목적에서는 같다고 할 수 있다. 중국어 어순 배열 기제를 설명하기 위해서 본고는 Hawkins(1994), Rijkhoff(2004) 등이 제시한 조기 직접 성분 원리, 중심어 근접성 원리, 도메인 완정성 원리, 도상성 원리 개념을 적용해 볼 것이다. 그리고 그것이 중국어에 얼마만큼 적용될 수 있는지를 살필 것이다. 더 나아가 어순 원리 분석을 통해 중국어 어순은 유형학적으로 어떠한 보편성과 특수성을 가지는지 살피고자 한다.

—

제2장

표준중국어의 어순 유형과 어순상관성

2.1. 중국어의 어순에 대한 접근 방식

어순은 문장 성분의 선형적인 배열 순서로서 언어의 통사구조와 정보전달 방식을 파악하게 한다. 통사구조의 형성 방식은 어순과 형태론적 수단으로 이루어진다. 굴절어나 교착어는 형태론적 수단이 풍부하다. 풍부한 형태 표지가 있으므로 어순 배열이 상대적으로 자유로울 수 있다. 어순이 달라지면 정보구조(화제, 초점 등)가 달라질 수는 있지만 형태론적 수단으로 인해 통사구조는 동일하게 표현될 수 있다. 그러나 형태론적 수단이 약한 고립어는 많은 경우에 어순이 바뀌면 통사구조도 바뀌게 된다. 형태 표지가 없으므로 어순이 통사구조 형성에 더욱 중요한 역할을 할 수 밖에 없다. 물론 정보구조와 같은 요인에 의해 어순 배열에 변화가 생기기도 하지만 고립어에서의 기본어순은 일정한 패턴을 유지하며 통사구조를 판단하는데 중요한 수단이 된다.

중국어는 흔히 고립어로 분류된다. 중국어는 형태 변화도 없고 격 표지가 빈약하기 때문에 문장에서 가장 일차적인 문법 관계가 어순을 통해 표현된다. 어순은 중국어 문장에서 문법 관계를 파악하는 가장 일차적 요소로서 중국어 문법 범주의 중요한 부분이다.

어순은 크게 통사구조에서 핵(head) 성분이 어디에 위치하는지에 따라 두 가지로 나누어 볼 수 있다. 핵 성분이 앞에 오면 '핵 선행(head-initial)' 구조의 언어이고 뒤에 오면 '핵 후행(head-final)' 구조의 언어로 분류한다.

(1) head-initial(핵 선행) 구조

    a. XP → X' YP

(2) head-final(핵 후행) 구조

    a. XP → YP X'

영어와 중국어를 배우는 학습자들은 한국어의 동사가 문미(verb-final)에 나오는데 비해 영어와 중국어의 중심술어는 앞부분에 출현한다는 것을 안다. 예를 들어 (3)과 같은 문장을 중국어와 영어로 번역하게 되면 (4-5)와 같은 어순으로 표현된다.

(3) 그가   도서관-에서 김 교수님-을   만났다.
    NP1   *[NP2]PP*   *NP3*   *V*

(4) 他   在-圖書館-裏   見到了 金老師。
    NP1   *[NP2]PP*   *V*   *NP3*

(5) He   met the Professor Kim   in the library.
    NP1 *V*   *NP3*   *[NP2]PP*

(3-5)에서 한국어와 영어와 중국어의 어순은 일정한 차이를 보인다. 한국어는 모든 성분이 술어동사에 선행한다. 영어는 주어 뒤의 모든 성분이 동사에 후행한다. 중국어에서 동사와 목적어의 어순은 영어와 같지만 전치사구는 동사에 선행한다. 형태론적 차이를 제외하고서라도 어순의 차이가 있다

는 것을 알 수 있다. 편의상 주어, 전치사구/후치사구, 목적어, 술어를 각각 S,P,O,V라고 하면 한국어는 'S-P-O-V'의 어순을 가진다. 이에 비해 영어는 'S-V-O-P'의 어순이고 중국어는 'S-P-V-O'의 어순이다. 문장에서 동사를 핵이라고 했을 때 확실히 한국어와 영어의 어순 정렬은 거울이미지처럼 반대로 표현된다. 이에 비해 중국어 술어 동사는 한국어와 중국어의 중간정도에 위치한다.

많은 사람들의 머릿속에 중국어는 영어와 비슷한 SVO 유형의 언어라고 인식되어 있다. 그러나 Greenberg이래로 언어유형학적인 연구가 다양하게 진행되면서 중국어 어순이 그렇게 단순하게 분류하기 어려운 언어라는 것이 밝혀지게 되었다. 중국어는 SVO 어순 이외에 SOV 어순(유표적인 상황에서)으로 불릴 만한 문장도 있다는 점이 그러하고, 전치사구(PP)가 동사 앞에 위치한다는 점도 그러하며, 수식어가 중심명사 앞에 위치한다는 점도 그러하다.

중국어 어순 유형을 분류함에 있어 어려움을 느끼는 이유는 중심어(head) 성분의 대립적인 분포와 관련이 있다. 이 중에서도 동사구 어순과 명사구 어순의 대립적인 분포를 주목할 필요가 있다. 중국어의 동사구는 일반적으로 핵이 선행하는(head-initial) 어순을 보인다. 동사구의 핵인 중심술어가 선행하고 그 목적어가 뒤에 오는 VO형 어순을 가진다. 그러나 이에 비해 명사구는 일반적으로 핵이 후행하는(head-final) 어순이다. 특히 관계절이나 속격어 성분도 모두 중심명사 앞에 위치한다. 결국 VP는 핵-후행 언어적 특징이 없는데 NP는 핵-후행 언어적 특징이 있어 상호 모순된다. Greenberg(1963), Lehmann (1973)등이 제시했던 어순상관성 측면에서 볼 때 중국어는 양다리를 걸치고 있는 셈이다. 이들의 관점에 따르면 중국어의 VP는 SVO 유형의 어순 유형과 관련이 있지만 NP의 어순은 SOV 유형의 언어와 비슷한 특징을 공유한다. 이들의 관점에 따르면 중국어의 VP는 SVO 유형의 어순 유형과 관련이 있지만 NP의 어순은 SOV 유형의 언어와 비슷한 특징을 공유한다. 다음의 표를 보자3).

<표 1> 중국어와 다른 언어 간의 주요 어순 비교표

언어	지시사 (NDem)	수사 (NNum)	형용사 (N A)	속격어 (N G)	관계절 (N Rel)	기본어순 (VO/OV)	부치사 (adposition)
한국어	-	[+]	[-]	-	-	OV	후치사
터키어	-	-	-	-	-	OV	후치사
헝가리어	-	-	[-]	-	+	OV	후치사
중국어	-	-	[-]	-	-	VO	전치사/후치사
네델란드어	-	-	-	[+]	+	VO/OV	전치사/후치사
베트남어	+	-	[+]	+	+	VO	전치사
영어	-	-	[-]	[+]	+	VO	전치사
러시아어	-	-	[-]	+	+	VO	전치사
스페인어	-	-	[+]	+	+	VO	전치사

위의 표에서 보이듯이 중국어의 명사구 어순은 한국어나 터키어와 아주 유사하다. 지시사, 속격어, 관계절 등도 모두 중심명사 앞에 위치한다. 중국어의 형용사도 한국어 형용사처럼 동사적 특징을 가지고 있고 일정한 수식 표지('的')를 사용한다. 한 가지 차이가 있다면 중국어는 수사(수 분류사 포함)도 중심명사 앞에 온다는 점이다. 한국어는 수 분류사(numeral classifier)가 중심명사 뒤에 오는 것이 자연스럽지만 중국어는 반드시 앞에 와야 한다. 이처럼 중국어 명사구는 (S)OV 어순의 언어와도 많은 유사성을 가진다4).

중국어 어순 유형 문제는 그 중요성에도 불구하고 그동안 충분한 논의가 이루어지지 못한 측면이 있다. 동사구의 기본어순이 VO인지 OV인지에 대

---

3) 이 표는 Rijkhoff(2004:300)에서 제시한 52개의 언어 샘플을 참고하여 작성한 것이다. 그는 중국어의 기본어순을 'OV'로 분류하였으나 타당하지 않다고 판단되어 'VO'로 수정하였다. 왜냐하면 중국어의 기본어순을 'OV'이라고 보는 학자는 많지 않기 때문이다. 대부분의 중국학자들은 중국어의 기본어순을 'VO'로 보고 있다. The World Atlas of Language Structures (WALS)(2017년 6월 기준)에서도 중국어는 'VO' 어순으로 분류되어 있다. 한편 위의 표에서 '-'는 '수식어+명사' 어순을 나타내고 '+'는 '명사+수식어' 어순을 나타낸다. 그리고 '[+]', '[−]'는 전형적이지는 아니지만 그러한 어순을 가진다는 것을 의미한다.
4) 이에 비해 동아시아 언어에서 (S)VO 언어로 분류되는 베트남어는 속격어나 관계절이 중심명사 뒤에 위치하여 전형적인 (S)VO 어순들과 유사한 특징을 공유한다.

한 논의는 활발한 반면 명사구 내부의 어순은 부가어라는 이유만으로 상대적
으로 소홀히 취급되었다. 그러나 현대의 언어유형론적 입장에서는 어순에 관여
하는 요소에 S, V, O 이외에도 속격어(genitive)[5], 형용사 수식어, 관계절 등과
같은 성분들을 중요한 매개변수로 간주한다. 더 나아가 중국어는 다른 언어
에서 보이지 않는 어순 매개변수 간의 차이점들이 존재한다. 어순은 중국어
문장에서 가장 표면에 드러나는 현상으로서 문법 관계를 파악하는 중요한
수단이다. 따라서 중국어 문법이나 이론에서 적어도 어순 문제만큼은 분명
하게 설명해 내야 한다. 문장 성분의 배열 순서는 중국어 문법의 차원에서
설정을 해 주어야 하고 충분히 예측 가능한 원리를 제시할 필요가 있다.

2.2. 명사구의 어순

명사구 어순과 관련된 언어유형론적인 매개변수에 관여하는 요소에는 지
시사, 수사, 형용사, 속격어, 관계절 등과 같은 것이 있다.[6] 본고에서는
Rijkhoff(2004), Dryer(2005)를 참조하여 어순과 관련된 중국어 명사구의 유형
론적 특징을 다음과 같이 제시하기로 한다.

2.2.1. 지시사와 명사(Demonstrative and Noun)

중국어는 지시사와 명사를 매개변수로 하는 어순의 유형에서 'Dem+N'
의 유형에 속한다. 지시사(demonstrative)는 화자와 지시물의 거리에 따라 가까운

---

5) Possessive Phrase라고도 불린다. 예컨대 '내 친구의 사진기(我朋友的相機)', 'the voice of the
   woman' 등이 그러하다. 본고에서는 중심명사를 수식하는 소유격 명사구를 속격어라고
   칭하기로 한다.
6) 중국어는 주어, 목적어, 동사를 매개변수로 하는 어순의 유형에서 SVO형 언어에 속한다.
   Dryer(2005f)에서는 SOV 언어가 497개, SVO 언어가 435개이고, VSO언어가 85개로 분류
   된다. 1000여 개의 언어 중에서 90% 이상이 SOV, 혹은 SVO형 어순을 가진다.

것과 먼 것을 가리키는 문법 표현으로서 범언어적으로 존재한다. 흥미로운 것
은 지리적으로 유럽과 대부분의 아시아 지역의 언어는 지시사가 명사에 선행
하지만 아프리카 지역의 언어는 그렇지 않다는 점이다.(Dryer, 2005a: 358) 대부
분의 아프리카 언어와 호주, 남태평양 일부 언어는 지시사가 명사에 후행한
다. Dryer(2005a:358)에 따르면 분석 대상으로 삼은 1085개의 언어 중에 '지시
사+명사'의 어순을 가지는 것이 45.7%이고 '명사+지시사'의 어순을 가지는
것이 44.1%이다. 아래의 표는 지시사의 어순 유형 분포를 보인 것이다.

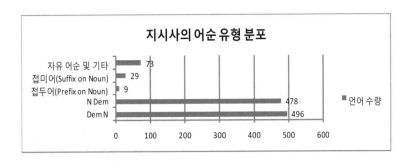

(1) 영어(Dem N) :   I want that book
(2) 한국어(Dem N) :   나는 그 책을 원해요.
(3) 중국어(Dem N) :   我 要 那 本 書
(4) Maba언어(N Dem) :   *maruk   wak   kulak   ti*
　　(아프리카 서부   man   this   tall   be.3sg
　　사하라 지역 언어)   '이 남자는 키가 크다(This man is tall).'
(5) Gude언어(Suffix) :   a. *zxmx-na*   b. *zxmx-ta*
　　(나이지리아 지역)   food-this   food-that.far
　　　　　　　　　　　　　'이 음식(this food)' '저 음식(that food)'
(6) Milang언어(Dem N Dem) : *yo   miu   yo*
　　(티벳-버마어계)   this boy this   '이 소년(this boy)'

위에서 보이듯이 어떤 언어에서는 지시사가 명사에 선행하기도 하고 후

행하기도 한다. 또한 어휘가 아닌 접두사/접미사 형태로 실현되기도 한다. 티벳-버마 언어 계통의 상당수는 지시사가 명사 앞뒤에 반복해서 사용되기도 한다. 이러한 여러 유형 중에 중국어는 지시사가 명사에 선행한다. 중국어에서 '지시사+명사'의 배열은 영어와 한국어처럼 지배적인 어순이다. 주목할 것은 중국어는 수 분류사(numeral classifier)가 발달한 언어로서 지시사가 바로 명사를 수식하지는 못하고 '지시사+수 분류사+명사'의 형태로 실현된다는 것이다. 지시사와 명사 사이에 수 분류사(量詞)의 생략은 제한적이다.

(7) a. 這　本　書　　　b. 那　個　人　　　c. 這　(個)　月
　　this　CL　book　　　that　CL　man　　　this　CL　month

2.2.2. 수사와 명사(Numeral and Noun)

중국어는 수사와 명사를 매개변수로 하는 어순의 유형에서 'Num+CL+N'(수사+분류사+명사)의 유형에 속한다. Dryer(2005b:362)에 따르면 수사와 명사의 어순 유형 분포는 아래와 같다.

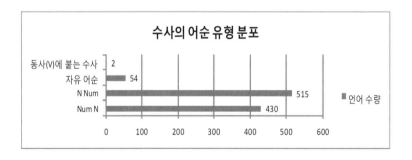

(8) 영어(Num N) :　　　　　　four chairs
(9) 한국어(N Num (CL)) :　　책　세　권
(10) 중국어(Num (CL) N) :　　三　本　書

(11) Pumi언어(N Num)) :   *qüa*   *xüé*

     (티벳-버마어계)   pig   eight   '돼지 8마리(eight pigs)'

(12) 이집트계 아랍어(_N_) :   a. *binteen ʔitneen*   b. *talat banaat*

                          girl.Du   two   three girl.pl

                          '소녀 두 명(two girls)' '소녀 세 명(three girls)'

(13) Arára Karó언어(V Num) :   *maʔwɨ ip ʔiy*   *matet*   *cagárokōm=nem*

     (브라질 서부 지역)   man   fish catch   yesterday   two

                          '그 사람이 어제 물고기 두 마리를 잡았다'

위의 표에서 보이듯이 세계의 여러 언어에서는 수사가 명사에 선행하기도 하고 후행하기도 한다. 이집트, 모로코 지역의 아랍어는 수사가 명사의 앞뒤에 오기도 한다. 아주 소수이기는 하지만 어떤 언어에서는 수사가 명사에 붙지 않고 동사에 붙어 동사구의 부가어로 사용되기도 한다.

유형학적인 측면에서 중국어 수사가 가지는 특징은 반드시 수 분류사와 공기한다는 점이다. Aikenvald(2003:101)에 따르면 복수의 문법 표지가 없는 동(남)아시아의 많은 언어들은 수 분류사가 발달해 있다. 이때의 수사는 단독으로 사용되지 않고 반드시 분류사와 같이 나타나야 한다. 중국어도 수 분류사를 가지는 대표적인 언어 중의 하나로서 수사는 사실상 명사보다는 분류사를 수식한다. 다음의 예를 보기로 한다.

(14) 중국어 : a. 一 瓶 啤酒   b. 這 兩 個 孩子   c. 三 件 衣服

             one CL beer   this two CL children   three CL clothes

(15) 태국어 : a. *seuu saam lem*   b. *luuk chaai saam khohn*

             book three CL   child male three CL(남자 아이 세 명)

(14-15)에서처럼 중국어와 태국어는 모두 수 분류사가 발달한 언어이다. 그러나 그 어순은 다르다. 중국어는 반드시 수 분류사가 명사 앞에 와야 한다. 한국어와 비교해도 중국어의 수 분류사의 지배적인 어순은 명사 앞이다.

한국어는 수 분류사가 명사 뒤에 오는 것이 자연스럽지만 중국어는 명사 뒤에 오면 어색한 표현이 된다.

(16) 한국어 :　a. [그 책] [세 권]　b. [이 책]은 [두 권]만 주세요.

(17) 중국어 :　a. 那 [三 本] 書

　　　　　　*b. [那 書] [三 本]

2.2.3. 형용사 수식어와 명사(Adjective and Noun)

중국어는 형용사 수식어와 명사를 매개변수로 하는 어순 유형에서 'Adj+N'의 유형에 속한다. 다음의 표는 전 세계 언어에서 관찰되는 형용사 수식어의 어순 유형을 정리한 것이다. Dryer(2005c:354)에 따르면 언어 유형별로 볼 때 형용사가 명사에 선행하는 것보다는 형용사가 명사에 후행하는 'N+Adj' 어순을 보이는 언어들이 수량면에서는 더 많은 비중을 차지한다. 1200여 개의 언어 샘플 중에 약 63%의 언어는 형용사가 명사에 후행하며 명사가 선행하는 언어는 28%를 차지한다. 일부의 언어에서는 형용사가 명사의 앞뒤에 모두 출현하기도 한다.

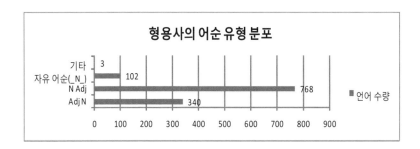

(18) 영어(Adj N) :　　　a small village

(19) 한국어(Adj N) :　　　예쁜 아이

(20) 중국어(Adj N)：　　漂亮 的 女孩兒

(21) Apatani언어(N Adj)： *aki atu*

　　　(티벳-버마어계)　　　dog small　'작은 개(the small dog)'

(22) Temiar언어(N Adj)： *dēk menūʔ*

　　　(말레이시아)　　　house big　'큰 집(big house)'

(18-20)에서 보이듯이 영어, 한국어, 중국어는 모두 'Adj+N'의 어순을 가지고 있다. Dryer(2005c:355)에 따르면 형용사의 어순은 지리적으로 그 분포가 비교적 분명하게 구분된다. 영어를 비롯한 유럽의 언어들은 대부분 형용사가 명사에 선행한다. 한국어, 중국어를 비롯한 동북아시아의 언어들도 'Adj+N'의 어순 유형을 가진다. 그러나 아프리카 언어들은 'N+Adj'어순이 지배적이다. (21-22)에서처럼 히말라야 지역 티벳 버마어계 언어와 동남아시아 언어들도 대부분 형용사가 명사에 후행한다. 호주 지역, 남태평양 지역의 언어들도 대체로 형용사가 명사에 후행한다.

유형학적으로 볼 때 중국어의 형용사는 동사와 통사적으로 명확히 구분되지 않는 특징이 있다. 통사적으로 중국어 형용사가 명사를 수식할 때는 대개 동사 수식어와 비슷하게 관계절 표지 '的'를 부가한다. 특히 2음절 이상의 형용사나 부사의 수식을 받는 형용사는 단독으로 명사를 수식하지 못하고 중간에 '的'가 와야 한다.[7]

(23) (a) 可愛 的 孩子　(b) 很 遠 的 地方　(c) 非常 重要 的 任務

　　　귀여운 아이　　　아주 먼 곳　　　　매우 중요한 임무

---

[7] 물론 중국어에도 명사를 직접 수식할 수 있는 단어 부류가 있다. '구별사(區別詞)'라고 불리는 단어와 일부 단음절 형용사는 '的'를 사용하지 않고 바로 명사를 수식할 수 있다. 예를 들어 "急性+肺炎(급성폐렴), 大型+企業(대형기업), 紅+酒(포도주), 小+碗兒(작은 그릇), 淺+顏色(연한 색깔)"등이 그러하다. 이들은 중국어에서 형용사로 취급되기는 하지만 전형적인 형용사와는 구별되는 특징을 가진다. 袁毓林(1999:186)에서는 이렇게 '的'를 사용하지 않고 바로 명사를 수식하는 경우에는 의미적으로 중심명사와의 결합이 긴밀하여 하나의 전체 개념으로 이해된다고 하였다. 이러한 관형어는 의존성이 강한 점합식(粘合式) 성분이라고 한다.

(23)처럼 중국어 형용사는 명사에 선행하지만 중간에 관계절 표지가 온다 는 점에서 한국어 형용사와 유사한 면이 있다.

2.2.4. 속격어와 명사(Genitive and Noun)

중국어는 소유관계를 표시하는 속격어(genitive)와 명사를 매개변수로 하는 어순 유형에서 'Gen+N'의 유형에 속한다. 세계의 여러 언어들을 관찰했을 때 속격어의 유형은 크게 'Gen+N'의 유형과 'N+Gen'의 유형으로 나뉜다. 이 중에 가장 많은 비중을 차지하는 어순은 'Gen+N' 어순이다. Dryer(2005d:350)에 따르면 아시아 여러 지역의 언어를 비롯하여 서남아프리카, 나이지리아 서 부 등 608개(55%)의 언어가 이러한 어순을 가지고 있다. 핀란드어와 같은 북 유럽 지역 언어도 'Gen+N' 어순을 가진다. 한편 'N+Gen'의 어순을 가지고 있는 언어들은 대체로 SVO 어순을 가지는데 유럽의 여러 언어들이 대표적 이다. 프랑스어는 소유격 대명사를 제외한 일반 명사는 'N+Gen' 어순이 지 배적이다. 동남아시아의 언어도 속격어가 중심명사 뒤에 오는 것이 일반적 이다. 아래의 표는 1100여 개의 언어 샘플에서 조사된 속격어의 어순 유형 분포를 정리한 것이다.

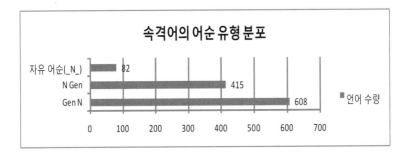

영어는 속격어가 명사의 앞에 오기도 하고 뒤에 오기도 한다. 속격어가 명

사의 앞에 오는 경우에는 "the girl's cat"와 같이 접어(clitic)를 사용하여 표현한다. "my/your/her father" 등과 같은 대명사들도 소유격으로 쓰일 때는 명사 앞에 온다. 그리고 속격어가 명사의 뒤에 오는 경우에는 'of' 등의 전치사를 사용하여 "the mayor of New York"처럼 표현한다. 이러한 측면에서 영어의 속격어는 명사의 앞뒤에서 모두 사용될 수 있는 혼합 유형'(Gen)+N+ (Gen)'이다.

어떤 언어에서는 양도가능(alienable)/양도불가(inalienable)의 의미 기준에 따라 속격어의 어순이 달라지기도 한다. 예컨대 파푸아 지역의 Maybrat 언어에서 친족관계처럼 양도불가한 속격어는 'Gen+N' 어순을 취하지만 일반적인 소유관계를 나타낼 때는 'N+Gen' 어순을 취한다.

> (24) Maybrat 언어
> 　　a. (Gen+N) : *Sely　m-me*
> 　　　　　　　 Sely's mother (Sely의 엄마)
> 　　b. (N+Gen) : *amah　ro-Petrus*
> 　　　　　　　 house Gen-Petrus (Petrus의 집)

그러나 중국어에서는 이러한 구분이 어순상으로 존재하지 않는다. 소유관계를 표시하는 모든 성분은 중심명사 앞에 위치한다. 양도가능/양도불가의 의미 구분에 따른 어순 변이가 일어나지 않는다. 소유격 대명사의 어순도 모두 명사 앞에 위치한다.

> (25) a. 金老師 的 學生 (일반 명사)　김선생님의 학생
> 　　b. 我 的 書 (소유격 대명사)　　나의 책
> 　　c. 小王 的 媽媽 (친족관계)　　小王의 엄마

(25)에서 보듯이 중국어의 소유관계 어순은 '속격어+(的)+명사'의 유형이다. 즉 속격어가 명사 앞에 오는 것은 중국어의 지배적인 어순이라고 할 수 있다.

2.2.5. 관계절과 명사(Relative and Noun)

관계절의 어순은 크게 명사에 선행하는 것과 후행하는 것으로 나누어진다. 중국어는 관계절과 핵 명사를 매개변수로 하는 어순의 유형에서 'Rel+N'의 유형에 속한다. 이러한 어순 유형은 SOV 어순을 가진 한국어, 일본어에서도 관찰된다. 중국어는 SVO 어순에 속하면서도 관계절이 명사에 선행한다. 이것은 언어유형학적으로 볼 때 드문 경우이다. 왜냐하면 아시아 지역을 제외한 다른 지역에서 SVO 어순이면서 관계절이 명사에 선행하는 언어는 거의 없기 때문이다. Dryer(2005e:366)에 따르면 분석대상이 된 700여 개의 언어 중에서 72%가 'N+Rel'어순을 가지고 있다. 관계절이 명사에 선행하는 'Rel+N' 유형은 17%에 불과하다. 지역적으로도 Verb-Final 형태를 가진 아시아 지역의 언어에서만 주로 관계절이 명사에 선행하는 것으로 조사되었다. 영어를 비롯한 유럽 언어, 아프리카 언어, 남태평양 언어들은 대개 관계절이 명사에 후행하는 특징을 보인다. 아래의 표는 Dryer(2005e:366)의 조사결과를 도표로 다시 정리한 것이다.

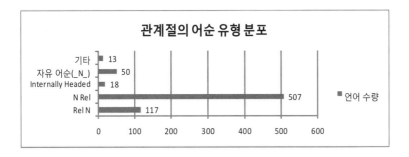

(26) N+Rel 유형

    a. 영어 : the book [that I am reading]

    b. 스페인어 : *el libro [que estoy leyendo]* (내가 읽고 있는 책)

    c. Maybrat언어 : *aof [ro ana m-fat]*

sago(tree) REL 3PL 3OBJ-fell

the sago tree that they felled(그들이 쓰러뜨린 sago 나무)

(27) Rel+N 유형

    a. 한국어 : [안경을 끼고 있는] 여자 아이

    b. 일본어 : [眼鏡をかけた] 女の子

    c. 중국어 : [戴/v 眼鏡/n 的] 小女孩兒

중국어의 관계절은 "[學習(공부하다)+漢語(중국어)]+的+目的/n(목적)(중국어를 공부하는 목적)"과 같이 VO 어순을 가지면서 관계절이 선행한다. 이는 한국어, 일본어와 같은 SOV 유형의 동아시아 언어와 유사하다. 이러한 현상에 대해서 하시모토(1976:75) 등은 중국어가 알타이어와 접촉을 하면서 언어적 특징이 변화한 것과 무관하지 않다고 보기도 한다. 표준 중국어의 기초가 되는 북방 중국어는 알타이어와 지리적으로 인접하여 부분적인 언어 유형의 변화가 일어났다는 주장은 음운, 형태적 측면에서도 충분한 설득력을 가진다. 북방중국어에 비해 남방 중국어에서는 부가어가 중심어에 후행하는 형태들이 종종 관찰되고 양사의 종류도 많다는 것을 보더라도 남방중국어와 북방중국어는 일정한 차이가 있다. 북방중국어는 언어변화의 속도가 더 빠르다는 점은 분명하다. 그것이 알타이어의 영향인지에 대해서는 더 많은 연구가 필요하지만 어느 정도 외부 언어접촉의 영향을 받았을 것이라는 주장은 일리가 있다고 판단된다. 주변 지역의 언어와 접촉을 통해 언어적 특징이 변화한 경우는 파푸아 뉴기니아 지역의 언어 사례를 통해서도 드러난다(Dryer2005d:351). 유형론적으로 볼 때 중국어의 관계절의 어순은 핵말 언어적 특징을 갖는 명사구의 특징을 보여주는 주목할 만한 현상이다. 요컨대 중국어는 SVO 어순을 가지고 있으면서 명사구는 관계절을 포함한 수식어가 선행하고 중심어가 후행하는 어순 유형을 보인다.

2.3. 동사구의 어순

2.3.1. 동사 - 목적어 어순

중국어 동사구의 기본어순은 '동사+목적어(VO)' 유형이다. 목적어의 어순만을 볼 때는 영어와 같이 동사 뒤에 위치한다. 한국어의 경우는 중국어나 영어와 달리 목적어가 모두 동사 앞에 위치하므로 '목적어+동사(OV)' 어순 유형에 속한다.

WALS 자료에 따르면 전 세계 언어 중에서 OV 어순 유형과 VO 어순 유형의 비율은 비슷하다. 조사된 1,519개의 언어 중에 OV 어순 유형이 713개이고, VO 어순 유형이 705개이다.

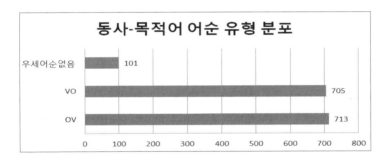

(28) 他 正在 看   電視。 (중국어)
   그 (진행) 보다   텔레비전
(29) He is watching TV. (영어)
(30) 그는 텔레비전을 보고 있다. (한국어)

2.3.2. 정도부사-형용사의 어순

WALS 자료에는 정도를 나타내는 어휘(degree word)의 어순 유형에 대해 언어별 조사가 부분적으로 이루어져 있다. 예를 들어 한국어는 "아주 크다", "매우 많다"처럼 정도를 나타내는 '아주', '매우' 등이 형용사 앞에 위치한다. 중국어도 마찬가지로 정도를 나타내는 형용사 앞에 위치한다. 영어를 비롯한 대부분의 유럽어도 정도를 나타내는 단어는 형용사 앞에 위치한다. 그러나 아랍어, 하와이어, 라후어, 태국어, 카이리루어(Kairiru) 등은 정도를 나타내는 단어가 뒤에 위치한다.

(31) 영어(Deg Adj) :　very tall
(32) 한국어(Deg N) :　매우 크다.
(33) 중국어(Deg N) :　很 高
(34) Kairiru :　　　　*nau pulau sek*
(파푸아 뉴기니아)　　sea murky too
　　　　　　　　　　Noun Adj Deg
　　　　　　　　　　바다가 안개로 아주 자욱하다(the sea is too murky).

WALS 자료에 따르면 분석 대상으로 삼은 481개의 언어 중에 'Deg+Adj' 어순 유형을 가지는 것은 227개이다. 반면에 'Adj+Deg' 어순 유형을 가지는 것은 192개이다. 또한 62개의 언어는 정도를 나타내는 어휘가 형용사 앞에도 오기도 하고 뒤에도 오기도 하는 혼합형에 속한다.

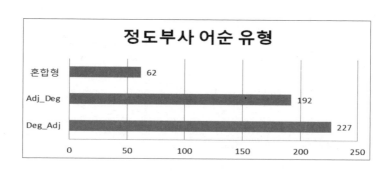

2.3.3. 부정사 – 동사의 어순

중국어는 부정사가 동사 앞에 사용되는 전형적인 '부정사-동사(Neg-V)' 어순 유형의 언어이다. 범언어적으로 볼 때 평서문의 부정형은 동사 앞이나 뒤에 부정사를 사용하는 것이 가장 일반적이다. 예컨대 "不來", "沒吃", "안 먹었다", "못 갔다"처럼 '不-', '沒-', '안-', '못-'과 같은 부정사가 그 기능을 한다. 그런데 어순 유형의 관점에서 볼 때 부정사는 동사 앞에 사용되는 언어와 동사 뒤의 사용되는 언어로 나누어 볼 수 있다. 부정사가 동사 앞에 오는 언어는 중국어, 영어, 한국어 등이 있다. 부정사가 동사 뒤에 위치하는 언어로는 비모바어(Bimoba), 참어(Cham), 카렌어(Karen), 크레시어(Kresh) 등이 있다.

WALS 자료에 따르면 부정사는 단어 형태로 실현되는 경우도 있지만 동사에 접사 형태로 부과되는 언어도 있다. 예를 들어 필라가어(Pilaga)는 동사 앞에 부정접두사가 부가되어 사용된다. 반면에 라오어(Rao)는 동사 뒤에 부정접두어가 사용된다.

(35) 영어(Neg_V) :   The mouse did not eat the cheese.

(36) 한국어(Neg_V) :   철수는 밥을 안 먹었다.

(37) 중국어(Neg_V) :   我 不 想 吃 面包。(나는 빵을 먹고 싶지 않다)

(38) Kresh(V_Neg)

Kôkó	ãmbá	gõkó	**´đĭ.**
Koko	he.hit	Goko	**neg**

'Koko did not hit Goko.'

(39) Pilaga([Neg-V])

sa-n-čo'ot-a	haga'	yawo-'.
neg-3subj-tell-sg.obj	clsfr	woman-pauc

'He did not tell about the women.'

(40)　Rao([V-Neg])

　　　　　gu　　　　　mə-**ndə**.
　　　　　1sg　　　　　eat-**neg**

　　　　　'I am not eating.'

WALS 자료에는 1320여 개의 언어에 대한 부정사의 형태론적 특징과 어순 유형 정보가 기록되어 있다. 이를 간단히 도표로 나타내 보면 다음과 같다.

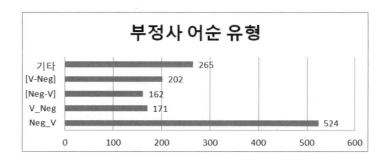

위의 도표에서 알 수 있듯이 가장 많은 비율을 차지하는 것은 '부정사-동사(Neg-V)' 어순 유형이다. 그 다음으로는 '동사-부정사(V-Neg)' 어순 유형의 언어이다. 그러나 이 밖에도 부정접두사와 부정접미사처럼 동사 어간에 결합되는 형태소로 사용되는 언어도 상당히 많은 편이다.

2.4. 부치사의 어순

중국어는 부치사(adposition)를 매개변수로 하는 어순 유형에서 전치사와 후치사가 모두 존재하는 언어로 분류된다. WALS 자료에서도 중국어는 전치사와 후치사가 공존하기 때문에 우세 어순이 없는 언어로 표시되어 있다. 중국 어와 같이 우세 어순이 없는 혼합형 언어로는 바이어(Bai), 비모바어(Bimoba), 카이리루어(Kairiru) 등 58개가 있다.

그러나 범언어적으로 이러한 전치사와 후치사가 공존하는 언어는 소수에 불과하다. WALS자료에 따르면 조사된 1183개의 언어 중에 전치사와 후치 사가 공존하는 언어는 58개로서 전체의 5%에 불과하다. 대다수의 언어는 전치사만 존재하거나 후치사만 존재한다. 다음의 도표를 보면 이러한 특징 을 알 수 있다.

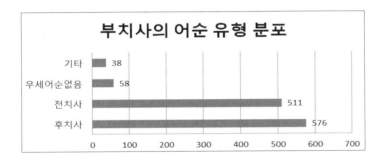

(41) 영어(Prep_N) :　　　　They are swimming in the swimming pool.
(42) 한국어(N_Post) :　　　철수는 수영장에서 수영을 한다.
(43) 중국어(Prep_N) :　　　他 在 遊泳池 遊泳。(그는 수영장에서 수영한다.)
　　　(Prep_N/N_Post) :　　他 在 房間 裏 聽音樂。(그는 방에서 음악을 듣는다.)

(44)　Boumaa(Prep_N)

au	*na*	*talai*	*Elia*	***i***	*'Orovou*
1sg	fut	send	Elia	**to**	'Orovou
				Prep	NP

'I'll send Elia to 'Orovou.'

(45) Lezgian(N_Post)

duxtur-r-in	**patariw**	*fe-na*
doctor-pl-gen	**to**	go-aor
NP	Postp	

'She went to doctors.'

2.5. 의문표지의 어순

중국어는 판단을 나타내는 일반 의문문의 의문첨사(question particle)의 출현 위치를 매개변수로 하는 어순 유형에서 '문말 의문 표지' 유형에 속한다. 즉, 의문첨사가 문말에 위치하는 언어이다. 예를 들어 "他是韓國人嗎?"의 '嗎'와 같이 의문첨사가 문말에 위치한다. 한국어도 문말에 의문첨사가 사용된다. WALS 자료에 따르면 이러한 문말 의문첨사를 사용하는 언어는 314개로서 전체 조사대상 언어의 36%를 차지한다. 그러나 영어와 같은 언어는 의문 표지를 사용하지 않고 어순의 변화를 통해 판단을 나타내는 일반 의문문을 만든다. 범언어적으로 의문표지 없이 어순 변화를 통해 일반 의문문을 만드는 언어는 355개로서 전체 조사대상 언어의 40%를 차지한다.

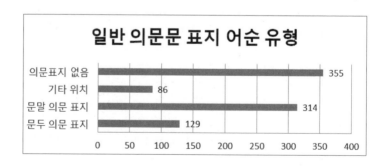

일반 의문문 표지 어순 유형

의문표지 없음	355
기타 위치	86
문말 의문 표지	314
문두 의문 표지	129

(46) 영어(의문첨사 없음) :   Are you Korean?
(47) 한국어(문말 의문첨사) :   당신은 한국인입니까?
(48) 중국어(문말 의문첨사) :   你 是 韓國人 嗎?
(49) 프랑스어(문두 의문첨사)

Est-ce que _le   président   vient?_
q   the president come.pres.3sg
'Is the president coming?'

2.6. 종속절 연결성분의 어순

중국어는 부사절 종속소(adverbial subordinator)의 출현 위치를 매개변수로 하는 어순 유형에서 선행-후행 종속절 표지를 모두 가지는 언어로 분류된다. 사건 발생의 시간(when~), 가정(if~), 양보(although~) 등을 나타내는 종속절이 주절과 연결될 때 사용되는 표지는 크게 종속절의 앞에 표지가 붙는 언어가 있고 뒤에 붙는 언어가 있다. 영어의 경우는 전형적으로 종속절 앞에 시간(when~), 가정(if~), 양보(although~) 등을 나타내는 표지가 붙는다. 한국어는 반대로 종속절 뒤에 '~ㄹ 때', '~라면', '~라도'처럼 해당 표지가 부가된다. 반면 중국어는 종속절 표지가 앞에 붙기도 하고(예, 如果……, 雖然……), 종속절 뒤에 붙기도 한다(예, ……的話, ……的時候).

WALS 자료에 따르면 659개의 조사 대상 언어 중에 종속절 앞에 표지가 붙는 소위 '선행 종속절 표지' 어순 유형을 가진 언어가 398개(60%)를 차지한다. 이에 비해 '후행 종속절 표지' 어순 유형을 가지는 언어는 96개(15%)에 불과하다. 중국어처럼 선행/후행 표지를 모두 가지는 혼합형 언어는 93개로서 전체의 14%를 차지한다.

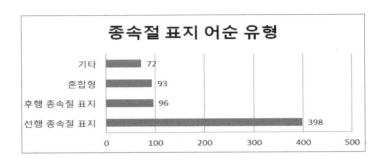

언어유형론적으로 볼 때 중국어에서 'XP的話', 'XP的時候' 구문처럼 후치형 접속 표지와 "如果XP,…", "要是XP,…", "因爲XP,…"처럼 전치형 접속 표지가 공존하는 것은 중국어의 독특한 어순 유형과 밀접한 관계가 있다. 일반적으로 SVO형 언어는 절 접속 표지가 앞에 위치하고 SOV형 언어는 절 접속 표지가 뒤에 위치한다.[8] 그러나 중국어는 SVO형 어순 특징과 SOV 어순 특징이 혼재되어 있는 언어이다. 특히 중국어의 동사구는 SVO 유형의 어순 유형과 유사하지만 명사구의 어순은 SOV 유형의 언어와 비슷하다. 중국어의 동사구는 일반적으로 핵이 선행하는 어순으로 표현된다. 동사구의 핵인 중심술어가 선행하고 그 목적어가 뒤에 오는 VO형 어순을 가진다. 그러나 이에 비해 명사구는 일반적으로 핵이 후행하는 어순이다. 특히 관계절을 포함한 모든 수식어가 중심명사 앞에 위치한다. 또한 중국어에서 전치사도 존재하고 후치사도 존재한다. 같은 맥락에서 접속 표지가 선행하기도 하고 후행하기도 하는 것은 다른 언어에 비해 상당히 특이한 현상이다. 다음의 예를 보자.

---

8) 세계언어지도집(WALS) 자료에 따르면 전 세계적으로 이러한 경향은 상관성이 높은 편이다. 전 세계에서 (S)VO형 어순을 가진 언어 중에 종속절 표지로 전치형 표지(Initial Subordinate Word)를 사용하는 비율은 341개 언어 중에 304개로서 89.1%를 차지한다. 이에 비해 전치형과 후치형 접속표지를 모두 사용하는 혼합형 언어는 31개로서 9.1%에 불과하다. 중국어는 (S)VO형 언어이면서 전치형과 후치형 표지를 모두 사용할 수 있는 소수의 언어에 속한다.

(50) SVO 형 절 접속 표지

    (a) [When I came back], he was watching the TV. (영어)

    (b) [Als ich zurück kam], wurde er mit dem Fernsehen. (독일어)

    (c) [Quand je suis revenu], il regardait la télévision. (프랑스어)

    (d) [Khi tôi trở lại], ông được xem TV. (베트남어)

(51) SOV 형 절 접속 표지

    (a) [내가 돌아 왔을 때], 그는 TV를 보고 있었다. (한국어)

    (b) [私が回ってきた時には]、彼はTVを見ていた. (일본어)

(52) 중국어의 절 접속 표지 : SVO + SOV

    (a) [我回來的時候], 他正在看電視。

    (b) [要是明天下雨的話], 我們就不去。

이러한 독특한 특징은 중국어 동사구의 어순 유형과 명사구의 어순 유형과 밀접한 관련이 있다. 즉, 중국어의 문법화 과정에서 중심어가 앞에 오는 동사구와 같은 구문에서 문법화 된 요소들은 전치형 표지로 발전하게 된다. 이에 비해 중심어가 뒤에 위치하는 명사구와 같은 통사구조에서 문법화 된 요소들은 후치형 표지로 발전하게 된다. 예를 들어 원인을 나타내는 '因爲 XP'는 원래 '동사(V)+XP'에서 점차 문법화 된 것이다. 또한 '無論XP', '不管 XP' 구문은 모두 동사성 성분이 접속 표지로 문법화 된 것이다. 반대로 'XP 的話' 'XP的時候' 구문처럼 후치형 절 접속 표지는 'XP+的+명사(N)' 구조에서 문법화 된 것으로 해석할 수 있다.

2.7. 중국어 내부 성분 간의 어순 위계

이번에는 문장 성분이 복합적으로 출현할 때의 어순 유형을 살펴보기로 한다. 우선 명사구의 실례를 보기로 하겠다. 언어별로 명사구에는 종종 여러 개의 수식어가 사용되는데 그 어순은 일정한 규칙성이 있다. 유형학적으로 볼 때 이러한 명사 수식어의 어순 위계는 다음의 몇 가지로 나누어진다.

2.7.1. 지시사, 수사, 형용사의 어순 위계

(가) 지시사와 수사의 어순 관계

세계의 여러 언어를 관찰한 결과에 따르면 수사는 지시사보다 중심명사에 더 가깝게 위치하는 경향이 있다. 즉, '지시사(Dem)+ 수사(Num)+ 명사(N)' 또는 '명사(N)+ 수사(Num)+ 지시사(Dem)'의 어순 유형이 대다수를 차지한다. 이것은 범언어적으로 보이는 보편적인 현상이다. 예를 들어 바스크어, 네델란드어, 헝가리어, 한국어, 터키어, 영어, 중국어 등에서도 지시사보다 수사가 명사에 가깝게 위치한다.

> (53) 這 兩個 孩子 (중국어)
> (54) 이 두 아이 (한국어)
> (55) *deze twee kinderen* (네델란드어)
> (56) *bi seme-alaba horiek* (바스크어)
> (57) *Bu iki çocuk* (터키어)
> (58) these two children(영어)

지시사와 수사의 어순 위계에 대해서는 일찍이 Greenberg(1963)에서 '보편성-18'이라는 명칭으로 규정한 바가 있다[9]. Greenberg의 '보편성-18' 원리는 형용사가 명사에 수식할 때는 대개 지시사, 수사도 명사에 선행하는 경우가

---

9) Greenberg's Universal 18: "묘사성 형용사가 명사에 선행할 때 지시사와 수사는 평균 이상으로 그와 같은 어순을 가진다(When the descriptive adjective precedes the noun, the demonstrative and the numeral, with overwhelmingly more than chance frequency, do likewise).

많고 어순도 '지시사+형용사' 순서라는 것을 의미한다. '보편성-18'은 Hawkins(1983), Rijkhoff(2004), Dryer(2011) 등에서 여러 언어를 대상으로 검증한 결과 대체로 타당성을 가지는 것으로 밝혀졌다.10) 중국어 명사구 내부 어순 역시 이러한 '보편성-18'의 원리와 대체로 부합되는 어순 유형을 가진다.

(나) 지시사, 수사, 형용사의 어순 관계

지시사와 수사, 형용사의 어순 배열 관계에 대한 가장 전통적인 해석으로는 Greenberg(1963)의 '보편성-20'을 들 수 있다. 그는 30여 개의 언어 샘플을 기초로 하여 명사구 수식어의 어순이 다음과 같은 경향성을 가진다고 보았다.

> (59) Greenberg 보편성-20 (1963) :
> 지시사, 수사, 묘사성 형용사의 성분들이 명사에 선행할 때는 항상 그러한 어순(Dem+Num+Adj)을 가진다. 만약 성분들이 후행할 때는 같거나 반대의 어순(Adj+Num+Dem)을 가진다.11)

Greenberg(1963)은 30여 개의 언어 샘플만을 가지고 규칙성을 제시하였기에 실제 언어적 사실과 맞지 않은 것도 일부 존재한다. 그러나 후대의 학자들이 수 백 개의 언어를 통해 검증한 결과 '보편성-20'은 어느 정도 신뢰성이 있다는 것이 밝혀졌다.

Dryer(2011:13-15)에서는 341개의 언어를 대상으로 하여 지시사, 수사, 형용사의 어순 유형을 분석하였다. 그 결과 수식어가 명사에 선행하는 언어는 대

---

10) 그러나 Rijkhoff(2004:322-325)에서도 지적했듯이 소수의 예외가 존재하기도 한다. 예를 들어 Oromo 일부 방언이나 West Greenland 언어는 'N+Num+Dem'이 아닌 'N+Dem+Num' 어순 유형을 가진다. 따라서 수사가 지시사보다 명사에 가깝게 위치하려는 경향성은 대부분의 언어에서 적용되지만 그렇다고 절대적이라고 말할 수는 없다.

11) Universal 20: When any or all of the items (demonstrative, numeral, and descriptive adjective) precede the noun, they are always in that order. If they follow, the order is either the same or its opposite.

개 다음과 같은 분포를 보인다.

(60) 수식어가 명사에 모두 선행하는 경우
　　:Dem-Num-Adj-N → 중국어, 영어, 그리스어, 러시아어 등 44genera 74개 언어
　　*Dem-Adj-Num-N (2)
　　*Num-Dem-Adj-N (0)　　　*Num-Adj-Dem-N (0)
　　*Adj-Dem-Num-N (0)　　　*Adj-Num-Dem-N (0)

(61) 수식어가 명사에 모두 후행하는 경우
　　:N-Adj-Num-Dem →Busa 언어, Thai언어, Maybrat언어 등 108개 언어
　　*N-Adj-Dem-Num (11개 Genera) : 보편성-20에 위배됨.

(62) 수식어 중에 일부가 명사에 선행하는 경우
　　:Dem-Num-N-Adj : 프랑스어, 스페인어, 하와이어 등 22개 언어
　　:Num-N-Adj-Dem : 아랍어, 바스크어, 베트남어, 인도네시아어 등 38개 언어
　　:Dem-N-Adj-Num : Sandawe언어, Jeli언어, Pumi언어 등 28개 언어

　(60)에서 보이듯이 수식어가 명사에 선행하는 경우에는 대개 'Dem-Num-Adj-N'의 어순을 가진다. 조사결과에 따르면 수사가 지시사보다 선행하는 어순은 거의 없다. 그리고 (61)과 같이 수식어가 명사에 후행하는 언어 중에는 'N-Adj-Num-Dem' 어순 유형이 가장 많다. 이것도 '보편성-20'에서 언급한 어순유형에 부합된다. 그러므로 대체적인 경향성을 보았을 때 Greenberg의 '보편성-20'은 어느 정도 신뢰성을 가진다는 것을 알 수 있다[12].
　중국어도 '지시사＋수사＋형용사＋명사'가 지배적인 어순을 가진다. 이것은 Greenberg의 '보편성-20'과도 부합된다. 다만 중국어는 수 분류사가 발달한 언어로서 수사가 단독으로 명사를 수식하지 못하고 반드시 수 분류사와 같이 사용된다는 점에서 약간의 차이가 있을 뿐이다.

---

12) 물론 'N-Adj-Dem-Num' 등과 같이 이 원리와 맞지 않은 언어 유형도 일부 존재한다.

(63) 那　　兩　　個　　小　　女孩兒
　　　Dem　Num　CL　Adj　N
　　　(그 두 명의 어린 여자 아이)

우리는 Greenberg의 '보편성-20'과 여러 언어에 대한 관찰을 토대로 하여 명사구 내부의 수식어 성분들의 위계 관계를 설정해 볼 수 있다. 유형학적으로 볼 때 지시사, 수사, 형용사가 명사를 수식할 때는 대개 다음과 같은 위계 관계를 가진다.

(64) 지시사, 수사, 형용사의 어순 위계
　　　a. 속성을 나타내는 형용사 수식어는 명사에 가장 인접하는 경향이 있다.
　　　b. 수사는 지시사보다 안쪽에, 형용사보다 바깥쪽에 위치하는 경향이 있다.
　　　c. 지시사는 수사나 형용사보다 바깥쪽에 위치하는 경향이 있다.

Rijkhoff(2004, 2008:64-65)는 (64.a-c)의 어순 위계와 관련하여 형용사는 Quality Layer, 수사는 Quantity Layer, 지시사는 Location Layer로 보고 몇 개의 층위가 중심명사를 둘러싸고 있다고 보았다. Rijkhoff(2008:64-65)에 따르면 명사구의 층위는 어떤 사물(thing)을 중심으로 대개 4개의 층위로 구성된다.[13] 그 중에서 지시사는 관계절과 함께 가장 바깥쪽에 위치한다. 중심명사에 가장 인접한 것은 형용사와 명사상(nominal aspect)[14] 등이 있다.

명사구를 둘러싸는 수식어는 크게 '어떤 속성을 나타내는지(quality)', '얼마나 많은지(quantity)', '어디에 존재하는지(location)'의 층위로 나누어진다. 그리고 그 바깥을 둘러싸고 있는 것은 '한정/비한정(definite/indefinite)', '초점' 등과

---

13) 그는 나중에 4단계 층위에서 5단계 층위로 수정하였다. 기존의 'location<quantity<quality <thing' 층위에서 'location<quantity<quality<kind<thing' 층위로 수정하였다. 그러나 '종류(kind)' 층위가 추가되었더라도 지시사, 수사, 형용사의 어순 위계는 이전과 변함없이 유지되고 있다.

14) 명사상에 대해서는 Rijkhoff(2004:104-117)을 참조.

관계된 '담화-지시 수식어(discourse-referential modifier)'이다. 이러한 수식어의 의미적 위계에 따라 어순은 선형적으로 중심명사 앞에 수식어가 올 수도 있고 뒤에도 올 수 있다. 다음은 영어와 중국어의 예를 분석해 본 것이다.

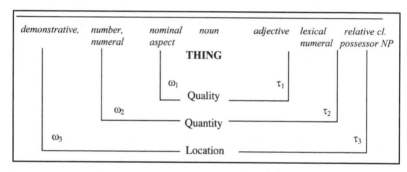

<그림 4> Rijkhoff(2008)의 명사구 내부 어순 위계

(65) Those two black dogs in the garden

[Those	[two	[black [dog]]	-s]]	in the garden]
지시사	수사	형용사+명사	복수표지	전치사구
Location	Quantity	Quality+Noun	Quantity	Location

(66) 在 院子 裏 的 那 兩 只 黑 狗

[在-院子-裏] 的	[那	[兩-只	[黑 狗]]]]
전치사구	지시사	수사+분류사	형용사+명사
Location	Location	Quantity	Quality+Noun
집 안에 있는 그 두 마리의 검은 개			

　명사구를 둘러싼 수식어는 일정한 의미적 위계에 따라 일련의 연속된 형태로 표현되는데 Rijkhoff(2004, 2008)의 어순 해석은 기능주의적 관점에서 여러 언어 유형을 설명하는데 상당히 통찰력 있는 연구라고 판단된다.
　한편 Cinque(2005)는 지시사, 수사, 형용사의 어순에 대해 생성문법의 관점에서 분석하기도 하였다. 그는 모든 언어의 명사구 어순의 기저구조는 'Dem-Num-Adj-N'이라고 보았고 나머지 어순은 중심명사의 이동을 통해 파생된다고 보았다. 이것을 간단히 정리하면 다음과 같이 나타낼 수 있다.

(67) 지시사, 수사, 형용사 수식어의 어순 유형 도출(Cinque, 2005)

유형	어순 유형				수량 예측
a.	Dem	Num	A	N	아주 많음(중국어, 영어, 그리스어, 러시아어 등)
b.	Dem	Num	N	A	많음
c.	Dem	N	Num	A	아주 적음
d.	N	Dem	Num	A	거의 없음
……					
w.	A	Num	Dem	N	Ø - Greenberg 1963; Hawkins 1983)
x.	A	Num	N	Dem	(Ø - Greenberg 1963; Hawkins 1983)
y.	A	N	Num	Dem	아주 적음
z.	N	A	Num	Dem	아주 많음(Busa 언어, Thai언어, Maybrat언어 등)

(67)에서처럼 Cinque(2005)는 '지시사＋수사＋형용사＋명사'의 어순을 기본형으로 하여 명사구가 이동함으로서 다양한 어순이 생겨날 수 있다고 하고 이에 대한 다양한 통사적 분석을 시도하였다.[15] 이 중에서 가장 많은 언어에서 관찰되는 어순 유형으로는 'a'와 'z'이다. 중국어는 그 중에서 'a(Dem-Num-Adj-N)' 유형에 속한다고 볼 수 있다.

2.7.2. 관계절과 다른 명사수식어와의 어순 배열 관계

유형학적으로 관계절은 명사구를 연결하는 가장 복잡한 수식어로서 바깥쪽 층위에 위치하는 경향이 있다. 그리고 언어별로 관계절과 명사를 연결하는 연결표지(relator)가 다양하게 존재한다. 영어의 경우에는 다양한 관계대명

---

15) Dryer(2011:5)에서는 순수하게 통사적인 이동만으로 어순 유형을 결정하는 것에 반대하고 있다. 그는 오히려 어순은 의미적인 기제가 더 많이 작용한다고 보았다.

사가 그러하고 한국어에서는 관형격 조사나 전성어미가 그러한 연결자 역할을 한다. 중국어에서 가장 전형적인 관계절 연결표지는 '的'이다.

관계절과 다른 수식어의 어순 위계를 논할 때 우리는 그림1에서 제시된 Rijkhoff(2008:64-65)의 4단계 층위 관계에 주목할 필요가 있다. 그의 명사구 위계 관계 분석에 따르면 관계절은 속격어와 함께 장소 층위(location layer)에 속한다. 장소 층위의 또 다른 요소로 지시사를 들 수 있다. Rijkhoff(2004: 305)에서는 지시사와 관계절은 같은 층위에 속하는 수식어로 분류된다. 지시사는 근칭/원칭을 나타내는 문법표지로서 장소 연산자(localizing operator)이고 관계절은 중심명사를 수식하는 어휘 성분으로서 장소 위성(localizing satellite)에 해당한다16). 이러한 명사구의 위계 관계는 유형학적인 기초 위에서 설정된 것으로 여러 언어의 어순에 부합된다. 범언어적으로 관계절과 지시사는 같은 층위에 있어 상호간에 어순이 비교적 자유롭다. 관계절이 지시사에 선행하기도 하고 후행하기도 하다. 특히 관계절과 지시사가 같은 위치에 있는 경우(중심명사의 좌측 또는 우측)에는 어순이 비교적 자유롭다. 유형학적인 관점에서 보자면 지시사와 관계절이 상호 이동하는 어순은 여러 언어에서 관찰된다. 터키어의 관계절도 그러한 특징을 보여준다.

(68) a. *oyna-yan bu kucuk cocuk* (터키어)
　　　놀고 있는 이 　작은 　아이
　　b. *bu oyna-yan kucuk cocuk*
　　　이 놀고 있는 　작은 　아이 (this small child who is playing)

중국어의 관계절도 지시사와 같이 출현할 때는 어순이 비교적 자유로운 편이다. 관계절은 지시사에 선행할 수도 있고 후행할 수도 있다. 다음의 예

---

16) Operator와 Satellite에 대한 개념은 Rijkhoff(2004:216-231)을 참조. qualifying operator(예, 명사상 표지)--qualifying satellite(예, 형용사) quantifying operator(예, 단수/복수표지) --quantifying satellite(예, 수사)　localizing operator(예, 지시사)--localizing satellite(예, 관계절).

가 그러하다.

> (69) a. [[那 個]Dem [戴 眼鏡 的]Rel 小孩兒]np 很 胖
> b. [[戴 眼鏡 的]Rel [那 個]Dem 小孩兒]np 很 胖
> 안경을 쓰고 있는 그 어린 아이는 뚱뚱하다.
> *c.[那 個]Dem [小]Adj [戴 眼鏡 的]Rel 孩兒]np 很 胖

(69)에서 보이듯이 중국어에서 관계절은 지시사 앞에 오기도 하고 뒤에 오기도 한다. 그러나 관계절은 형용사 수식어 안으로는 들어가지 못한다. 중국어 관계절 어순 유형은 크게 '指量詞(지시사+수 분류사)+관계절+중심명사' 유형과 '관계절+指量詞(지시사+수 분류사)+중심명사' 어순으로 나누어진다. 이러한 어순의 차이에 대해서는 중국어 문법학계에서 많이 논의되어 왔다. 趙元任(1968 : 148), 呂叔湘(1985 : 214), 陸丙甫(2006), 唐正大(2007) 등이 그러하다. 이들의 논의에 따르면 중국어에서 관계절과 지시사의 어순은 통사적으로 두 가지 유형이 다 합법적이다. 다만 의미와 화용적인 차이에 의해서 어순이 달라진다. 지시사와 관계절의 어순에 따라 부각되는 의미와 초점이 달라진다는 점이 있을 뿐 통사적으로는 모두 합법적인 구조로 받아들여진다. 중국어에서는 어떤 대상을 관계화하는지에 따라 주어성분을 관계화할 수도 있고 목적어 성분을 관계화할 수도 있다. 唐正大(2007:142)에서는 중국어 코퍼스를 대상으로 관계절의 어순 양상을 분석하였는데 주어가 관계화될 때는 대개 관계절 내치형(지시사+관계절+중심명사) 어순이 훨씬 선호된다고 보았다. 반면 목적어가 관계화될 때는 관계절 외치형(관계절+지시사+중심명사)가 비교적 선호된다고 하였다. 이 중에서 통계적으로 더 높은 상관관계를 보이는 것은 관계절 내치형과 주어의 관계화이다. 다음은 唐正大(2007)의 자료를 다시 계량화한 것이다.

<표 2> 관계절 어순 유형별 사용빈도

관계절 유형		어순	용례수	비율
內置型	주어	這/那(個/些)+Rel+N(주어)	307	97.8%
	목적어	這/那(個/些)+Rel+N(목적어)	1	0.3%
	기타	這/那(個/些)+Rel+N	6	1.9%
	소계		314	100%
外置型	주어	Rel+這/那(個/些)+N(주어)	14	15.6%
	목적어	Rel+這/那(個/些)+N(목적어)	76	84.4%
	소계		90	100%

(70) a. 관계절 내치형 : [那位]Dem [[Subj] 戴眼鏡兒的]Rel [先生/N]]是誰?

　　　　　　　　　　안경을 쓴 그 선생님은 누구시지?

　　 b. 관계절 외치형 : [[他提到過[Obj] 的]Rel [那部]Dem [古典小說/N]]

　　　　　　　　　　그가 언급한 그 고전소설

위의 표와 예문을 통해서 보았을 때 중국어에서 관계절은 주어가 관계화 되면 지시사 뒤에 오는 경향이 강하다. 반면 목적어가 관계화되면 관계절이 지시사 앞에 오는 경향이 있다.

중국어 명사구 안에서 관계절은 지시사 이외에 수 분류사([수사+분류사])와 도 비교적 자유롭게 어순 이동을 할 수 있다. 중국어는 지시사와 수 분류사 의 층위가 엄격히 구분되지 않고 하나의 단위로 인식되는 경우가 많다. 즉 '지시사+수사+분류사'가 하나의 단위로 구분된다. 이것을 어순 유형으로 정리해 보면 다음과 같다.

(71) a. Rel+[(Dem)-Num-CL] +Adj+N

　　 b. [(Dem)-Num-CL] +Rel +Adj+N

(72) a. [那/Dem 兩/Num 只/CL] + [剛買的/Rel] + 鉛筆/N

　　 b. [剛買的]/Rel +[那/Dem 兩/Num 只/CL] + 鉛筆/N

　　　　방금 구입한 그 두 자루 연필

이러한 측면에서 보자면 Rijkhoff(2008)의 층위 구분이 중국어에서는 아주 엄격하게 적용되지는 않는다. 특히 관계절과 같은 장소 층위(localizing layer)와 수량 층위(quantifying layer)는 엄격한 경계를 가지지 않는다고 할 수 있다. 중국어의 수 분류사 수식어는 비록 수량 층위(quantifying layer)에 속하기는 하지만 장소 층위(localizing layer)와 어순 이동이 자유로운 편이다. 이것은 중국어의 수사가 단독으로 명사를 수식하지 못하고 반드시 수 분류사를 통해 하나의 수 분류사 구조를 이룬 뒤에 명사를 수식하기 때문이다.[17) 요컨대 중국어 명사구내에서의 수식어의 어순은 '[관계절]＋[(지시사)＋수사＋분류사]＋중심명사' 또는 '[(지시사)＋수사＋분류사]＋[관계절]＋중심명사'의 두 가지 어순이 다 허용된다.

2.8. 어순상관성의 관점에서 본 중국어의 어순

여러 언어의 어순 유형에 대한 통계를 살펴보면 일정한 경향성이 있다. Greenberg(1963)과 Lehmann(1973)은 매개변수 간의 어순상관성을 SVO/SOV/VSO 등의 기본어순을 기준으로 제시하였다. 예컨대 Greenberg(1963)에 따르면 전형적인 VSO 어순의 언어는 항상 전치사를 가지고('보편성-3'), SOV 어순의 언어는 대개 후치사를 가지며('보편성-4'), 전치사가 있는 언어는 속격어가 항상 중심명사 뒤에 온다('보편성-2'). Lehman(1973)에서도 V와 O의 어순이 다른 성분(매개변수)의 어순에 많은 영향을 준다고 하였다. 그러므로 동사와 목적어의 상대적인 순서를 알면 명사와 소유격, 부치사(adposition)와 명사, 명사와 형용사, 동사와 부사 등의 어순도 예측할 수 있다는 것이다.

---

17) Rijkhoff(2004:165)에서도 수 분류사 유형은 수사만 단독으로 사용되는 언어 유형과는 다르다고 보았다. '수사＋명사'는 결합이 긴밀하지만 '수사＋분류사＋명사'는 사실상 '[[수사＋분류사]＋명사]'의 체계를 가지고 있는 것이다.

그러나 Greenberg와 Lehmann이 제시한 매개변수 간의 상호관련성은 충분한 언어 샘플을 통해 검증되지 않아 실제 언어와 부합하지 않은 항목들이 존재한다. 중국어에서도 Lehmann이 제시한 상호 관련성과 다른 특성들이 다수 발견된다. 다음의 표는 Lehmann(1973)의 자료와 중국어의 어순 유형을 비교한 것이다.18)

<표 3> Lehmann(1973)의 성분 순서 상호관련성

(S)VO 언어		(S)OV 언어
기본어순	중국어(SVO)의 어순	기본어순
전치사+명사	전치사+명사	명사+후치사
명사+소유격	소유격+명사	소유격+명사
명사+형용사	형용사+명사	형용사+명사
명사+관계절	관계절+명사	관계절+명사
동사+부사	부사+동사	부사+동사
부정어+동사	부정어+동사	동사+부정어
비교형용사+기준	기준+비교형용사	기준+비교형용사
..	..	..

Hawkins(1983:281)은 300개 이상의 언어 샘플을 사용하여 Greenberg, Lehmann 등의 이론을 수정하고 보충하였다. Hawkins(1983:281)의 분석은 기존의 30여 개의 언어 샘플보다 10배 이상의 데이터를 기초로 작성되었기에 통계적으로 더 상관성이 높은 항목들과 그렇지 않은 것이 밝혀질 수 있었다. 그는 이러한 것을 기초로 어순상관성에 대한 기술을 더 상세화시켰다. 예를 들어 소유격과 관계절의 어순상관성은 다음과 같이 기술되어 있다.

(73) 만약 어떤 언어가 '명사+속격어(N Gen)'의 어순을 가지면 그 언어는 '명사+관계절(N Rel)'어순을 가진다. 그 역도 성립한다.

---

18) Lindsay J. Whaley(김기혁 역, 2010:113)을 참고함. 중국어 어순은 필자가 추가한 것임.

Dryer(1992, 2009)에서는 625개의 언어를 대상으로 하여 매개변수 간의 상관관계를 분석하였다. 그의 통계 분석에 따르면 '관계절+명사', '속격어+명사'등은 동사, 목적어 어순과 비교적 높은 상관관계를 가진다. 그러나 '형용사+명사', '지시사+명사'의 어순은 VO/OV 어순과는 관련성이 많지 않다는 것도 밝혀졌다. 이를 통해 볼 때 Greenberg, Lehmann 등이 제시한 어순상관성 항목 중에 어떤 것은 실제 언어 사실과 부합하지만 어떤 항목들은 큰 상관성이 없다.

최근에 계속 보충되고 있는 "The World Atlas of Language Structures (WALS)(2018년 12월 기준)" 데이터베이스에는 1000개 이상의 언어에 대한 정보가 저장되어 있다. 그 중에 VO/OV 어순과 비교적 많은 상관관계를 가지는 항목으로 관계절의 어순과 전치사/후치사의 분포 등을 들 수 있다. 예를 들어 VO 형 언어는 대부분 관계절이 후행한다[19]. 한편 VO 언어는 대부분 전치사를 가지고 OV 언어는 대부분 후치사가 존재한다는 것도 통계적으로 상관성이 비교적 높다.

(74) VO/OV와 전치사/후치사의 상관관계 (WALS(2018) 데이터)
    a. VO ∩ 전치사 (456개 언어)   b. VO ∩ 후치사 (42개 언어)
    c. OV ∩ 후치사 (472개 언어)   d. OV ∩ 전치사 (14개 언어)

(75) VO/OV와 관계절 어순 상관관계 (WALS(2018) 데이터)
    a. VO ∩ NRel (416개 언어)   b. VO ∩ RelN (5개 언어)
    c. OV ∩ RelN (132개 언어)   d. OV ∩ NRel (113개 언어)

이상의 선행연구들을 종합해서 볼 때 Greenberg가 제시한 어순상관성 항목 중에 유형학적으로 여전히 유효한 것은 전치사/후치사, 관계절과 속격어의 어순 등이라고 할 수 있다. 이중에서 명사구의 어순과 관련성이 있는 성

---

19) 그러나 그 역은 성립하지 않는다. 즉 관계절이 후행한다고 해서 반드시 VO 어순이라고는 말할 수 없다. 실제로 OV 어순에도 관계절이 후행하는 예들은 많기 때문이다.

분으로는 관계절과 속격어의 어순이다. Hawkins(1983:288)과 Rijkhoff(2004:262)에 따르면 VO 언어에서는 속격어가 뒤에 오는 'N Gen'유형이 'Gen N'보다 2배가 많다. OV 언어에서는 'Gen N'의 비율이 'N Gen'의 비율보다 5배 이상 많다. (75)에서 알 수 있듯이 관계절의 어순도 VO/OV 언어에 따라 큰 차이를 보인다. VO형 언어에서 관계절의 어순이 전치되는 'Rel N'의 유형은 거의 없고 대부분 관계절이 중심명사에 후행한다.

그렇다면 이러한 어순상관성이 가지는 의미는 무엇일까? 우리가 관심을 가져야 하는 것은 소위 Greenberg의 어순 매개변수 중에 어떤 항목들은 상관성을 가지는데 어떤 항목들은 상관성을 가지지 않는지에 대한 유형학적인 문제이다. 왜 형용사, 수사, 지시사의 어순은 VO/OV 어순과 상관성이 적은데 비해 관계절과 속격어는 비교적 높은 상관성을 가지는지를 생각해 볼 필요가 있다. 두 번째로 중국어는 어순 유형의 측면에서 상당히 예외적인 특징을 가지는데 그 이유는 무엇일까? 중국어는 VO형 언어임에도 불구하고 지시사, 수사, 형용사 뿐만 아니라 관계절과 속격어가 모두 명사에 선행하는 특징을 가지고 있다. 이것은 VO형 언어에서는 상당히 드문 현상이다. 중국어 어순 유형의 변이적 현상에 대해서 어떠한 해석이 필요하다. 앞서도 언급했듯이 하시모토(1973)는 중국어 어순 변이와 관련하여 언어접촉과 역사적 변화를 중요한 이유로 들었다. 그는 북방중국어가 알타이어와의 접촉을 통해 SVO에서 점점 SOV 언어 유형으로 변화하였다고 보았다. Lehmann(1973)도 "언어들이 예상과 다른 패턴을 보일 때는 그것들이 변화하는 중이라고 가정할 수 있다."라고 하였다. 이들의 논리를 받아들인다면 전형적인 VO/OV 언어는 일관적인 특징을 보이지만 한 가지 유형에서 다른 유형으로 변화 중인 언어는 두 가지 특징을 모두 가지게 된다.[20] 그러나 본고에서는 어순 유형의 변화를 언어접촉과 역사적 변화의 관점에서 해석하기보다 언어적

---

20) Lindsay J. Whaley(김기혁 역, 2010:115).

보편성의 차원에서 접근해 보고자 한다. 중국어의 어순이 역사적인 변화를 거쳤을 수는 있지만 의미나 기능주의적인 보편성을 무시하면서 변화하지는 않았을 것이라는 가정에서 우선 어순 배열의 기본 원리에 대해 고찰하기로 한다.

2.9. 중국어 어순 배열 원리에 대한 기능주의적 해석

어순을 결정하는 것은 통사독립적인 이유보다는 의미적이고 기능적인 요인이 강하다. 의미적이고 기능적인 요인에 의해 어느 정도 규약화되고 난 뒤에 어순이 통사적으로 일정한 구조로서 자리를 잡게 된다. 예컨대 대부분의 언어에서 주어는 목적어보다 선행하는데 이는 인간의 보편적 언어 사유와 관계가 있다. 사람들은 대개 주어를 먼저 제시하고 동사와 목적어를 인접하여 출현하게 하려는 언어 처리 방식을 선호한다. 주어가 먼저 제시되고 목적어와 동사가 인접한 것은 인간 언어의 가장 원초적인 언어 처리 방식인데 이는 인간의 단기 기억에 최소의 부담을 주려는 수단이라고 해석하는 Lehmann (1978)의 관점도 기본적으로 어순 원리를 기능적이고 심리적인 동기에 두고 있는 것이다.[21] Hawkins(1994, 2004)도 언어는 문장의 직접 성분들이 최대한 쉽고 효율적으로 파악될 수 있도록 배열된다는 기본 가정에서 출발하여 어순의 문제를 논하였다. 그리고 이러한 기본 원리에 기초하여 어순 유형을 통사적 구조로 형식화하였다. 언어의 기본어순은 기능적이고 심리적인 동기와 밀접한 관련을 가지고 그러한 원리는 통사 구조 안에서 작용하며 동시에 일정한 위계 관계를 가진다고 할 수 있다.

유형론적인 관점에서 볼 때 중국어도 다른 언어 유형과 마찬가지로 문장 성

---

21) Lehmann(1978)의 관점은 임홍빈(2007:55)에서 참고함.

분의 배열이 일정한 원리를 따른다. 본고에서는 Dik(1978[2006]), Hawkins(1994, 2004), Dryer(1992, 2009), Rijkhoff(2004) 등이 제시한 몇 가지 유형학적인 어순 배열의 원칙을 중심으로 중국어 명사구 어순에 대해 고찰해 보기로 한다.

    (A) 복잡성 증가의 원칙 (LIPOC)
    (B) 직접성분이 최대한 빨리 파악될 수 있도록 구조화되려는 원리(EIC)
    (C) 중심어 성분이 가깝게 배열되려는 원리(Head Proximity Principle)

2.9.1. 복잡성 증가의 원칙(LIPOC)

모든 문장 성분들은 기본어순 구조 내에서 복잡성이 최소화되는 방향으로 배열되려는 경향이 있다. 즉, 어순은 복잡성이 점차 증대되는 방향으로 배열되지 복잡한 방향에서 단순한 방향으로 배열이 되지는 않는다. 복잡성 증가의 원칙은 기능문법의 권위자로 알려진 Dik(1978)이 제시한 LIPOC 원리의 핵심 내용이다. LIPOC 원리에 따르면 접어나 대명사, 일반 명사구는 비교적 단순한 성분들이다. 이에 비해 전치사구, 관계절, 종속절 등은 복잡한 성분들이다. 언어 기능적인 입장에서 볼 때 다른 조건이 동일하다면 구성성분들은 복잡성을 점점 증가시키는 어순을 선호한다. 그래서 비교적 단순한 성분들이 선행하고 복잡한 성분들은 나중에 오는 경향이 있다. 또한 복잡한 전치사구나 관계절이 중심명사나 중심동사의 성분 파악에 최대한 장애가 되지 않는 방향으로 정렬된다. 유형학적으로 LIPOC 원리가 비교적 잘 적용되는 언어는 SVO 유형의 언어이다. SVO 언어에서는 대개 짧고 간단한 성분이 먼저오고 나중에 복잡한 성분이 오는 소위 'short-before-long'의 경향성을 보이는데 이는 복잡성이 점차 증대되는 어순 배열 원리와 부합된다. 그러나 SOV 언어에서는 핵이 후행하는 유형으로서 SVO 언어와는 반대의 어순 배열 현상을 보인다. 즉, 'long-before-short'의 패턴을 보인다. 복잡한 성분들이 앞에 오고 단순한 성분들이 뒤에 온다. 이것은 복잡성이 점차 약해지는 방향으로 정렬된다. SOV 언어는 LIPOC의 원리와는 반대로 복잡성이 점차 감소하는 형태로 정렬되는 특징이 있다.

Dik의 LIPOC 원리는 기능주의적 관점에서 가장 일차적으로 언급되는 원리 중의 하나이다. 문장에서 단순한 성분과 복잡한 성분 사이의 배열은 일정한 방향성을 가진다는 것이 핵심이라고 판단된다. SVO(VSO) 언어에서는 대개 단순한 성분에서 복잡한 성분으로 확대되는 방향성을 가진다. 반대로 SOV 언어에서는 핵 성분이 문미에 오기 때문에 복잡한 성분들이 앞에 오는 형태를 취한다. LIPOC의 원리는 Dryer(1992, 2009)의 분지방향이론(BDT)의 좌분지(left branching), 우분지(right branching)의 패턴과도 관련이 있다고 보여진다. Hawkins(1994, 2004), Rijkhoff(2004) 등에서 제시한 '조기 직접성분 원리(EIC)'나 '중심어 근접 원리'와도 많은 관련성을 가진다.

어순유형론적인 측면에서 보자면 중국어의 문장 성분들도 기본적으로는 복잡성이 최소화되는 방향으로 배열되려는 경향이 있다. 물론 Dik의 LIPOC의 원리가 그대로 적용된다고 보기는 어렵지만 중국어 어순도 복잡성을 감소시키는 방식으로 구조화된다는 측면에서는 보편성을 띄고 있다. 예를 들어 중국어는 명사구 수식어가 긴 문장을 선호하기 보다는 동사 반복이나 동사 위주로 풀어서 일종의 'V+N+V+N…'의 연동구문을 선호한다. 왜냐하면 중국어 명사구는 모두 수식어가 명사 앞에 오는 어순을 가지고 있는데 수식어가 복잡하면 SVO 구조에서는 중심동사와 목적어의 관계를 파악하는데 방해가 되기 때문이다. 예를 들어 "나는 [집을 살 돈]이 없다"라는 표현을 중국어에서는 "[나는 돈이 없다]+[집을 산다]"라는 구조로 나누어서 표현을 한다.

(76) a. (선호됨)　　　　　[我 沒有 錢] [買 房子]
　　　　　　　　　　　나 없다 돈　사다 집 (나는 집을 살 돈이 없다)

　　b. (덜 선호됨)　　　我 没有 [買 房子 的 錢]
　　　　　　　　　　　나 없다 사다 집 -의 돈

(77) a. 咱們 [找個地方] [說話].
　　　우리가 이야기 할 곳을 찾아봅시다.
　　b. 你 給她 [找個地方] [躲一躲吧].
　　　그녀에게 숨을 만한 곳을 좀 찾아 주시오.

　　(76.b)의 문장이 덜 선호되는 이유는 SVO 구조에서 동사와 목적어 사이에 복잡한 관계절이 삽입되어 있기 때문이다. 이렇게 되면 LIPOC에서 말한 복잡한 성분이 갑자기 끼어드는 상황이 발생한다. 필자의 판단으로는 중국어의 연동구문(Serial Verb Construction)이 발달한 것은 중국어 명사구를 '관계절-중심어' 구조로 바꾸게 되면 복잡성이 증가하는 것과도 관계가 있다고 보여진다. 다른 대부분의 SVO 언어에서는 관계절이 후행하여 'short-before-long'의 방식으로 처리할 수 있지만 중국어는 그렇지 못하기 때문이다. 중국어 문장 성분들도 기본어순 구조 내에서는 복잡성이 최소화되는 방향으로 배열되려는 일반적인 원리의 적용을 받는다.

2.9.2. 조기 직접 성분 원리(Early Immediate Constituents)

　　Hawkins(1994:57)의 조기 직접 성분 원리(Early Immediate Constituents)는 일종의 어순에 관한 통사처리 이론으로 단어와 구성 성분의 배열은 통사 그룹핑과 직접 성분이 최대한 빠르고 효과적으로 인지되고 생성될 수 있도록 이루어진다는 원리이다. 그는 어순에 대해 다음과 같은 기본 원리가 있다고 보았다.

　　(78) Hawkins(1994, 2005)의 기본적인 어순 규약
　　문법의 기본적인 어순 규약은 무표적인 상황에서 언어 처리의 편의성과 효

율성을 최대화하는 것이다. 특히 통사구조와 직접성분들이 인지되는데 가장
편리하고 효율적인 방향으로 어순은 규정된다.[22]

Hawkins(1994)는 언어 처리의 효율성을 높이기 위해서 문장의 직접성분(IC)
이 가장 쉽고 빠르게 인지되어야 한다고 보았다. 문장의 직접 성분이 최대한
빨리 파악될 수 있도록 어순을 구조화하면 통사 분석의 복잡성이 줄어든다.
Hawkins(2004:31)에서는 '조기직접성분 원리(EIC)'의 원리를 더 발전시켜 '최
소도메인 원리(Minimize Domain, MiD)'를 제시하기도 하였다. 최소도메인 원리
(MiD)는 인간이 언어를 인지하고 처리하는데 문장성분을 비롯한 여러 언어
형식의 연결이 최소화되는 방향으로 진행되는 것을 의미한다. Hawkins는 조
기 직접 성분 원리(EIC)나 최소도메인 원리(MiD)가 구성 성분의 어순 배열상
의 많은 규약을 설명해 준다고 보았다. 그 전형적인 예로 들 수 있는 것이
소위 '무거운 명사 이동(Heavy NP Shift)' 현상이다. 다음의 두 영어 문장 중에
(79)보다 (80)이 더 선호되는 이유는 직접성분의 파악이 훨씬 빠르고 쉽게 이
루어질 수 있기 때문이다.

(79) 덜 선호되는 어순

I gave NP[the valuable book that was extremely difficult to find] PP[to Mary]

    1   2   3   4   5   6   7   8   9   10   11

(80) 선호되는 어순

I gave PP[to Mary] NP[the valuable book that was extremely difficult to find]

    1   2   3   4

---

22) The basic ordering conventions of grammars maximize ease and efficiency of processing, in
the unmarked case, specially the ease and efficiency with which phrases and their ICs are
recognized. (Hawkins 1994:423).

위의 예문 중에서 (80)의 어순이 더 선호된다. 이는 통사 처리 과정에서 가급적 직접 성분들이 빨리 인지되도록 하기 위한 어순 배열 원리를 따른 것이다. Hawkins는 이것을 '무거운 명사 이동(Heavy NP Shift)'이라고 하였다. 무겁고 복잡한 명사구가 직접 성분 파악에 방해가 되므로 뒤로 이동을 하게 되는 것이다. 복잡한 명사구가 뒤로 이동하는 것은 바로 초기직접성분(EIC) 원리에 기초한다. 이것은 LIPOC의 'long-before-short(OV형 언어)', 'before-long-short(VO형 언어)' 선호도와도 상관성이 높다.

중국어 어순 배열에도 조기직접성분 원리는 비교적 잘 적용된다고 판단된다. 즉 중국어 문장 성분들이 최대한 빨리 파악될 수 있도록 어순이 구조화되는 특징이 있다. 唐正大(2006:409-411)에서도 이 원리가 중국어 어순에 적용될 수 있다고 보았다. 만약 두 가지 이상의 가능한 어순이 존재할 경우에는 그 중에서 복잡성이 낮고 직접 성분(IC)이 빨리 파악될 수 있는 것이 선택된다. 예를 들어 '안경을 쓰고 있는 그 여자 아이(戴眼鏡的那個小女孩兒)'과 '그 안경을 쓰고 있는 여자 아이(那個戴眼鏡的小女孩兒)'라는 두 가지 어순은 모두 다 합법적이다. 그러나 전체 통사구조에서 복잡성이 낮고 직접 성분 파악이 더 용이한 것이 문장에서 선택된다. 필자의 판단으로 전자는 주로 주제화되거나 주어 위치에서 실현이 되고 후자는 VO 구조 내부에서 실현이 된다. 특히 VO 구조에서 내부 목적어로 사용되는 관계절 명사구는 EIC 제약이 더 심하다고 보여진다.

(81) a. [戴眼鏡的那個小女孩兒] 很漂亮。
    b. [那個戴眼鏡的小女孩兒] 很漂亮。
        안경을 쓰고 있는 그 여자아이가 아주 예쁘다.

(82) a. 昨天我又見到了[那個戴眼鏡的小女孩兒](선호됨)
        1 2 3 4

b. 昨天我又見到了[戴眼鏡的那個小女孩兒] (덜 선호됨)
     1 2 3 4 5 6 7 8
어제 나는 안경을 끼고 있는 그 여자 아이를 또다시 만났다.

(81.a-b) 중에서 (81.a)가 선호되는 이유는 중심술어(見到了)의 직접성분을 파악하는 단서가 되는 지시사 [那個+..N]가 먼저 오기 때문이다. (82.b)에서는 '만났다(見到了)'의 직접 성분을 파악할 수 있는 성분이 더 뒤에 온다. 이는 통사 구조를 인지하는데 덜 효율적이다.

2.9.3. VO/OV 유형과 중심어 근접성 원리

Rijkhoff(2004)가 제시한 '중심어 근접성 원리(The Principle of Head Proximity)'는 Greenberg(1966), Hawkins(1983) 등이 제시한 어순 보편성에 대한 해석 원리 중의 하나이다. Rijkhoff(2004:263-265)는 중심어 근접성의 원리가 VO/OV형 언어에서 두루 적용된다고 주장하였다. 즉, 동사(V)와 중심명사(N)은 최대한 가까운 거리에 출현하려는 경향이 있다는 것이다. 이 원리에 따르면 명사구 안의 어순 위계 관계도 중요하지만 동사와의 거리도 어순 배열의 중요한 고려대상이 된다. 명사구에서 중심명사는 가능한 동사구의 핵인 주요 동사(V)와 가능한 가깝게 위치하는 방향으로 어순 배열이 이루어진다. 예를 들어 영어나, 한국어, 일본어, 베트남어, 바스크어 등 여러 언어에서 명사를 수식하는 성분 중에 관계절이나 속격어 등은 V와 N 사이에 가급적 오지 않는다는 것이 관찰된다. Hawkins(1983:288)가 분석한 330여종의 언어를 예로 볼 때 VSO 언어에서는 96.2%가 그러한 경향을 보이고, SVO 언어와 SOV 언어에서는 각각 82.5%(90개 언어/109개 언어), 87.9%(153개 언어/174개 언어)가 V와 N사이에 복잡한 수식어를 허용하지 않는다. Rijkhoff(2004:263)는 관계절이나 속격어는 비교적 복잡하고 긴 수식어 성분으로서 V와 N사이에 오게 되면

두 중심어 사이의 거리가 멀어지게 되기 때문에 가급적 바깥쪽에 위치한다
고 보았다. 언어 유형적으로 자주 관찰되는 어순을 보면 다음과 같다.

(83) 속격어의 어순
    a. VO 형 어순 : V [N Gen]np   b. OV 형 어순 : [Gen N]np V

(84) 관계절의 어순
    a. VO 형 어순 : V [N Rel]np   b. OV 형 어순 : [Rel N]np V

중심어 근접성 원리에서 도출되는 것으로는 크게 두 가지를 들 수 있다.
첫째 명사 수식어 중에 길고 복잡한 수식어는 중심명사와 비교적 먼 거리를
가지며 보통 연결자(relator)로 연결되고 중심동사와도 먼 거리에 위치한다. 이
러한 수식어를 Rijkhoff(2004)는 내포수식어(embedded modifier)라고 하였다. 내
포 수식어의 전형으로 분류되는 관계절과 속격어는 중심어 근접성의 원리의
적용을 강하게 받는다. 이들은 가급적 V와 N의 중간에 오기보다는 바깥쪽
에 위치한다. 둘째 명사구를 수식하는 성분 중에 긴 수식어보다는 짧은 수식
어가 중심명사와 더 가깝게 위치한다. 짧은 수식어들은 상대적으로 중심어
근접성 제약을 덜 받는다. 지시사, 수사, 형용사 등은 일정한 조건 내에서
V와 N사이에 올 수 있다. 특히 형용사 수식어는 명사와 결합이 긴밀하여
중심어 근접성 제약을 가장 덜 받는다. 이러한 것을 고려하여 VO/OV 언어
에서 선호되는 어순을 정리하면 다음과 같이 나타낼 수 있다.

(85) VO형 언어
    a. V [N A Gen/Rel]   (가장 선호됨)
    b. V [A N Gen/Rel]   (선호됨)
    c. V [(Gen/Rel) N (Gen/Rel) A]   (덜 선호됨)

(86) OV 형 언어

    a. [Gen/Rel A N] V   (가장 선호됨)

    b. [Gen/Rel N A] V   (선호됨)

    c. [A N G/Rel] V   (덜 선호됨)

그러나 중심어 근접성 제약은 언어 유형에 따라 적용되는 정도가 다르게 나타난다. VO 유형의 언어에서는 이 제약이 강력하게 작용하는 반면 OV 유형의 언어에서는 상대적으로 제약이 덜한 편이다. WALS 데이터베이스에서 분석된 1000여 개의 언어 중에 VO 유형을 가진 언어의 대부분(관계절의 경우 98%, 416개 언어/421개 언어)이 그러한 경향을 보인다. 그러나 OV 유형의 언어에서는 중심어 근접성 원리의 적용을 받지 않은 예들도 상당수 존재한다. 속격어의 어순은 적용이 잘 되지만 관계절은 V와 N 사이에 오는 예들이 있다. WALS 자료에 분석된 OV 언어 중에 관계절이 후행하는 '[N Rel]+V'어순을 가진 언어도 113개나 된다. 이는 단순한 예외적 현상으로 보기에는 많은 언어 수량이다. OV 유형의 관계절에 대한 검토는 더 진행되어야 할 것이다.

한편 중국어 어순 배열에 있어서 중심어 근접성의 원리는 표면상으로 그다지 강한 구속력을 가지지는 않는다. 왜냐하면 무엇보다도 중국어는 거의 유일하게 VO 언어에서 관계절과 속격어가 선행하는 언어이기 때문이다. 중국어는 'V+[Rel/Gen N]'어순이 지배적 어순이다. 중심어 근접성 원리에 의하면 V와 N사이에 관계절과 속격어가 들어가면 중심어 간의 거리가 멀어지게 되는데 이러한 어순이 중국어에서는 허용이 된다.

(87) 你 爲什麼 要 用/V [那麼個難寫]Rel 的 名字/N?

    당신은 왜 그렇게 어려운 이름을 쓰려고 합니까?

(88) 他 參加/V 了 [我們]Gen 的 學生活動/N .

    그는 우리의 학술활동에 참가했다.

　그러나 비록 중국어의 관계절이 V와 N사이에 올 수는 있어도 그 비율면
에서는 한국어나 영어만큼 선호되지는 않는다. 중국어에서는 상대적으로 길
고 복잡한 관계절 수식어가 V와 N사이에 오는 횟수가 적다. 특히 VO 구조
에서 목적어가 되는 명사구 안에 길고 복잡한 수식어가 오지 않으려는 경향
은 한국어보다 강하다. 한국어에서 흔히 긴 관형어로 표현되는 명사구는 중
국어에서 그렇게 선호되지 않는다. 이는 한국어를 중국어로 번역하는 과정
이나 중국어-한국어 병렬코퍼스에서 자주 발견하게 되는 현상이다.[23]

> (89) a. [영희는] [[어제 군대에서 휴가 나온] 남자친구를]NP [만나러 갔다]VP.
> 　　b. (덜 선호됨) [英熙] [去見]VP [昨天從軍隊休假回來的男朋友]NP 了.
>
> (90) a. [세계에서 경제적 지위가 날로 높아지고 있는]Rel [중국]N
> 　　b. (덜 선호됨) [在世界上經濟地位越來越高的]Rel [中國]N
> 　　c. (선호됨)　　[中國]N [在世界上經濟地位越來越高]VP。

　唐正大(2007)의 중국어 코퍼스 분석 자료에도 목적어 위치에 오는 관계절
은 그 수량이 많지 않다. 특히 구어자료에서 관계절은 거의 사용되지 않는
다. 다시 말하면 중국어는 한국어보다 관계절과 같은 길고 복잡한 수식어가
덜 선호된다. 만약 길고 복잡한 수식어가 명사를 꾸미는 경우에는 대개 문두
로 주제화(topicalization)되는 경우가 많다. 한국어는 OV형 언어로서 '[주어+
[수식어+...+중심명사]/목적어+V(동사)'구조가 언어 유형상 자연스럽게 받
아들여지는 반면 중국어에서는 VO형 언어로서 '주어+V(동사)+[수식어
+...+중심명사]/목적어' 구조가 상대적으로 덜 선호된다. 이러한 측면에서
보자면 중국어도 어느 정도는 중심어 근접성의 원리를 지킨다고 할 수 있다.

---

23) 이에 대해서는 조선일보, 동아일보 한국어-중국어 병렬코퍼스의 비교 분석을 통해 파악
　　이 가능하다. 필자가 교류한 중국인 교수도 한국어의 복잡한 관형어가 중국어로 번역될
　　때는 동사구로 변환되는 경우가 많다고 하였다. 중국인들은 한국어와 영어에 관계절이
　　훨씬 많은 비율로 출현한다고 느낀다.

2.10. 유형학적 관점에서 본 중국어 어순

본 장에서는 언어 유형학적인 관점에서 중국어 어순을 살펴보았다. 어순 유형론적인 관점에서 볼 때 중국어 어순은 동사구와 명사구의 어순의 분포가 대립적이다. 중국어 동사구는 일반적으로 핵이 선행하는 어순이다. 동사구의 핵인 중심술어가 선행하고 그 목적어가 뒤에 오는 VO형 어순을 가진다. 그러나 이에 비해 중국어 명사구는 모든 수식어 성분이 선행하고 중심어가 후행하는 전형적인 핵 후행(head-final) 어순 유형을 가진다. 이는 다른 대부분의 SVO 언어와는 차별되는 중요한 특징이다. 1000여 개의 언어데이터를 고찰했을 때 중국어는 동사구의 범주와 명사구의 범주가 서로 다른 어순 유형을 가지는 아주 특별한 언어이다. 이러한 어순 유형상의 특징은 Greenberg, Lehmann 등과 같은 초기 언어유형학자들이 귀납한 어순상관성으로 설명하기 힘든 점이었다. 이에 본고에서는 초기 언어 유형학적 분류의 문제점을 검토하고 어순 매개변수 간의 상관성을 재설정하였다. 그리고 통계적으로 여전히 유효한 상관성을 중심으로 중국어 어순 위계를 논하였다.

Greenberg가 어순 보편성을 제시할 당시에는 30여 개의 언어만이 분석대상이 되었다. 분석 언어의 수량이 적은 관계로 그가 제시한 언어 보편성 원리 중에 일부는 수정이 불가피하였다. 그러나 현재 독일 막스플랑크 연구소나 The World Atlas of Language Structures 2018 데이터에는 1000개 이상의 언어 자료가 형태, 통사, 문법소 별로 분석이 되어 있다. 이제는 수량 면에서 충분히 큰 언어자료가 존재하므로 더 발전된 어순 유형의 보편성을 논할 수 있게 되었다. 본고에서도 Hawkins, Rijkhoff, Dryer 등의 새로운 연구 성과를 기초로 하여 중국어 명사구도 큰 틀에서 어순 보편성의 원리와 부합된다는 점을 논의하였다.

—
제3장

표준중국어와 지역 방언의 어순 비교

3.1. 중국 지역 방언별 어순 유형 비교의 필요성

유형학적 관점에서 볼 때 표준중국어와 방언은 모두 SVO 어순 유형으로 분류된다. 그러나 이것은 어디까지나 동사(V)와 목적어(O)의 기본어순 배열에서 공통점을 가진다는 것이지 수식어나 다른 문법표지들의 어순 배열까지 완전히 동일함을 의미하지는 않는다. 대분류의 차원에서는 비슷하지만 세부적인 측면에서는 다른 점도 많다. 예를 들어 중국 방언의 세부적인 형태·통사적 특징을 조사해 보면 어순 유형상의 일정한 차이점을 발견할 수 있다. 다음의 예를 보자.

(1) a. 公鷄 母鷄 (수식어+명사) 北京話(북방 방언)
   b. 鷄公 鷄母 (명사+수식어) 粵語(남방 방언)
      수탉 암탉

(2) a. 你先去 (부사+동사) 北京話(북방 방언)
   b. 你行(去)先 (동사+부사) 粵語(남방 방언)
      당신 먼저 가세요.

(3) a. 我比他大 (비교표지+대상+형용사) 北京話(북방 방언)

　　b. 我大過佢(他) (형용사+ 비교표지+대상)粤語(남방 방언)
　　　나는 그 보다 나이가 많다.

(4) a. 給我一本書 (동사+간접목적어+직접목적어) 北京話(북방 방언)
　　b. 畀(給)本書我　(동사+직접목적어+간접목적어) 粤語(남방 방언)
　　　나에게 책 한 권을 주세요.

　(1-4)는 북경어와 광동어가 어순 배열 방식에서 상당한 차이가 있음을 보여준다. 이러한 차이는 다른 북방 방언과 남방 방언을 조사해도 비슷하게 나타난다. 대개 북방 방언은 수탉/암탉 등과 같은 동물의 성별을 나타내는 명사수식어가 앞에 오지만 남방 방언은 뒤에 위치한다. 비교급을 나타내는 어순도 북방 방언과 남방 방언이 서로 다르다. 이중목적어 구문에서 직접목적어와 간접목적어의 배열 순서도 다르게 나타난다. 북방 방언에서는 대개 주다(給) 동사의 간접목적어가 앞에 오고 직접목적어가 뒤에 위치하지만 남방 방언에서는 어순이 반대로 나타나는 경우가 많다.

　그러나 중국어 북방 방언과 남방 방언의 어순이 대방언구(7대 방언구 혹은 10대 방언구)별로 명확하게 구별되는 것은 아니다. 자세히 관찰해 보면 방언구 내에서도 여러 가지 변이형이 존재한다. 예를 들어 같은 관화(官話) 방언에서도 방언지점(方言点)별로 약간의 차이를 보인다. 북경(北京), 서안(西安)에서는 '公鷄(수탉)'이라고 하지만 서남관화 지역인 상덕(常德)에서는 '鷄公'이라는 어순도 사용한다. 민(閩), 감(贛), 객가(客家) 방언에서는 월(粤) 방언과 유사하게 '鷄公'이라는 어순을 사용한다. 그러나 연성(連城), 만재(萬載) 등과 같은 일부 지역에서는 '公鷄'와 '鷄公'을 모두 사용한다. 오(吳) 방언 지역에서도 '公鷄'와 '鷄公'을 모두 사용하는 지역이 많다. 상해(上海)와 소주(蘇州) 지역의 방언이 그러하다. 전체적으로 북쪽 방언일수록 '公鷄(수탉)'이라는 복합어의 어순이 '수식어+피수식어'이고 남쪽 방언일수록 '피수식어+수식어'라는 경향성이 존재한다. 그러나 동시에 북방 방언과 남방 방언의 접촉 지점에서는 두 가지 어순이 혼재하는 양상도 보인다.

중국 지역 방언의 어순이 남북의 지리적 거리에 따라 차이를 보인다는 것은 여러 방언학자와 유형론 연구자들의 연구에서 언급되었다. 橋本萬太郞 (1983[2008]), Dryer(2005), SongJaeJung(2012) 등이 그러하다. 예컨대 Dryer(2005: 367), SongJaeJung(2012:68)에서는 북방 중국어가 북방 알타이어를 비롯한 SOV 언어의 영향을 받아서 모든 수식어가 중심어 앞에 오는 어순을 취한다고 하였다. 이에 비해 남방 방언은 전형적인 SVO 어순의 특징을 더 많이 보유하고 있다. 그리고 일부 수식어가 후행하는 현상은 중국 남방의 소수민족 언어나 동남아시아 언어의 어순과 유사하다.

언어지리유형학이나 어순유형론의 연구를 보자면 어순이나 언어구조는 지역 방언을 구분하는 중요한 요소가 된다. 그러나 아직까지 중국 방언 유형 분류에서 어순 항목이나 문법구조는 충분히 고려되지 못했다. 橋本萬太郞 (1983[2008]:25)에서도 전통적인 방언연구가 음운학적인 중심에서 서서히 언어구조적 측면으로 확대할 필요가 있음을 주장하였다. 전통적인 방언연구에서는 주로 ≪方言調查字表≫와 같은 단음절 형태소(漢字)의 음운적 특징이 분류의 기초가 되었다. 그러나 이에 비해 언어구조나 문법적인 특징의 연구는 그렇지 못하다. 李方桂, 趙元任, 丁聲樹 등의 학자들에 의해 본격적으로 시작된 방언 유형 연구에서도 음운적 특징이 주된 관심 분야였다. 이에 비해 언어구조나 어순은 상대적으로 소홀하게 취급되었다.[24)]

중국어 방언 어순 자료의 비교 분석은 지역별로 여러 변이형을 조사하는 것에서부터 시작된다. 본고에서는 최근 들어 출판된 대량의 방언지도집을 토대로 여러 방언지점의 언어적 특징을 검토하고 그 중에 어순과 상관이 있는 항목들을 종합적으로 비교하고자 한다. 물론 이전의 연구에서 어순 항목에 대한 조사가 있기는 하지만 조사지점이 몇 개에 불과하거나 단편적인 어

---

24) 李如龍(2001:13)에서도 이러한 점에 대해서 지적하고 있다.

순 항목 나열에 그치는 경우가 많았다. 만약 어순 변이형을 토대로 방언 유형을 분류하려면 여러 항목을 종합적으로 비교하는 것이 좋을 것이다. 한 두개의 항목을 단편적으로 비교하게 되면 그 분류의 정확성이 떨어질 수 있기 때문이다.

세계의 언어를 어순의 차이에 따라 몇 가지 유형으로 나누는 것처럼 중국 방언 내부에서도 어순의 변이형을 토대로 그 유형을 분류하는 것은 충분히 유의미한 시도이다. 음운이나 어휘의 변이형처럼 중국 방언의 어순도 체계적인 조사를 토대로 귀납을 해 나간다면 일정한 경향성을 발견할 수 있다. 이러한 경향성은 방언의 분류뿐만 아니라 어순유형학적인 연구에도 중요한 참고자료가 될 것이다.

3.2. 중국 지역 방언 조사 지점의 설정과 조사 방법

중국어 어순 유형의 지역적 변이형을 조사하기 위해서는 우선적으로 방언지점을 선택하는 작업이 선행되어야 한다. 본 연구에서는 Jerry Norman(1988:182), 鄭錦全(1994, 2003), 張雙慶(1996), 袁家驊(2006), 曹志耘(2008a, 2008b, 2008c), 李榮(1989, 2002), 游汝杰(1992), 李如龍(2000, 2001), 錢曾怡(2002), 詹伯慧(2000, 2004), 熊正輝·張振興(2008) 등의 연구에 기초하여 대표 방언지점(方言點)을 선택하였다. 선행 연구에서는 음운적 기준과 어휘적 기준에 따라 중국을 대방언구(大方言區)로 나누고 각 지역별로 대표 방언지점(方言點)을 제시하였다. 본 연구에서는 추가적으로 사용인구라는 요소까지 고려하여 대방언구별로 방언지점을 선택하였다. 특히 대방언구 중에서 관화(官話) 방언은 사용인구가 8억이 넘고 지리적으로 장강(長江) 이북 전체를 차지할 만큼 넓게 분포하기 때문에 다시 8개로 세분하여 고찰하기로 하였다. 아래의 표는 대방언구별로 정리한 방언지점이다.

<표 4> 대방언구 및 방언조사지점

번호	대방언구 및 방언조사지점	주요 사용지역
①	관화 방언(官話方言) ⓐ北京官話(北京, 承德 등),　ⓑ東北官話(哈爾濱, 瀋陽 등), ⓒ冀魯官話(天津, 濟南 등),　ⓓ膠遼官話(大連, 靑島 등), ⓔ中原官話(西安, 洛陽 등),　ⓕ江淮官話(南京, 合肥 등), ⓖ西南官話(武漢, 成都 등),　ⓗ蘭銀官話 (蘭州, 銀川 등)	북경(北京), 흑룡강(黑龍江), 요녕(遼寧), 산동(山東), 섬서(陝西), 사천(四川), 강소(江蘇), 호북(湖北) 등 중국 장강 이북의 대부분 지역과 운남(雲南), 영하(寧夏), 감숙(甘肅) 지역
②	진 방언(晉方言) : 太原, 大同, 寧武 등	산서(山西)
③	오 방언(吳方言) : 上海, 蘇州, 溫州, 杭州, 紹興, 舟山 등	상해(上海), 절강(浙江), 강소(江蘇)
④	상 방언(湘方言) : 長沙, 漣源, 雙峰 등	호남(湖南)
⑤	감 방언(贛方言) : 南昌, 萬載, 宿松, 武寧 등	강서(江西)
⑥	휘 방언(徽方言) : 金華, 休寧, 祁門, 績溪 등	안휘(安徽)
⑦	객가 방언(客家方言) : 梅縣, 汕頭, 惠州, 連城 등	복건(福建), 광동(廣東)
⑧	월 방언(粤方言) : 香港, 廣州, 雷州 등	광동(廣東)
⑨	민 방언(閩方言) : 潮州, 廈門, 福州, 泉州 등	복건(福建), 대만(台灣)
⑩	평화(平話) : 武鳴, 龍州 등	광서(廣西)
합계	10대 방언구에 속한 280개 방언지점	

본 연구에서는 각 대방언구를 대표할 만한 방언지점의 언어정보를 조사하기 위해 방언지도집 형태의 자료와 방언사전류를 고찰하였다. 아래에 제

시된 방언 자료집은 본 연구의 기초 자료이다.

① 中國社會科學院, 澳大利亞人文科學院編(1987), 《中國語言地圖集》, Longman出版社
② 李榮主編(2002), 《現代漢語方言大詞典(1冊~42冊)》, 江蘇敎育出版社
③ 曹志耘 主編(2008), 《漢語方言地圖集：語音卷》, 商務印書館
④ 曹志耘 主編(2008), 《漢語方言地圖集：詞彙卷》, 商務印書館
⑤ 曹志耘 主編(2008), 《漢語方言地圖集：語法卷》, 商務印書館
⑥ 岩田 禮(Iwata Ray)編(2010), 《漢語方言解釋地圖》, 白帝社
⑦ 岩田 禮(Iwata Ray)編(2012), 《漢語方言解釋地圖(續集)》, 白帝社
⑧ 張振興(2013), 《中國語言地圖集(第2版)：漢語方言卷》, 商務印書館

이 방언 자료집은 1980년대 이후 중국과 해외의 여러 방언학자들이 공동
으로 조사한 내용을 정리한 것으로 다양한 방언 정보를 담고 있다. 이는 중
국어 어순의 변이형을 파악하기 위한 일차적인 연구 자료이다.

3.3. 표준중국어와 지역 방언의 어순 비교

중국의 지역 방언은 북쪽에서부터 남쪽까지 분포되어 있다. 이는 크게 장
강(長江)을 경계로 장강 이북 방언(북방 방언), 장강 인접 지역 방언, 장강 이남
방언(남방 방언)으로 나누어진다. 관화(官話) 방언, 진(晉) 방언, 오(吳) 방언, 상
(湘) 방언, 휘(徽) 방언, 감(贛) 방언, 객가(客家) 방언, 민(閩) 방언, 월(粵) 방언,
평화(平話) 방언이 그런 지리적 순서로 나열될 수 있다.

중국어의 어순은 북방 방언에서 남방 방언으로 내려갈수록 일정한 차
이를 보인다. 아래에서는 이러한 차이에 대해서 간단히 개괄해 보기로
한다.

3.3.1. 동물 성별 형태소 어순

중국 방언에서 '수탉(公鷄)', '암탉(母鷄)'처럼 동물의 성별을 나타내는 단어
는 지역별로 일정한 차이가 존재한다. 대개 북방 방언은 수탉이나 암탉 등과
같은 동물의 성별을 나타내는 명사수식어가 앞에 온다. 즉, [동물 성별 형태
소+명사]의 어순을 가진다. 이에 비해 남방 방언은 수식어가 뒤에 위치하는
경향성이 있다. 중국 남방 방언은 [명사+동물 성별 형태소] 어순으로 표현
되는 지역이 많다. 또한 '수탉(公鷄:[수컷+닭])', '鷄公[닭+수컷]'을 모두 사
용하거나 '公鷄公[수컷+닭+수컷]'을 사용하기도 하는 등 다양한 변이형이
존재하는 지점도 있다. 두 가지 어순이 혼합하여 사용되는 경향성은 대체로
장강 유역의 중부 방언에서 관찰된다.

아래의 그림은 曹志耘(2008)의 ≪漢語方言地圖集: 語法卷≫ 중에서 280개
의 방언지점을 선택하여 그 지리적 정보를 시각적으로 표현한 것이다.[25] 그
림에서도 보이듯이 동물 성별 형태소가 명사에 선행하는 '수탉(公鷄:[수컷+
닭])' 어순은 북방 방언을 중심으로 분포한다. 중국 서부지역과 남서부 지역
에도 대체로 수식어가 선행하는 어순을 취한다. 그러나 '鷄公[닭+수컷]'처
럼 동물 성별을 나타내는 형태소가 후행하는 어순은 중국 남부 지역에 집중
되어 있다. 중부 지역은 두 가지 어순이 공존하는 형태를 취한다.

---

25) 본고에서 고찰한 280개 방언지점에 대한 조사 결과는 기본적으로 2012년 토대연구지원
사업(과제번호: NRF-2012S1A5B4A01035130)으로 수행된 "중국 전자문화지도 제작 - 중
국 언어·문학 지도 작성을 위한 자료 구축" DB 결과물을 기초로 한다. 이 방언 DB에
는 중국 지역 방언에 대한 음운, 어휘, 문법, 어순 정보가 엑셀 파일 형태로 기록되어 있
다. 본고에서는 이 중에서 어순과 관련된 항목을 추출하였다. 그리고 그 결과를 다시 방언
지도집과 대조하면서 일부분의 오류를 수정하였다. 더 나아가 엑셀과 태블로(Tableau) 프
로그램을 사용하여 지도 형태의 시각화 작업을 병행하였다. 지리정보 시각화에 사용한
태블로(Tableau) 프로그램은 자체적으로 지도가 내장되어 있을 뿐만 아니라 엑셀 데이터
베이스 자료와 연동하여 쉽고 편리하게 시각화를 할 수 있다는 장점 덕분에 최근 들어
연구자들의 주목을 받고 있다. 시각화 분석에 대한 태블로 프로그램 활용법과 관련 자
료는 'www.tableau.com'에서 내려 받을 수 있다.

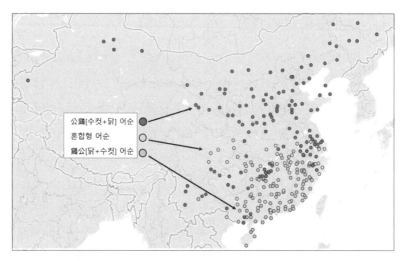

<그림 5> '公鷄[수컷+닭]'/'鷄公[닭+수컷]' 어순의 지리적 분포

<표 5> 동물 성별 형태소의 어순

지역구분	방언구	조사지점	公鷄(수탉) (명사수식어)
북방 지역 (北方方言)	東北官話	哈爾濱	公鷄
	北京官話	北京	公鷄
	冀魯官話	天津	公鷄
	膠遼官話	靑島	公鷄
	中原官話	西安	公鷄
	蘭銀官話	蘭州	公鷄
	西南官話	常德	鷄公_公鷄_
	江淮官話	南京	公鷄公_公鷄
	晉語	平遙	公鷄
	晉語	大同	公鷄
중부 지역	吳語	上海	鷄公_公鷄
	吳語	蘇州	鷄公_公鷄
	徽語	祁門	鷄公
	徽語	績溪	鷄公
	湘語	長沙	公鷄
	湘語	漣源	公鷄
	贛語	南昌	鷄公
	贛語	萬載	鷄公_公鷄

남방 지역 (南方方言)	客家	連城	鷄公_公鷄
	客家	惠州	鷄公
	閩語(南)	潮州	鷄公
	閩語(北)	福州	鷄公
	粵語	香港	鷄公
	粵語	廣州	鷄公_公鷄
	平話	武鳴	鷄公_公鷄
	平話	桂林	鷄公_公鷄
	平話	龍州	鷄公_公鷄

3.3.2. 부사어-술어 어순(你先去; 再吃一碗)

동사 술어를 수식하는 부사의 어순도 지역 방언별로 일정한 차이가 존재한다. 예를 들어 "你先去(너 먼저 가)"에 해당되는 방언의 표현 형식은 지역별로 "你先去(주어+부사+동사)" 어순과 "你去先(주어+동사+부사)" 어순으로 나누어진다. 비율면에서 보자면 전자가 다수를 차지하고 후자는 소수를 차지한다. 지리적 분포로 볼 때 전자는 중국 북방 방언, 중부 방언, 일부 남방 방언에 분포되어 있다. 반면 후자는 장강 이남 지역에 분포한다. 아래의 표에서 보이듯이 북방 방언에 속하는 동북관화, 북경관화, 중원관화 지역에서는 대부분 "你先去(주어+부사+동사)"의 어순으로 사용된다. 曹志耘(2008c)의 중국 방언지도를 살펴보더라도 이러한 경향성을 확인할 수 있다. 비록 일부 서남관화 지역인 중경(重慶), 충현(忠縣), 유주(柳州) 지역에서 "你去先", "你先去先", "你先去" 등의 어순이 혼재하기도 하지만 이러한 예는 소수에 불과하다. 그러나 장강 이남 방언의 경우는 "你先去(주어+부사+동사)"의 비율이 낮아진다. 예를 들어 오(吳) 방언 지역에서는 "你先去"를 사용하는 비율이 낮고 "你去先(주어+동사+부사)"처럼 부사 '先'이 동사에 후행하는 어순이 높다. 오(吳) 방언 30개 지점을 관찰한 결과에 따르면 14개 방언지점이 "你先去(주어+부사+동사)", "你去先(주어+동사+부사)" 어순을 모두 사용하는 것을 알 수 있다. 더 나아가 오(吳) 방언보다 더 남쪽에 위치하는 월(粵) 방언은 대부분의 경우에 "你先去(주어+부사+동사)" 어순이 관찰되지 않는다. 본고에서 조사한 결과 월(粵) 방언의 90% 이상이 "你去先(주어+동사+부사)" 어순으로 사용된다. 아래의 그림에서도 이러한 지리적 경향성이 확연하게 드러난다.

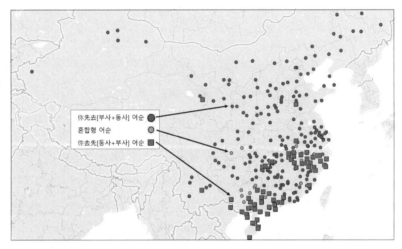

<그림 6> "你先去(부사+동사)"/"你去先(동사+부사)" 어순의 지리적 분포

한편 다른 "再吃一碗(다시 한 그릇을 더 먹는다)"라는 표현의 경우에도 지역별로 부사 '再'의 어순이 다르게 표현된다. 북방 방언의 경우는 대부분 "再吃一碗(부사+동사+수량사)"의 어순으로 사용된다. 아래의 그림에서 보이듯이 북방 방언에 속하는 동북관화, 북경관화, 중원관화, 난은관화, 진 방언 등에서는 부사가 동사에 선행한다. 이에 비해 남방 방언으로 갈수록 부사 '再'에 해당하는 단어가 동사구 뒤에 위치하는 비율이 증가한다. 예를 들어 온주(溫州), 남창(南昌), 무명(武鳴), 계림(桂林), 매주(梅州) 등의 지역에서는 "吃一碗添" 처럼 부사 '添'이 동사구 뒤에 사용된다. 또 일부 남방 방언에서는 "吃多一碗(동사+부사어+수량사)"처럼 부사가 동사 바로 뒤에 사용되기도 한다. 전체적

인 경향성은 남방 방언으로 갈수록 "再吃一碗(부사+동사+수량사)"의 어순 이
외에 부사가 후행하는 어순이 허용된다는 것이다. 지리적으로 북방 지역의
부사는 대부분 동사에 선행하지만 남방 방언은 여러 가지 어순이 혼재하는
양상을 보인다. 중부 방언과 남방 방언 중에는 두 가지 대립적인 어순이 혼
용되는 비율이 상당히 높다. 특히 오 방언과 민 방언, 월 방언이 그러하다.

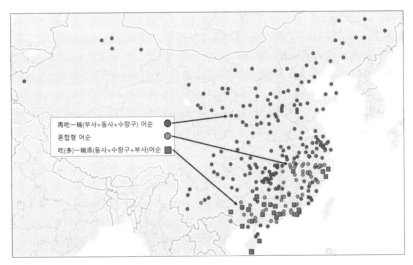

<그림 7> "再吃一碗"/"吃一碗添"(부사+동사+수량구) 어순의 지리적 분포

중국 지역 방언별로 부사와 동사의 어순을 정리한 결과는 다음 표와 같다.

<표 6> 부사와 동사의 어순

대방언구	방언지점	부사+동사(你先去)	부사+동사+수량구(再吃一碗)
동북관화(東北官話)	哈爾濱	你先去	再吃一碗
동북관화(東北官話)	牡丹江	你先去	再吃一碗
동북관화(東北官話)	白城	你先去	再吃一碗
동북관화(東北官話)	長春	你先去	再吃一碗
동북관화(東北官話)	吉林	你先去	再吃一碗
동북관화(東北官話)	雙遼	你先去	再吃一碗

동북관화(東北官話)	北鎭	你先去	再吃一碗
동북관화(東北官話)	瀋陽	你先去	再吃一碗
동북관화(東北官話)	通遼	你先去	再吃一碗
북경관화(北京官話)	北京	你先去	再吃一碗
북경관화(北京官話)	承德	你先去	再吃一碗
북경관화(北京官話)	淩源	你先去	再吃一碗
북경관화(北京官話)	赤峰	你先去	再吃一碗
교요관화(膠遼官話)	大連	你先去	再吃一碗
교요관화(膠遼官話)	青島	你先去	再吃一碗
교요관화(膠遼官話)	榮成	你先去	再吃一碗
교요관화(膠遼官話)	諸城	你先去	再吃一碗
기노관화(冀魯官話)	河間	你先去	再吃一碗
기노관화(冀魯官話)	昌黎	你先去	再吃一碗
기노관화(冀魯官話)	晉州	你先去	再吃一碗
기노관화(冀魯官話)	石家莊	你先去	再吃一碗
기노관화(冀魯官話)	唐海	你先去	再吃一碗
기노관화(冀魯官話)	臨邑	你先去	再吃一碗
기노관화(冀魯官話)	夏津	你先去	再吃一碗
기노관화(冀魯官話)	濟南	你先去	再吃一碗
기노관화(冀魯官話)	肥城	你先去	再吃一碗
기노관화(冀魯官話)	蓬萊	你先去	再吃一碗
기노관화(冀魯官話)	淄博	你先去	再吃一碗
기노관화(冀魯官話)	天津	你先去	再吃一碗
중원관화(中原官話)	利辛	你先去	再吃一碗
중원관화(中原官話)	靈璧	你先去	再吃一碗
중원관화(中原官話)	廣德	你先去	再吃一碗
중원관화(中原官話)	西峰	你先去	再吃一碗
중원관화(中原官話)	洛陽	你先去	再吃一碗
중원관화(中原官話)	魯山	你先去	再吃一碗
중원관화(中原官話)	靈寶	你先去	再吃一碗
중원관화(中原官話)	澠池	你先去	再吃一碗
중원관화(中原官話)	商城	你先去	再吃一碗
중원관화(中原官話)	鄭州	你先去	再吃一碗
중원관화(中原官話)	扶溝	你先去	再吃一碗
중원관화(中原官話)	隆德	你先去	再吃一碗
중원관화(中原官話)	樂都	你去先/你先去先	再吃一碗
중원관화(中原官話)	西寧	你先去	再吃一碗
중원관화(中原官話)	鄆城	你先去	再吃一碗
중원관화(中原官話)	滕州	你先去	再吃一碗
중원관화(中原官話)	霍州	你先去	再吃一碗
중원관화(中原官話)	襄汾	你先去	再吃一碗

중원관화(中原官話)	平陸	你先去	再吃一碗
중원관화(中原官話)	萬榮	你先去	再吃一碗
중원관화(中原官話)	平利	你先去	再吃一碗
중원관화(中原官話)	鎭安	你先去	再吃一碗
중원관화(中原官話)	戶縣	你先去	再吃一碗
중원관화(中原官話)	西安	你先去	再吃一碗
중원관화(中原官話)	延安	你先去	再吃一碗
중원관화(中原官話)	喀什	你先去	再吃一碗
중원관화(中原官話)	吐魯番	你先去	再吃一碗
강회관화(江淮官話)	合肥	你先去	再吃一碗
강회관화(江淮官話)	巢湖	你先去	再吃一碗
강회관화(江淮官話)	淮南	你先去	再吃一碗
강회관화(江淮官話)	鄂州	你先去	再吃一碗
강회관화(江淮官話)	紅安	你先去	再吃一碗
강회관화(江淮官話)	黃梅	你先去	再吃一碗
강회관화(江淮官話)	廣水	你先去	再吃一碗
강회관화(江淮官話)	漣水	你先去	再吃一碗
강회관화(江淮官話)	南京	你先去	再吃一碗
강회관화(江淮官話)	南通	你先去	再吃一碗
강회관화(江淮官話)	如東	你先去	再吃一碗
강회관화(江淮官話)	泰興	你先去	再吃一碗
강회관화(江淮官話)	東台	你先去	再吃一碗
강회관화(江淮官話)	江都	你先去	再吃一碗
강회관화(江淮官話)	丹徒	你先去	再吃一碗
강회관화(江淮官話)	九江縣	你去先/你先去先	吃一碗添/再吃一碗添
강회관화(江淮官話)	瑞昌	你去先/你先去先	吃一碗添/再吃一碗添
난은관화(蘭銀官話)	蘭州	你先去	再吃一碗
난은관화(蘭銀官話)	武威	你先去	再吃一碗
난은관화(蘭銀官話)	張掖	你先去	再吃一碗
난은관화(蘭銀官話)	阿拉善左	你先去	再吃一碗
난은관화(蘭銀官話)	吳忠	你先去	再吃一碗
난은관화(蘭銀官話)	銀川	你先去	再吃一碗
난은관화(蘭銀官話)	海原	你先去	再吃一碗
난은관화(蘭銀官話)	吉木薩爾	你先去	再吃一碗
난은관화(蘭銀官話)	哈密	你先去	再吃一碗
난은관화(蘭銀官話)	烏魯木齊	你先去	再吃一碗
서남관화(西南官話)	重慶	你先去先/你先先去	再吃一碗
서남관화(西南官話)	忠縣	你去先/你先去先/你先去	再吃一碗
서남관화(西南官話)	河池	你去先/你先去先/你先去	再吃一碗添
서남관화(西南官話)	柳州	你去先/你先去先/你先去	吃一碗添/再吃一碗添
서남관화(西南官話)	大方	你先去	再吃一碗

서남관화(西南官話)	貴陽	你先去	再吃一碗
서남관화(西南官話)	黎平	你先去	再吃一碗
서남관화(西南官話)	都勻	你先去	再吃一碗
서남관화(西南官話)	德江	你先去	再吃一碗
서남관화(西南官話)	遵義	你先去	再吃一碗
서남관화(西南官話)	恩施	你先去	再吃一碗
서남관화(西南官話)	鶴峰	你先去	再吃一碗
서남관화(西南官話)	鍾祥	你先去	再吃一碗
서남관화(西南官話)	武漢	你先去	再吃一碗
서남관화(西南官話)	常德	你先去	再吃一碗
서남관화(西南官話)	桃源	你先去	再吃一碗
서남관화(西南官話)	龍山	你先去	再吃一碗
서남관화(西南官話)	永順	你先去	再吃一碗
서남관화(西南官話)	張家界	你先去	再吃一碗
서남관화(西南官話)	平昌	你先去	再吃一碗
서남관화(西南官話)	成都	你先去	再吃一碗
서남관화(西南官話)	樂山	你先去	再吃一碗
서남관화(西南官話)	鹽亭	你先去	再吃一碗
서남관화(西南官話)	長寧	你先去	再吃一碗
서남관화(西南官話)	鑛巴	你先去	再吃一碗
서남관화(西南官話)	大理	你先去	再吃一碗
서남관화(西南官話)	昆明	你先去	再吃一碗
서남관화(西南官話)	永勝	你先去	再吃一碗
서남관화(西南官話)	臨滄	你先去	再吃一碗
서남관화(西南官話)	馬龍	你先去	再吃一碗
서남관화(西南官話)	文山	你去先/你先去	再吃一碗
서남관화(西南官話)	鹽津	你先去	再吃一碗
진 방언(晉方言)	磁縣	你先去	再吃一碗
진 방언(晉方言)	永年	你先去	再吃一碗
진 방언(晉方言)	宣化	你先去	再吃一碗
진 방언(晉方言)	鶴壁	你先去	再吃一碗
진 방언(晉方言)	獲嘉	你先去	再吃一碗
진 방언(晉方言)	臨河	你先去	再吃一碗
진 방언(晉方言)	包頭	你先去	再吃一碗
진 방언(晉方言)	長子	你先去	再吃一碗
진 방언(晉方言)	大同	你先去	再吃一碗
진 방언(晉方言)	陵川	你先去	再吃一碗
진 방언(晉方言)	陽城	你先去	再吃一碗
진 방언(晉方言)	平遙	你先去	再吃一碗
진 방언(晉方言)	臨縣	你先去	再吃一碗
진 방언(晉方言)	太原	你先去	再吃一碗

진 방언(晉方言)	平定	你先去	再吃一碗
진 방언(晉方言)	志丹	你先去	再吃一碗
진 방언(晉方言)	神木	你先去	再吃一碗
오 방언(吳方言)	銅陵	你先去	再吃一碗
오 방언(吳方言)	南陵	你先去	再吃一碗
오 방언(吳方言)	涇縣	你先去	吃一碗添/再吃一碗添/再吃一碗
오 방언(吳方言)	宣城	你先去	再吃一碗
오 방언(吳方言)	浦城	你去先/你先去	吃一碗添/再吃一碗
오 방언(吳方言)	金壇	你先去	再吃一碗
오 방언(吳方言)	常州	你先去	再吃一碗
오 방언(吳方言)	通州	你先去	再吃一碗
오 방언(吳方言)	蘇州	你先去	再吃一碗
오 방언(吳方言)	崑山	你先去	再吃一碗
오 방언(吳方言)	吳江	你先去	再吃一碗
오 방언(吳方言)	無錫	你先去	再吃一碗
오 방언(吳方言)	丹陽	你先去	再吃一碗
오 방언(吳方言)	廣豐	你去先/你先去先	吃一碗添/再吃一碗添
오 방언(吳方言)	上饒	你去先/你先去先	吃一碗添/再吃一碗添
오 방언(吳方言)	上海	你先去	再吃一碗
오 방언(吳方言)	杭州	你先去	再吃一碗
오 방언(吳方言)	金華	你去先	吃一碗添/再吃一碗添
오 방언(吳方言)	湯溪	你去先/你先去先/你先去	吃一碗添/再吃一碗添/再吃一碗
오 방언(吳方言)	義烏	你去先	吃一碗添/再吃一碗
오 방언(吳方言)	永康	你去先	吃一碗添
오 방언(吳方言)	龍泉	你去先/你先去先	吃一碗添/再吃一碗添/再吃一碗
오 방언(吳方言)	慶元	你去先/你先去先/你先去	吃一碗添/再吃一碗添
오 방언(吳方言)	常山	你去先/你先去先	吃一碗添/再吃一碗添
오 방언(吳方言)	江山	你去先/你先去先	吃一碗添/再吃一碗添
오 방언(吳方言)	龍遊	你去先/你先去先	吃一碗添/再吃一碗添
오 방언(吳方言)	嵊州	你先去	再吃一碗添
오 방언(吳方言)	臨海	你去先	吃一碗添
오 방언(吳方言)	蒼南	你去先	吃一碗添
오 방언(吳方言)	溫州	你去先	吃一碗添
상 방언(湘方言)	望城	你先去	再吃一碗
상 방언(湘方言)	衡山	你先去	再吃一碗
상 방언(湘方言)	漵浦	你先去	再吃一碗
상 방언(湘方言)	漣源	你去先	再吃一碗
상 방언(湘方言)	婁底	你去先	再吃一碗
상 방언(湘方言)	雙峰	你先去	再吃一碗
상 방언(湘方言)	新化	你去先	再吃一碗
상 방언(湘方言)	邵陽	你去先	再吃一碗

상 방언(湘方言)	武岡	你先去	再吃一碗
상 방언(湘方言)	湘鄉	你先去	再吃一碗
상 방언(湘方言)	保靖	你先去	再吃一碗
상 방언(湘方言)	益陽	你先去	再吃一碗
상 방언(湘方言)	桃江	你去先/你先去	再吃一碗
상 방언(湘方言)	長沙	你先去	再吃一碗
휘 방언(徽方言)	祁門	你去先/你先去先/你先去	吃一碗添/再吃一碗添/再吃一碗
휘 방언(徽方言)	休寧	你去先/你先去先	吃一碗添/再吃一碗添
휘 방언(徽方言)	績溪	你去先/你先去先/你先去	吃一碗添/再吃一碗添
휘 방언(徽方言)	德興	你去先/你先去先/你先去	吃一碗添/再吃一碗添/再吃一碗
휘 방언(徽方言)	淳安	你去先/你先去先/你先去	吃一碗添/再吃一碗添/再吃一碗
휘 방언(徽方言)	遂安	你去先/你先去	再吃一碗添
휘 방언(徽方言)	建德	你去先	吃一碗添/再吃一碗添/再吃一碗
휘 방언(徽方言)	壽昌	你去先/你先去先/你先去	吃一碗添/再吃一碗添/再吃一碗
객가 방언(客家方言)	連城	你先去	吃一碗添/再吃一碗添/再吃一碗
객가 방언(客家方言)	永定	你先去	吃一碗添/再吃一碗添/再吃一碗
객가 방언(客家方言)	東源	你去先/你先去	再吃一碗添/吃多一碗添/吃多一碗/再吃一碗
객가 방언(客家方言)	惠州	你去先/你先去	再吃一碗添/吃多一碗/再吃一碗
객가 방언(客家方言)	揭西	你先去	吃多一碗/再吃一碗
객가 방언(客家方言)	梅州	你先去	吃一碗添
객가 방언(客家方言)	五華	你先去	吃多一碗/再吃一碗
객가 방언(客家方言)	英德	你先去	吃一碗添
객가 방언(客家方言)	始興	你先去	再吃一碗添
객가 방언(客家方言)	翁源	你先去	再吃一碗添
객가 방언(客家方言)	防城港	你去先	吃一碗添/吃多一碗添
객가 방언(客家方言)	貴港	你去先	吃一碗添/吃多一碗添/再吃一碗
객가 방언(客家方言)	陸川	你去先/你先去	再吃一碗添
객가 방언(客家方言)	安遠	你先去	吃一碗添/再吃一碗添/再吃一碗
객가 방언(客家方言)	崇義	你先去	吃一碗添/再吃一碗添/再吃一碗
객가 방언(客家方言)	南康	你先去	吃一碗添/再吃一碗添/再吃一碗
객가 방언(客家方言)	於都	你先去	再吃一碗
객가 방언(客家方言)	桂東	你先去	再吃一碗
객가 방언(客家方言)	汝城	你先去	再吃一碗
감 방언(贛方言)	懷寧	你去先/你先去先/你先去	再吃一碗
감 방언(贛方言)	宿松	你去先	再吃一碗
감 방언(贛方言)	大冶	你先去	再吃一碗
감 방언(贛方言)	赤壁	你先去	再吃一碗
감 방언(贛方言)	崇陽	你先去	再吃一碗
감 방언(贛方言)	通城	你先去	再吃一碗
감 방언(贛方言)	安仁	你先去	再吃一碗
감 방언(贛方言)	永興	你先去	再吃一碗

감 방언(贛方言)	常寧	你先去	再吃一碗
감 방언(贛方言)	洞口	你先去	再吃一碗
감 방언(贛方言)	綏寧	你先去	再吃一碗
감 방언(贛方言)	嵩陽	你先去	再吃一碗
감 방언(贛方言)	平江	你先去	再吃一碗
감 방언(贛方言)	崇仁	你去先/你先去先	再吃一碗/再吃一碗添
감 방언(贛方言)	南豐	你去先/你先去先/你先去	吃一碗添/再吃一碗添/再吃一碗
감 방언(贛方言)	安福	你先去	吃一碗添/再吃一碗添
감 방언(贛方言)	井岡山	你先去	再吃一碗
감 방언(贛方言)	永豐	你先去	吃一碗添/再吃一碗添
감 방언(贛方言)	景德鎮	你去先	吃一碗添/再吃一碗添
감 방언(贛方言)	都昌	你去先	吃一碗添/再吃一碗添
감 방언(贛方言)	彭澤	你去先	再吃一碗
감 방언(贛方言)	永修	你去先/你先去先	吃一碗添/再吃一碗添
감 방언(贛方言)	南昌	你去先	吃一碗添
감 방언(贛方言)	進賢	你去先/你先去先	再吃一碗添
감 방언(贛方言)	弋陽	你去先	吃一碗添/再吃一碗添
감 방언(贛方言)	萬載	你先去	吃一碗添/再吃一碗添
민 방언(閩方言)	福州	你先去	再吃一碗
민 방언(閩方言)	建甌	你先去	再吃一碗添
민 방언(閩方言)	建陽	你先去	再吃一碗
민 방언(閩方言)	浦城	你去先	再吃一碗添
민 방언(閩方言)	邵武	你先去	再吃一碗
민 방언(閩方言)	南平	你先去	再吃一碗
민 방언(閩方言)	周寧	你去先/你先去	吃一碗添
민 방언(閩方言)	仙遊	你去先/你先去	再吃一碗
민 방언(閩方言)	安溪	你先去	再吃一碗
민 방언(閩方言)	泉州	你先去	再吃一碗
민 방언(閩方言)	泰寧	你先去	再吃一碗
민 방언(閩方言)	永安	你去先/你先去先/你先去	再吃一碗添
민 방언(閩方言)	尤溪	你先去	再吃一碗
민 방언(閩方言)	廈門	你先去	再吃一碗
민 방언(閩方言)	潮州	你先去	吃多一碗
민 방언(閩方言)	惠來	你先去	吃多一碗
민 방언(閩方言)	澄海	你先去	吃多一碗
민 방언(閩方言)	汕頭	你先去	吃多一碗
민 방언(閩方言)	雷州	你去先	再吃一碗
민 방언(閩方言)	海口	你去先	再吃一碗
민 방언(閩方言)	三亞	你去先	吃一碗添
민 방언(閩方言)	文昌	你去先	吃一碗添
민 방언(閩方言)	蒼南	你先去	吃一碗添/再吃一碗

민 방언(閩方言)	泰順	你去先/你先去	吃一碗添/再吃一碗添
민 방언(閩方言)	龍岩	你先去	再吃一碗
월 방언(粤方言)	澳門	你去先	再吃一碗添
월 방언(粤方言)	順德	你去先	吃多一碗添
월 방언(粤方言)	廣州	你去先	吃多一碗添/再吃多一碗添
월 방언(粤方言)	花都	你去先	吃多一碗添
월 방언(粤方言)	台山	你去先/你先去	再吃多一碗
월 방언(粤方言)	茂名	你去先	再吃一碗
월 방언(粤方言)	陽山	你去先	吃多一碗
월 방언(粤方言)	陽東	你去先	再吃一碗
월 방언(粤方言)	鬱南	你去先	吃一碗添
월 방언(粤方言)	北海	你去先/你先去	再吃一碗
월 방언(粤方言)	靈山	你去先/你先去	吃一碗添/再吃一碗添
월 방언(粤方言)	梧州	你去先	再吃一碗添/吃多一碗添
월 방언(粤方言)	博白	你去先	吃多一碗添
월 방언(粤方言)	玉林	你去先	再吃一碗添/吃多一碗添/再吃一碗
월 방언(粤方言)	香港	你去先	吃多一碗添/再吃多一碗
월 방언(粤方言)	東莞	你去先	吃多一碗添/吃多一碗
평화(平話)	田陽	你去先/你先去	吃一碗添
평화(平話)	龍州	你去先	吃一碗添/再吃一碗
평화(平話)	桂林	你去先/你先去先/你先去	吃一碗添
평화(平話)	臨桂	你去先/你先去先/你先去	再吃一碗
평화(平話)	陽朔	你去先/你先去	再吃一碗
평화(平話)	賀州	你去先/你先去	吃一碗添
평화(平話)	來賓	你去先/你先去	吃一碗添
평화(平話)	賓陽	你去先/你先去先/你先去	再吃一碗添
평화(平話)	武鳴	你去先/你先去先/你先去	吃一碗添
평화(平話)	寧遠	你先去	再吃添一碗

3.3.3. 비교구문 어순(我比他大)

중국어에서 비교구문의 어순도 지역별로 차이를 보이는 것으로 알려져 있다. 그 중에 가장 대표적인 실례가 "我比他大(나는 그보다 나이가 많다)"와 같은 차등 비교구문의 어순이다. 중국 방언에서 차등 비교구문의 어순은 비교표지, 비교대상, 비교척도(형용사)의 배열순서에 따라 크게 두 유형으로 나누어진다. 첫째는 "我比他大[비교표지＋비교대상＋형용사]" 유형이다. 이 유형은 중국 북방 지역을 포함하여 중국 전체에 넓게 분포한다. 둘째는 "我大過他[형용사＋비교표지＋비교대상]" 유형이다. 형용사가 비교표지보다 선행하는 어순은 중국의 남방 방언에서 주로 관찰된다. 특히 이러한 어순은 중국의 광동성, 광서성에 집중되어 있다. 중부 방언 중에는 장강 중류 지역 일부에서 [형용사＋비교표지＋비교대상]의 어순이 관찰된다.

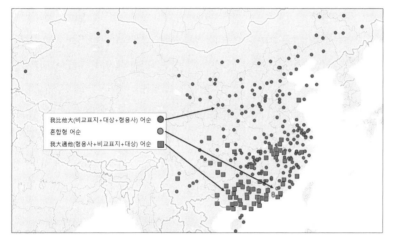

<그림 8> "我比他大"/"我大過他"(비교표지+대상+형용사) 어순의 지리적 분포

　방언구별로 살펴볼 때 북방 관화는 대부분 "我比他大(나는 그보다 나이가 많다)"처럼 사용된다. 아래의 표에서 보이듯이 동북관화, 북경관화, 중원관화, 교요관화(膠遼官話), 난은관화(蘭銀官話) 지역에서는 거의 예외 없이 [비교표지＋비교대상＋형용사]의 어순으로 사용된다. 그러나 관화 지역 중에서도 중부 지역과 만나는 강회관화(江淮官話), 서남관화(西南官話)는 방언지점별로 변이가 존재한다. 강회관화와 서남관화도 대개는 "我比他大(나는 그보다 나이가 많다)"처럼 사용되지만 일부 지역에서는 변이가 존재한다. 예를 들어 강회관화의 구강(九江), 서창(瑞昌) 지역에서는 "我大過他[형용사＋비교표지＋비교대상]"의

어순이 선호된다. 서남관화의 유주(柳州), 대방(大方) 지역에서도 "我大過他[형용사+비교표지+비교대상]"의 어순이 선호된다.

중부 방언에 속하는 오(吳) 방언과 상(湘) 방언 지역에서는 "我比他大(나는 그보다 나이가 많다)" 어순이 선호된다. 예를 들어 오 방언의 소주(蘇州), 상해, 항주(杭州) 등도 비교표지가 형용사에 선행한다. 상 방언의 장사(長沙), 보정(保靖) 지역도 "我比他大"라는 어순이 우세하다.

남부 방언에 속하는 객가 방언, 감(贛) 방언, 민(閩) 방언, 월(粤) 방언, 평화(平話) 방언은 방언별로 차이가 있다. 객가 방언, 감 방언, 민 방언은 비교표지가 형용사에 선행하는 비율이 높지만 월 방언, 평화 방언은 비교표지가 형용사에 후행하는 비율이 높다. 특히 월 방언과 평화 방언은 "我大過他[형용사+비교표지+비교대상]"처럼 사용되는 비율이 아주 높다. 예를 들어 월 방언의 마카오, 홍콩, 광주(廣州), 화도(花都), 동관(東莞) 등은 모두 형용사가 비교표지에 선행한다. 평화 방언의 계림(桂林), 임계(臨桂), 하주(賀州) 등에서도 형용사가 비교표지에 선행하는 어순이 선호된다.

<표 7> 비교구문의 방언별 어순 변이

대방언구	방언지점	비교표지_비교대상(我比他大)
동북관화(東北官話)	哈爾濱	我比他大
동북관화(東北官話)	牡丹江	我比他大
동북관화(東北官話)	白城	我比他大
동북관화(東北官話)	長春	我比他大
동북관화(東北官話)	吉林	我比他大
동북관화(東北官話)	雙遼	我比他大
동북관화(東北官話)	北鎮	我比他大
동북관화(東北官話)	瀋陽	我比他大
동북관화(東北官話)	通遼	我比他大
북경관화(北京官話)	北京	我比他大
북경관화(北京官話)	承德	我比他大
북경관화(北京官話)	凌源	我比他大
북경관화(北京官話)	赤峰	我比他大
교요관화(膠遼官話)	大連	我比他大

교요관화(膠遼官話)	青島	我比他大
교요관화(膠遼官話)	榮成	我比他大
교요관화(膠遼官話)	諸城	我大起他
기노관화(冀魯官話)	河間	我比他大
기노관화(冀魯官話)	昌黎	我比他大
기노관화(冀魯官話)	晉州	我比他大
기노관화(冀魯官話)	石家莊	我比他大
기노관화(冀魯官話)	唐海	我比他大
기노관화(冀魯官話)	臨邑	我比他大
기노관화(冀魯官話)	夏津	我比他大
기노관화(冀魯官話)	濟南	我比他大
기노관화(冀魯官話)	肥城	我比他大
기노관화(冀魯官話)	蓬萊	我比他大
기노관화(冀魯官話)	淄博	我比他大
기노관화(冀魯官話)	天津	我比他大
중원관화(中原官話)	利辛	我比他大
중원관화(中原官話)	靈璧	我比他大
중원관화(中原官話)	廣德	我比他大
중원관화(中原官話)	西峰	我比他大
중원관화(中原官話)	洛陽	我比他大
중원관화(中原官話)	魯山	我比他大
중원관화(中原官話)	靈寶	我比他大
중원관화(中原官話)	澠池	我比他大
중원관화(中原官話)	商城	我比他大
중원관화(中原官話)	鄭州	我比他大
중원관화(中原官話)	扶溝	我比他大
중원관화(中原官話)	隆德	我比他大
중원관화(中原官話)	樂都	我比他大
중원관화(中原官話)	西寧	我比他大
중원관화(中原官話)	鄆城	我比他大
중원관화(中原官話)	滕州	我比他大
중원관화(中原官話)	霍州	我比他大
중원관화(中原官話)	襄汾	我比他大
중원관화(中原官話)	平陸	我比他大
중원관화(中原官話)	萬榮	我比他大
중원관화(中原官話)	平利	我比他大些
중원관화(中原官話)	鎮安	我比他大
중원관화(中原官話)	戶縣	我比他大
중원관화(中原官話)	西安	我比他大
중원관화(中原官話)	延安	我比他大
중원관화(中原官話)	喀什	我比他大

중원관화(中原官話)	吐魯番	我比他大
강회관화(江淮官話)	合肥	我比他大
강회관화(江淮官話)	巢湖	我比他大
강회관화(江淮官話)	淮南	我比他大
강회관화(江淮官話)	鄂州	我比他大
강회관화(江淮官話)	紅安	我比他大
강회관화(江淮官話)	黃梅	我比他大
강회관화(江淮官話)	廣水	我比他大
강회관화(江淮官話)	漣水	我比他大
강회관화(江淮官話)	南京	我比他大
강회관화(江淮官話)	南通	我比他大
강회관화(江淮官話)	如東	我比他大
강회관화(江淮官話)	泰興	我比他大
강회관화(江淮官話)	東台	我比他大
강회관화(江淮官話)	江都	我比他大
강회관화(江淮官話)	丹徒	我比他大
강회관화(江淮官話)	九江	我大過他
강회관화(江淮官話)	瑞昌	我大過他
난은관화(蘭銀官話)	蘭州	我比他大
난은관화(蘭銀官話)	武威	我比他大
난은관화(蘭銀官話)	張掖	我比他大
난은관화(蘭銀官話)	阿拉善左	我比他大
난은관화(蘭銀官話)	吳忠	我比他大
난은관화(蘭銀官話)	銀川	我比他大
난은관화(蘭銀官話)	海原	我比他大
난은관화(蘭銀官話)	吉木薩爾	我比他大
난은관화(蘭銀官話)	哈密	我比他大
난은관화(蘭銀官話)	烏魯木齊	我比他大
서남관화(西南官話)	重慶	我比他大
서남관화(西南官話)	忠縣	我大過他
서남관화(西南官話)	河池	我大過他
서남관화(西南官話)	柳州	我大過他
서남관화(西南官話)	大方	我大過他
서남관화(西南官話)	貴陽	我大過他
서남관화(西南官話)	黎平	我比他大
서남관화(西南官話)	都勻	我大過他
서남관화(西南官話)	德江	我比他大
서남관화(西南官話)	遵義	我大過他
서남관화(西南官話)	恩施	我比他大
서남관화(西南官話)	鶴峰	我比他大
서남관화(西南官話)	鍾祥	我比他大

서남관화(西南官話)	武漢	我比他大
서남관화(西南官話)	常德	我比他大些
서남관화(西南官話)	桃源	我比他大些
서남관화(西南官話)	龍山	我大過他
서남관화(西南官話)	永順	我比他大
서남관화(西南官話)	張家界	我比他大些
서남관화(西南官話)	平昌	我比他大
서남관화(西南官話)	成都	我比他大
서남관화(西南官話)	樂山	我比他大
서남관화(西南官話)	鹽亭	我大過他
서남관화(西南官話)	長寧	我比他大
서남관화(西南官話)	鑛巴	我比他大
서남관화(西南官話)	大理	我大他
서남관화(西南官話)	昆明	我比他大
서남관화(西南官話)	永勝	我比他大
서남관화(西南官話)	臨滄	我比他大
서남관화(西南官話)	馬龍	我比他大
서남관화(西南官話)	文山	我比他大
서남관화(西南官話)	鹽津	我比他大
진 방언(晉方言)	磁縣	我比他大
진 방언(晉方言)	永年	我比他大
진 방언(晉方言)	宣化	我比他大
진 방언(晉方言)	鶴壁	我比他大
진 방언(晉方言)	獲嘉	我比他大
진 방언(晉方言)	臨河	我比他大
진 방언(晉方言)	包頭	我比他大
진 방언(晉方言)	長子	我比他大
진 방언(晉方言)	大同	我比他大
진 방언(晉方言)	陵川	我比他大
진 방언(晉方言)	陽城	我比他大
진 방언(晉方言)	平遙	我比他大
진 방언(晉方言)	臨縣	我比他大
진 방언(晉方言)	太原	我比他大
진 방언(晉方言)	平定	我比他大
진 방언(晉方言)	志丹	我比他大
진 방언(晉方言)	神木	我比他大
오 방언(吳方言)	銅陵	我比他大
오 방언(吳方言)	南陵	我比他大
오 방언(吳方言)	涇縣	我比他大
오 방언(吳方言)	宣城	我比他大
오 방언(吳方言)	浦城	我比他大

오 방언(吳方言)	金壇	我比他大
오 방언(吳方言)	常州	我比他大
오 방언(吳方言)	通州	我比他大
오 방언(吳方言)	蘇州	我比他大
오 방언(吳方言)	崑山	我比他大
오 방언(吳方言)	吳江	我比他大
오 방언(吳方言)	無錫	我比他大
오 방언(吳方言)	丹陽	我比他大
오 방언(吳方言)	廣豐	我比他大
오 방언(吳方言)	上饒	我比他大
오 방언(吳方言)	上海	我比他大
오 방언(吳方言)	杭州	我比他大
오 방언(吳方言)	金華	我比他大些
오 방언(吳方言)	湯溪	我比他大些
오 방언(吳方言)	義烏	我大過他
오 방언(吳方言)	永康	我比他大些
오 방언(吳方言)	龍泉	我比他大
오 방언(吳方言)	慶元	我比他大
오 방언(吳方言)	常山	我比他大
오 방언(吳方言)	江山	我比他大
오 방언(吳方言)	龍遊	我比他大
오 방언(吳方言)	嵊州	我比他大
오 방언(吳方言)	臨海	我比他大
오 방언(吳方言)	蒼南	我比他大些
오 방언(吳方言)	溫州	我比他大
상 방언(湘方言)	望城	我比他大
상 방언(湘方言)	衡山	我比他大
상 방언(湘方言)	漵浦	我比他大
상 방언(湘方言)	漣源	我比他大
상 방언(湘方言)	婁底	我比他大些
상 방언(湘方言)	雙峰	我比他大些
상 방언(湘方言)	新化	我比他大
상 방언(湘方言)	邵陽	我比他大
상 방언(湘方言)	武岡	我比他大
상 방언(湘方言)	湘鄉	我比他大些
상 방언(湘方言)	保靖	我比他大
상 방언(湘方言)	益陽	我比他大
상 방언(湘方言)	桃江	我比他大些
상 방언(湘方言)	長沙	我比他大
휘 방언(徽方言)	祁門	我比他大
휘 방언(徽方言)	休寧	我比他大

휘 방언(徽方言)	績溪	我比他大些
휘 방언(徽方言)	德興	我比他大
휘 방언(徽方言)	淳安	我比他大
휘 방언(徽方言)	遂安	我比他大
휘 방언(徽方言)	建德	我比他大
휘 방언(徽方言)	壽昌	我比他大
객가 방언(客家方言)	連城	我比他大
객가 방언(客家方言)	永定	我比他恰大
객가 방언(客家方言)	東源	我大過他
객가 방언(客家方言)	惠州	我大過他
객가 방언(客家方言)	揭西	我大過他/我比他X大
객가 방언(客家方言)	梅州	我大過他/我比他X大
객가 방언(客家方言)	五華	我大過他/我比他過大
객가 방언(客家方言)	英德	我大過他
객가 방언(客家方言)	始興	我比他大
객가 방언(客家方言)	翁源	我大過他
객가 방언(客家方言)	防城港	我大過他
객가 방언(客家方言)	貴港	我大過他
객가 방언(客家方言)	陸川	我大過他
객가 방언(客家方言)	安遠	我比他大
객가 방언(客家方言)	崇義	我比他大
객가 방언(客家方言)	南康	我比他大
객가 방언(客家方言)	於都	我比他大
객가 방언(客家方言)	桂東	我比他大
객가 방언(客家方言)	汝城	我大過他
감 방언(贛方言)	懷寧	我大似他
감 방언(贛方言)	宿松	我大似他
감 방언(贛方言)	大冶	我大過是他
감 방언(贛方言)	赤壁	我比他大
감 방언(贛方言)	崇陽	我比他大
감 방언(贛方言)	通城	我比他大
감 방언(贛方言)	安仁	我比他大
감 방언(贛方言)	永興	我比他大
감 방언(贛方言)	常寧	我比他大
감 방언(贛方言)	洞口	我比他大
감 방언(贛方言)	綏寧	我比他大
감 방언(贛方言)	岳陽	我比他大
감 방언(贛方言)	平江	我比他大些
감 방언(贛方言)	崇仁	我比他大
감 방언(贛方言)	南豐	我比他大
감 방언(贛方言)	安福	我比他大

감 방언(贛方言)	井岡山	我大過他
감 방언(贛方言)	永豐	我大似他
감 방언(贛方言)	景德鎮	我大似他
감 방언(贛方言)	都昌	我大似他
감 방언(贛方言)	彭澤	我大似他
감 방언(贛方言)	永修	我大似他
감 방언(贛方言)	南昌	我大似他
감 방언(贛方言)	進賢	我比他大
감 방언(贛方言)	弋陽	我大似他
감 방언(贛方言)	萬載	我大過他
민 방언(閩方言)	福州	我大去他
민 방언(閩方言)	建甌	我比他大
민 방언(閩方言)	建陽	我比他大
민 방언(閩方言)	浦城	我比他大
민 방언(閩方言)	邵武	我比他大
민 방언(閩方言)	南平	我比他大
민 방언(閩方言)	周寧	我比他大
민 방언(閩方言)	仙游	我比他大
민 방언(閩方言)	安溪	我比他恰大
민 방언(閩方言)	泉州	我比他大
민 방언(閩方言)	泰寧	我比他大
민 방언(閩方言)	永安	我大過他
민 방언(閩方言)	尤溪	我比他大
민 방언(閩方言)	廈門	我比他恰大
민 방언(閩方言)	潮州	我大過他
민 방언(閩方言)	惠來	我大過他/我大他
민 방언(閩方言)	澄海	我大過他/我大他
민 방언(閩方言)	汕頭	我比他大些
민 방언(閩方言)	雷州	我比他大些
민 방언(閩方言)	海口	我比他大些
민 방언(閩方言)	三亞	我比他大些
민 방언(閩方言)	文昌	我比他大些
민 방언(閩方言)	蒼南	我比他大
민 방언(閩方言)	泰順	我比他大些
민 방언(閩方言)	龍岩	我大過他
월 방언(粵方言)	澳門	我大過他
월 방언(粵方言)	順德	我大過他
월 방언(粵方言)	廣州	我大過他
월 방언(粵方言)	花都	我大過他
월 방언(粵方言)	台山	我大過他
월 방언(粵方言)	茂名	我大過他

월 방언(粤方言)	陽山	我大過他
월 방언(粤方言)	陽東	我大過他
월 방언(粤方言)	郁南	我大過他
월 방언(粤方言)	北海	我大過他
월 방언(粤方言)	靈山	我大過他
월 방언(粤方言)	梧州	我大過他
월 방언(粤方言)	博白	我大過他
월 방언(粤方言)	玉林	我大過他
월 방언(粤方言)	香港	我大過他
월 방언(粤方言)	東莞	我大過他
평화(平話)	田陽	我大過他
평화(平話)	龍州	我大過他
평화(平話)	桂林	我大過他
평화(平話)	臨桂	我大過他
평화(平話)	陽朔	我大過他
평화(平話)	賀州	我大過他
평화(平話)	來賓	我大過他
평화(平話)	賓陽	我大過他
평화(平話)	武鳴	我大過他
평화(平話)	寧遠	我大過他

3.3.4. 이중목적어 구문(給我一支筆)

표준중국어에서 "~에게 ~을 주다(給)" 형태의 구문은 "給我一支筆(나에게 연필 한 자루를 주다)"처럼 사용된다. 그러나 중국 지역 방언을 조사해 보면 이 구문에 대응되는 표현은 지역별 차이가 존재한다. 논의의 편의상 'X에게'를 간접목적어라고 하고 'Y를'을 직접목적어라고 하면 [X(간접목적어)+Y(직접목적어)] 어순이 선호되는 지역이 있는 반면 [Y(직접목적어)+X(간접목적어)] 어순이 선호되는 지역이 있다. 전자는 주로 북방 지역의 방언에서 관찰되고 후자는 남방 지역의 방언에서 관찰된다. 아래의 그림에서 보이듯이 이러한 어순의 차이는 지리적으로 매우 확연하게 구분된다. 장강 이북 지역은 거의 예외 없이 [X(간접목적어)+Y(직접목적어)] 어순으로 사용된다. 이에 비해 장강 이남 지역은 [Y(직접목적어)+X(간접목적어)] 어순이 우세하다.

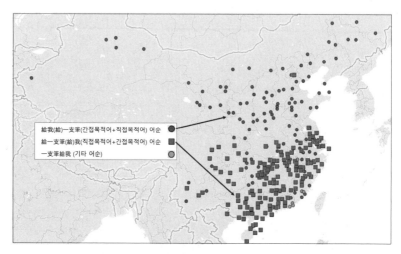

<그림 9> 給我一支筆/給一支筆我(간접목적어+직접목적어) 어순의 분포

위의 그림에서 보이듯이 '주다' 동사의 간접목적어와 직접목적어의 어순은 남북으로 확연하게 구분된다. 방언구별로 살펴보자면 북방 관화는 대부분 [간접목적어+직접목적어] 어순으로 사용된다. 동북관화, 북경관화, 기노관화(冀魯官話), 교요관화, 중원관화, 난은관화 등이 그러하다. 진(晉) 방언에서도 대부분 "給我一支筆"처럼 사용된다. 그런데 일부 북방 방언 지역에서는 '給'가 두 번 사용되기도 한다. 예를 들어 중원관화에 속하는 서봉(西峰), 난은관화에 속하는 난주(蘭州), 은천(銀川) 등에서는 "給我給一支筆"처럼 '給'가 두 번 사용된다.

관화 방언 중에서 강회관화(江淮官話), 서남관화(西南官話) 지역은 방언지점별로 다양한 변이형이 존재한다. 예를 들어 강회관화의 연수(漣水), 남통(南通) 지역에서는 "給一支筆給我"처럼 [給+직접목적어+給+간접목적어] 어순으로 사용된다. 서남관화의 성도(成都), 대방(大方), 귀양(貴陽) 등의 지역에서는 "給a一支筆給b我"처럼 사용되는데 목적어에 따라 '給'의 형태가 다르다. 즉, [給a+직접목적어+給b+간접목적어]처럼 표현된다.

중부 방언에 속하는 오 방언과 상 방언은 [Y(직접목적어)+X(간접목적어)] 어순이 우세하다. 예를 들어 오 방언의 상해, 무석(無錫), 곤산(崑山), 오강(吳江) 지역에서는 "給一支筆我" 어순이 선호된다. 상 방언의 장사(長沙), 형산(衡山) 지역에서도 "給一支筆(給)我"처럼 직접목적어가 간접목적어에 선행한다. 그런데 일부 지역에서는 어순의 변이형이 존재하기도 한다. 예를 들어 오 방언의 온주(溫州), 창남(蒼南)지역에서는 "筆給一支我[연필+주다+한 자루+나]"처럼 사용된다. 즉 '연필(筆)']'이 문두로 화제화되어 표현된다.

남부 방언에 속하는 객가 방언, 감(贛) 방언, 민(閩) 방언, 월(粵) 방언, 평화(平話) 방언은 [Y(직접목적어)+X(간접목적어)] 어순이 우세하다. 객가 방언의 혜주(惠州), 매주(梅州) 지역, 감 방언의 남창(南昌), 회녕(懷寧), 숙송(宿松), 월 방언의 마카오, 홍콩, 광주(廣州), 동관(東莞) 등은 모두 직접목적어가 간접목적어에 선행한다. 그러나 일부 민 방언 지역에서는 변이형도 존재한다. 예를 들어 조주(潮州), 혜래(惠來)에서는 "一支筆給我"처럼 직접목적어가 화제화되어 표현되기도 한다.

아래의 표는 曹志耘(2008c)을 기초로 하여 280개 방언지점에서 사용되는 이중목적어 구문의 어순 유형을 정리한 것이다.

<표 8> 이중목적어 구문의 지역별 어순변이

대방언구	방언지점	이중목적구문(給我一支筆)
동북관화(東北官話)	哈爾濱	給我一支筆
동북관화(東北官話)	牡丹江	給我一支筆
동북관화(東北官話)	白城	給我一支筆
동북관화(東北官話)	長春	給我一支筆
동북관화(東北官話)	吉林	給我一支筆
동북관화(東北官話)	雙遼	給我一支筆
동북관화(東北官話)	北鎮	給我一支筆
동북관화(東北官話)	瀋陽	給我一支筆
동북관화(東北官話)	通遼	給我一支筆
북경관화(北京官話)	北京	給我一支筆
북경관화(北京官話)	承德	給我一支筆

북경관화(北京官話)	淩源	給我一支筆
북경관화(北京官話)	赤峰	給我一支筆
교요관화(膠遼官話)	大連	給我一支筆
교요관화(膠遼官話)	靑島	給我一支筆
교요관화(膠遼官話)	榮成	給我一支筆
교요관화(膠遼官話)	諸城	給我一支筆
기노관화(冀魯官話)	河間	給我一支筆
기노관화(冀魯官話)	昌黎	給我一支筆
기노관화(冀魯官話)	晉州	給我一支筆
기노관화(冀魯官話)	石家莊	給我一支筆
기노관화(冀魯官話)	唐海	給我一支筆
기노관화(冀魯官話)	臨邑	給我一支筆
기노관화(冀魯官話)	夏津	給我一支筆
기노관화(冀魯官話)	濟南	給我一支筆
기노관화(冀魯官話)	肥城	給我一支筆
기노관화(冀魯官話)	蓬萊	給我一支筆
기노관화(冀魯官話)	淄博	給我一支筆
기노관화(冀魯官話)	天津	給我一支筆
중원관화(中原官話)	利辛	給我一支筆
중원관화(中原官話)	靈璧	給我一支筆
중원관화(中原官話)	廣德	給我一支筆
중원관화(中原官話)	西峰	給我給一支筆
중원관화(中原官話)	洛陽	給我一支筆
중원관화(中原官話)	魯山	給我一支筆
중원관화(中原官話)	靈寶	給我一支筆
중원관화(中原官話)	澠池	給我一支筆
중원관화(中原官話)	商城	給我一支筆
중원관화(中原官話)	鄭州	給我一支筆
중원관화(中原官話)	扶溝	給我一支筆
중원관화(中原官話)	隆德	給我給一支筆
중원관화(中原官話)	樂都	給我一支筆
중원관화(中原官話)	西寧	給我一支筆
중원관화(中原官話)	鄆城	給我一支筆
중원관화(中原官話)	滕州	給我一支筆
중원관화(中原官話)	霍州	給我一支筆
중원관화(中原官話)	襄汾	給我一支筆
중원관화(中原官話)	平陸	給我一支筆
중원관화(中原官話)	萬榮	給我一支筆
중원관화(中原官話)	平利	給我一支筆
중원관화(中原官話)	鎭安	給我一支筆
중원관화(中原官話)	戶縣	給我一支筆

중원관화(中原官話)	西安	給我一支筆
중원관화(中原官話)	延安	給我一支筆
중원관화(中原官話)	喀什	給我一支筆
중원관화(中原官話)	吐魯番	給我一支筆
강회관화(江淮官話)	合肥	給我一支筆
강회관화(江淮官話)	巢湖	給一支筆給我
강회관화(江淮官話)	淮南	給我一支筆
강회관화(江淮官話)	鄂州	給一支筆我
강회관화(江淮官話)	紅安	給一支筆我
강회관화(江淮官話)	黃梅	給一支筆我
강회관화(江淮官話)	廣水	給一支筆我
강회관화(江淮官話)	漣水	給一支筆給我
강회관화(江淮官話)	南京	給我一支筆
강회관화(江淮官話)	南通	給一支筆給我
강회관화(江淮官話)	如東	給一支筆我
강회관화(江淮官話)	泰興	給一支筆我
강회관화(江淮官話)	東台	給一支筆我
강회관화(江淮官話)	江都	給一支筆給我
강회관화(江淮官話)	丹徒	給一支筆給我
강회관화(江淮官話)	九江縣	給一支筆我
강회관화(江淮官話)	瑞昌	給一支筆我
난은관화(蘭銀官話)	蘭州	給我給一支筆
난은관화(蘭銀官話)	武威	給我給一支筆
난은관화(蘭銀官話)	張掖	給我給一支筆
난은관화(蘭銀官話)	阿拉善左	給我給一支筆
난은관화(蘭銀官話)	吳忠	給我一支筆
난은관화(蘭銀官話)	銀川	給我給一支筆
난은관화(蘭銀官話)	海原	給我給一支筆
난은관화(蘭銀官話)	吉木薩爾	給我一支筆
난은관화(蘭銀官話)	哈密	給我一支筆
난은관화(蘭銀官話)	烏魯木齊	給我一支筆
서남관화(西南官話)	重慶	給一支筆給我
서남관화(西南官話)	忠縣	給一支筆我/給a一支筆給b我
서남관화(西南官話)	河池	給一支筆給我
서남관화(西南官話)	柳州	給一支筆我
서남관화(西南官話)	大方	給a一支筆給b我
서남관화(西南官話)	貴陽	給a一支筆給b我
서남관화(西南官話)	黎平	給我一支筆
서남관화(西南官話)	都勻	給a一支筆給b我
서남관화(西南官話)	德江	給a一支筆給b我
서남관화(西南官話)	遵義	給a一支筆給b我

서남관화(西南官話)	恩施	給我一支筆
서남관화(西南官話)	鶴峰	給我一支筆
서남관화(西南官話)	鍾祥	給一支筆給我
서남관화(西南官話)	武漢	給我一支筆
서남관화(西南官話)	常德	給一支筆我
서남관화(西南官話)	桃源	給a我給b一支筆
서남관화(西南官話)	龍山	給一支筆給我
서남관화(西南官話)	永順	給我一支筆
서남관화(西南官話)	張家界	給一支筆給我
서남관화(西南官話)	平昌	給a一支筆給b我
서남관화(西南官話)	成都	給a一支筆給b我
서남관화(西南官話)	樂山	給a一支筆給b我
서남관화(西南官話)	鹽亭	給a一支筆給b我
서남관화(西南官話)	長寧	給a一支筆給b我
서남관화(西南官話)	鎮巴	給我一支筆
서남관화(西南官話)	大理	給一支筆給我
서남관화(西南官話)	昆明	給一支筆給我
서남관화(西南官話)	永勝	給我一支筆
서남관화(西南官話)	臨滄	給我一支筆
서남관화(西南官話)	馬龍	給我一支筆
서남관화(西南官話)	文山	給我一支筆
서남관화(西南官話)	鹽津	給我一支筆
진 방언(晉方言)	磁縣	給我一支筆
진 방언(晉方言)	永年	給我一支筆
진 방언(晉方言)	宣化	給我一支筆
진 방언(晉方言)	鶴壁	給我一支筆
진 방언(晉方言)	獲嘉	給我一支筆
진 방언(晉方言)	臨河	給我一支筆
진 방언(晉方言)	包頭	給我一支筆
진 방언(晉方言)	長子	給我一支筆
진 방언(晉方言)	大同	給我一支筆
진 방언(晉方言)	陵川	給我一支筆
진 방언(晉方言)	陽城	給我一支筆
진 방언(晉方言)	平遙	給我一支筆
진 방언(晉方言)	臨縣	給我一支筆
진 방언(晉方言)	太原	給我一支筆
진 방언(晉方言)	平定	給我一支筆
진 방언(晉方言)	志丹	給我一支筆
진 방언(晉方言)	神木	給我一支筆
오 방언(吳方言)	銅陵	給我一支筆
오 방언(吳方言)	南陵	給一支筆給我

오 방언(吳方言)	涇縣	給一支筆給我
오 방언(吳方言)	宣城	給一支筆給我
오 방언(吳方言)	浦城	給我一支筆
오 방언(吳方言)	金壇	給一支筆我
오 방언(吳方言)	常州	給一支筆我
오 방언(吳方言)	通州	給一支筆我
오 방언(吳方言)	蘇州	給一支筆給我
오 방언(吳方言)	崑山	給一支筆我
오 방언(吳方言)	吳江	給一支筆我
오 방언(吳方言)	無錫	給一支筆我
오 방언(吳方言)	丹陽	給一支筆我
오 방언(吳方言)	廣豐	給一支筆我
오 방언(吳方言)	上饒	給一支筆我
오 방언(吳方言)	上海	給一支筆我
오 방언(吳方言)	杭州	給我一支筆
오 방언(吳方言)	金華	給一支筆我/筆給一支我
오 방언(吳方言)	湯溪	給一支筆我
오 방언(吳方言)	義烏	給一支筆我
오 방언(吳方言)	永康	給一支筆我/筆給一支我
오 방언(吳方言)	龍泉	給一支筆我
오 방언(吳方言)	慶元	給一支筆我
오 방언(吳方言)	常山	給一支筆我
오 방언(吳方言)	江山	給一支筆我
오 방언(吳方言)	龍遊	給一支筆我
오 방언(吳方言)	嵊州	給一支筆我
오 방언(吳方言)	臨海	筆給一支我
오 방언(吳方言)	蒼南	筆給一支我
오 방언(吳方言)	溫州	筆給一支我
상 방언(湘方言)	望城	給一支筆我/給一支筆給我
상 방언(湘方言)	衡山	給一支筆給我
상 방언(湘方言)	漵浦	給我一支筆
상 방언(湘方言)	漣源	給a一支筆給b我
상 방언(湘方言)	婁底	給a一支筆給b我
상 방언(湘方言)	雙峰	給一支筆我/給一支筆給我
상 방언(湘方言)	新化	給a一支筆給b我
상 방언(湘方言)	邵陽	給一支筆我/給一支筆給我
상 방언(湘方言)	武岡	給a我給b一支筆
상 방언(湘方言)	湘鄉	給a一支筆給b我
상 방언(湘方言)	保靖	給我一支筆
상 방언(湘方言)	益陽	給一支筆我/給一支筆給我
상 방언(湘方言)	桃江	給a一支筆給b我

상 방언(湘方言)	長沙	給一支筆我/給一支筆給我
휘 방언(徽方言)	祁門	一支筆給我
휘 방언(徽方言)	休寧	給我一支筆
휘 방언(徽方言)	績溪	給我一支筆
휘 방언(徽方言)	德興	給a一支筆給b我
휘 방언(徽方言)	淳安	給a一支筆給b我
휘 방언(徽方言)	遂安	給我一支筆
휘 방언(徽方言)	建德	給一支筆我
휘 방언(徽方言)	壽昌	給一支筆我
객가 방언(客家方言)	連城	給一支筆我
객가 방언(客家方言)	永定	給我一支筆
객가 방언(客家方言)	東源	給一支筆我/給一支筆給我
객가 방언(客家方言)	惠州	給一支筆我
객가 방언(客家方言)	揭西	給一支筆給我
객가 방언(客家方言)	梅州	給一支筆給我
객가 방언(客家方言)	五華	給一支筆給我
객가 방언(客家方言)	英德	給一支筆我
객가 방언(客家方言)	始興	給一支筆給我
객가 방언(客家方言)	翁源	給一支筆給我
객가 방언(客家方言)	防城港	給一支筆我
객가 방언(客家方言)	貴港	給一支筆我
객가 방언(客家方言)	陸川	給一支筆我
객가 방언(客家方言)	安遠	給一支筆我
객가 방언(客家方言)	崇義	給一支筆給我
객가 방언(客家方言)	南康	給一支筆給我
객가 방언(客家方言)	於都	給一支筆給我
객가 방언(客家方言)	桂東	給一支筆給我
객가 방언(客家方言)	汝城	給一支筆我
감 방언(贛方言)	懷寧	給一支筆我
감 방언(贛方言)	宿松	給一支筆我
감 방언(贛方言)	大冶	給一支筆我
감 방언(贛方言)	赤壁	給一支筆給我
감 방언(贛方言)	崇陽	給一支筆給我
감 방언(贛方言)	通城	給一支筆給我
감 방언(贛方言)	安仁	給一支筆給我
감 방언(贛方言)	永興	給一支筆給我
감 방언(贛方言)	常寧	給一支筆給我
감 방언(贛方言)	洞口	給我給一支筆
감 방언(贛方言)	綏寧	給我一支筆
감 방언(贛方言)	嶽陽	給一支筆我/給一支筆給我
감 방언(贛方言)	平江	給一支筆我/給一支筆給我

감 방언(贛方言)	崇仁	給一支筆我/給一支筆給我
감 방언(贛方言)	南豐	給我一支筆
감 방언(贛方言)	安福	給一支筆我/給一支筆給我
감 방언(贛方言)	井岡山	給一支筆我/給一支筆給我
감 방언(贛方言)	永豐	給一支筆我/給一支筆給我
감 방언(贛方言)	景德鎭	給一支筆給我
감 방언(贛方言)	都昌	給一支筆給我
감 방언(贛方言)	彭澤	給我一支筆
감 방언(贛方言)	永修	給一支筆我/給一支筆給我
감 방언(贛方言)	南昌	給一支筆給我
감 방언(贛方言)	進賢	給一支筆給我
감 방언(贛方言)	弋陽	給一支筆我
감 방언(贛方言)	萬載	給一支筆我/給一支筆給我
민 방언(閩方言)	福州	給我一支筆
민 방언(閩方言)	建甌	筆給一支給我
민 방언(閩方言)	建陽	給一支筆給我
민 방언(閩方言)	浦城	筆給a一支給b我
민 방언(閩方言)	邵武	給一支筆給我
민 방언(閩方言)	南平	給一支筆給我
민 방언(閩方言)	周寧	筆給一支給我
민 방언(閩方言)	仙遊	筆一支給我
민 방언(閩方言)	安溪	一支筆給我
민 방언(閩方言)	泉州	給我一支筆
민 방언(閩方言)	泰寧	給一支筆給我
민 방언(閩方言)	永安	給一支筆我
민 방언(閩方言)	尤溪	筆給一支我
민 방언(閩方言)	廈門	給我一支筆
민 방언(閩方言)	潮州	一支筆給我
민 방언(閩方言)	惠來	一支筆給我
민 방언(閩方言)	澄海	一支筆給我
민 방언(閩方言)	汕頭	一支筆給我
민 방언(閩方言)	雷州	給一支筆我
민 방언(閩方言)	海口	給一支筆我
민 방언(閩方言)	三亞	給一支筆我
민 방언(閩方言)	文昌	給一支筆我
민 방언(閩方言)	蒼南	筆給一支給我
민 방언(閩方言)	泰順	筆給一支給我
민 방언(閩方言)	龍岩	給我一支筆
월 방언(粵方言)	澳門	給一支筆我
월 방언(粵方言)	順德	給一支筆我
월 방언(粵方言)	廣州	給一支筆我

월 방언(粵方言)	花都	給a一支筆給b我
월 방언(粵方言)	台山	給一支筆我
월 방언(粵方言)	茂名	給一支筆我
월 방언(粵方言)	陽山	給一支筆我
월 방언(粵方言)	陽東	給一支筆我
월 방언(粵方言)	鬱南	給一支筆我
월 방언(粵方言)	北海	給一支筆我/給一支筆給我
월 방언(粵方言)	靈山	給一支筆我
월 방언(粵方言)	梧州	給一支筆我
월 방언(粵方言)	博白	給一支筆我
월 방언(粵方言)	玉林	給一支筆我
월 방언(粵方言)	香港	給一支筆我
월 방언(粵方言)	東莞	給一支筆我
평화(平話)	田陽	給一支筆給我
평화(平話)	龍州	給一支筆我
평화(平話)	桂林	給一支筆給我
평화(平話)	臨桂	給一支筆我
평화(平話)	陽朔	給一支筆給我
평화(平話)	賀州	給一支筆我
평화(平話)	來賓	給一支筆我
평화(平話)	賓陽	給一支筆我
평화(平話)	武鳴	給一支筆給我
평화(平話)	寧遠	給一支筆給我

3.3.5. 대명사 목적어−수량보어 어순(叫他一聲)

표준중국어에서 "그를 한번 부르다"처럼 인칭대명사 목적어와 수량사가 같이 사용되는 표현은 "叫他一聲[동사+인칭대명사+수량사]"의 어순을 가진다. 그러나 지역 방언에서는 인칭대명사와 수량사의 배열순서가 다른 양상을 보이기도 한다. 이는 크게 세 가지 유형으로 나누어볼 수 있다. 첫째는 "叫他一聲"처럼 [동사+인칭대명사+수량사] 어순 유형이고 둘째는 "叫一聲他"처럼 [동사+수량사+인칭대명사] 유형이며 셋째는 이 두 가지 어순이 모두 사용되는 혼합형이다.

본고에서 조사한 바에 따르면 "叫他一聲" 어순이 사용되는 방언지점은 137

개(49%)이다. 그러나 이에 비해 "叫一聲他" 어순이 사용되는 방언지점은 14개(5%)에 불과하다. 한편 "叫他一聲"/"叫一聲他" 어순이 모두 사용되는 방언지점은 127개(46%)이다. 이를 통해 우리는 중국 방언에서 "叫他一聲" 어순이 우세하지만 "叫一聲他" 어순이 허용되는 지역도 적지 않음을 알 수 있다.

지리적인 분포를 보자면 북방 지역은 대체로 "叫他一聲"의 어순이 우세하다. 이에 비해 남방 지역은 "叫他一聲"/"叫一聲他" 어순이 모두 사용되는 혼합형이 다수를 차지한다. 한편 "叫一聲他" 어순만을 사용하는 현상은 중국 남부의 일부 지역에서만 관찰된다. 아래의 그림에서 보이듯이 중국 복건성과 광동성 일부 지역에서 "叫一聲他" 어순이 사용된다. 이 지역을 제외하면 중국 남부지역은 대체로 "叫他一聲"과 "叫一聲他"가 혼용된다는 것을 알 수 있다.

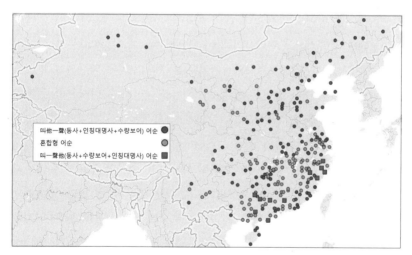

범례:
- 叫他一聲(동사+인칭대명사+수량보어) 어순 ●
- 혼합형 어순 ●
- 叫一聲他(동사+수량보어+인칭대명사) 어순 ■

<그림 10> "叫他一聲"/"叫一聲他" (동사+인칭대명사+수량보어) 어순 분포

방언구별로 살펴보자면 북방 관화 지역은 대체로 "叫他一聲"의 비율이 높다. 그러나 일부 관화 방언은 "叫他一聲"/"叫一聲他" 어순이 혼용된다. 예를 들어 기노관화(冀魯官話)의 치박(淄博), 중원관화의 정주(鄭州), 강회관화(江淮官

話)의 구강(九江), 난은관화(蘭銀官話)의 난주(蘭州), 서남관화의 유주(柳州) 등의
지역이 그러하다.

중부 방언에 속하는 오(吳) 방언과 상(湘) 방언, 휘(徽) 방언은 혼합형 어순
이 다수를 차지한다. 예를 들어 오 방언에 속하는 통주(通州), 소주(蘇州), 무석
(無錫), 단양(丹陽) 등의 지역에서는 "叫他一聲"/"叫一聲他" 어순이 모두 사용
된다. 상 방언에 속하는 쌍봉(雙峰), 도강(桃江), 장사(長沙) 등의 지역도 혼합형
어순이고, 휘 방언에 속하는 기문(祁門), 휴녕(休寧) 등의 지역도 두 가지 어순
이 모두 사용된다.

중국의 남방 방언도 대체로 두 가지 어순이 혼용된다. 객가 방언에 속하
는 혜주(惠州), 매주(梅州) 지역에서도 "叫他一聲"/"叫一聲他" 어순이 혼용된다.
감 방언에 속하는 회녕(懷寧), 숙송(宿松) 등의 지역도 혼합형 어순을 가진다.
민 방언과 월 방언도 혼합형 어순이 다수를 차지한다.

인칭대명사 목적어와 수량사가 같이 사용될 때 "叫一聲他" [동사＋수량사
＋인칭대명사] 어순만을 사용하는 지역은 소수의 지역에 국한된다. 본고의
조사에 따르면 이러한 유형은 전체 방언의 5% 미만이다. 이러한 어순 유형
은 주로 민 방언과 월 방언에서 관찰된다. 예를 들어 민 방언의 창남(蒼南),
태순(泰順) 지역에서 "叫聲他"처럼 사용된다. 월 방언의 홍콩, 화도(花都), 양동
(陽東) 등의 지역에서도 "叫(一)聲他"처럼 사용된다. 주목할 것은 수량사가 대
명사 앞에 올 때 수사 '一'가 생략되기도 한다는 점이다. 월 방언과 민 방언
에서는 수사의 부가 없이 양사(量詞) 단독으로 사용되는 비율이 높은데 이 경
우에도 그러한 현상과 관련된다. 그러나 중국 방언 전체를 놓고 볼 때 "叫
(一)聲他"처럼 수량사가 대명사 목적어 앞에 오는 어순이 우세한 지역은 소
수에 불과하다.

아래의 표는 인칭대명사 목적어와 수량사의 어순을 정리한 것이다.

<표 9> 동사+인칭대명사+수량보어의 어순변이

대방언구	방언지점	빈어_수량보어(叫他一聲)
동북관화(東北官話)	哈爾濱	叫他一聲
동북관화(東北官話)	牡丹江	叫他一聲
동북관화(東北官話)	白城	叫他一聲
동북관화(東北官話)	長春	叫他一聲
동북관화(東北官話)	吉林	叫他一聲
동북관화(東北官話)	雙遼	叫他一聲
동북관화(東北官話)	北鎭	叫他一聲
동북관화(東北官話)	瀋陽	叫他一聲
동북관화(東北官話)	通遼	叫他一聲
북경관화(北京官話)	北京	叫他一聲
북경관화(北京官話)	承德	叫他一聲
북경관화(北京官話)	淩源	叫他一聲
북경관화(北京官話)	赤峰	叫他一聲
교요관화(膠遼官話)	大連	叫他一聲
교요관화(膠遼官話)	青島	叫他一聲
교요관화(膠遼官話)	榮成	叫他一聲
교요관화(膠遼官話)	諸城	叫他一聲
기노관화(冀魯官話)	河間	叫他一聲
기노관화(冀魯官話)	昌黎	叫他一聲
기노관화(冀魯官話)	晉州	叫他一聲
기노관화(冀魯官話)	石家莊	叫他一聲
기노관화(冀魯官話)	唐海	叫他一聲
기노관화(冀魯官話)	臨邑	叫他一聲
기노관화(冀魯官話)	夏津	叫他一聲
기노관화(冀魯官話)	濟南	叫他一聲
기노관화(冀魯官話)	肥城	叫他一聲
기노관화(冀魯官話)	蓬萊	叫他一聲
기노관화(冀魯官話)	淄博	叫一聲他/叫他一聲
기노관화(冀魯官話)	天津	叫他一聲
중원관화(中原官話)	利辛	叫他一聲
중원관화(中原官話)	靈璧	叫他一聲
중원관화(中原官話)	廣德	叫一聲他/叫他一聲
중원관화(中原官話)	西峰	叫一聲他/叫他一聲
중원관화(中原官話)	洛陽	叫他一聲
중원관화(中原官話)	魯山	叫他一聲
중원관화(中原官話)	靈寶	叫他一聲
중원관화(中原官話)	澠池	叫他一聲
중원관화(中原官話)	商城	叫他一聲

중원관화(中原官話)	鄭州	叫一聲他/叫他一聲
중원관화(中原官話)	扶溝	叫一聲他/叫他一聲
중원관화(中原官話)	隆德	叫一聲他/叫他一聲
중원관화(中原官話)	樂都	叫一聲他/叫他一聲
중원관화(中原官話)	西寧	無
중원관화(中原官話)	鄲城	叫他一聲
중원관화(中原官話)	滕州	叫他一聲
중원관화(中原官話)	霍州	叫他一聲
중원관화(中原官話)	襄汾	叫他一聲
중원관화(中原官話)	平陸	叫他一聲
중원관화(中原官話)	萬榮	叫他一聲
중원관화(中原官話)	平利	叫他一聲
중원관화(中原官話)	鎭安	叫他一聲
중원관화(中原官話)	戶縣	無
중원관화(中原官話)	西安	叫他一聲
중원관화(中原官話)	延安	叫一聲他/叫他一聲
중원관화(中原官話)	喀什	叫他一聲
중원관화(中原官話)	吐魯番	叫他一聲
강회관화(江淮官話)	合肥	叫他一聲
강회관화(江淮官話)	巢湖	叫一聲他/叫他一聲
강회관화(江淮官話)	淮南	叫他一聲
강회관화(江淮官話)	鄂州	叫他一聲
강회관화(江淮官話)	紅安	叫他一聲
강회관화(江淮官話)	黃梅	叫他一聲
강회관화(江淮官話)	廣水	叫他一聲
강회관화(江淮官話)	漣水	叫他一聲
강회관화(江淮官話)	南京	叫他一聲
강회관화(江淮官話)	南通	叫他一聲
강회관화(江淮官話)	如東	叫他一聲
강회관화(江淮官話)	泰興	叫他一聲
강회관화(江淮官話)	東台	叫他一聲
강회관화(江淮官話)	江都	叫他一聲
강회관화(江淮官話)	丹徒	叫一聲他/叫他一聲
강회관화(江淮官話)	九江	叫一聲他/叫他一聲
강회관화(江淮官話)	瑞昌	叫一聲他/叫他一聲
난은관화(蘭銀官話)	蘭州	叫一聲他/叫他一聲
난은관화(蘭銀官話)	武威	叫一聲他/叫他一聲
난은관화(蘭銀官話)	張掖	叫他一聲
난은관화(蘭銀官話)	阿拉善左	叫一聲他/叫他一聲
난은관화(蘭銀官話)	吳忠	叫他一聲
난은관화(蘭銀官話)	銀川	叫他一聲

난은관화(蘭銀官話)	海原	叫他一聲
난은관화(蘭銀官話)	吉木薩爾	叫他一聲
난은관화(蘭銀官話)	哈密	叫他一聲
난은관화(蘭銀官話)	烏魯木齊	叫他一聲
서남관화(西南官話)	重慶	叫他一聲
서남관화(西南官話)	忠縣	叫一聲他/叫他一聲
서남관화(西南官話)	河池	叫一聲他/叫他一聲
서남관화(西南官話)	柳州	叫一聲他/叫他一聲
서남관화(西南官話)	大方	叫他一聲
서남관화(西南官話)	貴陽	叫他一聲
서남관화(西南官話)	黎平	叫他一聲
서남관화(西南官話)	都勻	叫他一聲
서남관화(西南官話)	德江	叫他一聲
서남관화(西南官話)	遵義	叫他一聲
서남관화(西南官話)	恩施	叫他一聲
서남관화(西南官話)	鶴峰	叫一聲他/叫他一聲
서남관화(西南官話)	鍾祥	叫一聲他/叫他一聲
서남관화(西南官話)	武漢	叫他一聲
서남관화(西南官話)	常德	叫一聲他/叫他一聲
서남관화(西南官話)	桃源	叫一聲他/叫他一聲
서남관화(西南官話)	龍山	叫聲他/叫他一聲
서남관화(西南官話)	永順	叫一聲他/叫他一聲
서남관화(西南官話)	張家界	叫一聲他/叫他一聲
서남관화(西南官話)	平昌	叫一聲他/叫他一聲
서남관화(西南官話)	成都	叫他一聲
서남관화(西南官話)	樂山	叫一聲他/叫他一聲
서남관화(西南官話)	鹽亭	叫他一聲
서남관화(西南官話)	長寧	叫一聲他/叫他一聲
서남관화(西南官話)	鎮巴	叫他一聲
서남관화(西南官話)	大理	叫一聲他/叫他一聲
서남관화(西南官話)	昆明	叫一聲他/叫他一聲
서남관화(西南官話)	永勝	叫他一聲
서남관화(西南官話)	臨滄	叫他一聲
서남관화(西南官話)	馬龍	叫一聲他/叫他一聲
서남관화(西南官話)	文山	叫他一聲
서남관화(西南官話)	鹽津	叫他一聲
진 방언(晉方言)	磁縣	叫他一聲
진 방언(晉方言)	永年	叫他一聲
진 방언(晉方言)	宣化	叫他一聲
진 방언(晉方言)	鶴壁	叫他一聲
진 방언(晉方言)	獲嘉	叫一聲他/叫他一聲

진 방언(晉方言)	臨河	叫他一聲
진 방언(晉方言)	包頭	叫他一聲
진 방언(晉方言)	長子	叫他一聲
진 방언(晉方言)	大同	叫他一聲
진 방언(晉方言)	陵川	叫他一聲
진 방언(晉方言)	陽城	叫他一聲
진 방언(晉方言)	平遙	叫他一聲
진 방언(晉方言)	臨縣	叫他一聲
진 방언(晉方言)	太原	叫他一聲
진 방언(晉方言)	平定	叫他一聲
진 방언(晉方言)	志丹	叫他一聲
진 방언(晉方言)	神木	叫一聲他/叫他一聲
오 방언(吳方言)	銅陵	叫一聲他/叫他一聲
오 방언(吳方言)	南陵	叫一聲他/叫他一聲
오 방언(吳方言)	涇縣	叫他一聲
오 방언(吳方言)	宣城	叫一聲他/叫他一聲
오 방언(吳方言)	浦城	叫一聲他/叫他一聲
오 방언(吳方言)	金壇	叫聲他/叫他一聲
오 방언(吳方言)	常州	叫一聲他/叫他一聲
오 방언(吳方言)	通州	叫一聲他/叫他一聲
오 방언(吳方言)	蘇州	叫一聲他/叫他一聲
오 방언(吳方言)	崑山	叫聲他/叫他一聲
오 방언(吳方言)	吳江	叫聲他/叫他一聲
오 방언(吳方言)	無錫	叫一聲他/叫他一聲
오 방언(吳方言)	丹陽	叫一聲他/叫他一聲
오 방언(吳方言)	廣豐	叫一聲他/叫他一聲
오 방언(吳方言)	上饒	叫一聲他/叫他一聲
오 방언(吳方言)	上海	叫一聲他/叫他一聲
오 방언(吳方言)	杭州	叫他一聲
오 방언(吳方言)	金華	叫聲他/叫他一聲
오 방언(吳方言)	湯溪	叫聲他/叫他聲
오 방언(吳方言)	義烏	叫一聲他/叫他一聲
오 방언(吳方言)	永康	叫聲他
오 방언(吳方言)	龍泉	叫一聲他/叫他一聲
오 방언(吳方言)	慶元	叫一聲他/叫他一聲
오 방언(吳方言)	常山	叫一聲他/叫他一聲
오 방언(吳方言)	江山	叫一聲他/叫他一聲
오 방언(吳方言)	龍遊	叫一聲他/叫他一聲
오 방언(吳方言)	嵊州	叫聲他
오 방언(吳方言)	臨海	叫聲他/叫他一聲
오 방언(吳方言)	蒼南	叫一聲他

오 방언(吳方言)	溫州	叫聲他
상 방언(湘方言)	望城	叫一聲他/叫他一聲
상 방언(湘方言)	衡山	叫他一聲
상 방언(湘方言)	漵浦	叫他一聲
상 방언(湘方言)	漣源	叫他一聲
상 방언(湘方言)	婁底	叫一聲他/叫他一聲
상 방언(湘方言)	雙峰	叫一聲他/叫他一聲
상 방언(湘方言)	新化	叫他一聲
상 방언(湘方言)	邵陽	叫他一聲
상 방언(湘方言)	武岡	叫他一聲
상 방언(湘方言)	湘鄉	叫他一聲
상 방언(湘方言)	保靖	叫他一聲
상 방언(湘方言)	益陽	叫他一聲
상 방언(湘方言)	桃江	叫一聲他/叫他一聲
상 방언(湘方言)	長沙	叫一聲他/叫他一聲
휘 방언(徽方言)	祁門	叫一聲他/叫他一聲
휘 방언(徽方言)	休寧	叫一聲他/叫他一聲
휘 방언(徽方言)	績溪	叫一聲他/叫他一聲
휘 방언(徽方言)	德興	叫一聲他/叫他一聲
휘 방언(徽方言)	淳安	叫一聲他/叫他一聲
휘 방언(徽方言)	遂安	叫一聲他/叫他一聲
휘 방언(徽方言)	建德	叫一聲他/叫他一聲
휘 방언(徽方言)	壽昌	叫一聲他/叫他一聲
객가 방언(客家方言)	連城	叫他一聲
객가 방언(客家方言)	永定	叫他一聲
객가 방언(客家方言)	東源	叫一聲他/叫他一聲
객가 방언(客家方言)	惠州	叫一聲他/叫他一聲
객가 방언(客家方言)	揭西	叫一聲他/叫他一聲
객가 방언(客家方言)	梅州	叫一聲他/叫他一聲
객가 방언(客家方言)	五華	叫一聲他/叫他一聲
객가 방언(客家方言)	英德	叫聲他/叫他一聲
객가 방언(客家方言)	始興	叫聲他/叫他一聲
객가 방언(客家方言)	翁源	叫一聲他
객가 방언(客家方言)	防城港	叫一聲他/叫他一聲
객가 방언(客家方言)	貴港	叫一聲他/叫他一聲
객가 방언(客家方言)	陸川	叫一聲他/叫他一聲
객가 방언(客家方言)	安遠	叫一聲他/叫他一聲
객가 방언(客家方言)	崇義	叫一聲他/叫他一聲
객가 방언(客家方言)	南康	叫一聲他/叫他一聲
객가 방언(客家方言)	於都	叫一聲他/叫他一聲
객가 방언(客家方言)	桂東	叫一聲他/叫他一聲

객가 방언(客家方言)	汝城	叫一聲他/叫他一聲
감 방언(贛方言)	懷寧	叫一聲他/叫他一聲
감 방언(贛方言)	宿松	叫一聲他/叫他一聲
감 방언(贛方言)	大冶	叫一聲他/叫他一聲
감 방언(贛方言)	赤壁	叫一聲他/叫他一聲
감 방언(贛方言)	崇陽	叫一聲他/叫他一聲
감 방언(贛方言)	通城	叫一聲他/叫他一聲
감 방언(贛方言)	安仁	叫一聲他/叫他一聲
감 방언(贛方言)	永興	叫一聲他/叫他一聲
감 방언(贛方言)	常寧	叫他一聲
감 방언(贛方言)	洞口	叫他一聲
감 방언(贛方言)	綏寧	叫他一聲
감 방언(贛方言)	嶽陽	叫一聲他/叫他一聲
감 방언(贛方言)	平江	叫一聲他/叫他一聲
감 방언(贛方言)	崇仁	叫一聲他/叫他一聲
감 방언(贛方言)	南豐	叫一聲他/叫他一聲
감 방언(贛方言)	安福	叫一聲他/叫他一聲
감 방언(贛方言)	井岡山	叫一聲他/叫他一聲
감 방언(贛方言)	永豐	叫一聲他/叫他一聲
감 방언(贛方言)	景德鎮	叫一聲他/叫他一聲
감 방언(贛方言)	都昌	叫一聲他/叫他一聲
감 방언(贛方言)	彭澤	叫一聲他/叫他一聲
감 방언(贛方言)	永修	叫一聲他/叫他一聲
감 방언(贛方言)	南昌	叫一聲他/叫他一聲
감 방언(贛方言)	進賢	叫一聲他/叫他一聲
감 방언(贛方言)	弋陽	叫一聲他/叫他一聲
감 방언(贛方言)	萬載	叫一聲他/叫他一聲
민 방언(閩方言)	福州	叫他一聲
민 방언(閩方言)	建甌	叫一聲他/叫他一聲
민 방언(閩方言)	建陽	叫他一聲
민 방언(閩方言)	浦城	叫一聲他
민 방언(閩方言)	邵武	叫一聲他/叫他一聲
민 방언(閩方言)	南平	叫他一聲
민 방언(閩方言)	周寧	叫他一聲
민 방언(閩方言)	仙遊	叫他一聲
민 방언(閩方言)	安溪	叫他一聲
민 방언(閩方言)	泉州	叫他一聲
민 방언(閩方言)	泰寧	叫一聲他/叫他一聲
민 방언(閩方言)	永安	叫一聲他/叫他一聲
민 방언(閩方言)	尤溪	叫一聲他/叫他一聲
민 방언(閩方言)	廈門	叫他一聲

민 방언(閩方言)	潮州	叫他一聲
민 방언(閩方言)	惠來	叫他聲
민 방언(閩方言)	澄海	叫他一聲
민 방언(閩方言)	汕頭	叫他一聲
민 방언(閩方言)	雷州	叫他一聲
민 방언(閩方言)	海口	叫他一聲
민 방언(閩方言)	三亞	叫他一聲
민 방언(閩方言)	文昌	叫他一聲
민 방언(閩方言)	蒼南	叫聲他
민 방언(閩方言)	泰順	叫聲他
민 방언(閩方言)	龍岩	叫他一聲
월 방언(粵方言)	澳門	叫一聲他/叫他一聲
월 방언(粵方言)	順德	叫他一聲
월 방언(粵方言)	廣州	叫聲他/叫他一聲
월 방언(粵方言)	花都	叫聲他
월 방언(粵方言)	台山	叫聲他/叫他一聲
월 방언(粵方言)	茂名	叫聲他/叫他一聲
월 방언(粵方言)	陽山	叫一聲他
월 방언(粵方言)	陽東	叫聲他
월 방언(粵方言)	鬱南	叫他聲
월 방언(粵方言)	北海	叫一聲他/叫他一聲
월 방언(粵方言)	靈山	叫一聲他/叫過他一聲
월 방언(粵方言)	梧州	叫一聲他/叫他一聲
월 방언(粵方言)	博白	叫一聲他/叫他一聲
월 방언(粵方言)	玉林	叫一聲他/叫聲他
월 방언(粵方言)	香港	叫聲他
월 방언(粵方言)	東莞	叫他一聲
평화(平話)	田陽	叫他一聲
평화(平話)	龍州	叫他一聲
평화(平話)	桂林	叫一聲他/叫他一聲
평화(平話)	臨桂	叫一聲他/叫聲他
평화(平話)	陽朔	叫他一聲
평화(平話)	賀州	叫一聲他/叫他一聲
평화(平話)	來賓	叫一聲他/叫他一聲
평화(平話)	賓陽	叫一聲他/叫他一聲
평화(平話)	武鳴	叫一聲他/叫他一聲
평화(平話)	寧遠	叫他一聲

3.3.6. 연동문의 어순 및 가능보어의 어순

연동문은 한 문장에서 두 개의 동사가 연이어 출현하여 다양한 문법 관계를 표현하는 문형이다. 예를 들어 "我去買菜(나는 야채를 사러 간다)"라는 문장이 그러하다. 중국 방언에서는 연동문 중에서 방향동사 '去'가 사용되는 경우 "我去買菜"와 "我買菜去"의 어순이 허용되는 정도가 다르다. 전체적으로 볼 때 "동사1＋동사2(我去買菜)"의 어순 유형은 크게 "我去買菜"를 사용하는 지역과 "我買菜去"를 사용하는 지역, 그리고 이 두 가지 어순을 모두 사용할 수 있는 어순으로 나누어진다.

편의상 방향동사 '去'를 'V1', 동작동사 '買'를 'V2'라고 표시하면 "我去買菜[V1＋V2]"는 전형적인 남방 방언 형식이고 "我買菜去[V2＋V1]"는 전형적인 북방 방언 형식이다. 사용비율 면에서는 "我去買菜[V1＋V2]"를 사용하는 방언지점이 99개(35%)이고 "我買菜去[V2＋V1]"를 사용하는 방언지점이 30개(11%)이다. 주목할 것은 "我去買菜[V1＋V2]"/"我買菜去[V2＋V1]" 어순을 모두 사용하는 혼합형이 151개(54%)라는 점이다. 본고의 조사에 따르면 280개의 방언지점 중에 54%가 두 가지 어순을 모두 사용한다.

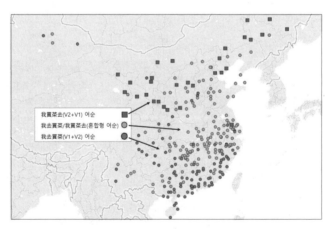

<그림 11> 연동문 "我去買菜[V1+V2]" 어순의 지리적 분포

위의 그림에서 보이듯이 혼합형 어순은 관화 방언뿐만 아니라 오 방언, 상 방언, 감 방언, 휘 방언 등에서 관찰된다. 이에 비해 "我買菜去[V2+V1]" 어순은 북방 지역에서만 관찰된다. 특히 동북 관화와 진 방언에서 이러한 어순이 자주 사용된다. 예를 들어 동북 관화의 하얼빈, 장춘(長春), 목단강(牡丹江), 백성(白城) 등의 지역에서는 "我買菜去" 어순이 우세하다. 진 방언에 속하는 태원(太原), 포두(包頭), 임현(臨縣) 등의 지역에서도 "我買菜去" 어순이 우세하다. 그러나 전형적인 남방 방언에 속하는 월 방언, 민 방언 지역에서는 "我去買菜[V1+V2]" 어순이 우세하다. 예를 들어 월 방언에 속하는 광주(廣州), 민 방언에 속하는 복주(福州) 지역은 모두 "我去買菜[V1+V2]" 어순이 사용된다.

가능보어의 어순도 방언별로 일정한 차이가 존재한다. 방언별 가능보어의 어순은 긍정 형식 표지인 '得'와 부정 형식 표지인 '不'의 위치를 중심으로 나뉜다. 아래의 그림은 가능보어의 부정형을 기준으로 지리적 분포를 조사한 것이다. 그림에서 보이듯이 가능보어의 부정형은 대부분 "吃不飽[동사+부정사+보어]" 형식으로 사용된다. 어순의 변이형이 존재하는 지역은 일부 지역에 국한된다. 예를 들어 민 방언에 속하는 건양(建陽), 건구(建甌), 포성(浦城) 등의 지역에서는 "不吃得飽[부정사+동사+조사+보어]" 어순으로 표현된다. 월 방언에 속하는 북해(北海), 감 방언에 속하는 수녕(綏寧) 지역에서도 "不吃得飽[부정사+동사+조사+보어]" 어순이 사용된다. 그러나 이러한 어순을 가지는 방언은 소수에 불과하다.

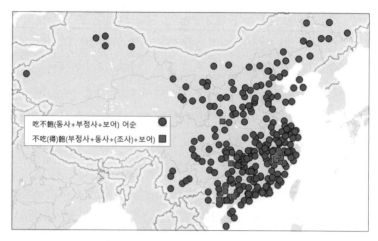

<그림 12> 가능보어 부정형 "吃不飽"의 어순 분포

한편 가능보어 형식이 없는 지역도 존재한다. 특히 가능보어의 긍정형식이 사용되지 않는 지역이 많다. 예를 들어 동북관화의 하얼빈, 장춘(長春), 길림(吉林), 목단강(牡丹江), 백성(白城) 등의 지역에서는 가능보어의 긍정형식이 존재하지 않는다. 가능보어의 부정형이 존재하지 않는 방언으로는 중원관화의 서안(西安), 감 방언의 동구(洞口), 민 방언의 남평(南平)을 들 수 있다.

아래의 표는 중국 방언에서 사용되는 연동문("我去買菜")과 가능보어 부정형("吃不飽"), 가능보어 긍정형("吃得飽")의 어순 유형을 정리한 것이다.

<표 10> 방향동사 연동문과 가능보어의 어순 변이

대방언구	방언 지점	연동문(我去買菜)	가능보어 부정형(吃不飽)	가능보어 긍정형(吃得飽)
동북관화(東北官話)	哈爾濱	我買菜去	吃不飽	無
동북관화(東北官話)	牡丹江	我買菜去	吃不飽	無
동북관화(東北官話)	白城	我買菜去	吃不飽	無
동북관화(東北官話)	長春	我買菜去	吃不飽	無
동북관화(東北官話)	吉林	我買菜去/我去買菜	吃不飽	無
동북관화(東北官話)	雙遼	我買菜去	吃不飽	無
동북관화(東北官話)	北鎮	我買菜去/我去買菜	吃不飽	無

동북관화(東北官話)	瀋陽	我買菜去/我去買菜	吃不飽	無
동북관화(東北官話)	通遼	我買菜去	吃不飽	吃飽了
북경관화(北京官話)	北京	我買菜去/我去買菜	吃不飽	吃得飽
북경관화(北京官話)	承德	我買菜去	吃不飽	無
북경관화(北京官話)	淩源	我買菜去/我去買菜	吃不飽	無
북경관화(北京官話)	赤峰	我買菜去	吃不飽	無
교요관화(膠遼官話)	大連	我買菜去/我去買菜	吃不飽	無
교요관화(膠遼官話)	青島	我買菜去/我去買菜	吃不飽	無
교요관화(膠遼官話)	榮成	我買菜去/我去買菜	吃不飽	無
교요관화(膠遼官話)	諸城	我買菜去/我去買菜	吃不飽	無
기노관화(冀魯官話)	河間	我買菜去/我去買菜	吃不飽	吃飽了/吃得飽
기노관화(冀魯官話)	昌黎	我買菜去	吃不飽	吃飽了
기노관화(冀魯官話)	晉州	我買菜去/我去買菜	吃不飽	無
기노관화(冀魯官話)	石家莊	我買菜去/我去買菜	吃不飽	吃飽了
기노관화(冀魯官話)	唐海	我買菜去	吃不飽	吃飽了
기노관화(冀魯官話)	臨邑	我買菜去/我去買菜	吃不飽	吃飽了
기노관화(冀魯官話)	夏津	我買菜去/我去買菜	吃不飽	吃飽了
기노관화(冀魯官話)	濟南	我買菜去/我去買菜	吃不飽	吃飽了
기노관화(冀魯官話)	肥城	我買菜去/我去買菜	吃不飽	吃飽了
기노관화(冀魯官話)	蓬萊	我買菜去/我去買菜	吃不飽	無
기노관화(冀魯官話)	淄博	我買菜去/我去買菜	吃不飽	吃飽了
기노관화(冀魯官話)	天津	我去買菜去/我買菜去	吃不飽	吃得飽
중원관화(中原官話)	利辛	我買菜去/我去買菜	吃不飽	吃飽了
중원관화(中原官話)	靈壁	我買菜去/我去買菜	吃不飽	無
중원관화(中原官話)	廣德	我買菜去/我去買菜	吃不飽	吃得飽
중원관화(中原官話)	西峰	我去買菜去/我買菜去	吃不飽	吃飽了
중원관화(中原官話)	洛陽	我買菜去/我去買菜	吃不飽	無
중원관화(中原官話)	魯山	我買菜去/我去買菜	吃不飽	吃飽了
중원관화(中原官話)	靈寶	我買菜去/我去買菜	吃不飽	吃飽了
중원관화(中原官話)	澠池	我買菜去/我去買菜	吃不飽	無
중원관화(中原官話)	商城	我買菜去/我去買菜	吃不飽	吃得飽
중원관화(中原官話)	鄭州	我買菜去/我去買菜	吃不飽	吃飽了
중원관화(中原官話)	扶溝	我買菜去/我去買菜	吃不飽	吃飽了
중원관화(中原官話)	隆德	我去買菜去/我買菜去	吃不飽	無
중원관화(中原官話)	樂都	我買菜去/我去買菜	吃不飽	吃飽了
중원관화(中原官話)	西寧	我買菜去	吃不飽	無
중원관화(中原官話)	鄆城	我買菜去/我去買菜	吃不飽	吃飽了
중원관화(中原官話)	滕州	我買菜去/我去買菜	吃不飽	吃飽了
중원관화(中原官話)	霍州	我去買菜	吃不飽	吃得飽
중원관화(中原官話)	襄汾	我買菜去	吃不飽	吃得飽
중원관화(中原官話)	平陸	我買菜去	吃不飽	無

중원관화(中原官話)	萬榮	我買菜去/我去買菜	吃不飽	吃得飽
중원관화(中原官話)	平利	我去買菜	吃不飽	吃得飽
중원관화(中原官話)	鎭安	我去買菜	吃不飽	吃得飽
중원관화(中原官話)	戶縣	我買菜去	吃不飽	無
중원관화(中原官話)	西安	我買菜去	無	無
중원관화(中原官話)	延安	我買菜去/我去買菜	吃不飽	吃得飽
중원관화(中原官話)	喀什	我買菜去/我去買菜	吃不飽	吃得飽
중원관화(中原官話)	吐魯番	我買菜去/我去買菜	吃不飽	吃得飽
강회관화(江淮官話)	合肥	我買菜去/我去買菜	吃不飽	吃得飽
강회관화(江淮官話)	巢湖	我買菜去/我去買菜	吃不飽	無
강회관화(江淮官話)	淮南	我買菜去/我去買菜	吃不飽	能吃得飽/吃得飽
강회관화(江淮官話)	鄂州	我買菜去/我去買菜	吃不飽	吃得飽
강회관화(江淮官話)	紅安	我買菜去/我去買菜	吃不飽	吃得飽
강회관화(江淮官話)	黃梅	我買菜去/我去買菜	吃不飽	吃得飽
강회관화(江淮官話)	廣水	我買菜去/我去買菜	吃不飽	吃得飽
강회관화(江淮官話)	漣水	我買菜去/我去買菜	吃不飽	吃得飽
강회관화(江淮官話)	南京	我買菜去/我去買菜	吃不飽	吃得飽
강회관화(江淮官話)	南通	我買菜去/我去買菜	吃不飽	吃得飽
강회관화(江淮官話)	如東	我買菜去/我去買菜	吃不飽	吃得飽
강회관화(江淮官話)	泰興	我買菜去	吃不飽	吃得飽
강회관화(江淮官話)	東台	我買菜去/我去買菜	吃不飽	吃得飽
강회관화(江淮官話)	江都	我買菜去/我去買菜	吃不飽	吃得飽
강회관화(江淮官話)	丹徒	我買菜去/我去買菜	吃不飽	吃得飽
강회관화(江淮官話)	九江縣	我買菜去/我去買菜	吃不飽	吃得飽
강회관화(江淮官話)	瑞昌	我買菜去/我去買菜	吃不飽	吃得飽
난은관화(蘭銀官話)	蘭州	我買菜去	吃不飽	吃飽了
난은관화(蘭銀官話)	武威	我去買菜去/我買菜去	吃不飽	吃飽了
난은관화(蘭銀官話)	張掖	我去買菜去/我買菜去	吃不飽	吃飽了
난은관화(蘭銀官話)	阿拉善左	我去買菜去/我去買菜	吃不飽	吃得飽
난은관화(蘭銀官話)	吳忠	我去買菜去/我買菜去	吃不飽	能吃飽了
난은관화(蘭銀官話)	銀川	我去買菜去/我買菜去	吃不飽	能吃飽了
난은관화(蘭銀官話)	海原	我去買菜去/我去買菜	吃不飽	無
난은관화(蘭銀官話)	吉木薩爾	我買菜去/我去買菜	吃不飽	吃得飽
난은관화(蘭銀官話)	哈密	我去買菜	吃不飽	吃得飽
난은관화(蘭銀官話)	烏魯木齊	我去買菜	吃不飽	吃得飽
서남관화(西南官話)	重慶	我去買菜	吃不飽	吃得飽
서남관화(西南官話)	忠縣	我去買菜	吃不飽	吃得飽
서남관화(西南官話)	河池	我買菜去/我去買菜	吃不飽	吃得飽
서남관화(西南官話)	柳州	我去買菜	吃不飽	吃得飽
서남관화(西南官話)	大方	我去買菜	吃不飽	吃得飽
서남관화(西南官話)	貴陽	我去買菜	吃不飽	吃得飽

서남관화(西南官話)	黎平	我去買菜	吃不飽	吃得飽
서남관화(西南官話)	都勻	我去買菜	吃不飽	無
서남관화(西南官話)	德江	我去買菜	吃不飽	吃得飽
서남관화(西南官話)	遵義	我去買菜	吃不飽	吃得飽
서남관화(西南官話)	恩施	我買菜去/我去買菜	吃不飽	吃得飽
서남관화(西南官話)	鶴峰	我買菜去/我去買菜	吃不飽	吃得飽
서남관화(西南官話)	鍾祥	我買菜去/我去買菜	吃不飽	吃得飽
서남관화(西南官話)	武漢	我買菜去/我去買菜	吃不飽	吃得飽
서남관화(西南官話)	常德	我去買菜去/我買菜去/我去買菜	吃不飽	吃得飽
서남관화(西南官話)	桃源	我買菜去/我去買菜	吃不飽	吃得飽
서남관화(西南官話)	龍山	我買菜去/我去買菜	吃不飽	吃得飽
서남관화(西南官話)	永順	我買菜去/我去買菜	吃不飽	吃得飽
서남관화(西南官話)	張家界	我買菜去/我去買菜	吃不飽	吃得飽
서남관화(西南官話)	平昌	我買菜去/我去買菜	吃不飽	吃得飽
서남관화(西南官話)	成都	我去買菜	吃不飽	吃得飽
서남관화(西南官話)	樂山	我去買菜	吃不飽	吃得飽
서남관화(西南官話)	鹽亭	我買菜去/我去買菜	吃不飽	吃得飽
서남관화(西南官話)	長寧	我去買菜	吃不飽	吃得飽
서남관화(西南官話)	鎭巴	我去買菜	吃不飽	吃得飽
서남관화(西南官話)	大理	我去買菜	吃不飽	吃得飽
서남관화(西南官話)	昆明	我買菜去/我去買菜	吃不飽	吃得飽
서남관화(西南官話)	永勝	我買菜去/我去買菜	吃不飽	吃得飽
서남관화(西南官話)	臨滄	我去買菜	吃不飽	吃得飽
서남관화(西南官話)	馬龍	我買菜去/我去買菜	吃不飽	吃得飽
서남관화(西南官話)	文山	我買菜去/我去買菜	吃不飽	吃得飽
서남관화(西南官話)	鹽津	我去買菜	吃不飽	吃得飽
진 방언(晉方言)	磁縣	我去買菜	吃不飽	吃飽了
진 방언(晉方言)	永年	我去買菜	吃不飽	無
진 방언(晉方言)	宣化	我買菜去/我去買菜	吃不飽	吃飽了
진 방언(晉方言)	鶴壁	我買菜去/我去買菜	吃不飽	吃飽了
진 방언(晉方言)	獲嘉	我買菜去/我去買菜	吃不飽	吃飽了
진 방언(晉方言)	臨河	我買菜去	吃不飽	吃飽了
진 방언(晉方言)	包頭	我買菜去	吃不飽	吃飽了
진 방언(晉方言)	長子	我買菜去/我去買菜	吃不飽	無
진 방언(晉方言)	大同	我買菜去/我去買菜	吃不飽	吃得飽
진 방언(晉方言)	陵川	我去買菜	吃不飽	吃得飽
진 방언(晉方言)	陽城	我買菜去/我去買菜	吃不飽	吃得飽
진 방언(晉方言)	平遙	我買菜去/我去買菜	吃不飽	吃得飽
진 방언(晉方言)	臨縣	我買菜去	吃不飽	吃得飽
진 방언(晉方言)	太原	我買菜去	吃不飽	吃得飽

진 방언(晉方言)	平定	我買菜去	吃不飽	吃得飽
진 방언(晉方言)	志丹	我買菜去/我買菜	吃不飽	吃得飽
진 방언(晉方言)	神木	我買菜去/我買菜	吃不飽	吃得飽
오 방언(吳方言)	銅陵	我買菜去/我買菜	吃不飽	吃得飽
오 방언(吳方言)	南陵	我買菜去/我買菜	吃不飽	吃得飽
오 방언(吳方言)	涇縣	我買菜去/我買菜	吃不飽	吃得飽
오 방언(吳方言)	宣城	我買菜去/我買菜	吃不飽	吃得飽
오 방언(吳方言)	浦城	我去買菜	吃不飽	吃得飽
오 방언(吳方言)	金壇	我買菜去/我買菜	吃不飽	無
오 방언(吳方言)	常州	我買菜去/我去買菜	吃不飽	吃得飽
오 방언(吳方言)	通州	我買菜去/我去買菜	吃不飽	吃得飽
오 방언(吳方言)	蘇州	我去買菜	吃不飽	吃得飽
오 방언(吳方言)	崑山	我去買菜	吃不飽	吃得飽
오 방언(吳方言)	吳江	我買菜去/我買菜	吃不飽	吃得飽
오 방언(吳方言)	無錫	我買菜去/我買菜	吃不飽	吃得飽
오 방언(吳方言)	丹陽	我去買菜	吃不飽	吃得飽
오 방언(吳方言)	廣豐	我買菜去/我買菜	吃不飽	吃得飽
오 방언(吳方言)	上饒	我買菜去/我買菜	吃不飽	吃得飽
오 방언(吳方言)	上海	我買菜去/我去買菜	吃不飽	吃得飽
오 방언(吳方言)	杭州	我買菜去/我去買菜	吃不飽	吃得飽
오 방언(吳方言)	金華	我買菜去/我去買菜	吃不飽	吃得飽
오 방언(吳方言)	湯溪	我去買菜	吃不飽	吃得飽
오 방언(吳方言)	義烏	我買菜去/我去買菜	吃不飽	吃得飽
오 방언(吳方言)	永康	我去買菜	吃不飽	吃來飽
오 방언(吳方言)	龍泉	我買菜去/我去買菜	吃不飽	吃得飽
오 방언(吳方言)	慶元	我買菜去/我去買菜	吃不飽	吃得飽
오 방언(吳方言)	常山	我買菜去/我去買菜	吃不飽	吃得飽
오 방언(吳方言)	江山	我買菜去/我去買菜	吃不飽	吃得飽
오 방언(吳方言)	龍遊	我買菜去/我去買菜	吃不飽	吃得飽
오 방언(吳方言)	嵊州	我買菜去/我去買菜	吃不飽	吃得飽
오 방언(吳方言)	臨海	我買菜去/我去買菜	吃不飽	無
오 방언(吳方言)	蒼南	我去買菜	吃不飽	吃飽
오 방언(吳方言)	溫州	我去買菜	吃不飽	吃飽
상 방언(湘方言)	望城	我買菜去/我去買菜	吃不飽	吃得飽
상 방언(湘方言)	衡山	我買菜去/我去買菜	吃不飽	吃得飽
상 방언(湘方言)	漵浦	我買菜去/我去買菜	吃不飽	吃得飽
상 방언(湘方言)	漣源	我買菜去/我去買菜	吃不飽	吃得飽
상 방언(湘方言)	婁底	我買菜去/我去買菜	吃不飽	吃得飽
상 방언(湘方言)	雙峰	我買菜去/我去買菜	吃不飽	吃得飽
상 방언(湘方言)	新化	我買菜去/我去買菜	吃不飽	吃得飽
상 방언(湘方言)	邵陽	我去買菜	吃不飽	吃得飽

상 방언(湘方言)	武岡	我去買菜	吃不飽	吃得飽
상 방언(湘方言)	湘鄉	我買菜去/我去買菜	吃不飽	吃得飽
상 방언(湘方言)	保靖	我買菜去/我去買菜	吃不飽	吃得飽
상 방언(湘方言)	益陽	我買菜去/我去買菜	吃不飽	吃得飽
상 방언(湘方言)	桃江	我買菜去/我去買菜	吃不飽	吃得飽
상 방언(湘方言)	長沙	我買菜去/我去買菜	吃不飽	吃得飽
휘 방언(徽方言)	祁門	我買菜去/我去買菜	吃不飽	吃得飽
휘 방언(徽方言)	休寧	我買菜去/我去買菜	吃不飽	吃得飽
휘 방언(徽方言)	績溪	我買菜去/我去買菜	吃不飽	吃得飽
휘 방언(徽方言)	德興	我買菜去/我去買菜	吃不飽	吃得飽
휘 방언(徽方言)	淳安	我買菜去/我去買菜	吃不飽	吃得飽
휘 방언(徽方言)	遂安	我去買菜	吃不飽	吃得飽
휘 방언(徽方言)	建德	我買菜去/我去買菜	吃不飽	吃得飽
휘 방언(徽方言)	壽昌	我去買菜去/我買菜去/我去買菜	吃不飽	吃得飽
객가 방언(客家方言)	連城	我去買菜	吃不飽	吃得飽
객가 방언(客家方言)	永定	我去買菜	吃不飽	吃得飽
객가 방언(客家方言)	東源	我去買菜	吃不飽	吃得飽
객가 방언(客家方言)	惠州	我去買菜	吃不飽	吃得飽
객가 방언(客家方言)	揭西	我買菜去/我去買菜	吃不飽	吃得飽
객가 방언(客家方言)	梅州	我去買菜	吃不飽	吃得飽
객가 방언(客家方言)	五華	我去買菜	吃不飽	吃得飽
객가 방언(客家方言)	英德	我去買菜	吃不飽	吃得飽
객가 방언(客家方言)	始興	我去買菜	吃不飽	吃得飽
객가 방언(客家方言)	翁源	我去買菜	吃不飽	吃得飽
객가 방언(客家方言)	防城港	我去買菜	吃不飽	吃得飽
객가 방언(客家方言)	貴港	我買菜去/我去買菜	不吃得飽/吃不飽	吃得飽
객가 방언(客家方言)	陸川	我買菜去/我去買菜	吃不飽	吃得飽
객가 방언(客家方言)	安遠	我去買菜	吃不飽	吃得飽
객가 방언(客家方言)	崇義	我去買菜	吃不飽	吃得飽
객가 방언(客家方言)	南康	我去買菜	吃不飽	吃得飽
객가 방언(客家方言)	於都	我去買菜	吃不飽	吃得飽
객가 방언(客家方言)	桂東	我去買菜	吃不飽	吃得飽
객가 방언(客家方言)	汝城	我去買菜	吃不飽	吃得飽
감 방언(贛方言)	懷寧	我買菜去/我去買菜	吃不飽	吃得飽
감 방언(贛方言)	宿松	我買菜去/我去買菜	吃不飽	吃得飽
감 방언(贛方言)	大冶	我買菜去/我去買菜	吃不飽	吃得飽
감 방언(贛方言)	赤壁	我去買菜	吃不飽	吃得飽
감 방언(贛方言)	崇陽	我買菜去/我去買菜	吃不飽	吃得飽
감 방언(贛方言)	通城	我買菜去/我去買菜	吃不飽	吃得飽
감 방언(贛方言)	安仁	我買菜去/我去買菜	吃不飽	吃得飽

감 방언(贛方言)	永興	我買菜去/我去買菜	吃不飽	吃得飽
감 방언(贛方言)	常寧	我買菜去/我去買菜	吃不飽	吃得飽
감 방언(贛方言)	洞口	我去買菜	無	吃得飽
감 방언(贛方言)	綏寧	我去買菜	不吃得飽	吃得飽
감 방언(贛方言)	嶽陽	我買菜去/我去買菜	吃不飽	吃得飽
감 방언(贛方言)	平江	我買菜去/我去買菜	吃不飽	吃得飽
감 방언(贛方言)	崇仁	我買菜去/我去買菜	吃不飽	吃得飽
감 방언(贛方言)	南豐	我買菜去/我去買菜	吃不飽	吃得飽
감 방언(贛方言)	安福	我買菜去/我去買菜	吃不飽	吃得飽
감 방언(贛方言)	井岡山	我買菜去/我去買菜	吃不飽	吃得飽
감 방언(贛方言)	永豐	我買菜去/我去買菜	吃不飽	吃得飽
감 방언(贛方言)	景德鎮	我去買菜	吃不飽	吃得飽
감 방언(贛方言)	都昌	我買菜去/我去買菜	吃不飽	吃得飽
감 방언(贛方言)	彭澤	我買菜去/我去買菜	吃不飽	吃得飽
감 방언(贛方言)	永修	我買菜去/我去買菜	吃不飽	吃得飽
감 방언(贛方言)	南昌	我買菜去/我去買菜	吃不飽	吃得飽
감 방언(贛方言)	進賢	我買菜去/我去買菜	吃不飽	吃得飽
감 방언(贛方言)	弋陽	我買菜去/我去買菜	吃不飽	吃得飽
감 방언(贛方言)	萬載	我去買菜	吃不飽	吃得飽
민 방언(閩方言)	福州	我去買菜	吃[無解]飽	吃解飽
민 방언(閩方言)	建甌	我去買菜	[無解]吃得飽	惡吃得飽
민 방언(閩方言)	建陽	我去買菜	[無解]吃得飽	惡吃得飽
민 방언(閩方言)	浦城	我去買菜	[無解]吃得飽	惡吃得飽
민 방언(閩方言)	邵武	我買菜去/我去買菜	吃不飽	吃得飽
민 방언(閩方言)	南平	我去買菜	無	吃得飽
민 방언(閩方言)	周寧	我去買菜	吃[無解]飽	吃解飽
민 방언(閩方言)	仙遊	我買菜去/我去買菜	吃[無解]飽	吃解飽
민 방언(閩方言)	安溪	我去買菜	吃[無解]飽	吃解飽
민 방언(閩方言)	泉州	我去買菜	吃[無解]飽	吃解飽
민 방언(閩方言)	泰寧	我去買菜	吃不飽	吃得飽
민 방언(閩方言)	永安	我買菜去/我去買菜	吃不飽	吃得飽
민 방언(閩方言)	尤溪	我去買菜	吃[無解]飽	吃解飽
민 방언(閩方言)	廈門	我去買菜	吃[無解]飽	吃解飽
민 방언(閩方言)	潮州	我去買菜	吃[無解]飽	吃解飽
민 방언(閩方言)	惠來	我去買菜	吃[無解]飽	吃解飽
민 방언(閩方言)	澄海	我去買菜	吃[無解]飽	吃解飽
민 방언(閩方言)	汕頭	我去買菜	吃[無解]飽	吃解飽
민 방언(閩方言)	雷州	我去買菜	吃不飽	吃有飽
민 방언(閩方言)	海口	我去買菜	吃不飽	吃得飽
민 방언(閩方言)	三亞	我去買菜	吃不飽	吃得飽
민 방언(閩方言)	文昌	我去買菜	吃不飽	吃得飽

민 방언(閩方言)	蒼南	我去買菜	吃不飽	吃飽
민 방언(閩方言)	泰順	我去買菜	吃不飽	吃得飽
민 방언(閩方言)	龍岩	我買菜去/我去買菜	吃不飽	吃解飽
월 방언(粵方言)	澳門	我去買菜	吃不飽	吃飽
월 방언(粵方言)	順德	我去買菜	吃不飽	吃得飽
월 방언(粵方言)	廣州	我去買菜	吃不飽	吃得飽
월 방언(粵方言)	花都	我去買菜	吃不飽	吃得飽
월 방언(粵方言)	台山	我去買菜	吃不飽	吃得飽
월 방언(粵方言)	茂名	我去買菜	不吃得飽/吃不飽	吃飽/吃得飽
월 방언(粵方言)	陽山	我去買菜	吃不飽	吃得飽
월 방언(粵方言)	陽東	我去買菜	吃不飽	吃得飽
월 방언(粵方言)	鬱南	我去買菜	吃不飽	吃得飽
월 방언(粵方言)	北海	我去買菜	不吃得飽	吃得飽
월 방언(粵方言)	靈山	我去買菜	吃不飽	吃得飽
월 방언(粵方言)	梧州	我去買菜	吃不飽	吃得飽
월 방언(粵方言)	博白	我去買菜	吃不飽	吃得飽
월 방언(粵方言)	玉林	我去買菜	吃不飽	吃得飽
월 방언(粵方言)	香港	我去買菜	吃不飽	吃得飽
월 방언(粵方言)	東莞	我去買菜	吃不飽	吃得飽
평화(平話)	田陽	我買菜去/我去買菜	吃不飽	吃得飽
평화(平話)	龍州	我買菜去/我去買菜	吃不飽	吃得飽
평화(平話)	桂林	我去買菜	吃不飽	吃得飽
평화(平話)	臨桂	我去買菜	吃不飽	吃得飽
평화(平話)	陽朔	我去買菜	吃不飽	吃得飽
평화(平話)	賀州	我去買菜	吃不飽	吃得飽
평화(平話)	來賓	我買菜去/我去買菜	吃不飽	吃得飽
평화(平話)	賓陽	我去買菜	吃不飽	吃得飽
평화(平話)	武鳴	我買菜去/我去買菜	吃不飽	吃得飽
평화(平話)	寧遠	我買菜去/我去買菜	吃不飽	吃得飽

3.4. 중국 지역 방언의 어순 유형 비교

본 장에서는 중국의 주요 방언지도와 참조문법 문헌을 토대로 방언별로 차이를 보이는 몇 가지 어순 항목을 살펴보았다. 표준중국어와 지역 방언은 기본어순의 측면에서 모두 SVO 어순이 사용된다는 공통점이 있다. 그러나 본고의 조사 결과 일부 어순 항목에서는 지역별로 다양한 변이형이 존재한다는 것을 알 수 있었다. 동물 성별 형태소의 어순("公鷄"), 부사-동사의 어순("你先去"; "再吃一碗"), 비교구문의 어순("我比他大"), 이중목적어의 어순("給我一支筆"), 대명사 목적어-수량보어의 어순("叫他一聲"), 연동문의 어순("我去買茱") 등은 중국 방언별로 상당한 차이를 보인다.

  본고의 조사 결과에 따르면 방언의 지리적 분포와 어순 유형은 상당히 밀접한 상관성을 가진다. 중국의 지역 방언은 북쪽에서부터 남쪽까지 다양하게 분포한다. 편의상 장강(長江)을 경계로 장강 이북 지역을 북방 방언으로 분류하고 장강 인접 지역을 중부 방언으로 분류하고 장강 이남 지역을 남방 방언으로 분류하면 세 방언권에 따라 어순 유형은 놀라울 정도로 비슷한 특성을 공유한다. 중국 북방 방언은 어순 유형의 측면에서 모든 수식어가 중심어에 선행한다. 명사 수식어도 선행하고 동사 수식어도 선행한다. 비교급 표지를 포함한 전치사구도 동사에 선행한다. 이에 비해 중국 남방 방언은 내부적 변이가 다양하기는 하지만 일부 특수한 명사수식어가 명사에 후행하고 일부 부사도 동사에 후행한다. 또한 비교급 표지도 고대중국어의 어순처럼 동사에 후행한다. 장강 인접 지역 방언인 오 방언, 상 방언지점은 북방 방언과 남방 방언의 혼합적인 어순 유형을 가진다. 이러한 조사 결과는 중국의 지역 방언이 지리적 분포에 따라 일정한 패턴을 가진다는 본고의 가설에 부합된다. 이러한 지리적 인접성과 어순 유형의 특징이 얼마나 유사한지는 통계분석을 통해서 더 객관적인 결론을 도출할 수 있을 것이다. 이에 대해서는 다음 장에서 서술하기로 하겠다.

제4장

어순 유형에 따른 중국 방언의 친소관계 통계 분석

 본 장에서는 중국 방언지도 자료를 기초로 하여 통계적 분류 분석을 해 보고자 한다. 분석에 필요한 기초자료는 曺志耘(2008b, 2008c)의 ≪漢語方言地圖集≫ 어휘편・문법편에서 추출되었다. 이 방언지도집에는 어순을 포함한 다양한 어휘・문법정보가 정리되어 있다. 통계적 분류 분석 방법으로는 군집분석(cluster analysis)과 다차원척도법(multidimensional scaling)을 사용하고자 한다. 군집분석 방법은 방언연구에 획기적인 성과로 일컬어지는 鄭金泉(Cheng Chin Chuan, 1996, 2003)의 연구에서 이미 시도된 바 있다. 그는 17개의 중국 방언지점의 음운적・어휘적 특징을 기초로 하여 방언 간의 유사성을 수치화된 거리로 환산하여 분류를 시도하였다. 이 연구에서는 17×17 다차원 행렬로 변환된 방언 자료들이 통계적 군집분석 방법을 통해 계통수 형태의 도표가 제시되었다. 한편 鄧曉華・王士元(2009)에서도 이와 비슷한 방식으로 통계분석을 실시한 바가 있다. 그러나 다차원척도법은 아직까지 중국 방언 연구 분야에서는 거의 시도된 적이 없다. 본고는 기존의 군집분석 방법을 계승하고 다차원척도법이라는 새로운 방법을 추가하여 방언의 어순 유형에 대한 통계 분석을 시도하고자 한다.

 방언 연구에 있어서 통계적 방법을 접목한 연구는 영미권 학자들 중심으로 더 활발하게 이루어져 왔다. Nerbonne & Kretzschmar(2003, 2006)에서는 방언 분석을 위한 컴퓨터 통계 모델을 개발하여 방언 간의 친소 관계를 연구한 바 있다. Heeringa(2004)는 레벤스타인 거리(Levenshtein Distance) 측정을 통해 방언 간의 음성 차이를 통계적으로 분석하여 방언의 친소 관계를 객관적으로 분류하였다. Szmrecsanyi & Wälchli(2014)에서도 미국, 영국, 네델란드, 벨기에 지역의 방언에 대해 다양한 통계적 분석을 시도한 15편의 연구 성과들을 소개하고 있다.

국내에서 방언학 분야에 통계적 방법을 접목시킨 연구로는 최운호(2010)를 주목할 만하다. 그는 중앙아시아, 러시아, 몽골, 중국 지역에 분포하는 16개의 알타이어(몽고 퉁구스어) 방언의 상대적 거리(레벤스타인 거리)를 측정하여 방언에 대한 통계적 분류를 시도하였다.

이처럼 최근 국내외적으로 통계적 방법을 통해 대량의 언어(방언) 자료를 객관적으로 분류하여 설득력 있는 연구 결과를 도출하려는 경향이 증가하고 있다. 이러한 이면에는 방언 조사가 대규모로 진행되면서 방언 자료의 수량이 급증함으로 인해 기존의 연구 방법으로는 다양한 방언의 특징을 거시적으로 유형화하기가 쉽지 않게 된 것이 주요 요인 중의 하나일 것이다.

본고에서도 최근 언어유형학 연구와 방언학 연구에서 활용되고 있는 통계적 분석 방법을 중국어 방언 연구에 적용하여 방언의 어순 유형학적인 특징을 고찰하고자 한다.

4.1. 중국 방언 어순 유형의 상대적 거리 측정 방법

4.1.1. 언어적 차이에 기초한 방언 거리 측정론

방언의 차이점과 유사성을 어떻게 측정할 수 있을까? 이 문제는 비교 대상이 되는 방언 간의 대응되는 어휘나 문법 속성이 어느 정도 차이를 보이는지를 측정하는 것으로 바꿔볼 수 있다. 방언 간의 차이를 수치로 환산하면 통계 프로그램을 통해 그 차이를 토대로 분류를 하고 일정한 공간상에 표현할 수 있다. 이렇게 방언의 차이를 수치화된 정보로 변환하여 통계적 분석을 실시하는 분야를 '방언거리측정론(dialectometry)'이라고 부른다. 방언거리측정론에서는 '거리'의 개념을 어떻게 정의하는지에 따라 언어들 간의 차이가 결정된다.

통계학에서 가장 일반적으로 많이 사용되는 거리는 유클리드 거리(Euclidean distance)이다. 두 점 P,Q의 거리를 dist(P,Q)라고 했을 때 일반적으로 n차원 공간에서 두 점의 유클리드 거리는 다음과 같이 계산된다.

(1) 유클리드 거리 : $dist(P, Q) = \sqrt{\sum_{i=1}^{n} (p_i - q_i)^2}$

이차원 공간에서 두 점이 각각 (X1, Y1)과 (X2, Y2)의 값으로 주어지면 두 점 사이의 유클리드 거리는 위의 공식처럼 직각삼각형의 대각선 길이를 의미한다.

최운호(2010:131)에서는 두 점의 거리를 측정하는 함수로 유클리드 거리 이외에 맨해튼 거리(Manhattan distance) 등의 다양한 방법이 있다고 하였다. 그러나 어떠한 거리 계산 방법을 사용하든지 간에 Crochemore et al.(2007:244)가 지적한 거리함수의 속성을 만족해야 한다. 이러한 속성들은 두 개체의 거리를 측정하는 방법이라면 모두 만족시켜야 하는 일반적인 공리이다.[26]

(2) 거리 함수 d(distance)의 속성
    Positivity: $d(u, v) \geq 0$.
    Separation: $d(u, v) = 0$ if and only if $u = v$.
    Symmetry: $d(u, v) = d(v, u)$.
    Triangle inequality: $d(u, v) \leq d(u, w) + d(w, v)$ for every $w \in A^*$

---

26) 이에 대한 자세한 내용은 최운호(2010)을 참고하기 바람.

4.1.2. 중국 방언 어순 유형의 상대적 거리 측정

(가) 어순 유형의 거리 측정 방법

어순 유형의 상대적 거리 측정은 기본적으로 반대되는 어순일수록 거리가 멀다는 것을 전제로 한다. 예를 들어 'X-Y'의 어순을 기준으로 할 때 가장 거리가 먼 것은 정반대의 어순인 'Y-X'라고 가정하는 것이다. 그리고 두 가지가 모두 가능한 형태는 중간 정도의 거리를 가진다고 간주할 수 있다. 이러한 방법으로 중국 방언의 어순 변이형에 대한 상대적 거리 측정을 해볼 수 있다. 예를 들어 중국 방언에는 '부사-동사'의 어순에 대한 몇 가지 유형이 존재하는데 그 중에 기본적인 '부사-동사' 어순을 가지는 경우를 '0'이라고 표시한다. 그러면 이와 정반대의 어순을 가지는 '동사-부사'의 어순은 거리가 멀기 때문에 큰 값을 부여한다. 그리고 '동사-부사'·'부사-동사'가 모두 가능한 경우는 그 중간 값을 부여한다. 수치의 크기는 변이형의 종류에 따라 다를 수 있다. 중국 방언에서 '부사-동사'의 어순은 4가지 유형이 존재한다고 가정할 때 다음과 같이 {0, 1 ,2, 3}의 값으로 나누어 표시할 수 있다.

<표 11> '동사-부사'의 어순 변이형에 따른 상대적 거리 표시 방법

어순 유형	부사－동사	동사－부사	상대적 거리
你先去	+	－	0
你去先/你先去先/你先去	++	++	1
你去先/你先去	+	+	2
你去先	－	+	3

중국 방언별로 동물의 성별을 나타내는 경우에는 5가지의 변이형이 존재한다. 이 경우에는 '公鷄(수식어-피수식어)'를 '0'으로 표시하고 상황에 따라 {0, 1, 2, 3, 4}로 표시할 수 있다. 여기에서의 숫자는 상대적 거리를

나타낸다.

<표 12> 동물 성별 형태소 어순에 따른 상대적 거리 표시 방법

어순 유형	公鷄 (수식어 – 피수식어)	鷄公 (피수식어 – 수식어)	상대적 거리
公鷄	+	−	0
公鷄公/公鷄	++	+	1
鷄公/公鷄	+	+	2
公鷄公/鷄公	+	++	3
鷄公	−	+	4

여기서 '公鷄'와 '鷄公'의 차이는 바로 단어 내부 어순이 '수식어-피수식어'인가 아니면 '피수식어-수식어'인가이다. 따라서 '公鷄'와 '鷄公'이 유사도면에서 가장 거리가 멀다고 할 수 있겠다. 그런데 이 둘 사이에 '公鷄公/公鷄', '鷄公/公鷄', '公鷄公/鷄公'이라는 세 가지 경우가 더 존재한다. 이 경우 '수식어-피수식어'의 특징을 더 많이 지녔는지 아니면 '피수식어-수식어'의 특징을 더 많이 지녔는지에 따라 상대적 거리로 수치화할 수 있다.

(나) 상대적 거리의 표준화 방법

어순 변이형에 따라 부여된 숫자는 일정한 방식으로 표준화할 수 있다. 어순 변이형이 적으면 숫자의 범위도 작고 어순 변이형이 많으면 숫자의 범위도 커진다. 어떤 경우에는 방언지점별로 '0~1'로 표시되지만 어떤 경우에는 숫자의 범위가 '0~7'로 표시된다. 만약 이렇게 되면 변이형이 많을수록 상대적 거리도 커지게 된다. 거리 측정할 때 어느 항목이 지나치게 큰 숫자를 가지게 되면 그 항목에 의해 영향을 더 받게 될 가능성이 있다. 어순 항목별로 동일한 가중치를 부여하기 위해서는 일단 일정한 값으로 표준화할 필요가 있다.

통계적으로 값을 표준화할 때 사용하는 방법은 수치의 범위를 '0~1'사이로 변환하거나 'Z-score'로 변환하는 방법을 들 수 있다. '0~1'로 표준화하는 것은 최솟값과 최댓값을 '0'과 '1'로 정하여 그 안에서 개별값을 비율에 맞게 조정하는 방법이다. 'Z-score'는 표준점수(standard score)라고 하는데 모든 자료를 표준정규분포로 변환하여 각각의 자료가 표준편차를 기준으로 어떤 위치에 있는지를 나타내는 수치이다. 본고에서는 논의의 편의를 위해 '0~1'로 표준화하는 방법을 예로 들어보겠다. 아래의 표는 <표 13>의 상대적 거리를 최솟값을 '0'으로 하고 최댓값을 '1'로 변환한 결과이다.

<표 13> 동물 성별 형태소 어순에 따른 거리의 표준화 방법

어순 유형	公鷄 (수식어 – 피수식어)	鷄公 (피수식어 – 수식어)	상대적 거리	표준화값 (0~1)
公鷄	+	–	0	0.00
公鷄公/公鷄	++	+	1	0.25
鷄公/公鷄	+	+	2	0.50
公鷄公/鷄公	+	++	3	0.75
鷄公	–	+	4	1.00

중국 방언별로 이중목적어 구문은 8개의 어순 변이형이 존재한다. 이 경우에도 상대적 거리를 {0, 1, 2, 3, 4, 5, 6, 7}로 표시한 뒤 다시 '0~1' 범위로 표준화할 수 있다.

<표 14> 이중목적어 구문의 어순 변이형에 대한 거리 표준화 방법

어순 유형	간목 – 직목	직목 – 간목	사용지역	상대적 거리	표준화 값
給我一支筆	+	–	官話, 晉語, 閩語, 徽語	0	0.00
給我給一支筆	+(유표적)	–	蘭銀官話	1	0.15
給一支筆給我	–	+(유표적)	客家話, 贛語, 吳語, 江淮官話	2	0.30

給a一支筆給b我	−	+(유표적)	湘語, 西南官話	3	0.45
給一支筆給我 給一支筆我	−	+ +	贛語萬載, 湘語長沙	4	0.60
筆給一支我	−	+	吳語(溫州)	5	0.75
一支筆給我	−	+	徽語, 閩語(潮州)	6	0.85
給一支筆我	−	+	粵語, 客家話	7	1.00

4.1.3. 중국 방언 간의 언어적 차이와 지리적 거리

본고에서는 상기의 과정에 따라 방언 간의 상대적 거리를 계산하기 위한 10대 방언구의 32개의 방언지점을 선택하였다. 그리고 방언지점별로 18개의 어순 항목 및 어순과 관계된 형태론적 자질이 어떻게 분포하는지를 조사하였다.

<표 15> 방언조사지점과 분석항목

	구체적 내용	비고
방언지점	東北官話(哈爾濱), 北京官話(北京), 冀魯官話(濟南), 膠遼官話(青島), 中原官話(西安), 蘭銀官話(蘭州), 西南官話(武漢, 成都), 江淮官話(江都), 晉語(太原, 大同), 吳語(上海話, 蘇州話, 溫州), 徽語(祁門, 績溪), 贛語(南昌, 萬載), 湘語(長沙, 漣源, 雙峰), 閩語(潮州, 福州, 廈門), 粵語(香港, 廣州), 平話(武鳴, 龍州), 客家(連城, 惠州, 梅州)	10대 방언구 32개 방언지점
분석 항목	比較句(我比他大), 副詞-動詞(再吃一碗, 你先去), 雙及物結構(給我一支筆), 賓語-數量補語(叫他一聲), 動詞性別語素(公雞, 母雞), "我買菜去", 可能補語否定式(吃不飽), 賓語和可能補語否定式(打不過他), 可能補語"不得"(吃不得), 用於親屬稱謂的前綴"阿-, 老-", 前綴"圪", 桌子的"子", 鳥兒的"兒"	18개의 어순 관련 특징

4.1.3.1. 중국 주요 방언지점 사이의 상대적 거리

중국의 주요 방언 사이의 어순 차이를 수치로 변환하여 유클리드 거리 척도로 계산해 본 결과는 아래의 표와 같다.

<표 16> 중국 주요 방언지점 사이의 유클리드 거리

거리	Haerbin	Beijing	Jinan	Tianjin	Qingdao	Xi'an	Lanzhou	Wuhan	Chengdu	Changde	Nanjing	Pingyao	Taiyuan	Datong	Shanghai	Suzhou
Haerbin	0.000	7.628	5.382	2.845	6.041	9.708	7.010	13.720	19.473	30.409	5.773	26.551	18.922	26.551	21.674	30.368
Beijing	7.628	0.000	2.247	2.392	2.906	17.336	14.639	6.091	8.257	26.369	1.732	18.922	26.551	18.922	18.540	19.151
Jinan	5.382	2.247	0.000	4.639	0.659	15.090	12.392	8.338	10.503	28.616	3.979	21.169	24.304	21.169	16.293	21.398
Tianjin	2.845	2.392	4.639	0.000	5.298	12.553	9.855	8.483	13.040	26.369	1.732	21.314	21.767	21.314	20.931	23.935
Qingdao	6.041	2.906	0.659	5.298	0.000	17.067	14.370	6.361	12.481	26.638	4.638	21.828	24.963	21.828	14.315	19.421
Xi'an	9.708	17.336	15.090	12.553	17.067	0.000	13.802	26.065	24.667	37.961	15.481	31.466	23.838	31.466	34.019	42.712
Lanzhou	7.010	14.639	12.392	9.855	14.370	13.802	0.000	23.367	21.250	30.660	12.784	28.769	21.140	28.769	18.778	28.670
Wuhan	13.720	6.091	8.338	8.483	6.361	26.065	23.367	0.000	11.534	19.527	4.744	25.014	32.642	25.014	17.574	15.977
Chengdu	19.473	8.257	10.503	13.040	12.481	24.667	21.250	11.534	0.000	16.178	9.564	17.594	28.810	17.594	21.157	21.969
Changde	30.409	26.369	28.616	26.369	26.638	37.961	30.660	19.527	16.178	0.000	25.284	30.913	34.954	30.913	21.721	22.782
Nanjing	5.773	1.732	3.979	1.732	4.638	15.481	12.784	4.744	9.564	25.284	0.000	20.655	24.696	20.655	20.110	21.917
Pingyao	26.551	18.922	21.169	21.314	21.828	31.466	28.769	25.014	17.594	30.913	20.655	0.000	7.628	0.000	37.462	38.074
Taiyuan	18.922	26.551	24.304	21.767	24.963	23.838	21.140	32.642	28.810	34.954	24.696	7.628	0.000	7.628	40.597	49.290
Datong	26.551	18.922	21.169	21.314	21.828	31.466	28.769	25.014	17.594	30.913	20.655	0.000	7.628	0.000	37.462	38.074
Shanghai	21.674	18.540	16.293	20.931	14.315	34.019	18.778	17.574	21.157	21.721	20.110	37.462	40.597	37.462	0.000	13.496
Suzhou	30.368	19.151	21.398	23.935	19.421	42.712	28.670	15.977	21.969	22.782	21.917	38.074	49.290	38.074	13.496	0.000
Wenzhou	38.472	47.256	49.537	52.040	51.480	66.862	46.250	50.533	43.951	44.766	48.564	66.178	77.395	66.178	40.085	35.420
Qimen	36.391	27.763	30.009	30.154	28.032	47.736	40.674	17.679	23.419	14.252	26.253	46.685	54.313	46.685	21.551	18.645
Jixi	33.224	25.596	27.843	27.908	27.184	44.251	36.628	19.607	24.269	25.943	25.545	44.518	52.147	44.518	30.631	22.106
Nanchang	47.434	39.806	42.052	42.197	41.393	58.460	44.418	33.817	37.040	35.955	39.755	58.728	66.356	58.728	33.545	19.036
Wanzai	42.984	31.768	34.015	36.551	35.992	51.374	44.792	34.294	26.973	33.431	34.534	50.690	61.906	50.690	38.606	25.298
Changsha	23.366	15.737	17.984	18.129	19.962	31.755	25.174	21.506	15.380	21.549	18.928	34.660	42.288	34.660	25.817	13.705
Liamyuan	37.882	30.253	32.500	32.645	34.478	46.271	34.915	31.646	30.616	37.523	29.069	49.176	56.804	49.176	41.373	24.916
Chaozhou	59.132	52.409	50.162	57.193	52.140	84.021	55.445	51.594	42.811	55.681	53.554	71.331	78.054	71.331	43.141	40.386
Fuzhou	49.108	42.386	40.139	47.169	42.117	69.205	42.068	41.671	27.641	38.060	43.531	46.930	53.653	46.930	43.186	39.532
Xiamen	64.104	43.901	55.135	48.684	51.839	94.267	67.130	32.639	44.015	45.821	45.046	62.823	83.027	62.823	47.635	32.073
Xianggang	79.310	63.600	70.340	68.383	70.999	89.017	67.926	54.414	54.724	53.219	58.911	82.522	98.232	82.522	56.063	46.576
Guangzhou	68.525	52.816	59.556	57.599	61.533	76.915	58.749	49.508	45.863	51.239	49.747	71.738	87.448	71.738	54.082	44.596
Wuming	35.451	27.823	30.069	30.214	30.729	45.159	31.117	30.672	31.399	42.565	27.934	46.745	54.374	46.745	28.899	23.527
Guilin	37.964	26.748	28.994	31.531	27.017	50.308	44.206	25.782	31.765	32.694	29.514	45.670	56.886	45.670	29.032	17.745
Longzhou	44.837	37.208	39.455	39.600	37.478	57.181	44.866	34.785	39.825	41.212	37.320	56.131	63.759	56.131	27.546	28.167
Liancheng	38.177	26.961	29.208	31.745	31.185	46.567	42.191	31.109	21.630	27.093	30.538	45.884	57.100	45.884	33.311	20.453
Huizhou	59.113	47.897	50.143	52.680	50.803	68.821	53.580	38.710	39.021	38.647	43.208	66.819	78.035	66.819	41.717	32.005

위의 표에서 행과 열은 각각 방언지점을 나타내고 행과 열이 교차하는 수치는 두 방언지점 간의 상대적 거리를 나타낸다. <표 16>에서 북경(北京)을 기준으로 거리가 가까운 지역으로 제남(濟南)을 들 수 있다. 北京-濟南의 거리는 '2.25'로서 아주 가깝다. 이에 비해 北京에서 가장 거리가 먼 것은 홍콩(香港)이다. 北京-香港의 거리는 '63.60'이다. 北京 방언과 민(閩) 방언에 속하는 조주(潮州)와의 유클리드 거리도 '52.41'로서 상당히 멀다. 두 방언지점 간의 거리가 멀다는 것은 그만큼 어순 유형상의 차이가 크다는 것을 의미한다.

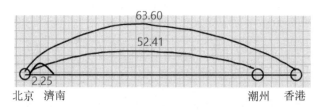

<그림 13> 北京과 다른 방언지점 간의 언어적 거리

한편 반대로 남방 방언에 속하는 홍콩과 광주(廣州)를 기준으로 볼 때 북방 방언 지역과의 유클리드 거리가 비교적 멀다. 예컨대 홍콩(香港)을 기준으로 해서 거리가 먼 방언은 하얼빈(哈爾濱), 서안(西安), 태원(太原), 대동(大同) 지역 이다. 이들은 홍콩과의 유클리드 거리가 각각 '79.31', '89.02', '98.23', '82.52'이다. 홍콩과 북경(北京)과의 거리도 '63.60'으로서 상당히 멀다. 이를 통해 홍콩과 거리가 먼 지역일수록 두 지점 간의 언어적 차이도 크다는 것 을 알 수 있다. 즉, 중국어에서 남방 방언과 북방 방언은 지리적 차이만큼이 나 어순 유형상의 차이점이 크다는 것을 알 수 있다. 방언지점 간의 차이는 유클리드 거리 척도로 측정해도 확연히 드러난다.

4.1.3.2. 방언지점 간의 언어적 거리와 지리적 거리의 상관성

이번에는 방언지점 간의 지리적 거리와 언어적 차이 사이에 일정한 관련 성이 있는지를 살펴보기로 하겠다. 위의 표를 보면 방언지점 간의 지리적 거리가 멀수록 언어적 특징(어순 유형)도 비교적 큰 차이가 있을 것으로 추정 된다.

본고에서는 중국 방언지점별로 지리적 거리에 따라 언어적 차이가 구체 적으로 얼마나 되는지를 비교 분석해 보았다. 방언지점 간의 지리적 거리는 지도상의 직선거리를 기초로 할 수도 있고 사람이 경로(육로 또는 해로)로 이 동할 수 있는 거리를 기초로 할 수도 있다. 지도상의 직선거리는 지형지물 (산, 강, 평원, 바다 등)을 고려하지 않은 것이다. 그러나 언어는 기본적으로 사 람들이 실제로 이동하는 육로나 해로로 전해지고 소통되는 것이므로 지형지 물의 영향을 받을 수밖에 없다. 산이 많거나 강이 가로막혀 있으면 거리가 가깝더라도 넘어가거나 돌아가야 한다. 따라서 사람의 실제 이동 경로가 더 실제적이다. 이에 본고에서는 직선거리보다는 실제 사람이 이동할 수 있는 경로를 고려하는 것이 더 바람직하다는 판단 하에 육로 이동 거리를 조사해 보았다.[27]

조사 대상으로는 크게 북쪽의 기준점과 남쪽의 기준점을 각각 하나씩 설정하였다. 북쪽의 기준점으로는 북경(北京)을 설정하였고 남쪽의 기준점으로는 홍콩(香港)을 설정하였다. 북쪽은 북경을 기준점으로 해서 30여 개의 방언 지점 간의 육로 이동 거리(지리적 거리)를 조사하였다. 남쪽은 홍콩을 기준점으로 해서 30여 개의 방언지점 간의 육로 이동 거리를 조사하였다. 그 결과는 다음과 같다.

<표 17> 북경, 홍콩과 주요 방언지점 간의 지리적·언어적 거리

기준점	목표점	지리적 거리 (육로 이동)	언어적 거리 (유클리드)	기준점	목표점	지리적 거리 (육로 이동)	언어적 거리 (유클리드)
Beijing	Beijing	0km	0.000	Xianggang	Xianggang	0km	0.000
Beijing	Haerbin	1245km	7.628	Xianggang	Haerbin	3418km	79.310
Beijing	Jinan	416km	2.247	Xianggang	Beijing	2279km	63.600
Beijing	Tianjin	137km	2.392	Xianggang	Jinan	1915km	70.340
Beijing	Qingdao	668km	2.906	Xianggang	Tianjin	2199km	68.383
Beijing	Xi'an	1082km	17.336	Xianggang	Qingdao	1972km	70.999
Beijing	Lanzhou	1494km	14.639	Xianggang	Xi'an	1801km	89.017
Beijing	Wuhan	1162km	6.091	Xianggang	Lanzhou	2422km	67.926
Beijing	Chengdu	1825km	8.257	Xianggang	Wuhan	1155km	54.414
Beijing	Changde	1427km	26.369	Xianggang	Chengdu	1909km	54.724
Beijing	Nanjing	1025km	1.732	Xianggang	Changde	969km	53.219
Beijing	Pingyao	587km	18.922	Xianggang	Nanjing	1428km	58.911
Beijing	Taiyuan	489km	26.551	Xianggang	Pingyao	2013km	82.522
Beijing	Datong	341km	18.922	Xianggang	Taiyuan	2102km	98.232
Beijing	Shanghai	1230km	18.540	Xianggang	Datong	2304km	82.522
Beijing	Suzhou	1157km	19.151	Xianggang	Shanghai	1485km	56.063
Beijing	Wenzhou	1606km	47.256	Xianggang	Suzhou	1454km	46.576

27) 육로 이동 거리는 중국의 온라인 지도상에서 제공하는 경로 정보를 기초로 조사하였다. 구체적으로 중국의 바이두(百度) 지도 시스템을 이용하여 두 지점 간의 이동 경로를 조사하였다. 자세한 것은 http://map.baidu.com을 참고하기 바람.

Beijing	Qimen	1352km	27.763	Xianggang	Wenzhou	1179km	31.291
Beijing	Jixi	1309km	25.596	Xianggang	Qimen	1123km	38.919
Beijing	Nanchang	1423km	39.806	Xianggang	Jixi	1208km	45.328
Beijing	Wanzai	1475km	31.768	Xianggang	Nanchang	847km	33.264
Beijing	Changsha	1479km	15.737	Xianggang	Wanzai	809km	51.307
Beijing	Lianyuan	1632km	30.253	Xianggang	Changsha	841km	51.007
Beijing	Chaozhou	2144km	52.409	Xianggang	Lianyuan	799km	41.979
Beijing	Fuzhou	1886km	42.386	Xianggang	Chaozhou	410km	63.360
Beijing	Xiamen	2095km	43.901	Xianggang	Fuzhou	869km	68.647
Beijing	Xianggang	2317km	63.600	Xianggang	Xiamen	622km	60.887
Beijing	Guangzhou	2125km	52.816	Xianggang	Guangzhou	174km	3.847
Beijing	Wuming	2370km	27.823	Xianggang	Wuming	764km	29.783
Beijing	Guilin	1963km	26.748	Xianggang	Guilin	658km	46.685
Beijing	Longzhou	2568km	37.208	Xianggang	Longzhou	937km	32.189
Beijing	Liancheng	1855km	26.961	Xianggang	Liancheng	602km	54.050
Beijing	Huizhou	2069km	47.897	Xianggang	Huizhou	137km	11.280

위의 표에서 보이듯이 두 방언 지역에 지리적 거리가 멀면 언어적 차이(거리)도 큰 경향이 있다. 반대로 거리가 가까우면 언어적 거리도 짧은 경향이 있다. 예를 들어 북경-제남은 지리적 거리(육로 이동) 416km이고 언어적 차이(유클리드 거리)는 '2.25'에 불과하다. 이에 비해 북경-상해는 지리적 거리가 1,230km이고 언어적 거리는 '18.54'이다. 더 나아가 북경-하문(廈門)은 지리적 거리가 2,095km이고 언어적 거리는 '43.90'이다. 북경-홍콩은 2,317km떨어져 있고 언어적 거리도 '63.60'이다. 한편 홍콩을 기준점으로 했을 때에도 대개 홍콩-하얼빈처럼 멀리 떨어진 곳은 언어적 거리도 멀다. 홍콩-하얼빈(3,418km)의 언어적 거리는 '79.31'이다. 마찬가지로 홍콩-난주(蘭州)(2,422km)는 언어적 거리가 '67.93'이다. 홍콩-대동(大同)은 지리적 거리가 2,304km이고 언어적 거리가 '82.52'이다. 이처럼 지리적 거리와 언어적 차이는 완전히 정비례 하지는 않지만 어느 정도 상관성이 있는 곳이 많다.

그러나 지리적으로 멀리 떨어져 있다고 해서 어순 유형이 큰 차이를 보이지 않는 경우도 있다. 예컨대 북경-하얼빈은 1,245km나 떨어져 있지만 언어적 차이는 7.63 정도이다. 북경-무한(武漢)도 1,162km나 떨어져 있지만 언어적 차이는 6.09에 불과하다. 특히 주목할 곳은 북경-남경 지역이다. 이 두 지역의 지리적 거리는 1,025km로서 매우 멀지만 어순 유형상의 거리는 겨우 1.73에 불과하다.

그렇다면 전체적인 상관성은 어떻게 판단할 수 있을까? 본고에서는 지리적 거리와의 상관성을 살펴보기 위해 대방언구별로 대표지점을 추가하여 100여 개의 방언지점끼리 비교해 보았다. 통계적인 분석을 위해 방언지점 사이의 지리적 거리(육로 이동 거리) 정보와 언어적 거리(유클리드 거리) 정보를 각각 X축과 Y축으로 배열하여 그 좌표점을 조사하였다. 그리고 산점도(scatter plot) 그래프를 통해 이들의 분포를 살피고 통계적으로 유의한지를 분석해 보았다.

> (3) 산점도 좌표
> : {북경-하얼빈(1245, 7.63), 북경-제남(416, 2.25), 북경-천진(137, 2.39), 북경-청도(668, 2.90), 북경-서안(1082, 17.34), 북경-난주(1494, 14.64), 북경-무한(1162, 6.09), 북경-성도(1825, 8.26),………홍콩-혜주(137, 11.28)}

(3)의 산점도 좌표를 토대로 그래프를 그린 결과는 다음과 같다.

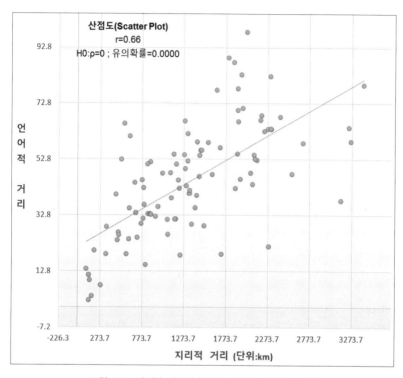

<그림 14> 지리적 거리와 언어적 거리의 산점도 그래프

위의 그래프에서 지리적 거리가 커질수록 언어적 거리(유클리드 거리)도 커지는 경향성이 관찰된다. 물론 모든 자료가 완벽한 일직선(추세선) 주변에 분포하지는 않는다. 그러나 통계적 수치로 볼 때 지리적 거리와 언어적 거리의 상관계수는 '0.66'으로서 비교적 높은 상관성이 존재한다고 할 수 있다. 다시 말하면 중국 방언 지역에서 지리적 거리와 어순 유형의 차이는 일정한 관련이 있다고 말할 수 있다.

지리적 거리와 어순 유형의 차이가 어느 정도 관계를 가지는지를 보기 위해 선형 회귀분석(linear regression analysis)을 해 보았다. 선형 회귀분석은 독립변수와 종속변수의 관계가 직선의 방정식으로 설명된다고 가정하고 두 변수 간의 관계를 고찰하는 방법이다. 본고에서는 지리적 거리와 언어적 차이의 관계에 관심이 있으므로 우선 지리적 거리를 독립변수로 설정하고 언어적 거리를 종속변수로 설정하였다. 100여 개의 자료를 토대로 분석한 결과 지리적 거리가 언어적 거리를 설명하는 비율은 대략 45%이다.[28] ($R^2=0.45$) 즉, 모든 방언지점이 거리가 멀어진다고 해서 언어적 차이가 증가하는 것은 아니지만 대략 45% 정도는 지리적 요인과 관련이 있다고 할 수 있다. 아래의 표는 유의확률 95% 범위 내에서 어느 정도 지리적 거리에 따라 언어적 거리가 잘 예측되는 방언지점을 제시해 본 것이다.

<표 18> 지리적 거리에 따른 언어적 거리의 회귀분석 예측 결과

기점	종점	지리적 거리 (육로이동거리)	언어적 거리 (유클리드거리)	회귀분석 예측값	95% 하한	95% 상한
Beijing	Wenzhou	1606.00	47.26	49.51	46.41	52.62
Beijing	Nanchang	1423.00	39.81	46.31	43.36	49.26
Beijing	Chaozhou	2144.00	52.41	58.94	54.65	63.23
Beijing	Xianggang	2317.00	63.60	61.97	57.16	66.77
Beijing	Guangzhou	2125.00	52.82	58.60	54.37	62.84
Xianggang	Haerbin	3418.00	79.31	81.25	72.64	89.86
Xianggang	Chengdu	1909.00	54.72	54.82	51.15	58.49
Xianggang	Suzhou	1454.00	46.58	46.85	43.89	49.81
Xianggang	Qimen	1123.00	38.92	41.06	38.01	44.10
Xianggang	Nanchang	847.00	33.26	36.22	32.72	39.73
Xianggang	Wuming	764.00	29.78	34.77	31.08	38.46
Xianggang	Longzhou	937.00	32.19	37.80	34.47	41.12
Xianggang	Lanzhou	2422.00	67.93	63.81	58.67	68.94
Xianggang	Jixi	1208.00	45.33	42.54	39.57	45.52
Shanghai	Taiyuan	1339.00	40.60	44.84	41.91	47.77

28) 결정계수 R 제곱(R^2) 의 범위는 $0 < R^2 < 1$ 이다. 만약 모든 관찰값과 회귀식이 일치하면 $R^2 = 1$이 된다. 결정계수 R 제곱(R^2) 값은 1에 가까울수록 표본을 설명하는데 유용하다.

Suzhou	Taiyuan	1287.00	49.29	43.93	40.99	46.86
Changsha	Taiyuan	1220.00	42.29	42.75	39.79	45.72
Wuming	Taiyuan	2112.00	54.37	58.38	54.18	62.57
Guilin	Taiyuan	1705.00	56.89	51.25	47.99	54.50
Longzhou	Taiyuan	2309.00	63.76	61.83	57.05	66.61
Nanchang	Shanghai	697.00	33.55	33.59	29.74	37.45
Huizhou	Shanghai	1345.00	41.72	44.94	42.02	47.87
Jixi	Wenzhou	480.00	23.74	29.79	25.34	34.25
Changsha	Wenzhou	962.00	35.82	38.24	34.96	41.51
Wanzai	Nanchang	203.00	20.14	24.94	19.63	30.26
Changsha	Nanchang	349.00	28.62	27.50	22.65	32.35
Guangzhou	Nanchang	785.00	31.53	35.14	31.49	38.78
Datong	Xiamen	2236.00	62.82	60.55	55.99	65.11
Qimen	Xiamen	878.00	32.99	36.76	33.33	40.20
Jixi	Xiamen	880.00	33.01	36.80	33.36	40.23
Guilin	Xiamen	1111.00	47.82	40.85	37.78	43.91
Changsha	Guilin	497.00	25.72	30.09	25.69	34.50
Huizhou	Guilin	620.00	35.22	32.25	28.19	36.30
Nanjing	Huizhou	1300.00	43.21	44.16	41.22	47.09
Changsha	Huizhou	796.00	36.44	35.33	31.71	38.95

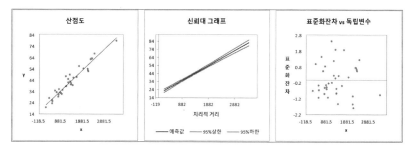

<그림 15> 주요 방언구별 지점에 대한 산점도 및 신뢰 구간 그래프

분산분석표					
요인	제곱합	자유도	평균제곱	F 값	유의확률
회귀	6734.1869	1	6734.1869	535.526	< 0.0001
잔차	477.8459	38	12.5749		
계	7212.0328	39			

Root MSE	3.5461
결정계수	0.9337
수정결정계수	0.9320

모수 추정				
변수명	추정값	표준오차	t-통계량	유의확률
절편	18.64379	1.19349	15.621	< 0.0001
지리적 거리	0.01858	0.00080	23.141	< 0.0001

<그림 16> 회귀분석 결과

위의 분석 결과에 근거할 때 중국 방언 내에서 지리적 거리와 어순 유형의 차이에 일정한 상관이 존재하는 경우는 대개 대방언구가 서로 다른 경우가 많다. 즉 지리적 요인도 중요하지만 그 방언이 어느 방언구에 속하는지도 중요하다는 점이다. 위의 그림처럼 서로 다른 방언구의 방언지점끼리 비교한 경우에는 회귀분석 결정계수가 '0.93'으로서 설명력이 93%에 달한다. 예를 들어 위의 표에서 '북경-온주(溫州)'는 관화 방언-오 방언의 관계이고, '북경-남창(南昌)'은 관화 방언-감 방언의 관계이다. '북경-조주(潮州)'는 관화 방언-민 방언, '북경-홍콩'은 관화 방언-월 방언의 관계이다. '홍콩-하얼빈'은 월 방언-관화 방언, '홍콩-소주(蘇州)'는 월 방언-오 방언, '홍콩-남창'은 월 방언-감 방언의 관계이다. 이들은 서로 다른 대방언구에 속하는 지점인데 지리적 거리와 언어적 거리가 매우 긴밀한 상관성을 가진다. 따라서 중국 방언 내에서 지리적 거리가 어순 유형에 영향을 주는 것은 맞지만 그것만이 절대적인 것은 아니다. 사실 두 방언의 차이는 이들이 어느 대방언구

에 속하는지, 중간에 지형지물이 얼마나 많은지, 이들 간의 왕래가 얼마나 빈번한지, 과거에는 두 방언 지역 간의 이동이 얼마나 자유로웠는지 등등 매우 다양한 요인과 관계가 있을 것이다. 그럼에도 불구하고 서로 다른 대 방언구에 속하는 방언지점들 사이에는 지리적 거리가 어순 유형의 차이를 예측하는데 중요한 요인으로 작용한다는 사실에 주목할 필요가 있다. 요컨 대 중국 방언에서 어순 유형의 차이는 지리적 요인과 일정한 관계를 가진다 고 할 수 있다.

4.2. 군집분석 방법을 활용한 중국 방언의 친소 관계 분석

4.2.1. 다변량 군집분석 방법 개요

방언 분류의 효율적인 방법은 서로 관련 있는 변수에 관한 자료를 수집하 여 이들 간의 유사성의 정도를 추정하고 비교적 유사한 개체들을 동일 집단 에 귀속시키는 것이다.

군집분석(cluster analysis)은 다양한 특성을 지닌 자료에서 유사성(similarity)을 중심으로 유사한 개체를 하나로 묶어내는(군집화)하는 통계적 방법이다. 군집 분석은 자료를 유형화화하거나 분류하기 위한 목적으로 많이 활용되는 방법 중의 하나이다. 허명회(2012)는 군집 분석이 생물학, 고고학, 언어학, 심리학 등에서 널리 사용되고 있다고 하였다. 최근에는 데이터 마이닝(data mining) 분 야에서도 아주 활발하게 사용되고 있다.

군집분석은 기법에 따라 크게 두 가지로 분류된다. 하나는 계층적 군집 방법(hierarchical clustering method)이다. 이 방법은 단계별로 개체들을 분류해 나 가는 것이다. 또 하나는 비계층적 군집 방법(non-hierarchical clustering method)이 다. 비계층적 방법은 개체들을 단계적으로 분류하지 않고 미리 설정된 군집의 숫자만큼 개체들을 나누는 방법이다.

(가) 계층적 군집분석

계층적 군집분석은 단계별로 유사한 군집을 묶어나가는 방법이다. 그 결과는 객체 간의 거리에 따라 계통수(dendrogram) 형태로 출력이 된다. 계층적 군집 알고리즘은 각 대상들의 거리를 어떠한 기준에 의해 계산하는가에 따라 ① 최단 연결법(single linkage method), ② 최장 연결법(complete linkage method), ③ 평균 연결법(average linkage method), ④ 중심 연결법(centroid linkage method), ⑤ 중위수 연결법(median linkage method), ⑥ 와드의 방법(ward's method) 등으로 나누어진다. 이 중에서 가장 일반적으로 사용되는 방법은 평균 연결법이다. 평균 연결법은 개체 간의 평균 거리를 계산하여 군집화하는 방법으로서 극단적인 값에 영향을 덜 받는다는 장점이 있다.

(나) 비계층적 군집분석

비계층적 군집분석은 계층적인 방법으로 군집을 형성하지 않고 관찰값을 몇 개의 군집으로 구분시키는 방법이다. 비계층적 군집분석의 대표적인 방법은 K-평균(K-mean's) 군집화 방법이다. 이 방법은 군집의 수를 미리 정한 상태에서 설정된 군집의 중심에 가장 가까운 개체를 하나씩 분류해가는 과정을 반복하는 것이다. 일반적으로는 계층적 군집분석 방법으로 군집의 유형을 파악한 다음 연구자가 적절한 수준의 군집의 수를 정하고 초기값을 설정해 주는 과정을 거친다. 이 방법은 많은 자료를 빠르고 쉽게 분류할 수 있다는 장점이 있으나 군집의 수를 미리 정해 주어야 하고 군집을 형성하기 위한 초기값에 따라 군집 결과가 달라지는 단점이 있다.

군집분석에서 핵심이 되는 것은 유사성을 측정하는 방법과 군집화 알고리즘이다. 개체 간의 유사성을 최대한 잘 측정해야 군집분석의 결과가 좋아진다. 또한 여러 군집화 알고리즘 중에서 해당 분석 자료에 적합한 것을 선택해야 좋은 결과를 얻을 수 있다.

본고에서는 일반적으로 많이 사용되는 계층적 군집분석 방법을 사용하여 분석을 진행하였다. 계층적 군집분석에 사용한 알고리즘은 평균연결법이다. 이러한 분석을 수행하는데 사용한 프로그램은 SPSS 통계 패키지와 R 패키지이다.

4.2.2. 중국 방언 간의 유사성 측정

본고에서는 10대 방언구에서 32개의 방언지점을 선택하여 18개의 어순 관련 항목이 얼마나 유사한지를 측정해 보았다. 방언지점 간의 유사성 정도는 상관계수(correlation coefficient)에 기초하여 판단하였다. 상관계수는 기본적으로 '-1'에서 '+1'까지의 범위를 가진다. 상관계수의 수치가 '1'에 가까울수록 양(+)의 상관관계가 강하며 두 지점은 매우 유사한 특징을 가진다고 볼 수 있다. 반대로 상관계수가 '-1'에 가까울수록 음(-)의 상관관계가 강하며 두 지점은 반대되는 특징을 가진다고 볼 수 있다.

본고에서 조사한 32개의 방언지점 사이의 유사성 척도를 행렬로 나타내면 아래의 표와 같다. 아래의 표에서 북경(北京)을 기준으로 상관계수가 '1'에 가까울수록 두 지점은 유사성이 높다는 것을 의미한다. 상관계수에 근거할 때 북경을 기준으로 유사성이 높은 지역은 북경(北京)-하얼빈(哈爾濱)(0.877), 북경(北京)-제남(濟南)(0.990), 북경(北京)-청도(青島)(0.933), 북경(北京)-남경(南京)(0.970), 북경(北京)-강도(江都)(0.953), 북경(北京)-무한(武漢)(0.877), 북경(北京)-서안(西安)(0.642) 등이다. 이에 비해 북경(北京)-상해(上海), 북경(北京)-소주(蘇州), 북경(北京)-남창(南昌), 북경(北京)-조주(潮州), 북경(北京)-홍콩(香港), 북경(北京)-광주(廣州)는 상관계수가 낮아 유사성이 적다고 할 수 있다. 한편 홍콩(香港)을 중심으로 할 때는 홍콩(香港)-광주(廣州)(0.945), 홍콩(香港)-혜주(惠州)(0.809), 홍콩(香港)-용주(龍舟)(0.614) 등이 유사성이 높다고 할 수 있다.

<표 19> 방언지점 간의 유사성 척도

구분	Haerbin	Beijing	Jinan	Qingdao	Xi'an	Lanzhou	Wuhan	Chengdu	Nanjing	Jiangdu	Taiyuan	Datong	Shanghai	Suzhou	Wenzhou	Qimen	Jixi	Nanchang	Wanzai
Haerbin	1.000	0.877	0.889	0.831	0.772	0.684	0.754	0.567	0.930	0.850	0.826	0.667	0.133	0.024	-0.166	0.090	-0.216	-0.190	-0.117
Beijing	0.877	1.000	0.990	0.933	0.642	0.574	0.877	0.757	0.970	0.953	0.713	0.775	0.155	0.143	-0.075	0.133	-0.239	-0.145	-0.021
Jinan	0.889	0.990	1.000	0.945	0.656	0.596	0.875	0.757	0.964	0.967	0.731	0.774	0.183	0.156	-0.063	0.148	-0.225	-0.110	-0.002
Qingdao	0.831	0.933	0.945	1.000	0.563	0.490	0.869	0.639	0.902	0.967	0.670	0.716	0.201	0.178	-0.136	0.164	-0.114	-0.067	-0.085
Xi'an	0.772	0.642	0.656	0.563	1.000	0.822	0.505	0.585	0.689	0.595	0.702	0.556	-0.034	-0.152	-0.265	-0.089	-0.388	-0.373	-0.223
Lanzhou	0.684	0.574	0.596	0.490	0.822	1.000	0.392	0.485	0.598	0.531	0.578	0.448	0.235	0.110	-0.020	-0.174	-0.470	-0.274	-0.335
Wuhan	0.754	0.877	0.875	0.869	0.505	0.392	1.000	0.816	0.896	0.855	0.568	0.631	0.129	0.224	-0.102	0.425	0.133	0.058	0.073
Chengdu	0.567	0.757	0.757	0.639	0.585	0.485	0.816	1.000	0.744	0.735	0.442	0.578	0.151	0.134	-0.014	0.417	-0.095	-0.121	0.142
Nanjing	0.930	0.970	0.964	0.902	0.689	0.598	0.896	0.744	1.000	0.920	0.748	0.734	0.160	0.116	-0.116	0.189	-0.164	-0.134	-0.056
Jiangdu	0.850	0.953	0.967	0.967	0.595	0.531	0.855	0.735	0.920	1.000	0.681	0.726	0.278	0.162	-0.069	0.223	-0.214	-0.127	-0.028
Taiyuan	0.826	0.713	0.731	0.670	0.702	0.578	0.568	0.442	0.748	0.681	1.000	0.897	-0.022	-0.146	-0.338	-0.091	-0.353	-0.432	-0.285
Datong	0.667	0.775	0.774	0.716	0.556	0.448	0.631	0.578	0.734	0.726	0.897	1.000	-0.025	-0.063	-0.273	-0.077	-0.382	-0.416	-0.217
Shanghai	0.133	0.155	0.183	0.201	-0.034	0.235	0.129	0.151	0.160	0.276	-0.022	-0.025	1.000	0.789	0.089	-0.092	-0.259	0.374	0.219
Suzhou	0.024	0.143	0.156	0.178	-0.152	0.110	0.224	0.134	0.116	0.162	-0.146	-0.063	0.789	1.000	-0.054	-0.066	-0.008	0.578	0.357
Wenzhou	-0.166	-0.075	-0.063	-0.136	-0.265	-0.020	-0.102	-0.014	-0.116	-0.069	-0.338	-0.273	-0.083	-0.054	1.000	0.408	0.203	0.147	-0.104
Qimen	0.090	0.133	0.148	0.164	-0.089	-0.174	0.425	0.417	0.189	0.223	-0.091	-0.077	-0.092	-0.066	0.408	1.000	0.519	-0.023	0.032
Jixi	-0.216	-0.239	-0.225	-0.114	-0.388	-0.470	0.133	-0.095	-0.164	-0.214	-0.363	-0.382	-0.259	-0.008	0.203	0.519	1.000	0.454	0.263
Nanchang	-0.190	-0.145	-0.110	-0.067	-0.373	-0.274	0.058	-0.121	-0.134	-0.127	-0.432	-0.416	0.374	0.578	0.147	-0.023	0.454	1.000	0.541
Wanzai	-0.117	-0.021	-0.002	-0.085	-0.223	-0.335	0.073	0.142	-0.056	-0.028	-0.285	-0.217	0.219	0.357	-0.104	0.032	0.283	0.541	1.000
Changsha	0.154	0.188	0.196	0.117	0.022	-0.030	0.239	0.295	0.146	0.194	0.005	0.012	0.447	0.609	-0.176	0.108	-0.008	0.295	0.648
Lianyuan	0.262	0.347	0.365	0.255	0.126	0.237	0.306	0.318	0.278	0.311	0.064	0.108	0.300	0.515	0.314	0.147	-0.220	0.359	0.161
Shuangfeng	0.296	0.389	0.407	0.288	0.230	0.080	0.552	0.640	0.420	0.367	0.105	0.155	0.260	0.446	0.023	0.547	0.112	0.150	0.469
Chaozhou	-0.333	-0.306	-0.273	-0.323	-0.471	-0.235	-0.125	-0.021	-0.288	-0.260	-0.457	-0.438	0.095	0.203	0.325	0.382	0.419	0.360	0.421
Fuzhou	-0.220	-0.190	-0.164	-0.208	-0.302	-0.013	0.065	0.093	-0.146	-0.225	-0.304	-0.281	0.058	0.294	0.106	0.257	0.377	0.381	0.230
Xiamen	-0.193	-0.076	-0.123	-0.003	-0.419	-0.181	0.218	0.013	-0.049	-0.100	-0.312	-0.217	0.095	0.360	-0.018	0.309	0.507	0.298	-0.048
Xianggang	-0.336	-0.196	-0.209	-0.280	-0.446	-0.277	-0.075	-0.001	-0.215	-0.197	-0.550	-0.442	0.151	0.099	0.461	0.330	0.084	0.312	0.207
Guangzhou	-0.291	-0.151	-0.170	-0.280	-0.383	-0.214	-0.125	0.063	-0.210	-0.172	-0.489	-0.382	0.107	0.063	0.454	0.215	-0.080	0.271	0.251
Wuming	-0.005	0.031	0.050	0.012	-0.148	0.046	-0.061	-0.120	0.020	0.014	-0.189	-0.179	0.188	0.081	0.282	-0.085	-0.077	0.273	0.203
Longzhou	-0.073	-0.036	-0.012	-0.009	-0.221	-0.084	-0.127	-0.115	-0.058	0.047	-0.263	-0.251	0.273	-0.006	0.323	0.036	-0.168	0.305	0.071
Liencheng	-0.320	-0.286	-0.276	-0.314	-0.398	-0.442	-0.113	0.045	-0.291	-0.215	-0.422	-0.395	0.252	0.360	0.099	0.484	0.280	0.236	0.535
Huizhou	-0.249	-0.149	-0.120	-0.166	-0.371	-0.212	0.020	0.105	-0.154	-0.091	-0.453	-0.382	0.258	0.271	0.372	0.486	0.093	0.355	0.333
Meizhou	0.156	0.316	0.338	0.216	0.017	0.156	0.362	0.373	0.260	0.256	-0.062	0.047	0.323	0.547	0.318	0.149	0.113	0.508	0.605

Beijing		Wenzhou		Xianggang	
Beijing	1.000	Wenzhou	1.000	Xianggang	1.000
Jinan	0.990	Guangzhou	0.454	Guangzhou	0.945
Nanjing	0.970	Chaozhou	0.325	Huizhou	0.809
Jiangdu	0.953	Nanchang	0.147	Longzhou	0.614
Qingdao	0.933	Fuzhou	0.106	Chengdu	-0.001
Wuhan	0.877	Suzhou	-0.054	Wuhan	-0.075
Haerbin	0.877	Beijing	-0.075	Beijing	-0.196
Datong	0.775	Shanghai	-0.083		
Chengdu	0.757				

北京　　　　温州　　　　香港

<그림 17> 북경, 온주, 홍콩 지점을 중심으로 한 유사성 비교

방언지점 간의 유사성을 비교한 결과에 따르면 북방 방언과 남방 방언의 상관계수는 매우 낮다. 반면에 중국 북방 방언지점 사이의 유사성은 비교적 높은 편이다. <그림 17>에서 보이듯이 북경을 비롯한 북방 방언에 속하는 지역은 어순 유형이 유사한 경향을 보인다. 한편 중국 남방 방언은 북방 방언 지점과는 물론 남방 방언지점 사이에도 유사성이 높지 않다. 같은 남방 방언

이라고 하더라고 방언끼리의 유사성은 상당히 낮다. 예를 들어 남부 오 방언에 속하는 온주(溫州) 지역은 유사도가 '0.6'인 다른 방언지점을 찾기가 어렵다. 온주 방언과 유사한 특징을 보이는 방언이 거의 없는 셈이다. 감 방언에 속하는 남창(南昌) 방언도 유사한 어순 유형을 가지는 지역이 적다. 민 방언에 속하는 조주(潮州) 방언도 다른 방언지점과 유사성이 상당히 낮다. 이처럼 중국 남부 방언은 상호간에도 어순 유사성이 매우 낮은 경향을 보인다. 이러한 경향은 중국 남부 방언 내부에 다양한 변이형이 존재한다는 것을 의미한다.

4.2.3. 계층적 군집분석 결과

본고에서는 중국 방언지점 사이의 유사성 척도에 근거하여 계층적 군집분석을 실시하고 그 결과를 계통수 형태의 일종인 덴드로그램 방식으로 시각화했다.

다음 <그림 18>의 덴드로그램은 SPSS 통계 패키지를 활용하여 만든 것으로서 방언지점이 수평적 트리 구조로 시각화되었다. 이 덴드로그램은 방언지점이 수평 축을 따라 군집화된다. 덴드로그램의 수평 축에서 왼쪽에서 묶인 개체일수록 유사한 군집이다. 수평 축의 오른쪽에서 묶인 개체일수록 거리가 먼 군집이라고 할 수 있다.

(나) 군집분석 결과 분석

위의 계통수 형태의 군집분석 결과를 참조해서 32개의 중국 방언의 특징을 정리해 보면 다음과 같다.

① 북경(北京), 제남(濟南), 하얼빈(哈爾濱), 천진(天津), 청도(靑島), 서안(西安), 성도(成都), 남경(南京), 무한(武漢), 난주(蘭州)는 다른 모든 방언 중에서 가장 큰 군집으로 분류된다. 이들은 전통적인 관화 방언으로 분류되는 방언지점인데 지역도 광범위하고 개체수도 가장 많다.

(가) 덴드로그램(dendrogram) 형태의 군집분석 결과

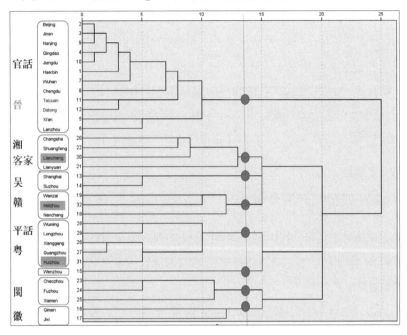

<그림 18> 덴드로그램 형태로 나타낸 군집 분석 결과

② 태원(太原), 대동(大同)은 진(晉) 방언에 속하지만 어순 유형의 측면에서
는 관화 방언과 큰 차이가 없다. 태원(太原), 대동(大同)은 관화 방언과
같은 군집에 속한다.

③ 장사(長沙), 쌍봉(雙峰), 연성(連城), 연원(漣源) 등은 하나의 군집으로 묶
일 수 있다. 이 중에 연성(連城)을 제외한 나머지는 모두 전통적인 상(湘)
방언에 속한다.

④ 상해(上海), 소주(蘇州)는 하나의 군집으로 분류된다. 이들은 전통적인
오 방언에 속하는 방언지점이다.

⑤ 온주(溫州)는 오 방언에 속하기는 하지만 어순 유형의 측면에서 상당히
이질적인 특성을 보인다.

⑥ 남창(南昌), 만재(萬載), 매주(梅州)가 하나의 군집으로 묶일 수 있다. 이 중에서 남창(南昌), 만재(萬載)는 일반적으로 감(贛) 방언으로 분류된다. 반면 매주(梅州)는 객가 방언에 속한다.

⑦ 홍콩(香港), 광주(廣州), 혜주(惠州), 무명(武鳴), 용주(龍舟)는 하나의 군집으로 분류할 수 있다. 이 중에 홍콩(香港), 광주(廣州), 혜주(惠州)가 먼저 하나의 군집으로 분류되고 다시 무명(武鳴), 용주(龍舟)가 하위 군집으로 묶인다. 홍콩(香港), 광주(廣州)는 월 방언이고 혜주(惠州)는 객가 방언인데 이들은 어순 유형의 측면에서 하나의 군집으로 보아도 무방하다. 또한 평화(平話) 방언으로 분류되는 무명(武鳴), 용주(龍舟)도 월 방언과 유사한 어순 특징을 가진다.

⑧ 조주(潮州), 복주(福州), 하문(廈門)은 하나의 군집으로 분류된다. 이 중에서 조주(潮州), 복주(福州)의 유사성이 더 높다. 하문(廈門)은 같은 민 방언에 속하지만 약간은 이질적이다. 그러나 전체적으로는 하나의 군집으로 분류될 수 있다.

⑨ 기문(祁門), 적계(績溪)는 하나의 군집으로 분류된다. 이들은 전통적으로 휘(徽) 방언에 속한다.

이상을 종합적으로 보자면 전통적으로 10대 방언으로 분류되는 대방언구 중에 진(晉) 방언과 객가(客家) 방언을 제외한 나머지는 모두 하나의 개별적인 군집으로 분류된다는 것을 알 수 있다. 진(晉) 방언은 어순 유형의 측면에서는 독립적인 군집으로 분류하기보다는 관화 방언의 하위 방언으로 분류해도 무방하다고 판단된다. 한편 객가(客家) 방언은 내부적 유사성이 적은 편이다. 같은 객가 방언이라고 하더라도 혜주(惠州) 방언은 월 방언과 아주 유사한 반면 매주(梅州) 방언은 감 방언과 유사하며 연성(連城) 방언은 상 방언과 유사하다. 따라서 객가 방언은 어순 유형의 측면에서 한 군집으로 분류되기 보다는 각각 다른 대방언구에 분산되어 귀속시키는 것이 합리적이라고 판단된다.

4.2.4. 鄭錦全(1996, 2003)의 군집분석 결과와의 비교

주지하듯이 鄭錦全은 1960년대부터 유사성 척도에 기초하여 중국 방언의 친소 관계를 통계적으로 분석해 온 선구적 연구자이다. 鄭錦全(1996, 2003)은 크게 두 가지 측면에서 방언의 친소 관계를 고찰하였다. 첫째, 그는 음운적 자질을 비교하여 방언의 유사도를 계산하였다. 고찰한 방언지점은 모두 17개이고 성모(Initials), 운모(Finals), 성조(Tones)의 유사성을 측정하였다. 둘째, 그는 방언지점 간의 어휘적 특성에 기초하여 18개의 방언지점을 고찰하였다. 6,400개 이상의 어휘 항목에 기초하여 방언 간의 유사성을 측정하고 이에 따른 군집분석을 실시하였다.

(가) 음운적 유사성에 기초한 군집 분석 결과

鄭錦全(1996, 2003)에서 음운적 자질을 기초로 방언의 군집분석을 실시한 결과를 살펴보면 몇 가지 특징이 관찰된다.

① 북경(北京), 제남(濟南), 서안(西安), 한구(漢口)(武漢), 성도(成都), 양주(揚州) 등 관화 방언은 음운적으로 한 군집으로 분류된다.

② 매현(梅縣)은 객가 방언이지지만 음운적으로는 관화 방언과 더 가깝게 분류된다.

③ 소주(蘇州)는 오 방언이고 하문(廈門), 복주(福州)는 민 방언인데 음운적으로 이들은 하나의 군집으로 분류된다.

④ 온주(溫州)는 오 방언이고 조주(潮州)는 민 방언데 이들은 다른 오 방언이나 민 방언과 다른 유형으로 분류된다.

⑤ 장사(長沙), 쌍봉(雙峰)은 상 방언으로서 하나의 군집으로 분류되며 다시 감 방언에 속하는 남창(南昌)과 하나의 군집으로 묶일 수 있다.

⑥ 태원(太原)은 북방 방언이지만 아주 독특한 음운적 특성을 가지고 있어 다른 것과는 구별되는 독립적인 유형으로 분류된다.

<그림 19>에서 가장 두드러진 특징은 북방 방언에 속하는 태원(太原)이 아주 독특한 군집으로 분류된다는 점이다. 이처럼 산서성 태원(太原) 지역 방언은 음운적 특성 때문에 진(晉) 방언이라는 독립적인 대방언으로 분류된다고 해도 과언이 아니다. 또한 매현(梅縣)과 같은 객가 방언은 음운적으로 오히려 북방 관화와 유사한 측면이 많다는 점도 주목할 만하다. 객가 방언은 음운적으로도 독립된 하나의 군집을 이루지는 못한다는 것을 알 수 있다. 이 밖에 <그림 19>에서 오 방언과 민 방언은 음운적으로 내부적 변이가 많아 서로 하나의 군집으로 묶이지 못한다는 점도 알 수 있다.

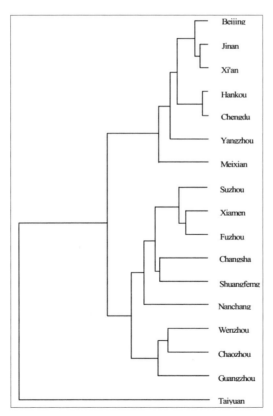

<그림 19> 음운적 유사성에 따른 군집분석 결과 鄭錦全(1996, 2003)

(나) 어휘적 유사성에 기초한 군집분석 결과

鄭錦全(1996, 2003)에서 분석한 어휘적 유사성에 기초한 군집분석 결과는 아래 그림과 같다. <그림 20>에서 보이듯이 어휘적 유사성에 기초한 군집 분석에서도 북방 관화 방언은 하나의 유형으로 분류된다. 그러나 남방 방언은 음운적 자질에 기초한 군집분석과는 다른 양상을 보인다.

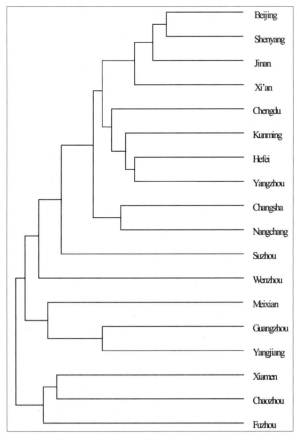

<그림 20> 어휘적 유사성에 따른 군집분석 결과 鄭錦全(1996, 2003)

① 북경(北京), 심양(瀋陽), 제남(濟南), 서안(西安), 성도(成都), 양주(揚州) 등 관화
방언은 어휘적으로 한 군집으로 분류된다. 지리적으로 멀리 떨어진 운
남성 곤명(昆明) 지역도 어휘적으로는 유사한 특성을 가진다.

② 상 방언 지역인 장사(長沙)와 감 방언 지역인 남창(南昌)이 하나의 군집
으로 분류된다.

③ 오 방언 지역인 소주(蘇州)와 온주(溫州)는 어휘적 유사성이 비교적 낮은
편이라서 수평축의 바깥 층위에서 하나의 군집으로 분류된다.

④ 월 방언에 속하는 광주(廣州), 양강(陽江) 방언과 객가 방언에 속하는 매
현(梅縣)은 하나의 군집으로 분류된다.

⑤ 민 방언에 속하는 하문(廈門), 조주(潮州), 복주(福州)는 하나의 군집으로
분류된다. 그러나 수평축의 길이가 길고 바깥 층위에서 묶이는 것을
보면 상호간의 어휘적 유사성이 높지는 않다.

(다) 음운적 유사성, 어휘적 유사성, 어순 유형의 유사성의 비교

본 연구와 鄭錦全(1996, 2003)의 연구는 모두 상관계수에 기초한 유사성
(similarity) 척도를 중심으로 군집분석을 했다는 공통점이 있다. 또한 모두 평
균연결법(average linkage method) 알고리즘을 사용했다. 그러나 군집분석에 사
용한 언어적 속성은 다르다. 鄭錦全(1996, 2003)은 음운적 자질과 어휘적 자질
을 기초로 분류를 하였고 본 연구에서는 어순 유형상의 특징을 기초로 분석
을 진행하였다. 고찰한 방언지점의 수량 면에서도 鄭錦全(1996, 2003)에서는
17개, 18개 지점에 불과하지만 본 연구에서는 32개의 방언지점을 확대하여
관찰하였다.

그렇다면 鄭錦全(1996, 2003)과 본 연구를 비교했을 때 일정한 공통점과 차
이점이 있을까? 우선 공통점으로 들 수 있는 것은 북방 관화 방언의 유사성
이 높다는 점이다. 북경, 제남, 서안, 남경, 무한 등 지리적으로 멀리 떨어져
있기는 하지만 관화 방언에 속하는 방언은 음운적으로나 어휘적으로나 어순

유형의 특징 면에서 아주 유사한 속성을 공유한다. 이에 비해 남방 방언은 그 내부적으로 복잡하고 다양한 특성이 혼재하여 어떤 자질을 기준으로 보느냐에 따라 군집분석의 결과가 달라진다.

본고에서 고찰한 특징을 기초로 했을 때 鄭錦全(1996, 2003)과 차이가 두드러지는 점도 적지 않다. 첫째, 북방 방언 중에서 진(晉) 방언의 분류의 차이점이 존재한다. 鄭錦全(1996, 2003)에서는 음운적 특징을 기초로 했을 때 다른 방언과 구별되는 특징이 있다고 했다. 그러나 음운적 특징을 제외하고는 진 방언이 다른 방언과 확연히 구별되는 특징을 가지지는 않은 것으로 판단된다. 본고의 분석에 따르면 태원(太原), 대동(大同) 등의 진 방언 주요 지점의 어순 유형은 관화 방언과 아주 유사한 분포를 보인다. 따라서 진 방언을 독립적으로 분류하는 것은 음운적 자질을 제외하면 그 근거가 박약한 것으로 판단된다. 둘째, 객가 방언의 유형 분류의 차이가 존재한다. 鄭錦全(1996, 2003)에서는 객가 방언지점으로 매현(梅縣) 지역 한 곳만 조사하였다. 이 지역은 음운적으로는 관화 방언에 가깝고 어휘적으로는 월 방언에 가깝다는 분석 결과가 나왔다. 그러나 본고의 분석에 따르면 매현(梅縣) 지역의 어순 유형적인 특징은 감 방언과 유사하다. 더 나아가 혜주(惠州), 연성(連城) 지역은 상 방언, 월 방언과 유사한 특성을 가진다는 것을 알 수 있다. 따라서 객가 방언은 상호 간의 유사한 특성을 가지지 않고 주변 방언에 동화되어 다양하게 분화된 상태라고 판단된다. 셋째, 오 방언도 내부의 변이가 심하여 소주(蘇州)와 온주(溫州)는 사뭇 다른 특성을 가진다는 것을 알 수 있다. 넷째, 민 방언도 방언지점 간의 차이가 커서 음운적 속성, 어휘적 속성, 어순 유형적 속성이 모두 다른 양상을 보인다. 요컨대 남방 방언은 어떤 자질을 사용하느냐에 따라 다른 군집분석 결과가 도출된다. 중국 남방 방언은 가중치를 어디에 두느냐에 따라 다른 유형으로 분류되는 상당히 복잡한 방언이다.

4.2.5. 음운적 · 어휘적 · 어순 유사성을 통합한 군집분석

중국 방언 사이의 음운적 유사성, 형태론적 유사성, 어순 유사성 등을 종합적으로 고찰하면 어떤 분석 결과가 나오는지를 살펴보기로 하자. 이지은 · 강병규(2014)에서는 鄭錦全(1996, 2003)의 연구 결과를 참고하고 曹志耘 (2008a, 2008b, 2008c)의 형태론적 자질과 어순 특징을 모두 반영하여 군집분석을 실시하였다.

음운 · 형태 · 어순 자질을 모두 반영한 분석 결과에 따르면 관화 방언 지역은 하얼빈에서 상덕(常德)까지 하나의 군집으로 분류된다. 북방의 진(晉) 방언 역시 관화 방언지점들 사이에 위치하기 때문에 진 방언은 독립적인 대방언구로 분류할 필요성이 없어 보인다. 선행연구에 따르면 입성의 보존과 접두사 '圪-'의 사용이 진 방언의 가장 두드러지는 특징인데, 음운 자질을 포함하더라도 군집분석 결과에서 진 방언은 방언구로서의 독립적 지위를 보여주지 못하고 있기 때문이다. 그 밖에 다른 지점을 살펴보면, 상 방언과 오 방언, 월 방언, 휘(徽) 방언 모두 하나의 군집으로 묶이고 있다. 민 방언은 같은 대방언구 안에서도 내부적으로 차이가 상당히 크기 때문에 민남(閩南), 민북(閩北)으로 나누는 학자들도 있다(丁聲樹, 1955). 그럼에도 음운 · 형태 · 어법 자질을 종합적으로 반영하였을 때는 아래 그림처럼 하나의 군집으로 분류되고 있다는 사실은 주목할 만하다.

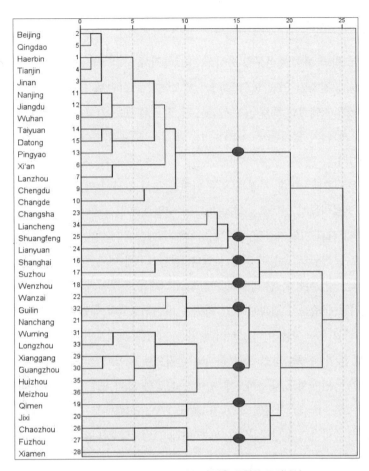

<그림 21> 음운·형태·어순 자질을 종합한 군집분석

위의 그림을 보면 객가 방언에 속하는 연성(連城)이 혜주(惠州), 매주(梅州)와
다른 곳에 위치한다. 이를 통해 객가 방언이 본래 인접 지역 언어와 동화되
어 가는 양상을 띠고 있다는 것을 확인할 수 있다. 또한 평화(平話) 방언에
속하는 계림(桂林) 방언이 무명(武鳴), 용주(龍州)와 분리된 것은 기존 분류와
다른 점이다. 7대 방언 분류나 8대 방언 분류에서는 平話를 대방언구로 설정

하고 있지 않고 있으며(李芳桂1937, 丁聲樹·李榮1955, 袁家華1960 등) 李榮의 10 대 방언 분류에서만 평화(平話)를 방언구로 분리하였는데 이는 광서(廣西) 지역 내에서 다른 방언구로 귀속시키기 어려운 방언을 모아 평화(平話)로 분류한 것이기29) 때문에 본고의 분석은 어찌 보면 자연스러운 결과라 할 수 있다. 李小凡·項夢冰(2009:33)에서는 음운적 특징을 근거로 현대중국어를 7대 방언으로 나누는 것이 적절하다고 보고 있다. 그러나 본고의 군집분석 결과에 따르면 휘(徽) 방언에 속하는 적계(績溪)와 기문(祁門)이 하나의 군집을 형성하고 있어 휘(徽) 방언은 대방언구로서의 지위를 지니고 있음을 확인할 수 있다.

4.2.6. 방언 군집별 변수들 간의 차이 분석

방언 분류의 타당성을 고찰하기 위해 집단 간 비교를 해 보기로 한다. 방언 간의 거리를 수치로 환산했을 때 집단 간의 차이는 분산분석과 유의확률 검증을 통해 확인할 수 있다. 본고에서는 적절한 군집의 크기를 8개로 설정하였는데 이 8개 군집이 각 변수별로 일정한 차이를 보이는지를 분석해 보았다. 그 결과 방언 군집별로 유의미한 차이가 있는 변수들이 있는 반면 그렇지 않은 변수들도 존재하였다.

(가) 방언 군집별 음운 자질의 차이

집단 간의 음운 자질의 차이가 가장 두드러지는 자질은 전탁상성(全濁上聲)의 현성조이다. 이것은 8대 방언 군집별로 매우 유의미한 차이를 보인다. 아래 표에서 보이듯이 전탁상성(全濁上聲)의 성조 분화 양상에 대한 집단별 차이를 보이는 F값은 61.05로서 매우 높으며 유의확률도 'p<0.0001'이다.30) 이를 통

---

29) 李小凡·項夢冰(2009:29) 인용.
30) 표에서 유의확률을 표시하는데 '*'표는 유의하다는 의미를 나타낸다. '*'의 개수가 늘어날

해 全濁上聲의 성조 분화 과정은 방언별로 다양한 변이를 보이고 있으며 이것은 방언 간의 차이를 두드러지게 해준다고 할 수 있다. 이에 비해 입성의 변화나 개음(介音)의 수량에 대한 F 값은 상대적으로 낮은 편이다. 특히 [tʂ], [tʂh], [ʂ] 자질이 방언 군집별로 가지는 차이는 유의하지 않은 것으로 보인다.

<표 20> 방언 군집별 음운 자질의 분산분석표

변수 항목 (Average Linkage)	제곱합 (집단 - 간)	자유도	F 값 (집단 - 간)	유의확률 (집단 - 간)
全濁上聲의 현 성조	308.04	7	61.05	p<0.0001 ***
탁음인 색음, 찰음 성모 변이	11.22	7	44.89	p<0.0001 ***
飛, 蜂, 浮의 성모	26.72	7	25.15	p<0.0001 ***
[p],[t],[k],[ʔ]	44.47	7	16.94	p<0.0001 ***
성조의 수	79.14	7	14.07	p<0.0001 ***
[m],[n],[ŋ]운미	13.96	7	6.75	p<0.0001 ***
입성변화	15.87	7	4.61	p<0.01 **
개음수량	5.96	7	2.85	p<0.05 *
비변음성모	10.46	7	2.71	p<0.05 *
탁찰음 성모수량	17.40	7	2.52	p<0.05 *
[tʂ], [tʂh], [ʂ]	1.96	7	0.94	p>0.05

(나) 방언 군집별 형태·어순 특징의 차이

어순과 관계된 형태론적 측면에서 방언 군집별 매우 유의미한 차이를 보이는 것은 친족호칭 접두사 '老-', '阿-'를 비롯한 '새(鳥兒)', '책상(桌子)'와 같이 접사의 표기 유무이다.31) 이들은 F값도 크고 유의확률도 'p<0.0001'로서 매우 유의미한 변별자질이라고 할 수 있다. 그러나 이에 비해 진(晉) 방언에서

수록 유의성이 높아진다. 예를 들어 'p<0.01**'는 '아주 유의함'을 나타낸다. 'p<0.0001***'는 '매우 유의함'을 나타낸다.

31) 일반적으로 접두어와 접미어의 분포는 어순유형과 일정한 관련성이 있다고 알려져 있다. 예를 들어 접두어가 발달한 언어는 대개 핵 선행 어순을 가지는 경향이 있다. 반면에 접미어가 발달한 언어는 핵 후행 어순을 가지는 경향이 있다.

만 사용된다고 알려져 있는 '吃-'는 다른 지역 방언에서는 유의미한 변별자질이 되지 않는다.

어순의 측면에서 가장 두드러진 차이를 보이는 것은 비교구문의 어순이다. 비교구문은 방언 군집별로 다양한 변이형을 가지며 유의미한 변별자질을 가진다고 판단된다. 이 밖에도 부사어순('再吃一碗')과 가능보어의 부정형 어순('吃不飽') 등도 매우 유의미한 변별자질이 된다고 할 수 있다. 그러나 이에 비해 동사 중첩 형식의 어순이나 명사 중첩 형식의 어순은 방언 군집 간에 큰 차이를 보여주지 못한다.

<표 21> 방언 군집별 형태 어법 자질의 분산분석표

변수 항목 (Average Linkage)	제곱합 (집단 – 간)	자유도	F 값 (집단 – 간)	유의확률 (집단 – 간)
친족 호칭 접두사 '老-'	8.06	7	64.44	p<0.0001 ***
비교구문('我比他大') 어순	455.54	7	33.12	p<0.0001 ***
동사·부사어순('再吃一碗')	933.64	7	19.03	p<0.0001 ***
'새(鳥兒)' 접미어	6.14	7	16.37	p<0.0001 ***
'책상(桌子)' 접미어	6.42	7	16.21	p<0.0001 ***
가능보어부정형('吃不飽')	2.96	7	12.67	p<0.0001 ***
친족 호칭 접두사 '阿-'	6.40	7	10.89	p<0.0001 ***
목적어와 가능보어 부정 어순	183.04	7	10.14	p<0.0001 ***
'수탉(公雞)'동물 성별 형태소	57.74	7	7.58	p<0.0001 ***
목적어–수량보어	14.49	7	7.18	p<0.001 **
'암탉(母雞)'동물 성별 형태소	18.57	7	5.53	p<0.001 **
부사–술어('你先去')	42.83	7	4.74	p<0.001 **
이중목적어구문	118.41	7	3.13	p<0.05 *
'我買菜去'에서 '去' 위치	23.50	7	3.01	p<0.05 *
단음절동사 중첩	13.16	7	1.85	p>0.05
가능보어 '不得'	11.10	7	1.35	p>0.05
단음절명사 중첩	6.54	7	0.92	p>0.05
접두사 '吃'	0.35	7	0.58	p>0.05

(다) 변수별 상관관계 분석

통계적으로 계층적 군집분석은 방언지점의 군집화 외에 변수별 군집화를 할 수 있다. 변수별 군집화는 말 그대로 유사한 변수들을 묶어내는 방법이다. 이를 통해 방언 분류에 사용되는 언어적 자질 중에서 어떠한 변수들이 유사한 관계를 가지는지를 알 수 있다.

본고에서는 변수별로 상관성을 가지는지 보기 위해서 변수들과 방언지점 간에 일정한 경향성이 있는지를 조사하였다. 그 결과 언어적 자질들 간에도 지역별로 일정한 상관성을 가진다는 것을 알 수 있었다. 예를 들어 방언지점별로 가지는 성조의 개수와 상관성을 가지는 몇 가지 어순 유형의 특징이 있다. 아래의 표를 보자.

<표 22> 성조의 개수와 상관성을 가지는 변수

비교대상\n\n항목	성조와 음운자질		성조와 형태 어법 자질		
	全濁上聲의\n현 성조	[p],[t],\n[k],[ʔ]	鳥儿\n접미어	비교구문 어순\n(我比他大)	부사-술어어순\n(你先去)
Pearson\n상관계수	0.753**	0.712**	0.713**	0.726**	0.657**
유의확률	p<0.001	p<0.001	p<0.001	p<0.001	p<0.001

① 성조의 개수와 전탁상성(全濁上聲)의 현 성조와는 상관성이 높다. 위의 표에서 수치로 환산된 값을 기초로 계산된 상관계수에 따르면 성조의 개수와 전탁상성의 분화 형태는 밀접한 관계가 있다.

② 성조의 개수와 입성운미 [p], [t], [k], [ʔ]의 변이형의 분포는 지역별로 일정한 상관성이 존재한다.

③ 성조의 수량과 형태론적인 자질 중에 '새(鳥儿)'의 접미사 표기 유무는 일정한 상관성이 있다. 성조의 개수가 적은 방언에서는 '새(鳥儿)'에 접미사가 사용되는 경향이 있으며 성조의 개수가 많은 방언에서는 '새(鳥

儿'에 접미사가 사용되지 않는 경향이 강하다. 이에 비해 접두사 '老-', '阿-', '圪-'와 '桌子' 접미사 표기 유무와 성조의 개수 간의 상관성은 낮은 편이다.

④ 성조의 개수와 비교구문('我比他大(나는 그보다 나이가 많다)')의 어순 유형은 매우 상관성이 높다. 성조의 개수가 많을수록 비교구문은 '주어(S)+비교표지(M)+비교대상(O)+형용사(A)'에서 '주어(S)+형용사(A)+비교표지(M)+비교대상(O)' 어순으로 가는 경향이 있다. 또한 성조의 개수와 부사어-동사의 어순도 상관성이 높은 편이다. 성조의 개수가 많은 방언일수록 '동사(V)+부사(Ad)(你去先)'의 어순을 가진다.

<표 23> 방언지점별 성조의 개수와 비교표지 부사어 어순의 상관성

구분	방언지점	성조 수	비교급어순 ('我比他大')	부사(Ad)+동사(V) ('你先去')
북방 방언	북경(北京), 하얼빈(哈爾濱), 제남(濟南), 서안(西安), 대동(大同), 태원(太原) 등	3~4개	S+M+O+A (비교표지 선행)	你 先/ad 去/v (부사어 선행)
중부 방언	상해(上海), 소주(蘇州), 남창(南昌), 장사(長沙), 쌍봉(雙峰), 연원(漣源) 등	6~8개	S+M+O+A S+A+M+O (혼합형)	你先去/ 你去先 (혼합형)
남방 방언	조주(潮州), 복주(福州), 하문(廈門), 홍콩(香港), 광주(廣州), 매주(梅州) 등	8~10개	S+A+M+O (비교표지 후행)	你 去/v 先/ad (부사어 후행)

4.3. 다차원 척도 분석법을 활용한 중국 방언의 친소 관계 분석

본고에서는 방언 간의 유사성 척도를 활용하여 다차원 척도 분석(multidimensional scaling: MDS)을 실시하였다. 다차원척도분석은 개체들 사이의 상대적 거리에 기초하여 2차원 또는 3차원 공간에 개체들의 위치를 나타내주는 방법인 데 이를 통해 방언지점 간의 상대적인 위치를 확인할 수 있다. 다차원 척 도 분석 과정에서 사용한 알고리즘은 PROXSCAL이다[32]. 이 알고리즘을 활용하여 중국 방언지점들 간의 상대적 거리를 2차원 공간상에 표현해 보기 로 한다.

4.3.1. 다차원 척도 분석 방법

다차원 척도 분석(multidimensional scaling: MDS)은 요인분석, 판별분석, 군집 분석 등과 같이 다변량(multivariate) 분석 방법의 일종이다. 다차원 척도 분석 은 흔히 영문으로 'MDS'라고 약칭된다. 이 방법은 1970년대 이후 경영학이 나 심리학, 교육학 등에서 활용되기 시작하였고 최근 들어서는 언어학 분야 에서도 종종 활용되고 있다. MDS 알고리즘은 복잡한 사회 현상을 이해하는 데 다양한 변수를 종합해서 가급적 저차원으로 축소하여 인지하기 쉬운 형 태로 시각화하기 위해 개발되었다. 언어 현상도 마찬가지로 복잡한 요인을 종합하여 저차원 공간에 표현하려는 의도로 활용되고 있다.

다차원 척도 분석은 여러 개체 간의 유사성(또는 상이성) 정보를 토대로 다 차원 (주로 2차원) 공간상에 n개의 개체에 대한 상대적인 좌표값을 부여하여 기하학적으로 형상화하는 통계 기법이다. MDS를 사용하는 경우에는 개체들

---

[32] PROXSCAL 알고리즘은 네델란드 라이덴 대학의 DTSS(Data Theory Scaling System) 연구 팀이 개발한 것이다. 이 알고리즘은 SPSS 프로그램이나 R 통계프로그램 등에서 적용하 여 활용할 수 있다.

이 서로 얼마나 유사한 특성을 가지는지 판단하는 유사성(similarity)과 거리거리(distance) 측정이 선행된다. 그리고 유사성 척도에 기초하여 좌표값이 부여되고 다차원 공간상에 표현되는 과정을 거친다.

다차원척도법은 일반적으로 개체 사이의 상대적 위치를 다차원 공간상에 표현하는데 표현과정에서 실제와 어느 정도의 오차가 발생할 수 있다. 왜냐하면 다차원에 위치한 지점들이 실제로는 다변량 자료의 정보가 들어 있어 차원이 축소되는 과정에서 어느 정도 오차가 발생하게 되기 때문이다. MDS의 알고리즘의 핵심은 이러한 오차를 최소화하면서 분석대상들의 좌표를 효과적으로 표현해 내는 데에 있다. 일반적으로 MDS에서 분석대상들은 자극점(stimuli)이라고 불린다. MDS는 다차원상의 자극점을 저차원의 공간에 가장 정확하고 효과적으로 시각화하는 방법이라고 할 수 있다.

(가) 모형의 적합도와 차원 수를 결정하는 방법

다차원척도법의 분석결과에 대한 신뢰성과 타당성 검정은 적합도지수를 이용해서 판단하게 된다. 또한 크루스칼(Kruskal)의 스트레스(stress) 수치를 이용하여 결과의 신뢰성과 타당성, 즉 적합성을 검증할 수 있다. 스트레스 수치는 실제거리(h_{ij})와 다차원척도법으로 추정된 거리(d_{ij}) 간의 차이, 즉 일종의 오차의 크기를 나타내는 지수이다.

프로그램에 의해 추정된 지도상의 거리(d_{ij})와 실제 자극점들 간의 거리(h_{ij}) 오차가 작을수록 스트레스 수치는 줄어든다. 서로가 완벽하게 일치하게 되면 스트레스 값은 0이 된다. 0에 가까운 값을 가질수록 모형은 적합하다. 아래의 그림은 그러한 과정을 R 프로그램으로 설명하는 예제이다.

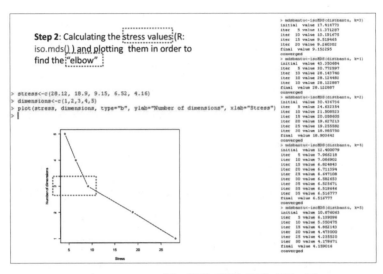

<그림 22> R 프로그램을 사용한 적합한 차원수 결정 과정

　　스트레스(stress) 수치는 다차원척도법에서 지도를 그리기 위한 차원의 수를 결정하는 데에 활용된다. 가장 적합한 차원 수를 결정할 때는 다차원척도법으로 표현하는 지도의 차원 수(number of dimensionality)를 늘려가면서 스트레스 수치 변화를 추적하여 그 값이 큰 폭으로 감소하는 지점을 찾는 과정을 진행한다. 일반적으로 차원이 증가함에 따라 스트레스 수치는 급격히 감소했다가 그 이후로는 완만하게 줄어든다. 이 과정에서 스트레스 수치가 급격하게 변하는 경계지점이 적합한 차원의 수가 된다. 이는 팔꿈치 모양과 같이 변하는 그래프를 보고 최적의 차원 수를 찾는다고 하여 엘보 테스트(elbow test)라고 불리기도 한다. 위의 그림에서 3차원으로 표현하는 지점에서 꺾이는 지점이 보이는데 이 경우는 3차원으로 시각화하는 것이 바람직하다.

(나) 중국 방언지점에 대한 모형적합도 판단 및 차원수 결정
　　아래의 그림은 중국의 방언지점을 다차원 공간상에 표현할 때 적합한 차원의 수를 결정하는 테스트를 실례로 보인 것이다. 그림에서 스크리 도표를 살펴보면 2차원에서 스트레스 수치가 비교적 급격하게 감소하는 것을 알 수 있다. 그리고 2차원 공간상에 표현했을 때 스트레스(stress) 값이 0.19이다. 이는 실제 거리를 2차원 공간상에 어느 정도 표현해 낼 수 있다고 볼 수 있다.

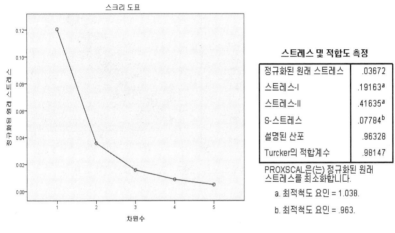

<그림 23> 다차원척도법(2차원)의 모형 적합도 측정

(다) 중국 방언지점에 대한 좌표점 설정 및 잔차 도표

모형에 대한 적합도 측정 이후에 각 방언지점에 대한 좌표점을 설정하는 과정은 아래의 그림과 같이 나타낼 수 있다. 본고에서는 방언지점을 2차원 공간에 표현하였다. 방언의 좌표점은 X축, Y축과 같은 2개의 좌표 정보로 구성된다. 예를 들어 하얼빈(-0.658, -0.089), 북경(-0.604, -0.082), 제남(-0.587, 0.018), 천진(-0.648, -0.012), 청도(-0.595, -0.132), 서안(-0.812, 0.103), 무한(-0.373, -0.112), 남경(-0.540, -0.242) 등과 같이 표현된다. 그러나 이러한 최종 좌표공간이 실제의 모든 요인들을 반영하여 완벽하게 2차원으로 축소해서 보여주지는 못한다. 실제 거리와의 오차를 나타내는 일종의 표지가 잔차도표인데 아래의 그림에서처럼 완벽한 일직선 모양은 아니다. 그러므로 최종 좌표공간은 약간의 오차를 감안하고 해석해야 한다.

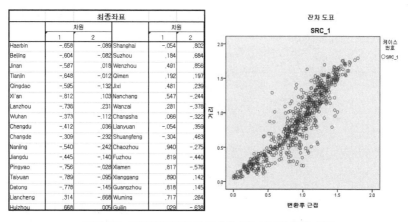

	최종좌표					
	차원				차원	
	1	2			1	2
Haerbin	-.658	-.089	Shanghai		-.054	.802
Beijing	-.604	-.082	Suzhou		.184	.684
Jinan	-.587	.018	Wenzhou		.491	.856
Tianjin	-.648	-.012	Qimen		.192	.197
Qingdao	-.595	-.132	Jixi		.481	.239
Xi'an	-.812	.103	Nanchang		.547	-.244
Lanzhou	-.738	.231	Wanzai		.281	-.378
Wuhan	-.373	-.112	Changsha		.066	-.322
Chengdu	-.412	.036	Lianyuan		-.054	.359
Changde	-.309	-.232	Shuangfeng		-.304	.463
Nanjing	-.540	-.242	Chaozhou		.940	-.275
Jiangdu	-.445	-.140	Fuzhou		.819	-.440
Pingyao	-.756	-.028	Xiamen		.817	-.576
Taiyuan	-.789	-.095	Xianggang		.890	.142
Datong	-.778	-.145	Guangzhou		.818	.145
Liancheng	.314	-.668	Wuming		.717	.264
Huizhou	.668	.005	Guilin		.029	-.638

<그림 24> 다차원척도법으로 도출된 최종 좌표와 잔차 도표

4.3.2. 중국 방언지점에 대한 다차원 척도 분석 결과

(가) 중국 대방언구 주요 지점 분석 결과

본고에서는 위에서 설명한 일련의 적합도 검토 과정을 거쳐 아래의 그림과 같은 2차원 지도 형태의 분석 결과를 도출하였다. 아래의 그림은 어순유형의 유사성에 근거하여 각 방언지점들이 어떠한 위치를 가지는지를 나타낸 것이다.

다차원 척도 분석으로 표현된 방언지점들은 언어적 유사성에 기초한 것이지 지리적 유사성에 기초한 것은 아니다. 그럼에도 불구하고 상당히 많은 방언지점들이 실제 지리적 거리와 유사한 특징을 보인다. 다차원 지도에서 보이듯이 방언지점의 상대적 거리는 지리적 거리와 유사한 측면이 많다. 대체로 방언지점 간의 지리적 거리가 가까운 방언지점들은 그림에서도 가까운

곳에 위치한다. 반대로 지리적 거리가 멀수록 방언 차이도 크다는 것을 알
수 있다.

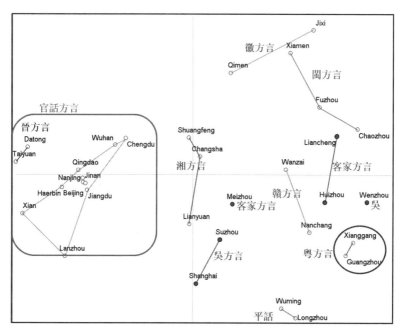

<그림 25> 방언 어순 유형에 대한 다차원 척도 분석 결과

다차원 척도 분석 결과에 따르면 관화 방언 내의 방언지점은 좌측 중간에
조밀하게 분포되어 있다. 그리고 진 방언에 속하는 대동(大同)과 태원(太原)도
관화 방언 좌측에 가깝게 위치한다. 이를 통해 진 방언과 관화 방언은 매우
가까운 관계임을 알 수 있다. 이와 반대로 2차원 공간상에서 관화 방언과
반대되는 위치에는 월 방언의 홍콩, 광주(廣州)가 분포해 있다. 민 방언에
속하는 조주(潮州), 복주(福州), 하문(廈門)도 관화 방언과 멀리 떨어져 있다.
2차원 공간상의 중간에 위치하는 방언은 중부 방언으로 분류되는 상 방언
(雙峰, 長沙, 漣源)과 오 방언(上海, 蘇州) 및 일부 객가 방언(梅州)이다. 그러나 같

은 오 방언이라도 온주(溫州) 방언은 상당히 동떨어져 있다. 객가 방언 중에서도 혜주(惠州)는 월 방언과 가까운 반면 연성(連城)은 민 방언과 가깝게 위치한다.

객가 방언처럼 내부적 균질성을 보이지 못하는 방언지점은 지리적으로 인접한 방언과의 접촉으로 인한 동화가 일어났을 가능성이 있다. 실제로 혜주(惠州)는 월 방언 지역인 홍콩과의 거리가 136km에 불과하다. 반면에 혜주(惠州)는 객가 방언에 속하는 연성(連城)과 500km 이상 떨어져 있다. 또한 혜주(惠州)는 행정구역상으로 광동성에 속하지만 연성(連城)은 복건성에 위치한다. 따라서 지리적으로 혜주(惠州)는 광동성의 홍콩, 광주 방언과 접촉이 일어났을 가능성이 높다. 이에 비해 연성(連城)은 조주(潮州), 복주(福州), 하문(廈門)과 거리가 더 가까워 민 방언과 접촉할 가능성이 높다.

그러나 다차원 척도로 표현된 방언지점 중에 지리적 거리와 일치하지 않은 지역도 존재한다. 예를 들어 객가 방언의 매주(梅州)는 행정구역상으로 광동성에 속한다. 이 지역은 다차원지도상에는 중앙에 위치하지만 실제로는 중국 동남부에 위치하는 지역이다. 또한 오 방언의 온주는 상해, 소주와의 거리가 상당히 먼 절강성 남부에 위치하기는 하지만 다차원지도에서 너무 오른쪽으로 치우쳐 있다. 언어적 거리가 지리적 거리와 다른 경우에는 다른 요인들이 복합적으로 관련되어 있을 것으로 추정된다. 해당 지역이 방언섬처럼 고립되어 다른 지역과의 접촉이 단절되었을 수도 있고 어느 특정 시기의 대규모 인구이동이 있었을 가능성도 있다. 그러나 이에 대해서는 면밀한 조사가 필요할 것이다. 다차원 척도 분석 결과는 이러한 특이한 지점을 보여줄 뿐이다.

(나) 중국 대방언구에서 진(晉)방언이 차지하는 상대적 위치

위에서 북방 방언에 속하는 몇 개의 진(晉) 방언지점은 관화 방언과 가깝게 분포함을 알 수 있었다. 이러한 경향성을 좀 더 확인해 보기 위해서 曹志

秏(2008b, 2008c)에서 제시한 진(晉) 방언지점을 추가로 조사하여 이들의 형태적·어순유형적 자질을 수치화해서 분석해 보았다. 수치화한 자료를 유사성 행렬로 변환한 다음 다차원 척도 분석을 진행하였다. PROXICAL 알고리즘으로 분석한 다차원 척도 분석 결과 30여 개의 진(晉) 방언지점들은 모두 좌측 편에 위치한다. 이들은 북경관화(北京官話: 北京), 기노관화(冀魯官話: 濟南), 교요관화(膠遼官話: 靑島), 난은관화(蘭銀官話: 蘭州), 중원관화(中原官話: 西安), 강회관화(江淮官話: 江都)로 분류되는 관화 방언으로 둘러싸여 있다. 반면에 진 방언은 오 방언, 민 방언, 상 방언, 월 방언, 감 방언, 객가 방언 등과는 거리가 떨어져 있다. 이를 통해 진 방언의 주요 방언지점들이 관화 방언과 같은 그룹에 속하는 것을 알 수 있다.

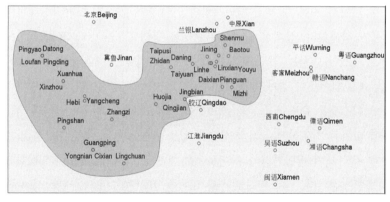

<그림 26> 10대 방언과 진(晉) 방언의 상대적 거리

(다) 중국 대방언구에서 객가(客家) 방언이 차지하는 상대적 위치

중국의 객가(客家) 방언은 중국의 복건(福建), 강서(江西), 광동(廣東), 광서(廣西), 호남(湖南), 사천(四川) 등 중국 대륙의 여러 지역에 넓게 분포한다. 지역별로는 사천(四川)과 중경(重慶) 등지에서 방언섬을 이루기도 한다. 객가(客家) 방언은 해당 지역 우세 방언의 영향을 많이 받는 방언으로 알려져 있다. 李小

凡・項夢冰(2009:210)에 따르면 광동(廣東) 지역의 객가인들은 그 지역의 우세 방언인 월 방언을 사용하려 하는 경향이 있고, 대만 지역의 객가인들은 민남 어와 혼용하는 경우가 비일비재하다. 특히 이러한 경향은 젊은 세대들일수 록 더욱 두드러진다고 한다. 이는 다시 말해서 객가 방언이 중국 전역에 넓 게 분포할 뿐만 아니라 지리적으로 인접한 다른 방언과 접촉이 많고 영향을 많이 받는다는 것을 의미한다. 또한 객가 방언은 내부적으로 매우 이질적일 것이라는 추정을 할 수 있다.

본고에서는 두 가지 측면에서 객가 방언의 특징을 고찰해 보았다. 첫 번 째로 중국 대륙에 넓게 분포하는 20여 개의 객가 방언지점을 선택하여 객가 방언끼리 비교분석을 진행하였다. 두 번째로 객가 방언지점을 다른 대방언 구 지점과 비교하여 이들이 어디에 위치하는지를 비교 분석해 보았다.

첫 번째로 20여 개 객가 방언지점의 언어적 특징에 기초하여 상대적 위 치를 조사하였다. 상대적 위치를 표현하는 방법으로는 PROXICAL 알고리 즘에 기초한 다차원 척도 분석 모델이다. 그 결과는 아래의 그림과 같다. 그림에서 보이듯이 객가 방언은 내부적으로 매우 이질적이다. 객가 방언 내 부의 이질성은 대방언구 간의 거리만큼 크다고 해도 과언이 아니다. 예를 들어 다차원 지도상에서 좌측 상단에 있는 계동(桂東)은 중국 호남성(湖南省) 에 위치한 객가 방언지점이다. 어도(於都)는 중국 강서성(江西省)에 위치한 객 가 방언지점이다. 이와 반대로 우측 하단에 있는 매주(梅州)는 광동성(廣東省) 에 위치한 객가 방언지점이다. 이들은 같은 상호간에 거리가 상당히 멀리 떨어져 있다.

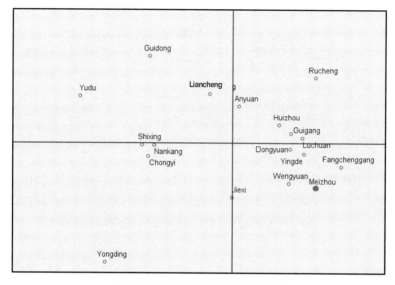

<그림 27> 객가 방언지점의 상대적 위치

　두 번째로 20여 개의 객가 방언지점을 다른 대방언구와 비교해 보기로 하
겠다. 다차원 척도 분석 방법을 사용해서 이들의 상대적 위치를 조사한 결과
객가 방언은 월 방언, 평화(平話) 방언, 감 방언, 상 방언, 오 방언, 민 방언
등과 연결되는 것을 알 수 있다. 그 중에서도 객가 방언과 가장 많이 인접하
는 방언지점은 감 방언이다. 예를 들어 매주(梅州) 방언, 연성(連城) 방언, 신기
(新沂) 방언 등은 감 방언과 가깝게 위치한다. 객가 방언의 분포는 지리적 위
치와도 상관이 있다. 예를 들어 매주(梅州)는 광동성 북부와 강서성 남부와
연결되는 방언지점이다. 다차원 척도 분석 결과에서도 월 방언과 감 방언의
중간에 위치한다. 계동(桂東)은 중국 호남성(湖南省)에 위치한 객가 방언지점이
다. 다차원 척도 분석 결과에서도 계동(桂東)은 호남성(湖南省) 방언이 상 방언
과 인접한 특성을 가지고 있음을 알 수 있다.

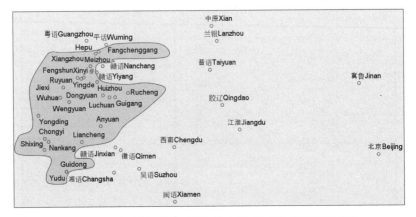

<그림 28> 다차원척도법에 기초한 객가 방언과 다른 대방언구의 비교

위에서 알 수 있듯이 통계적 다차원 척도 분석 방법은 중국 객가 방언지점 간의 상대적 거리를 상당히 잘 반영해 준다. 언어적 유사성을 토대로 방언지점을 2차원 공간상에 표현해 낸 결과는 언어적 거리가 지리적 거리와 일정한 상관성이 있음을 보여준다.

4.4. 중국 방언의 어순 유형 분류

본고는 기존 방언 분류 연구의 획기적 시도로 평가받는 鄭錦全(1994)과 鄧曉華・王士元(2009)의 연구방법론을 참고하여 군집분석과 다차원 척도 분석 방법을 활용한 방언 분류를 시도하였다. 아울러 과거 연구의 한계점을 극복하기 위하여 방언 조사 지점을 확대하였다. 우선 대방언구 대표지점을 30여 개로 확대하여 조사하였다. 그리고 진 방언과 객가 방언지점을 각각 20개~30개씩 추가로 조사하여 이 두 방언의 특징을 통계적으로 분석해 보았다. 분석 결과 몇 가지 결론을 얻을 수 있었다.

첫째, 군집분석 결과, 중국 내 방언을 분류할 때 관화 방언지점은 예외 없이 하나의 군집으로 묶이는 특징을 보였다. 다시 말해 官話로 대변되는 북방 방언은 내부적으로 상당히 유사한 특징을 공유한다. 그러나 남방 방언은 북방 방언에 비해 여러 개의 군집으로 나뉘며 복잡한 군집 형태를 가진다.

둘째, 10대 방언구 분류에서 대방언구로 분류되는 진(晉) 방언은 군집분석과 다차원척도법 분석 결과에 근거할 때 官話와 같은 유형으로 분류된다.

셋째, 李小凡·項夢冰(2009:33)은 휘(徽) 방언을 대방언구로 분류하지 않았으나 본고의 군집분석 결과에 따르면 휘(徽) 방언에 속하는 적계(績溪)와 기문(祁門)이 안정적으로 하나의 군집을 형성하고 있어 휘(徽) 방언은 대방언구로서의 지위를 지니고 있음을 확인하였다.

넷째, 민(閩) 방언은 내부적으로 큰 차이가 존재한다는 것이 상당수 학자들의 견해이다. 그러나 본 연구에 따르면 약간의 차이는 존재하지만 조주(潮州), 복주(福州), 하문(廈門)이 하나의 군집으로 분류하는 것은 타당하다고 판단된다. 오히려 오(吳) 방언 군집을 보면 상해(上海), 소주(蘇州), 온주(溫州)가 하나의 군집 안에서 다시 두 개의 군집으로 나뉘어 온주(溫州)가 오(吳) 방언에 속하지만 상당히 특별한 자질을 가지고 있음을 알 수 있었다.

다섯째, 10대 방언구 분류에서는 평화(平話)를 대방언구로 분리하였는데 용주(龍州)와 무명(武鳴)이 하나의 군집으로 나타나고 계림(桂林)은 감(贛) 방언과 하나의 유형으로 분류되었다. 앞에서도 언급하였듯이 광서(廣西) 지역 내에서 다른 방언구로 귀속시키기 어려운 방언을 모아 평화(平話)로 분류한 것이기 때문에 평화(平話) 방언지점들이 이렇게 분리되어 위치하는 것은 당연한 결과이다. 따라서 대방언구로서 평화(平話)를 분리할 것인지에 대해서도 재고해볼 필요가 있다.

여섯째, 객가(客家) 방언은 내부적으로 방언지점 간의 유사도가 높지 않다. 객가 방언지점 20여 개의 상대적 거리와 다른 대방언구 대표지점 간의 상대적 거리를 살펴본 결과 객가 방언의 내부적 이질성이 크다는 점을 확인하였다. 또한 다른 대방언구와의 비교를 통하여 객가 방언지점들이 특히 월(粵) 방언, 감(贛) 방언과 유사성을 띄는 곳이 많다는 것을 발견하였다. 객가 방언 은 인접지역 방언과 동화되는 추세에 있다. 객가 방언이 다른 방언에 빠르게 동화되고 있다면 대방언구로 분류할 근거가 점점 약해지게 된다. 객가 방언 은 사실상 언어적 분류가 아닌 다른 요인에 의한 분류임을 알 수 있다.

—

제5장

방언 코퍼스를 활용한 남방 방언과 북방 방언의 어순 비교 분석
─ 홍콩(광동) · 상해 · 북경 구어 코퍼스를 중심으로

본 장에서는 홍콩 · 상해 · 북경 구어 코퍼스를 중심으로 주요 어순에 대한 계량적인 분석을 실시하고 이를 기초로 하여 지역별 어순 변이형이 존재하는지를 고찰하고자 한다. 특히 코퍼스에서 추출한 용례를 바탕으로 기존의 문법 연구에서 제시되었던 어순 유형 관련 논의를 검토하고자 한다. 코퍼스 분석 결과는 기존 논의의 방증자료 또는 반례로 사용될 수 있다. 뿐만 아니라 기존 논의에서 포착하지 못한 부분도 찾아낼 수 있다. 풍부한 용례를 통해서 그 경향성을 기술해 낸다면 중국어 어순 유형이 지리적으로 어떠한 유사성과 차이점이 있는지 실증적으로 보여줄 수 있다. 본 장에서는 이러한 목적으로 상호 간의 지리적 거리가 멀고 방언의 차이가 큰 홍콩(광동), 상해, 북경의 코퍼스 자료에 대한 비교 분석을 진행하고자 한다.

5.1. 홍콩(광동) 구어 코퍼스의 어순 유형 분석

5.1.1. 광동어(월(粵) 방언) 구어 코퍼스 개요

홍콩과 광동 지역에서 사용되는 광동어(월(粵) 방언)은 중국의 대표적인 남방 방언이다. 현재 광동어 방언 코퍼스 자료는 주로 홍콩대학(香港大學)과 홍콩이공대학(香港理工大學), 싱가포르 남양 이공대학(Nanyang Technological University) 등의 연구자들이 구축하여 부분적으로 공개하고 있다. 이 중에서 홍콩대학과 홍콩이공대학 코퍼스는 최근 온라인 검색 기능에 문제가 있어 자료 접근이 어려운 실정이다. 대신 싱가포르 남양 이공대학 코퍼스는 인터넷 상에서 원문이 공유되어 있어서 분석하기에 용이하다.

싱가포르 남양 이공대학 전산언어학 연구소(Nanyang Technological University Computational Linguistics Lab)에서 구축한 홍콩 광동어 코퍼스(Hong Kong Cantonese Corpus)(약칭:HKCanCor)는 '香港粵語語料庫'라고도 하는데 Luke Kang Kwong교수가 구축한 것이다.[33]

홍콩 광동어 코퍼스(HKCanCor)는 1997년 3월부터 1998년 8월까지 4명의 홍콩 광동어 모국어 화자들의 대화를 기록한 자료로서 대략 23만 단어 규모의 자료이다. 이 중에 온라인으로 공개되어 있는 자료는 12만 단어 정도이다. 이 코퍼스는 방언 화자의 음성 녹음 자료와 그 내용을 전사한 텍스트 자료로 구성되어 있다. 대화 내용은 문장 단위로 전사되었으며 단어와 품사 표기가 되어 있는 상태이다. 또한 홍콩 언어학회(LSHK)의 광동어 병음 표기 방안에 따라 발음이 표시되어 있다. 다음의 그림은 코퍼스 파일의 기록 방식을 보여주는 실례이다.

---

33) 자세한 것은 홈페이지를 참고하기 바람. http://compling.hss.ntu.edu.sg/hkcancor/

```
1   @UTF8
2   @Begin
3   @Languages:    yue , eng
4   @Participants:  XXA A Adult , XXB B Adult
5   @ID:    yue , eng|HKCanCor|XXA|34;|female|||Adult||origin:HK|
6   @ID:    yue , eng|HKCanCor|XXB|37;|female|||Adult||origin:HK|
7   @Date:  30-APR-1997
8   @Tape Number:   001
9   *XXA:   喂 遲 啲 去 唔 去 旅行 啊 ？
10  %mor:   e|wai3 a|ci4 u|di1 v|heoi3 d|m4 v|heoi3 vn|leoi5hang4 y|aa3
11          ?
12  *XXA:   你 老公 有冇 平 機票 啊 ？
13  %mor:   r|nei5 n|lou5gung1 v1|jau5mou5 a|peng4 n|gei1piu3 y|aa3 ?
14  *XXB:   平 機票 要 淡季 先 有得 平 嘅 嘢 。
15  %mor:   a|peng4 n|gei1piu3 vu|jiu3 an|daam6gwai3 d|sin1 vu|jau5dak1
16          a|peng4 y|gaa3 y|wo3 .
17  *XXB:   而家 旺 - .
18  %mor:   t|ji4gaa1 a|wong6 - .
19  *XXA:   冇得 去 囉 .
20  %mor:   vu|mou5dak1 v|heoi3 y|laa4 .
21  *XXB:   吓 ？
22  %mor:   e|haa5 ?
23  *XXB:   而家 旺季 .
24  %mor:   t|ji4gaa1 an|wong6gwai3 .
25  *XXB:   通常 都 係 貴 嘅 嘢 ， 啲 機票 。
26  %mor:   d|tung1soeng4 d|dou1 v|hai6 a|gwai3 y|gaa3 y|wo3 , q|di1 n|gei1piu3
27          .
28  *XXA:   係 咩 ？
29  %mor:   v|hai6 y|me1 ?
30  *XXA:   我 聽 朋友 講 話 去 ， 嗱 ， Orlando 嗰個 舊 - 嗰個 迪士尼 呢 ， 廿五 週年 喎 .
31  %mor:   r|ngo5 v|teng1 n|pang4jau5 v|gong2 v|waa6 v|heoi3 , e|e6 , xns|Orlando0
32          r|go2go3 a|gau6 - r|go2go3 nt|dik6si6nei4 y1|ne1 , m|jaa6ng5 q|zau1nin4
33          y|wo3 .
```

<그림 29> 홍콩 광동어 코퍼스(HKCanCor)의 실례

또한 일부의 문장에는 영어로 단어 해설과 번역문이 제시되어 있다.

```
J :  噉      我      變咗      我  自己      要
     gam2    ngo5    bin3zo2   ngo5 zi6gei2  jiu3
     so      I       turn-out  I   self      have-to
     So it turned out I had to

     留      喺     嗰度      囉   一    個  人。
     lau4 hai2  go2dou6   lo1  jat1  go3 jan4
     stay at   there     FP   one   CL  person
     stay there all by myself.

A :  你    驚唔驚          啊    噉樣？
     lei5  geng1-m4-geng   aa3  gam2joeng2
     you   scared-or-not   FP   like-that
     Were you scared then?
```

<그림 30>
HKCanCor의 단어 해설과
영문 번역의 실례

　　홍콩 광동어 코퍼스(HKCanCor)는 코퍼스 원문을 무료로 내려 받을 수 있다. 내려 받을 수 있는 자료는 크게 3가지이다. 첫째는 방언 화자의 녹음 파일(mp3 파일)이고, 둘째는 품사와 발음기호가 표시된 주석 코퍼스(tagged corpus)이며, 셋째는 품사 표시가 되어 있지 않은 원시 코퍼스이다. 아래의 그림은 홈페이지 화면의 실례이다.

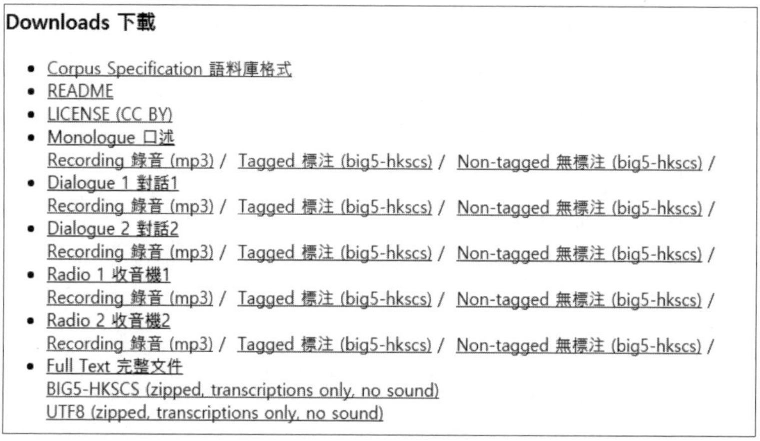

Downloads 下載
- Corpus Specification 語料庫格式
- README
- LICENSE (CC BY)
- Monologue 口述
  Recording 錄音 (mp3) / Tagged 標注 (big5-hkscs) / Non-tagged 無標注 (big5-hkscs) /
- Dialogue 1 對話1
  Recording 錄音 (mp3) / Tagged 標注 (big5-hkscs) / Non-tagged 無標注 (big5-hkscs) /
- Dialogue 2 對話2
  Recording 錄音 (mp3) / Tagged 標注 (big5-hkscs) / Non-tagged 無標注 (big5-hkscs) /
- Radio 1 收音機1
  Recording 錄音 (mp3) / Tagged 標注 (big5-hkscs) / Non-tagged 無標注 (big5-hkscs) /
- Radio 2 收音機2
  Recording 錄音 (mp3) / Tagged 標注 (big5-hkscs) / Non-tagged 無標注 (big5-hkscs) /
- Full Text 完整文件
  BIG5-HKSCS (zipped, transcriptions only, no sound)
  UTF8 (zipped, transcriptions only, no sound)

<그림 31> 홍콩 광동어 코퍼스(HKCanCor) 자료 내려받기 화면

　　또 하나의 코퍼스로는 개방형 월(粵) 방언 문장·단어데이터(開放粵語例句詞庫)를 들 수 있다. 이 자료는 일종의 병렬코퍼스(parallel corpus)[34]로서 월 방언과 표준중국어가 같이 제시되어 있다. 인터넷 사이트에서 개별 단어를 검색하면 월(粵) 방언 용례와 표준중국어 번역이 출력된다. 이 자료는 품사분석이 되어 있지는 않지만 표준중국어와 대조가 가능하다. 따라서 월(粵) 방언과 표준중국어의 어순 비교를 할 수 있다. 아래 그림에서 보이듯이 해당 단어를 검색하면 관련된 단어의 의미와 용례가 보이며 내려받기도 가능하다.

---

34) http://kaifangcidian.com/han/yue/ 참조..

<그림 32> 개방형 월(粤) 방언 문장·단어 데이터

본고에서는 개방형 월(粤) 방언 문장·단어데이터(開放粤語例句詞庫)에서 내려받기가 가능한 35,038개의 단어와 6,140개의 문장을 분석에 참고하였다.

5.1.2. 홍콩 광동어 코퍼스의 단어와 품사 분석

필자는 홍콩 광동어 코퍼스(HKCanCor)를 모두 컴퓨터로 저장한 다음 단어와 품사 분석을 우선적으로 실시하였다.

컴퓨터에 저장된 코퍼스 원문 파일은 수십 개의 대화록으로 나누어져 있다. 그리고 각각의 대화 내용을 전사한 텍스트 파일은 단어 분리와 품사 정보 표기가 되어 있다. 이 자료를 하나의 폴더로 저장한 다음 코퍼스 분석 프로그램35)을 활용하여 단어 통계 분석과 품사 통계 분석을 해 보았다. 그 결과 홍콩 광동어 코퍼스는 모두 6,427개의 단어로 구성되었으며 전체 단어

---

35) 본고에서 사용한 코퍼스 검색 프로그램은 'AntConc3.4.0'이다.

총 출현빈도는 128,207회라는 것을 알 수 있었다. 36)

    (1) a. 단어 유형(Word Types) : 6,427
       b. 단어 총 출현빈도(Word Tokens) : 128,207

이 중에 사용빈도가 20회 이상 출현한 고빈도 단어의 목록을 제시하면 다음과 같다.37)

<표 24> 홍콩 광동어 코퍼스(HKCanCor) 고빈도 단어 목록

係(5224), 啊(4212), 呢(2951), 我(2917), 噉(2909), 你(2738), 佢(2367), 都(2325), 唔(2078), 卽係(1960), 好(1919), 就(1919), 嘅(1864), 鷹(1841), 喇(1693), 個(1540), 囉(1486), 啲(1420), 有(1392), 一(1162), 唔係(1123), 話(967), 又(964), 喎(950), 到(899), 喺(886), 咗(869), 但係(862), 咽啲(853), 會(840), 去(827), 冇(815), 人(765), 噉樣(730), 喀(703), 幾(685), 嘛(678), 覺得(669), 嗎(667), 要(657), ▨(656), 講(656), 乜嘢(654), 做(643), 眞係(616), 嘢(602), 知(600), 睇(571), 嚟(548), 得(538), 來(503), 俾(494), 喙(491), 其實(481), 咁(480), 哦(460), 我哋(446), 咽(443), 嘞(429), 而家(418), 咪(416), 下(408), 呀(408), 哩個(405), 咽個(404), 過(403), 因爲(400), 如果(388), 㗎(387), 嗯(383), 返(366), 諗(364), 跟住(363), 好似(357), 可以(350), 多(334), 買(332), 點(331), 自己(318), 同埋(294), 佢哋(291), 同(291), 哩(285), 哠(275), 住(269), 嘩(269), 先(265), 可能(262), 喏(253), 好多(252), 所以(250), 譬如(249), 囄(245), 想(244), 兩(234), 重(234), 搵(233), 隻(227), 不過(218), 咽陣時(209), 蚊(209), 已經(201), 最(198), 或者(196), 未(196), 食(195), 點解(191), 乜(189), 見(187), 錢(187), 應該(186), 年(184), 讀(184), 大(182), 聽(178), 哩啲(176), 識(172), 成日(171), 埋(170), 有冇(169), 喂(166), 度(164), 成(164), 問(162), 阿(158), 香港(157), 鍾意(153), 間(150), 日(148), 咋(146), 嚇(145), 出來(143), 咽度(142), 次(140), 玩(134), 喙度(133), 死(133), 卽(132), 邊個(128), 攞(127), 完(126), 用(126), 唔使(123), 叫(122), 養(122), 嚓(122), 時候(120), 開(120), 張(115), 出(114), 邊(111), 驚(111), 點樣(111), 你哋(110), 唉

---

36) HKCanCor는 자료 전체 크기가 23만 단어 규모이지만 이 중에서 12만 단어 분량만큼만 내려받기가 가능한 것으로 조사되었다.
37) 표에서 괄호 안의 숫자는 사용빈도를 나타냄.

(109), 之後(108), 梗係(108), 對(107), 搞(107), 三(105), 考(105), 再(103), 有哟(102), 樣(102), 貴(102), 飲(99), 一哟(98), 嗱(98), 公司(97), 十(95), 咦(95), 同學(94), 幾多(94), 賣(94), 靚(94), 份(93), 幫(92), 一定(90), 人哋(90), 喏(89), 條(89), 定(88), 行(86), 本(85), 唔好(84), 喞(84), 快(84), 算(84), 上(83), 屋企(82), 返來(82), 月(80), 變(80), 請(79), 打(78), 時間(78), 比較(78), 電話(78), 夠(77), 哎吔(76), 問題(76), 原來(75), 太(75), 機(75), 鬼(74), 開心(73), 另外(72), 工(71), 種(71), 走(71), 部(71), 喺(71), 平(70), 魚(69), 事(67), 以前(67), 少(67), 淨係(67), 試(67), 大家(66), 裏邊(66), 計(66), 難(66), 高(66), 少少(65), 仔(64), 哩樣(64), 帶(64), 整(64), 其他(63), 剪(63), 收(63), 班(63), 亦都(62), 呃(62), 寫(62), 通常(62), 信(61), 唔同(60), 新(59), 開始(59), 著(58), 知道(58), 耐(58), 有時(57), 第一(57), 喋(56), 辛苦(56), 書(55), 正(55), 落去(55), 起(55), 車(55), 之前(54), 冇得(54), 唔記得(54), 學校(54), 四(53), 套(53), 差唔多(53), 影(53), 科(53), 落(53), 入(52), 學(52), 放(52), 邊度(52), 一齊(51), 慘(51), 教(51), 叫做(50), 地方(50), 第二(50), 細(50), 而(50), 一係(49), 嘅話(49), 分(48), 幾時(48), 犀利(48), 等(48), 件(47), 掂(47), 即刻(46), 字(46), 揀(46), 旅行(46), 根本(46), 禮拜(46), 不如(45), 歲(45), 翻版(45), 頭先(45), 使(44), 日本(44), 明(44), 特別(44), 英文(44), 衰(44), 錯(44), 以爲(43), 喏喏(43), 大陸(43), 然之後(43), 信心(42), 坐(42), 頭(42), 五(41), 儲(41), 半(41), 每(41), 賺(41), 生(40), 鐘(40), 一樣(39), 六(39), 喎邊(39), 字典(39), 有得(39), 直程(39), 碟(39), 繼續(39), 返工(39), 全部(38), 哩度(38), 戲(38), 當(38), 好睇(37), 理由(37), 由(37), 緊要(37), 轉(37), 七(36), 今日(36), 哎(36), 早(36), 讀書(36), 需要(36), 但(35), 個個(35), 傾(35), 先至(35), 八(35), 凍(35), 出去(35), 實(35), 感覺(35), 版(35), 細個(35), 考試(35), 遠(35), 嘿(34), 女仔(34), 換(34), 朋友(34), 狗(34), 零(34), 位(33), 學生(33), 所謂(33), 方面(33), 更加(33), 架(33), 爭(33), 肥(33), 跟(33), 中(32), 加(32), 嘍(32), 基本上(32), 悶(32), 情況(32), 一路(31), 人工(31), 今年(31), 分鐘(31), 勁(31), 搞笑(31), 搭(31), 望(31), 袋(31), 電腦(31), 食飯(31), 名(30), 差(30), 後尾(30), 意思(30), 手(30), 李(30), 記得(30), 上邊(29), 介紹(29), 呵(29), 喎時(29), 完全(29), 小學(29), 希望(29), 抵(29), 據(29), 改(29), 郵票(29), 長(29), 陳(29), 上次(28), 大佬(28), 廿(28), 未必(28), 炒(28), 理(28), 短(28), 總之(28), 老(28), 譯(28), 跑(28), 頭髮(28), 估(27), 奶茶(27), 最後(27), 老細(27), 講眞(27), 起碼(27), 一百(26), 同事(26), 女(26), 好玩(26), 寄(26), 工作(26), 最近(26), 水(26), 洗(26), 無聊(26), 英國(26), 覺(26), 電視(26), 今(25), 借(25), 做嘢(25), 前(25), 升(25), 去到(25), 將(25), 平時(25), 本身(25), 社會(25), 艾爾頓(25), 跳(25), 辦法(25), 連(25), 飛(25), 係喎(24), 入去(24), 反而(24), 哄(24), 喎日(24), 攞(24), 教書(24), 機會(24), 肯定(24), 要求(24), 起身(24), 電子(24), 交(23), 入邊(23), 八月(23), 咯(23), 得意

(23), 査(23), 神(23), 考慮(23), 聲(23), 號(23), 訂(23), 走去(23), 辭典(23), 關(23), 阿媽(23), 先生(22), 好彩(22), 對於(22), 得閒(22), 方法(22), 歌(22), 生意(22), 生日(22), 發覺(22), 究竟(22), 笑(22), 粒(22), 至(22), 街(22), 返學(22), 遲(22), 郭(22), 雀(22), 雖然(22), 三十(21), 像(21), 分別(21), 功課(21), 可(21), 叻(21), 周圍(21), 咖啡(21), 外國(21), 拍(21), 排(21), 杯(21), 段(21), 清楚(21), 當然(21), 眞(21), 股(21), 脚(21), 舊(21), 覆(21), 返去(21), 除咗(21), 上去(20), 中國(20), 似(20), 原本(20), 報(20), 底(20), 搬(20), 政府(20), 有陣時(20), 然後(20), 留(20), 老闆(20), 聖經(20), 聽講(20), 興(20), 衫(20), 親(20), 越(20), 跌(20), 近(20), 麻煩(20)

위의 표에서 보이듯이 HKCanCor에서 가장 많이 사용되는 단어는 '係(5224)(是)' '卽係(1960)(就是)'와 같은 계사와, 1인칭 대명사인 '我(2917)', 2인칭 대명사인 '你(2738)', 3인칭 대명사인 '佢(2367)'이다. 또한 '啊(4212)', '呢(2951)'처럼 어기조사가 많이 출현한다. 이 밖에 부정사인 '唔(2078)(不)' '唔係(1123)(不是)'도 사용빈도가 높다.

HKCanCor의 품사 정보 주석은 아래의 표와 같이 모두 46개로 나누어 볼 수 있다. 이 중에 형태소와 문장부호 등을 제외하면 포함하면 모두 32개이다.

<표 25> HKCanCor의 품사 약어표

번호	품사 약어	품사(중국어)	영어 설명
1	Ag	形語素	Adjective Morpheme
2	a	形容詞	Adjective
3	ad	副形詞	Adjective as Adverbial
4	an	名形詞	Adjective with Nominal Function
5	Bg	區別語素	Non-predicate Adjective Morpheme
6	b	區別詞	Non-predicate Adjective
7	c	連詞	Conjunction
8	Dg	副語素	Adverb Morpheme
9	d	副詞	Adverb
10	e	歎詞	Interjection

11	f	方位詞	Directional Locality
12	g	語素	Morpheme
13	h	前接成分	Prefix
14	i	成語	Idiom
15	j	簡略語	Abbreviation
16	k	後接成分	Suffix
17	l	習用語	Fixed Expression
18	Mg	數語素	Numeric Morpheme
19	m	數詞	Numeral
20	Ng	名語素	Noun Morpheme
21	n	名詞	Common Noun
22	nr	人名	Personal Name
23	ns	地名	Place Name
24	nt	機構團體	Organisation Name
25	nx	外文字符	Nominal Character String
26	nz	其它專名	Other Proper Noun
27	o	擬聲詞	Onomatopoeia
28	p	介詞	Preposition
29	Qg	量語素	Classifier Morpheme
30	q	量詞	Classifier
31	Rg	代語素	Pronoun Morpheme
32	r	代詞	Pronoun
33	s	處所詞	Space Word
34	Tg	時間語素	Time Word Morpheme
35	t	時間詞	Time Word
36	Ug	助語素	Auxiliary Morpheme
37	u	助詞	Auxiliary
38	Vg	動語素	Verb Morpheme
39	v	動詞	Verb
40	vd	副動詞	Verb as Adverbial
41	vn	名動詞	Verb with Nominal Function
42	w	標點符號	Punctuation
43	x	非語素字	Unclassified Item

44	Yg	語氣語素	Modal Particle Morpheme
45	y	語氣詞	Modal Particle
46	z	狀態詞	Descriptive

이러한 품사 정보에 기초하여 코퍼스의 사용빈도를 분석해 보면 동사가 가장 많이 사용되었으며 그 다음으로 대명사, 부사, 어기사, 명사, 접속사, 조사, 형용사 등의 순서이다. 이 중에 주목할 것은 대화체 문장이다 보니 대명사의 사용빈도가 매우 높다는 점이다. 다음의 그래프를 보면 이러한 특징이 두드러지게 드러난다.

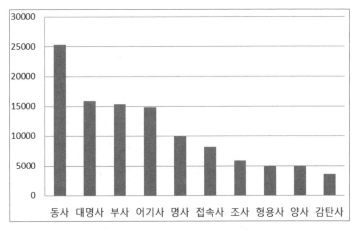

<그림 33> HKCanCor의 품사별 통계

5.1.3. 광동어 코퍼스의 단어와 품사 배열 패턴 분석

코퍼스 분석 프로그램을 사용하면 텍스트에서 고빈도로 출현하는 단어와 품사의 배열을 분석할 수 있다. 어순이라는 것이 단어의 배열을 기초로 하는 것이므로 고빈도로 출현하는 단어의 연쇄나 품사의 연쇄는 어순 배열에 일

정한 힌트를 줄 수 있을 것이다. 예를 들어 다음의 광동어 문장을 보기로
하자.

    (2) a. 去/v/heoi3/ 唔/d/m4/ 去/v/heoi3/ 旅行/vn/leoi5hang4/ 啊/y/aa3/ ?/w/VQ6/
       b. 단어 배열 연쇄 : 去 唔 去 旅行 啊
       c. 품사 배열 연쇄 : v d v vn y
       d. 표준 중국어 해석 : 去 不 去 旅行 啊
          (한국어 해석 : 여행을 갑니까?)

    (2.a)는 HKCanCor에 제시된 광동어 문장이다. (2.b)는 이 중에서 단어 배
열의 연쇄 정보만을 제시한 것이다. (2.c)는 품사 배열의 연쇄를 제시한 것이
다. 이렇게 하면 주로 많이 사용되는 문장 성분의 배열 순서를 찾아볼 수
있다.

5.1.3.1. 코퍼스 전처리 과정

    인터넷 사이트에서 내려 받은 HKCanCor 자료는 여러 개의 파일로 나누
어져 있고 복잡한 태그 부호들이 포함되어 정확한 분석을 위한 전처리 작업
이 필요하다. 아래는 이러한 전처리 과정을 순서대로 정리한 것이다.

<표 26> HKCanCor 코퍼스 자료 전처리 과정

① 파일을 하나로 합치기
② 태그부호 제거하기 : < >
③ 품사부호만 남기고 발음기호 없애기 :
(/[a-zA-Z].*?/)[a-zA-Z].*?/$ → \1
예) 卽係/c/zik1hai6/→ 卽係/c/
④ 불필요한 특수문자 없애기 : \t, \n 등등
⑤ 불필요한 영문자 없애기
^[A-Z] :
예) 대화순서 A : B :

---

⑥ 영어단어/숫자와 품사부호 구분하기 : 단어가 영어인 경우는 그대로 남겨둠. 그 흔적은 (英)으로 표기함.

(^[a-zA-Z0-9]) → 英\1

⑦ 단어를 문장부호 단위별로 분할하기 : 문장이나 절 단위로 단어 배열의 패턴을 바꿈.

(/w)→ \1\n

⑧ 소절 단위의 품사분석 코퍼스 만들기

(/[a-zA-Z]+) : 영문자만 있는 경우

-영문자, 숫자가 같이 있는 경우 미리 바꾸기

(/[a-zA-Z])1 →\1a   (/[a-zA-Z])2 →\1b

예)   v1->va   v2-->vb

- 단어 사이에 칸을 띄우기

(/[a-zA-Z]+) → \1

예) 喂/e 遲/a 哟/u 去/v 唔/d 去/v 旅行/vn 啊/y?/w

⑨ 소절 단위의 품사 시퀀스 코퍼스 만들기

[^/a-zA-Z] → 詞

[詞][^/] → 詞

喂/e 遲/a 哟/u 去/v 唔/d 去/v 旅行/vn 啊/y ?/w

→詞/e 詞/a 詞/u 詞/v 詞/d 詞/v 詞/vn 詞/y 詞/w

본고에서는 위와 같은 전처리 작업을 통해 문장 또는 소절(clause) 단위의 코퍼스 파일을 만들었다. 만들어진 코퍼스에는 29,000여 개의 분석 단위가 존재한다. 아래는 코퍼스 소절 별로 단어와 품사배열의 순서를 보여주는 실례이다.

<표 27> 문장, 소절 단위로 정렬된 광동어 코퍼스

喂/e 遲/a 哟/u 去/v 唔/d 去/v 旅行/vn 啊/y ?/w

你/r 老公/n 有冇/va 平/a 機票/n 啊/y ?/w

平/a 機票/n 要/vu 淡季/an 先/d 有得/vu 平/a 嘅/y 喎/y 。/w

喺/r 咪/d 食/v 同/c 玩/v 咪/d 喎/a 。/w

但係/c 我/r -/w 係/v 裏邊/f 食/v 囉/y , /w

裏邊/f 冇/va 乜嘢/r 食/v 嘅/y 咋/y 喎/y 。/w

你/r 都/d 去/v 過/u 喇/y 。/w

我/r 好/a 啲/u 喎/y 。/w

點解/r 啊/y ?/w

因爲/c 我/r 老公/n 做/v 哩/r 行/n 。/w

我/r 可以/vu 唔使/vu 話/v 。/w

乜嘢/r 都/d 問/v 佢/r 。/w

我/r 唔使/vu 記/v 。/w

...

5.1.3.2. 단어와 품사 배열 패턴

코퍼스에서 단어와 품사 배열 패턴을 추출하는 전형적인 방법은 'n-gram' 모델이다. 하나의 분석 단위를 '1-gram'이라고 하면 2개의 분석 단위 결합은 '2-gram'이 된다. 3개의 분석 단위는 '3-gram'이 된다. 4개의 분석 단위는 '4-gram'이 된다. 예를 들어 단어 단위의 조합은 {我/r(1-gram), 我/r-要/v(2-gram), 我/r-要/v-先/d(3-gram), 我/r-要/v-先/d-走/v(4-gram).....}과 같이 분석될 수 있다.

본 연구의 추출 방법은 姜柄圭·張秦龍·諶貽榮(2007)에서 Nagao & Mori(1994)의 N-gram 통계 방법을 중국어의 특성에 맞게 수정한 알고리즘이다. 단어의 조합에 기초한 N-gram 통계 알고리즘은 대략 다음과 같이 순서로 계산된다.

<표 28> 수정된 Nagao N-gram 알고리즘의 처리 과정

입력 자료 : 단어와 품사 분리가 된 코퍼스
처리 과정 :
① 코퍼스의 매 단어를 동일한 공간(8byte)의 배열(array)로 저장한다.
② 총 'm'개의 포인터 테이블(pointer table)로 놓는다. 이 때 Pi 는 i번째 단어 Wi를 가리킨다.
③ 포인터 테이블의 기초에서 Pi의 하위 단어 조합(Substring)을 정렬한다.   (단어 조합의 길이는 255개 이하로 한다.)
④ 이웃하는 하위 단어 조합을 서로 비교하여 동일한 경우를 찾아 그 길이를 또 다른 포인

터 테이블 'Li'에 저장한다.

⑤ 포인터 테이블 'P1'이 지시하는 N-gram 단어 조합에 빈도 '1'이라는 X값을 부여한다.

⑥ for i=2 to m (2부터 m까지 반복한다)

⑦ if Li >= N (Li가 N보다 크거나 같으면)

⑧ ⑥-⑦의 과정을 계속 반복하며 'X'의 빈도를 '1'씩 증가시킨다.

⑨ 통계가 끝나면 Pi가 지시하는 N-gram 단어 조합과 그 빈도 'X'를 출력한다.

출력 자료 : 빈도순으로 정렬된 단어와 품사 기호의 배열 패턴

위와 같은 방식으로 n-gram 조합을 추출하면 코퍼스에서 사용된 단어와 품사배열 패턴을 모두 조사할 수 있다. 이것을 토대로 하여 빈도가 높은 조합을 분석하는 것이다. 예를 들어 광동어 코퍼스에서 동사(v)가 있으면 동사 좌우에 부사(d)가 어디에 위치하는지를 조사할 수 있다.

<표 29> 광동어의 동사(v)와 부사(d)의 배열 패턴 비교

	부사(d)+ 동사(v)	동사(v) + 부사(d)
사용빈도	5155회	1654회
용례	(a) 上次t 我 淨係d 去v 澳洲ns 咋y 。 上次 我 只 去 澳大利亞 的 지난번에 나는 호주만 갔다.	(b) 你r 講v 先d 喇y 。 你 說 先 了 네가 먼저 말해.

n-gram 통계 결과 사용빈도가 20회 이상인 품사 배열의 조합은 대략 1,200 개이다. 이들은 대부분 2-gram에서 5-gram 범위 내에 있다. 그 중에서도 2-3 개의 품사 연쇄의 조합이 가장 높은 비중을 차지한다.[38] 반면에 5개 이상의 품사가 연쇄되어 고정적으로 사용되는 비율은 높지 않다. 아래는 품사 배열

---

38) 강병규(2009)에서도 중국어 코퍼스 자료를 분석한 결과 고정적으로 많이 출현하는 단어 (품사) 조합은 2~4 단어 조합이라고 하였다. 이 연구에 따르면 3회 이상 출현하는 단어 결합 중에 2~4단어 조합이 전체의 86%를 차지하며 10회 이상 고빈도로 출현하는 경우 는 90% 이상이다. 이는 Koehn & Och & Marcu(2003)의 영어 코퍼스 분석 결과와도 일 치한다. 즉 코퍼스에서 중복되어 출현하는 단어 조합은 대부분 '2단어-4단어' 사이에 분 포함을 알 수 있다.

패턴 중에 사용빈도가 높은 것을 제시한 표이다.

<표 30> 광동어 코퍼스의 품사 기호 배열 패턴

[부사(d)+동사(v)](5505), [대사(r)+동사(v)](3992), [부사(d)+형용사(a)](2769), [수사(m)+양사(q)](2105), [부사(d)+부사(d)](1839), [동사(v)+부사(d)](1719), [동사(v)+명사(n)](1535), [부사(d)+형용사(a)+어기사(y)](1298), [부사(d)+조동사(vu)](1185), [대사(r)+부사(d)+동사(v)](1134), [부사(d)+동사(v)+어기사(y)](820), [부사(d)+동사(v)+조사(u)](713), [부사(d)+조동사(vu)+동사(v)](654), [대사(r)+동사(v)+대사(r)](647), [수사(m)+양사(q)+명사(n)](635), [동사(v)+조사(u)+대사(r)](574), [대사(r)+동사(v)+조사(u)](567), [전치사(p)+대사(r)](554), [동사(v)+부사(d)+동사(v)](552), [명사(n)+대사(r)](542), [동사(v)+형용사(a)](533), [부사(d)+대사(r)](528), [대사(r)+동사(v)+동사(v)](496), [동사(v)+양사(q)](495), [동사(v)+어기사(y)](489), [동사(v)+부사(d)+형용사(a)](484), [동사(v)+수사(m)+양사(q)](483), [동사(v)+어기사(y)+어기사(y)](478), [부사(d)+부사(d)+형용사(a)](475), [대사(r)+양사(q)+명사(n)](467), [동사(v)+대사(r)+어기사(y)](464), [대사(r)+동사(v)+어기사(y)](451), [부사(d)+동사(v)+부사(d)](427), [대사(r)+조동사(vu)](426), [명사(n)+명사(n)](420), [동사(v)+조사(u)+명사(n)](420), [명사(n)+부사(d)+동사(v)](394), [동사(v)+명사(n)+어기사(y)](393), [대사(r)+수사(m)](389), [동사(v)+전치사(p)](386), [양사(q)+어기사(y)](383), [동사(v)+동사(v)+어기사(y)](383), [대사(r)+어기사(y)](381), [대사(r)+부사(d)+부사(d)](380), [형용사(a)+명사(n)](378), [동사(v)+동사(v)+대사(r)](374), [동사(v)+대사(r)+명사(n)](372), [동사(v)+조사(u)+동사(v)](372), [동사(v)+접속사(c)](365), [양사(q)+명사(n)+동사(v)](357), [양사(q)+명사(n)+부사(d)](356), [동사(v)+동사(v)+동사(v)](356), [명사(n)+조사(u)](354), [명사(n)+어기사(y)+어기사(y)](354), [수사(m)+명사(n)](347), [양사(q)+명사(n)+어기사(y)](343), [대사(r)+시간사(t)](343), [동사(v)+조사(u)+어기사(y)](343), [동사(v)+동사(v)+조사(u)](342), [대사(r)+동사(v)+부사(d)](338), [시간사(t)+동사(v)](328), [대사(r)+조사(u)](319), [대사(r)+명사(n)+어기사(y)](318), [조동사(vu)+부사(d)](315), [명사(n)+동사(v)+어기사(y)](312), [양사(q)+부사(d)](306), [동사(v)+양사(q)+명사(n)](304)......(중간 생략).....[동사(v)+양사(q)+명사(n)+어기사(y)](20)

위에 제시된 품사 기호의 배열 패턴은 코퍼스 사용빈도에 근거해서 추출된 것이다. 이 중에는 통사적으로 완전한 구성도 있지만 그렇지 않은 것도 있다. 예를 들어 '[부사(d)+동사(v)]', '[부사(d)+형용사(a)]'는 동사구나 형용사구가 되겠지만 '[부사(d)+부사(d)]', '[대사(r)+수사(m)]'는 그 자체로는 완전한 구를 이루지는 못한다. 그러나 이러한 품사 기호 배열 패턴은 통사구조의 특징이나 어순의 경향성을 파악하는데 단서로 활용될 수 있다. 다음의 예를 보자.

<표 31> 수사, 양사, 명사, 동사의 배열 순서 및 사용 빈도

품사 배열 순서	빈도
수사(m) + 양사(q) +명사(n)+동사(v)	70
지시사(r) + 양사(q) +명사(n)+동사(v)	58
양사(q) + 명사(n) + 동사(v)	357
동사(v) +양사(q) +명사(n)	304
동사(v) + 수사(m) + 양사(q) + 명사(n)	157

위의 표는 광동어 코퍼스에서 수량사구와 명사, 동사의 배열 패턴에 대한 사용빈도를 나타낸다. 여기에서 주목할 것은 '수사(m)'의 생략이 빈번하다는 점이다. 표준중국어에서는 양사가 명사와 결합할 때는 수사나 지시사가 결합되어야 하는데 월(粵) 방언에서는 수사나 지시사가 생략되는 비율이 매우 높은 것을 알 수 있다. 특히 '[양사(q) + 명사(n) + 동사(v)]'의 품사 배열 패턴의 비율이 아주 높다. 예를 들어 (3-4)에서와 같이 광동어는 수사의 생략이 가능하지만 표준중국어에서는 잘 생략되지 않는다.

(3) 광동어 :　　　我想要份報紙。
　　표준중국어 : 我想要一份報紙。
　　　　　　　　나는 신문 한 부를 원합니다.

(4) 광동어 :　　　張圖睇唔到呀！
　　표준중국어 : 那張圖片看不到！
　　　　　　　　그 그림은 볼 수가 없습니다.

어순 유형 분석에서 동사와 다른 품사와의 배열 패턴은 중요한 부분이다.

동사 앞에 어떠한 성분이 오고 동사 뒤에 어떤 성분이 오느냐에 따라 기본
어순이나 부가어의 어순을 판단할 수 있기 때문이다. 광동어 코퍼스의 어순
이 표준중국어와 어느 정도 유사한지를 보는 과정에서도 동사 앞뒤로 어떤
성분이 자주 출현하는지를 보면 대략적인 경향성을 파악할 수 있다.

우선 동사 앞에 오는 성분들을 보기로 하자. 광동어 코퍼스에서 동사 앞
에 오는 품사들은 '명사', '대명사', '부사', '전치사' 등이 대표적이다. 이러
한 경향성은 표준중국어와 유사한 것으로 판단된다. 다음은 동사 앞에 자주
출현하는 품사 배열 패턴이다.

<표 32> 동사 앞에 자주 출현하는 품사

품사 배열 순서	빈도
부사(d) + 동사(v)	5505
대명사(r) + 동사(v)	3992
대명사(r) +부사(d) + 동사(v)	1134
부사(d)+ 동사(v) + 어기사(y)	820
명사(n) +부사(d) + 동사(v)	394
양사(q)+ 명사(n) + 동사(v)	357
전치사(p)+ 대명사(r)+ 동사(v)	209
전치사(p) +대명사(r) + 동사(v) +어기사(y)	72
전치사(p) + 명사(n) + 동사(v)	69

한편 동사 뒤에 오는 품사는 더 다양하게 관찰된다. 광동어 코퍼스에서
동사 뒤에 자주 출현하는 품사는 '부사', '명사', '대명사', '조사', '형용사',
'양사', '전치사' 등이다. 이 중에서 '동사+명사(대명사)' 구조는 VO 어순과
관련되는 것으로 추정할 수 있다. '동사+형용사'도 표준중국어의 동보구조
(동사+보어) 구조와 어순이 유사한 배열이다. 그러나 '동사+부사'와 '동사
+전치사', '동사+양사+(명사)' 등의 비율이 상당히 높은 것은 주목할 필요
가 있어 보인다. 왜냐하면 표준중국어에서는 이러한 용례들이 적기 때문이

다. 이러한 품사 배열 패턴을 볼 때에 광동어에서 동사 뒤에 오는 단어의
분포가 표준중국어와 다른 점이 있음을 알 수 있다.

<표 33> 동사 뒤에 자주 출현하는 품사

품사 배열 순서	빈도
동사(v) + 부사(d)	1719
동사(v) + 명사(n)	1535
동사(v) + 조사(u) + 대명사(r)	574
동사(v) + 부사(d) + 동사(v)	552
동사(v) + 형용사(a)	533
동사(v) + 양사(q)	495
동사(v) + 부사(d) + 형용사(a)	484
동사(v) + 수사(m) + 양사(q)	483
동사(v) + 어기사(y) + 어기사(y)	478
동사(v) + 조사(u) + 명사(n)	420
동사(v) + 명사(n) + 어기사(y)	393
동사(v) + 전치사(p)	386
동사(v) + 동사(v) + 대명사(r)	374
동사(v) + 양사(q) + 명사(n)	304
동사(v) + 수사(m) + 양사(q) + 명사(n)	157
동사(v) + 전치사(p) + 대명사(r)	150
동사(v) + 부사(d) + 부사(d)	136

한편 광동어의 명사구의 패턴은 대체로 표준중국어와 같은 것으로 조사
되었다. 품사 배열의 순서를 볼 때 '수식어+명사' 구조의 어순을 유지하는
것으로 판단된다.

<표 34> 명사 앞에 자주 출현하는 품사

품사 배열 순서	빈도
명사(n) + 명사(n)	420
형용사(a) + 명사(n)	378
대명사(r) + 조사(u) + 명사(n)	205
형용사(a) + 조사(u) + 명사(n)	197
명사(n) + 조사(u) + 명사(n)	180
부사(d) + 형용사(a) + 조사(u) + 명사(n)	71

이상의 품사 배열 패턴을 통해서 볼 때 광동어에서 비교적 특이한 경향성은 동사 뒤에 부사가 많이 온다는 점, 동사 뒤에 전치사의 사용 비율이 높다는 점, 양사가 수사의 부가 없이 명사와 단독으로 결합하여 자주 출현한다는 점을 들 수 있다. 이러한 분석을 통해 어느 정도 광동어가 가지는 어순 배열의 특징을 개괄해 볼 수 있겠다. 다만 이것은 어디까지나 품사 배열의 경향성을 보여주는 것이므로 정확하게 문장 성분의 분포를 보여주지는 못한다는 한계가 있다.

5.1.4. 광동어-표준중국어 코퍼스 어순 대조 분석

우리는 위에서 품사 기호의 배열 패턴을 통해 광동어의 몇 가지 특징을 발견할 수 있었다. 이제는 광동어-표준중국어 병렬코퍼스의 실제 용례를 통해 문장 성분 중심으로 확인해 보기로 하겠다. 분석에 사용된 병렬코퍼스는 개방형 월(粵) 방언 문장·단어데이터(開放粵語例句詞庫)와 광동어 기본 문형 교재[39]이다. 이 자료에는 광동어-표준중국어 대역이 되어 있다. 필자는 문형

---

39) 본고에서 참고한 것은 趙平(2006) ≪學說廣東話 : 粤語是怎樣"練"成的≫(廣東印象出版社)이다. 이 책에는 의사소통기능별로 모두 640개의 광동어 기본 문형과 표준중국어 번역이 제시되어 있다.

별로 자료를 검토하면서 어순과 관련한 광동어의 주요한 특징이 무엇인지를 분석해 보았다. 어순 매개변수별로는 동사와 목적어, 부사어, 전치사구, 수량사구, 관계절, 비교구문, 처치 구문 등을 들 수 있다.

분석 결과 광동어의 기본어순은 표준중국어와 대체로 유사하였다. 그러나 일부 수식어 성분의 어순이나 특정 문법 표현 형식은 표준중국어와 다르다는 것을 발견하였다. 아래에서는 광동어가 가지는 몇 가지 특징을 중심으로 논의를 전개하기로 하겠다.

5.1.4.1. 동사 후치 성분의 차이

광동어는 표준중국어에 비해서 동사에 후치하는 성분이 많다. 광동어에서는 목적어 이외에도 일부 수식어가 동사 뒤에 위치한다. 이러한 특수한 어순 현상에 대해서는 黃家教·詹伯慧(1983), 曹志耘(1998), 趙平(2006), 鄧思穎(2006), 單韻鳴(2016) 등에서도 연구된 바 있다. 선행연구에서는 "先", "添", "多", "埋", "翻", "得", "晒" 등과 같이 주로 특정 문법표지가 동사 뒤에 출현한다고 기술하였다. 그러나 동사 후치형 어순이 절대적인 것은 아니다. 다만 單韻鳴(2016)에서도 지적한 것처럼 대체로 문어보다는 구어에서 해당 문법표

<표 35> 광동어·표준중국어 기본문형 교재 내용

장절	의사소통 주제	문형수	장절	의사소통 주제	문형수
제1과	소개와 인사	42개	제11과	환경보호 표현	30개
제2과	감사와 사과	25개	제12과	여가와 운동	30개
제3과	요청과 방문	37개	제13과	어려운 상황을 만날 때	30개
제4과	음식과 쇼핑	28개	제14과	나이, 결혼, 시간, 요일	31개
제5과	길묻기와 교통수단	30개	제15과	가족구성원	32개
제6과	숙소 예약	30개	제16과	병원에서	33개
제7과	교육	30개	제17과	우체국에서	34개
제8과	취직 표현	30개	제18과	은행에서	35개
제9과	업무 표현	30개	제19과	영화관에서	36개
제10과	여행 표현	30개	제20과	절기와 풍속	37개
합계	640개 문형				

지들이 후행하는 경향이 있다. 본고에서도 실제로 해당 표현이 동사 앞에도 나타나고 뒤에도 나타나는 것을 확인할 수 있었다.

(A) 부사 '先'과 동사의 어순 : '先'字句

일반적으로 광동어에서 동사에 후행하는 대표적인 부사로 '先'을 제시하곤 한다. 예를 들어 광동어에서 "먼저 가다"라는 표현은 "行先", "走先"처럼 부사 '先'이 동사 뒤에 위치한다. 만약 장소 목적어가 올 때는 "去銀行先"처럼 타동사 '去'를 쓰고 목적어 뒤에 부사 '先'을 부가한다. 실제로 코퍼스에서 이러한 어순이 많이 관찰된다.

(5) a. 광동어 :　　我有啲事走先，得閑再傾。
　　b. 표준중국어 : 我有點事先走了，有空再聊。
　　　　　　　　　난 일이 있어 먼저 갈게요, 시간 날 때 다시 이야기해요

그러나 광동어 코퍼스 조사 결과에 따르면 시간의 선후관계를 나타내는 '先'은 동사 뒤에만 나타나는 것이 아니다. 부사 '先'은 동사 앞에도 올 수 있고 동사 뒤에도 올 수 있으며 심지어는 앞뒤에 모두 나타나기도 한다. 다음의 예를 보자.

(6) 你先去銀行。
　　당신이 먼저 은행에 가요.

(7) 你去銀行先。
　　당신이 은행에 가요, 먼저.

(8) 你先去銀行先。
　　당신이 먼저 은행에 가요, 먼저.

(6)에서는 광동어 부사 '先'이 표준중국어처럼 동사 앞에 위치한다. 그러나 (7)에서는 표준중국어와 다르게 부사 '先'이 동사 뒤에 위치한다. 한편 (8)에서는 '先'이 동사 앞뒤에 출현한다. 이처럼 광동어에서는 부사 '先'의 어순은 다양하게 관찰된다.

코퍼스의 관찰 결과에 따르면 광동어 부사 '先'의 어순을 하나로 규정할 수는 없다. 다만 사용빈도의 측면에서 동사 뒤에 오는 것이 조금 더 우세한 분포를 보일 뿐이다. 다음은 광동어 코퍼스에서 부사 '先'과 동사의 어순 분포를 조사한 결과이다.

<표 36> 광동어 부사 "先"과 동사의 어순 유형 분포

	"先+동사"	"동사+先"	"先+동사+先"
사용빈도	118회	170회	1회
예시	走先	先走	先走先

위의 표에서 보이듯이 광동어에서는 동사 뒤에 시간의 선후 관계를 나타내는 부사 '先'의 비율이 약간 더 높은 편이다.

이전의 연구에서 학자들은 부사 '先'이 광동어에서 후치하는 대표적인 부사라고 하였다. 그러나 코퍼스 조사 결과를 통해 볼 때 사람들의 실제 언어 생활에서 어순의 유형은 다양하게 나타난다. 최근의 연구에서도 본고의 분석과 비슷한 조사 결과가 있다. 單韻鳴(2016:94)은 광동어의 부사 '先'이 어순상의 세 가지 변이형이 존재하는데 빈도상으로는 "동사+先"> "先+동사">"先+동사+先" 순서로 사용된다고 하였다. 그러나 이 세 가지 어순 변이는 의미상의 차이보다는 문체의 차이, 연령의 차이 등과 밀접한 관련이 있다고 하였다. 單韻鳴(2016:82-86)에서는 149명의 광동어 화자를 대상으로 설문 조사를 실시하였는데 그 결과 연령대에 따라 선호되는 어순유형이 차이가 났다. 노인들일수록 "先+동사" 형식을 선호하였다. 젊은 세대들은 "先+동사" 형식을 선호하지 않았다. 반면 "동사+先"은 연령대에 상관없이 모두가 받아들이는 어순 유형이다. 또한 어순변이는 문체의 차이와 관련이 있다. 공식적인 어투로 말하거나 신문과 같은 문어체로 표현할 때는 "先+동사" 형식이 선호된다. 반면에 비공식적이고 격식을 차리지 않는 상황이나 구어체로 표현할 때는 "동사+先"을 사용한다.

"先+동사", "동사+先" 등의 어순 변이가 표준중국어의 영향과 관련이 있는지는 확실치 않다. 왜냐하면 일반적으로 표준어는 젊은 세대들에게 더 영향을 끼치고 노인 세대들에게는 영향이 덜한 경향이 있는데 어순 선호도는 정반대의 경향을 보이기 때문이다. 광동어 화자에 대한 설문조사에서는 오히려 노인 세대들이 표준중국어와 유사한 "先+동사" 어순을 선호하는 것으로 나타났다. 광동어에 대한 통시적인 관찰을 통해서도 그러하다. 單韻鳴(2016:87)는 100년 전의 광동어 자료에서 오히려 "先+동사" 어순이 자주 관찰된다고 하였다. 이렇게 보면 "先+동사", "동사+先" 등의 어순 변이는 표준중국어의 영향보다는 광동어 자체의 변화 과정에서 나타나는 현상이라고 할 수 있다.

(B) 형용사 '多', '少'와 동사의 어순 : '多'字句, '少'字句

광동어 기본문형에서 소위 '多'字句라고 하는 것은 형용사 '多'가 부사어로 사용되는 구문을 의미한다. 표준중국어에서는 단음절 형용사가 부사어로 사용될 때와 보어로 사용될 때가 어순으로 구분된다. 부사어로 사용될 때는 동사 앞에 위치하고 보어로 사용될 때는 동사 뒤에 위치하는 경향이 강하다. 그러나 광동어에서 단음절 형용사 '多'는 부사어로 사용될 때도 동사 뒤에 위치하는 경우가 많다. 다음의 예를 보자.

(9) a. 광동어 :　　食多咗一碗飯。
　　 b. 표준중국어 : 多吃了一碗飯。
　　　　　　　　　　밥을 한 그릇 더 먹었습니다.

(10) a. 광동어 :　　　買多咗張票。
　　　 b. 표준중국어 : 多買了一張票。
　　　　　　　　　　 표를 한 장 더 샀습니다.

(11) a. 광동어 :　　　講多咗十分鐘。
　　　 b. 표준중국어 : 多講了十分鐘。
　　　　　　　　　　 이야기를 10분 더 했습니다.

위의 예에서 광동어는 "동사+多+咗+수량목적어", 표준중국어는 "多+
동사+了+수량목적어"의 어순 유형을 보인다. 즉 완료형의 경우에 형용사
'多'가 동사 뒤에 위치한다는 것을 알 수 있다.

미완료형의 경우에도 광동어의 형용사 '多'가 동사 뒤에 오는 비율이 높
다. 예를 들어 표준중국어로는 "多坐一會兒"이라고 말하는데 광동어로는 "坐
多(一陣)"이라고 말한다.

(12) a. 광동어 :　　　等多一陣啦。
　　　 b. 표준중국어 : 多等一會兒吧。
　　　　　　　　　　 조금 더 기다리세요.

(13) a. 광동어 :　　　今日你一場嚟到, 坐多陣啦。
　　　 b. 표준중국어 : 今天你旣然來了, 就多坐一會兒吧。
　　　　　　　　　　 오늘 당신이 기왕 오셨으니 조금 더 계세요.

(14) a. 광동어 :　　　同我開多個位。
　　　 b. 표준중국어 : 給我多加一個位置。
　　　　　　　　　　 저에게 자리를 하나 더 주세요.

광동어 형용사 '少'도 부사어로 사용되는 경우에 동사 뒤에 위치하는 경
향이 있다. 광동어 코퍼스에서 아래와 같은 용례가 자주 관찰된다.

(15) a. 광동어 : 講少一句。
　　 b. 표준중국어 : 少說一句。
　　　　　　　　 말을 적게 하세요.

(16) a. 광동어 : 收少咗五蚊雞。
　　 b. 표준중국어 : 少收了五塊錢。
　　　　　　　　 5원을 덜 받았습니다.

(17) a. 광동어 : 買少咗張票。
　　 b. 표준중국어 : 少買了一張票。
　　　　　　　　 표 한 장을 덜 샀습니다.

　이상의 예에서 알 수 있듯이 표준중국어에서는 단음절 형용사가 부사어와 보어로 사용될 때 어순이 다르게 표현되는데 광동어는 이러한 구분이 명확하지 않다.

(C) 동사 뒤의 방향 표시 성분 사용

　광동어의 방향 표시 구문에서도 표준중국어와 다른 어순을 취하는 비율이 높다. 예를 들어 표준중국어의 "往右拐", "右轉"과 같은 표현은 광동어에서 "轉右"라고 사용된다. 비록 절대적이지는 않지만 광동어에서는 방위표시 성분이 동사 뒤에 부가되는 것이 일반적이다. 다음의 예를 보자.

(18) a. 광동어 : 轉左。
　　 b. 표준중국어 : 左轉。
　　　　　　　　 좌회전하세요.

(19) a. 광동어 : 轉右
　　 b. 표준중국어 : 右轉。
　　　　　　　　 우회전하세요.

(20) a. 광동어 :　　轉左手邊。
　　 b. 표준중국어 :　向左轉。
　　　　　　　　　좌회전하세요.

(D) 동사 뒤의 전치사구의 사용 비율

광동어에서 전치사구의 어순은 동사 앞에 위치하기도 하고 뒤에 위치하기도 한다. 아래는 광동어 코퍼스에서 전치사와 동사의 배열 순서를 조사한 것인데 "전치사(p)＋ 동사(v)"의 사용빈도 못지않게 "동사(v) ＋ 전치사(p)"의 사용빈도가 높다.

<표 37> 광동어의 동사(v)와 전치사(p)의 배열 패턴 비교

	전치사(p)＋ 동사(v)	동사(v) ＋ 전치사(p)
사용빈도	811회	705회

(21) a. 광동어 :　　佢 [喺/p 廣州]pp 工作/v。
　　 b. 표준중국어 :　他 [在/p 廣州]pp 工作/v。
　　　　　　　　　그는 광주에서 근무합니다.

(22) a. 광동어 :　　冇問題, [喺/p 邊度]pp 見面/v 呢?
　　 b. 표준중국어 :　沒問題, [在/p 哪兒]pp 見面/v呢?
　　　　　　　　　문제 없어요. 어디에서 만날까요?

(23) a. 광동어 :　　佢 坐/v [喺/p 我隔籬]pp。
　　 b. 표준중국어 :　他 坐/v [在/p 我旁邊]pp。
　　　　　　　　　그는 내 옆에 앉아 있습니다.

(24) a. 광동어 :　　成日 坐/v [喺/p 屋企]pp, 眞無聊賴。
　　 b. 표준중국어 :　整天 坐/v [在/p 家裡]pp, 眞無聊。
　　　　　　　　　하루 종일 집에 있으니까 정말 심심합니다.

(25) a. 광동어 :　　　今晩 打/v 電話 [畀/p 你]pp。

　　 b. 표준중국어 : 今晩 [給/p 你]pp 打/v 電話。

　　　　　　　　　오늘 저녁에 당신에게 전화하겠습니다.

(26) a. 광동어 :　　　唔該 你 話/v [畀/p 我]pp 知道。

　　 b. 표준중국어 : 謝謝 你 說/v [給/p 我]pp 知道(告訴我)。

　　　　　　　　　저에게 알려줘서 고맙습니다.

(21-22)은 전치사가 동사 앞에 위치한 용례이다. 반면에 (23-24)에서는 동일한 전치사가 동사 뒤에 사용되었다. 또한 (25-26)에서의 전치사 '畀(給)'의 어순도 주목할 만하다. 광동어 전치사 '畀'는 표준중국어의 '給'에 대응되는데 코퍼스에서 'V+畀(給)+NP' 또는 'V+NP+畀(給)+NP' 형식으로 자주 사용된다. 광동어 코퍼스에서는 표준중국어에서는 잘 사용되지 않는 '說給我聽' '說給我知道' 등의 표현도 빈번하게 관찰된다. 요컨대 광동어에서는 전치사 '畀(給)'가 동사 뒤에 사용되는 비율이 높은 편이다.

(E) 상표지의 어순

광동어에서 동작의 완료를 나타내는 방식은 두 가지가 있다. 첫째는 성조 변화 방식이고 둘째는 동사 뒤에 상표지 '咗'를 부가하는 방식이다. 이 중에 현대 광동어에서 많이 사용되는 형식은 동사 뒤에 상표지 '咗'를 부가하는 방식이다. 張洪年(2007), 單韻鳴(2016) 등에 따르면 현대 광동어에서는 동작의 완료나 상황의 변화를 표현할 때 상표지 '咗'를 부가하는 것이 일반적이다. 물론 경우에 따라 동사를 '35'성조로 읽으면 완료를 나타내는 기능이 있기는 하지만 요즘에는 그러한 구분이 점차 모호해지고 있다.

(27) 동사 + 咗 (가장 선호됨) ＞ 동사 성조 변화[35성조] (덜 선호됨)

　　 a. 食 咗 飯　　　　　　　 b. 食[3→35] 飯

　　　 밥을 다 먹었습니다.

　　광동어 코퍼스에서 관찰되는 완료상 표지의 어순은 '동사+咗+X' 형식이다. 그런데 세부적으로 살펴보면 표준중국어와 다른 점이 있다. 표준중국어에는 경우에 따라 '了'가 동사 뒤에 오기도 하고 문미에 오기도 하는데 광동어는 그렇지 않다. 광동어는 대부분 '동사+咗+X'로 사용된다. 심지어는 표준중국어에서 2음절 동사로 표현되는 단어도 광동어에서는 첫 번째 동사 형태소 뒤에 상표지 '咗'가 부가되는 경우가 많다. 예컨대 표준중국어의 '吃飯了'는 광동어에서 '食咗飯'으로 표현된다. 표준중국어의 '退休了', '失踪了'는 광동어에서 각각 '退咗休', '失咗踪'처럼 표현된다.

(28) a. 광동어 :　　今日做咗好多事呀。
　　　b. 표준중국어 : 今天做了很多事情呢。
　　　　　　　　　　　오늘 많은 일을 했습니다.

(29) a. 광동어 :　　佢去咗邊度㗎?
　　　b. 표준중국어 : 他去哪裡了?
　　　　　　　　　　　그는 어디로 갔습니까?

(30) a. 광동어 :　　你婆婆退咗休幾耐呀?
　　　b. 표준중국어 : 你姥姥退休多久了?
　　　　　　　　　　　당신 할머니께서는 퇴직하신지가 얼마나 되었습니까?

(31) a. 광동어 :　　你食咗飯未呀?
　　　b. 표준중국어 : 你吃飯了沒有?
　　　　　　　　　　　식사했습니까?

(32) a. 광동어 :　　佢出咗街。
　　　b. 표준중국어 : 他上街了。
　　　　　　　　　　　그는 외출했습니다.

(33) a. 광동어 :　　佢失咗踪。

　　b. 표준중국어 :　他失踪了。

　　　　　　　　　그는 실종되었습니다.

(34) a. 광동어 :　　佢去咗睇醫生。

　　 b. 표준중국어 :　他去看病了。

　　　　　　　　　　그는 병원에 진찰받으러 갔습니다.

한편 광동어에는 동작이나 사건이 과거에 일어났음을 긍정하거나 부정할 때 존재동사 형태소를 사용할 수 있다. 긍정형에서는 '有+동사'를 사용하고 부정형에서는 '冇(또는未)+동사' 형식을 사용한다. 이러한 대칭적인 형태는 표준중국어와는 다르다. 표준중국어에서는 과거 사실을 부정할 때만 존재동사의 부정형태소가 부가된 '沒有+동사' 형식을 사용한다. 이에 비해 광동어는 긍정형과 부정형이 모두 존재동사 형태소를 부가하여 표현될 수 있다. 이것도 넓은 의미에서는 상표지와 관련된 어법적 수단이라고 할 수 있는데 모두 동사 앞에 사용된다.

(35) a. 광동어 :　　佢有參加考試。

　　 b. 표준중국어 :　他參加了考試。

　　　　　　　　　　그는 시험에 참가했습니다.

(36) a. 광동어 :　　上年書展我都有去。

　　 b. 표준중국어 :　去年書展我都去了。

　　　　　　　　　　작년 도서 전시회를 나는 모두 갔습니다.

(37) a. 광동어 :　　佢有學過普通話。

　　 b. 표준중국어 :　他學過普通話。

　　　　　　　　　　그는 표준중국어를 배운 적이 있습니다.

(38) a. 광동어 :　　我以前有聽過呢。

　　 b. 표준중국어 :　我以前聽過呢。

나는 이전에 들어본 적이 있습니다.

(39) a. 광동어 :　　我冇見過佢。
　　　b. 표준중국어 : 我沒見過他。
　　　　　　　　　　나는 그를 본 적이 없습니다.

(40) a. 광동어 :　　我眞係未睇過。
　　　b. 표준중국어 : 我眞沒看過。
　　　　　　　　　　나는 정말 본 적이 없습니다.

(F) 이중목적어 구문의 어순 배열

　광동어에서 이중목적어 구문의 어순은 표준중국어와 다른 양상을 보인다. 표준중국어에서는 "동사+간접목적어+직접목적어" 순서로 배열되지만 광동어에서는 반대로 나타나는 경우가 많다. 실제로 광동어 코퍼스를 관찰한 결과 "동사+직접목적어+간접목적어" 어순을 가지는 용례들이 적지 않았다. 그런데 이러한 어순은 대부분 수여동사 '畀(給)'와 관련되어 있다. 다음의 예를 보자.

(41) a. 광동어 :　　畀本書佢。
　　　b. 표준중국어 : 給他一本書。
　　　　　　　　　　그에게 책 한 권을 주세요.

(42) a. 광동어 :　　佢畀咗三百蚊我。
　　　b. 표준중국어 : 他給了我三百塊。
　　　　　　　　　　그는 나에게 3백원을 줬습니다.

(43) a. 광동어 :　　我點解要畀錢你?
　　　b. 표준중국어 : 爲什麼我要給你錢?
　　　　　　　　　　왜 제가 당신에게 돈을 줘야 하나요?

(44) a. 광동어 :　　　畀張菜單我睇下。
　　　b. 표준중국어 : 給我一份菜譜看看。
　　　　　　　　　　　나에게 메뉴판을 보여 주세요.

　이중목적어 구문은 의미적으로 'X(사람)에게 Y(물건, 사실)을 전달하다'라는 구조를 나타낸다. 이러한 구조에 사용될 수 있는 동사는 '주다(畀)' 이외에도 '보내다(送)', '전달하다(傳)', '건네다(交)', '보내다(寄)', '가르치다(敎)' 등도 있다. 그러나 광동어 코퍼스에서 '주다(畀)'를 제외한 다른 동사들은 2개의 목적어를 모두 취하는 비율이 낮다. 대부분의 경우에는 하나의 논항이 실현되고 나머지는 생략된다. 설령 사용되더라도 실제로는 전치사구문이나 처치구문이 많다. 마치 표준중국어에서 '送東西給他', '把東西送給他'처럼 사용되는 것과 같다.

(45) a. 광동어 :　　　送枝筆畀佢。
　　　b. 표준중국어 : 送一枝筆給他。
　　　　　　　　　　　그에게 연필 한 자루를 보내요.

(46) a. 광동어 :　　　送呢份禮物畀邊個?
　　　b. 표준중국어 : 送這份禮物給誰?
　　　　　　　　　　　누구에게 이 선물을 보낼까요?

(47) a. 광동어 :　　　你寄畀我就得嘞。
　　　b. 표준중국어 : 你寄給我就行了。
　　　　　　　　　　　당신이 나에게 부쳐주면 됩니다.

(48) a. 광동어 :　　　佢交份文件畀陳經理。
　　　b. 표준중국어 : 他交這份文件給陳經理。
　　　　　　　　　　　그는 진(陳) 경리에게 이 문건을 제출했습니다.

필자의 관찰에 따르면 광동어에서 "동사+직접목적어+간접목적어" 어순으로 사용되는 이중목적어 구문은 '주다(畀)' 동사 이외에는 잘 사용되지 않는 것으로 보인다. 또한 이중목적어 구문으로 사용되는 동사의 종류도 표준중국어 만큼 많지는 않은 것으로 보인다. 예컨대 광동어에서 표준중국어 '알려주다(告訴)' 의미에 해당하는 단어도 이중목적어 구문으로 잘 사용되지 않는다. 오히려 그러한 의미는 "講畀我聽", "話畀我知"처럼 '말하다'류 동사를 사용하여 'V+畀(~에게 ~를 말해 주다)'라는 형식으로 사용되는 것이 일반적이다.

(49) a. 광동어 :　　　你話畀佢知。
　　 b. 표준중국어 :　你告訴他。
　　　　　　　　　　당신이 그에게 알려주세요.

(50) a. 광동어 :　　　講畀我聽你喺邊呀。
　　 b. 표준중국어 :　告訴我你在哪裡。
　　　　　　　　　　나에게 당신이 어디에 있는지 알려주세요.

(51) a. 광동어 :　　　我唔記得同佢講我嘅新號碼。
　　 b. 표준중국어 :　我忘記告訴他我的新號碼。
　　　　　　　　　　나는 그에게 새로운 (전화)번호를 알려주는 것을 깜박했다.

5.1.4.2. 기타 문형에서의 어순 유형 특징

(A) 비교구문의 어순 유형

광동어에서 비교구문은 일반적으로 "A+형용사+過+B"의 어순으로 사용된다. 이것은 표준중국어의 "A+比+B+형용사" 구문과 대비되는 어순이다.

(52) a. 광동어 :　　　我高過佢。
　　 b. 표준중국어 :　我比他高。
　　　　　　　　　　나는 그보다 키가 큽니다.

(53) a. 광동어 :　　佢有錢過我。
　　　b. 표준중국어 :　他比我有錢。
　　　　　　　　　　그는 나보다 돈이 많습니다.

(54) a. 광동어 :　　今年好過舊年。
　　　b. 표준중국어 :　今年比去年好。
　　　　　　　　　　올해는 작년보다 좋습니다.

(55) a. 광동어 :　　生女好過生仔。
　　　b. 표준중국어 :　生女兒比生兒子好。
　　　　　　　　　　딸을 낳는 것이 아들을 낳는 것보다 좋습니다.

위의 예문에서 광동어는 형용사가 앞에 오고 비교급 표지가 뒤에 위치
한다. 그러나 표준중국어는 비교급 표지와 비교 대상이 앞에 오고 형용
사가 뒤에 오는 어순 형태를 보인다. 이처럼 남방 방언인 광동어와 북방
방언을 기초로 하는 표준중국어는 비교구문에서도 어순상의 차이가 존재
한다.

(B) 의문문의 어법 형식과 어순 유형

광동어 코퍼스 분석 결과에 따르면 의문조사가 문미에 부가되는 경우가
상대적으로 적다. 오히려 정반의문문의 사용이 빈번하다. 예를 들어 표준중
국어의 "你認識張經理嗎?"처럼 의문조사 '嗎'를 사용한 비율이 낮다. 오히려
광동어에서는 "你識唔識張經理?"처럼 "V不V+X" 형태의 의문문 형식이 많
이 사용된다. 다음의 예를 보자.

(56) a. 광동어 :　　識唔識張經理?
　　　b. 표준중국어 :　認識張經理嗎?
　　　　　　　　　　장(張) 경리를 압니까?

(57) a. 광동어 :　　你識唔識講廣東話?

　　 b. 표준중국어 : 你會說廣東話嗎?

　　　　　　　　　광동어를 할 수 있습니까?

　광동어 코퍼스에서는 위의 예문처럼 정반의문문 형식의 사용빈도가 높다. 그 중에서도 가장 많은 빈도를 차지하는 것은 "有冇+X"이다. 이러한 형식은 표준중국어에서 "X+嗎"가 더 많이 관찰되는 것과 대조를 이룬다. 다음은 광동어 코퍼스에서 사용빈도를 조사한 것이다.

<표 38> "有冇+X " 형식과 "X+의문조사" 형식의 사용빈도 차이

의문문 유형	"有冇+X " 형식	"X+의문조사(咩/呀/啊/呢 등)" 형식
선호도	선호됨	덜 선호됨
사용빈도	169회	15회

(58) a. 광동어 :　　你有冇身份證?

　　 b. 표준중국어 : 你有身份證嗎?

　　　　　　　　　당신은 신분증이 있습니까?

(59) a. 광동어 :　　仲有冇其他事?

　　 b. 표준중국어 : 還有其他事情嗎?

　　　　　　　　　다른 일이 있습니까?

(60) a. 광동어 :　　你有冇去開會?

　　 b. 표준중국어 : 你去開會了嗎?

　　　　　　　　　당신은 회의하러 갔습니까?

(61) a. 광동어 :　　你有冇約好時間?

　　 b. 표준중국어 : 你約好時間了嗎?

　　　　　　　　　당신은 시간 약속을 했습니까?

(62) a. 광동어 :　　佢好有錢咩?
　　 b. 표준중국어 :　他很有錢嗎?
　　　　　　　　　그는 돈이 많습니까?

위의 광동어 예문에서 보이듯이 '예/아니오'로 답하는 일반의문문 형식에서는 "有冇+X"처럼 정반의문문 표지가 많이 사용된다. 반면에 평서문 뒤에 의문조사가 사용되는 형식은 상대적으로 덜 선호되는 것으로 보인다. 표준중국어를 비롯한 북방 중국어에서는 '예/아니오'로 묻는 의문문에서 문말 의문조사를 사용하는 경향이 강하다.[40] 그러나 상대적으로 광동어에서는 이러한 의문문 형식의 사용빈도가 낮은 편이다.

이상의 논의를 요약하면 다음과 같다.

광동어 코퍼스 용례를 전체적으로 조사한 결과에 따르면 광동어의 기본 어순은 대체로 표준중국어와 유사하다. 다만 일부 수식어 어순이나 특정 구문의 어순이 표준중국어와 차이를 보인다.

첫째, 어순 매개변수별로 볼 때 동사와 목적어의 어순은 VO 유형이다. 그러나 이중목적어 구문에서 'V+직접목적어+간접목적어' 어순 유형을 가진다는 점이 특징적이다. 이러한 어순은 대부분 수여동사 '畀(給)'가 사용된 용례에서 관찰된다.

둘째, 광동어에서 동사와 부사어의 어순은 대부분 "부사어+동사" 유형이다. 그러나 '先', '多', '少', '左', '右' 등과 같은 단어들이 부사어로 사용될 때는 "동사+부사어" 어순 형태를 사용되는 특징이 있다.

셋째, 광동어에서 전치사구의 어순은 "전치사구+동사" 유형이 우세하다. 그러나 표준중국어에 비해서 '동사+전치사구' 어순으로 사용되는 비율이 높은 편이다. 표준중국어에서는 전치사의 어순이 시간순서의 원칙에 의해 배열되는 경향이 강하지만 광동어는 꼭 그렇지는 않은 것으로 보인다. 시간

---

40) 언어유형론적으로 의문조사의 어순과 SOV/SVO 어순과의 관련성 또는 지리적 분포에 대해서는 WALS 온라인 자료 92번 항목을 참조하기 바람.

순서상 결과의 의미가 없더라도 동사 뒤에 오는 전치사구들도 적지 않다.

넷째, 광동어에서 명사구의 어순은 수식어가 선행하고 중심명사가 후행하는 경향을 가진다. 지시사, 수사, 양사, 형용사, 관계절 모두 중심명사에 선행한다. 다만 표준중국어와 다른 점이 있다면 광동어의 수량사 구조이다. 코퍼스 관찰 결과 광동어의 양사는 "수사+양사+명사"의 유형 이외에 "양사+명사" 유형으로 사용되는 비율이 매우 높다.

다섯째, 광동어의 비교구문은 형용사가 비교표지에 선행하고 비교표지와 비교대상이 후행하는 어순 유형을 가진다.

여섯째, 광동어에서 '예/아니로'로 답하는 판단의문문 형식으로 선호되는 것은 "有冇+X" 처럼 "VnotV+X" 형태이다. 문미에 사용되는 의문조사의 용례가 아주 적기 때문에 "X+의문조사" 형식은 상대적으로 덜 선호된다고 판단된다.

5.2. 상해 방언 코퍼스의 주요 어순 분석

5.2.1. 상해 방언 코퍼스 개요

상해(上海) 방언 코퍼스 자료는 중국 내의 대학에서 구축한 것과 해외 대학에서 구축한 것으로 나누어진다. 중국 내에서는 상해의 華東師范大學, 上海外國語大學, 上海大學 등에서 코퍼스를 구축하여 연구에 활용하고 있다. 다만 아쉬운 점은 이러한 자료가 대부분 온라인상으로 공개되어 있지 않다는 것이다. 한편 해외 대학에서 구축한 상해 방언 코퍼스도 있다. 그 중에서 캐나다 Alberta 대학 언어학과에서 구축한 자료는 온라인상으로 원문이 공개되어 있다.

본고에서는 온라인상으로 공개된 캐나다 Alberta 대학의 상해 방언 코퍼

스를 주요 분석 대상으로 삼았다. SSC(Shanghai Spoken Corpus)라고 불리는 이
코퍼스는 Alberta 대학 언어학과 John Newman 교수가 구축한 것이다. SSC
코퍼스는 상해 방언 화자의 독백(monologue), 대화(conversation), 인터뷰, 영화,
방송대본(script) 등으로 구성되어 있다. 코퍼스의 규모는 대략 12만 단어이다.
코퍼스가 구축된 시기는 2008년부터 2010년까지로서 최신 상해 방언의 특
징을 파악하기에 적합한 자료이다.[41] 아래는 상해 방언 코퍼스(SSC)를 소개
하는 홈페이지 화면이다.

<그림 34> 상해 방언 코퍼스(SSC) 홈페이지

상해 방언 코퍼스(SSC)에 수록된 방언화자의 성별과 연령은 다음의 표에서
보이는 것처럼 10대 남녀에서부터 70대 여성까지 다양하게 분포한다. 방언
화자의 교육 수준은 일부 중·고등학교 학력을 제외하면 대부분 대학 졸업
자에 준하는 학력을 가지고 있다.

---

41) 자세한 사항은 해당 홈페이지를 확인하기 바람. https://sites.ualberta.ca/~johnnewm/SC/

Number	Gender	Age	Education Level
S001	Female	79	Senior high School
S002	Male	55	Junior middle School
S003	Female	53	College
S006	Female	24	University
S018	Male	59	University
S019	Male	59	University
S032	Female	56	Junior middle School
S033	Female	35-44	University
S034	Female	32	College
S046	Female	24	University
S047	Male	58	University
S048	Male	15-24	University
S049	Male	25-34	University
S050	Female	15-24	University
S051	Male	15-24	University
S052	Female	25-34	University
S053	Female	15-24	University
S054	Female	25-34	University
S055	Male	15-24	University
S057	Male	15-24	University

<그림 35> SSC 코퍼스의 성별, 연령, 교육수준

상해 방언 코퍼스(SSC)는 원문을 모두 내려 받을 수 있다. 본고에서는 내려 받기 형태로 제공되는 코퍼스 파일을 컴퓨터에 저장하여 분석에 활용하였다. 파일을 내려받은 다음 확인한 결과 파일 형식이 유니코드(utf-8) 텍스트 파일이고 수십 개의 파일로 나누어진 상태이었다.

한편 본고에서는 상해 방언과 표준중국어의 대조 분석을 위해 상해 방언 회화 교재를 수집하여 소규모 병렬코퍼스를 만들었다. 대조 분석과 병렬 코 퍼스 구축에 참고한 회화 교재는 ≪跟我學上海話≫(錢乃榮, 2002, 上海教育出版 社), ≪新版自學上海話≫(阮恒輝, 2010, 上海大學出版社), ≪小學生學說上海話≫

(錢乃榮, 2012, 上海大學出版社) 등이다. 또한 온라인상으로 공개된 상해어 회화 교재 중에서 "海詞上海話" 등은 일상생활(인사, 가족소개, 날씨, 여행, 쇼핑, 교통, 은행, 병원 등)에서 필요한 상해어 표현이 제시되어 있다.[42] 아래의 그림은 온라인 상해어 회화 교재의 실례이다. 그림에서 보이듯이 사이트에서 상해 방언과 표준중국어 번역 및 음성이 제시된다.

<그림 36> 상해 방언 회화 교재(표준중국어 대조) 실례

본고에서는 이러한 회화교재와 온라인 자료를 컴퓨터로 저장하여 상해 방언과 표준중국어가 대조된 3,000개 정도의 문형을 확보하여 분석에 활용하였다. 이러한 회화교재 자료는 錢乃榮 교수, 阮恒輝 교수 등과 같이 상해 방언 전문가가 직접 상해 방언·표준중국어 해설을 제시한 것이고 또한 단어 해설도 참고할 수 있다는 장점이 있다.

---

42) http://shh.dict.cn/ 참조.

5.2.2. 상해 방언 코퍼스에 기초한 단어 빈도 및 결합 패턴 분석

상해 방언 코퍼스(SSC) 원문은 수십 개의 텍스트 파일로 나누어져 있다. 그리고 각각의 파일은 유니코드 형태로 저장되어 있을 뿐만 아니라 단어 분리가 되어 있어서 단어 빈도, 단어 결합 패턴을 조사하기에 적합하다. 다만 품사 표기나 통사 구조 표기는 되지 않아서 품사 배열이나 어순 패턴을 직접적으로 분석할 수는 없다.

5.2.2.1. 단어 사용빈도 분석

통계 분석 결과에 따르면 SSC 코퍼스는 모두 4,606개의 단어 유형(type)으로 구성되며 전체 단어 총 출현빈도는 104,609회이다. 이는 온라인 코퍼스 사이트에서 소개한 12만 단어보다는 약간 적은 수치이다.

    (63) a. 단어 유형(Word Types) : 4,606
          b. 단어 총 출현빈도(Word Tokens) : 104,609

SSC 코퍼스에 자주 출현하는 고빈도 어휘는 조사, 계사, 인칭대명사, 부정사, 부사, 수사, 양사 등이다. 사용빈도가 제일 높은 것은 조사 '個'이다. 이것은 표준중국어의 '的'와 유사한 기능을 한다. 어기조사 '啊', '伐(嗎)' '呢' 등도 자주 사용된다. 인칭대명사는 '吾(我)', '儂(你)', '伊(他)' 등이 많이 사용된다. 상해 방언에서 사용되는 대표적인 부정사인 '勿(不)'의 사용빈도도 높다. 이밖에 '是', '搿(這)', '就', '講(說)', '好', '勒(在)', '要', '啥(什麼)', '去' 등의 사용빈도도 높다. 아래의 표는 SSC 코퍼스에 출현한 고빈도 단어의 일부분을 제시한 것이다.

<표 39> 상해 방언 코퍼스(SSC)의 고빈도 어휘

個(5530), 是(3021), 𠲱(2641), 就(2238), 講(1983), 伊(1979), 儂(1967), 勿(1755), 我(1685), 一(1685), 好(1282), 勒(1213), 要(1208), 呢(1203), 辣(1159), 有(1139), 啊(1106), 也(1106), 來(1094), 對(1014), 伐(985), 啥(861), 去(798), 到(745), 末(713), 人(707), 辰光(618), 老(616), 只(611), 得(603), 還(595), 哦(593), 裏(588), 能(585), 僑(577), 唻(546), 吃(544), 耐末(541), 阿拉(541), 葛末(529), 沒(514), 向(492), 伊拉(489), 看(478), 呀(462), 現在(456), 啦(448), 做(435), 想(413), 頭(412), 種(412), 咾(384), 叫(378), 大(377), 出(361), 脫(350), 撥(336), 拿(320), 兩(306), 會(304), 因爲(303), 點(302), 哪(301), 年(301), 搭(297), 蠻(287), 再(287), 閑(284), 下(279), 過(278), 多(270), 物事(268), 介(265), 天(260), 自家(258), 眼(256), 十(255), 浪(253), 曉得(247), 所以(241), 小(238), 那(234), 人名(230), 三(228), 嘡(227), 鈔票(221), 幫(220), 事體(216), 辣辣(214), 但是(212), 買(209), 用(201), 人家(200), 像(199), 讀(183), 起(180), 小人(179), 迭(179), 葛(178), 教(177), 眞(174), 房子(172), 聽(172), 閑話(170), 可以(163), 幾(163), 回(159), 已經(156), 蹲(155), 算(153), 覺著(149), 又(147), 勤(146), 四(144), 五(143), 上(142), 大家(134), 娘(132), 後(132), 第(128), 開(126), 萬(123), 屋(123), 百(121), 總歸(121), 九(119), 每(119), 最(114), 弄(113), 爲(113), 打(111), 比較(108), 尋(108), 可能(107), 多少(106), 喏(105), 我伲(104), 塊(103), 著(103), 以後(102), 交關(101), 辣海(100), 讓(99), 一定(99), 肯定(98), 六(98), 快(98), 剛(97), 工作(96), 辣該(96), 地方(96), 上海(95), 進(95), 死(94), 慢(93), 八(93), 阿(92), 趒(92), 高(91), 等(91), 老早(91), 好像(91), 跟(90), 飯(90), 住(87), 之(87), 歡喜(87), 走(86), 囡兒(85), 樣子(85), 面(84), 書(83), 一直(83), 水(81), 跑(81), 開心(80), 嘸沒(80), 然後(80), 辦法(80), 實際(79), 一樣(79), 賣(78), 成(78), 仔(78), 忒(78), 學堂(78), 燒(77), 中國(76), 先(74), 間(73), 問(73), 七(73), 一道(72), 心(71), 應該(71), 前(71), 從(71), 反正(70), 歲(70), 老師(69), 大概(66), 分(66), 比(66), 手(66), 長(66), 生活(65), 肉(65), 或者(65), 國(64), 耐(64), 常(64), 路(63), 老人(63), 面搭(63), 樣(63), 但(62), 帶(62), 放(62), 寫(62), 二(62), 下趒(62), 家(61), 養(61), 號頭(61), 家頭(60), 少(60), 借(60), 能夠(59), 兒子(59), 開始(57), 跳(57), 半(57), 排(56), 生(56), 外(56), 清爽(56), 各(55), 學(55), 當然(54), 牢(54), 信用(54), 字相(54), 記(53), 當(53), 老板(53), 媽(53), 喔唷(53), 擺(53), 假使(52), 念(52), 勿得了(52), 新(51), 張(51), 情況(51), 中(51), 千(51), 畢業(51), 越(50), 早(50), 踍(50), 大學(49), 故事(48), 動(48), 禮拜(48), 光(47), 當中(47), 哎(47), 廠(47), 子(47), 來三(46), 問題(46), 哀(46), 碰(46), 今朝(45), 院(45), 意思(45), 辦(45), 喊(45), 句(44), 笑(44), 身(44), 管(43), 發(43), 變(43), 譬如(43), 習慣(43), 鍾(43), 差(43), 小學(42), 爺(42), 節目(42), 唱(42), 痛(42), 倒(41), 船(41), 送(41), 椿(41), 坐(41), 等於(40), 關(40), 醫生(40), 加(39), 壞(39), 挨(39), 考(38), 瞓(38), 隊(38), 落(38), 一般(38), 脚(37), 難(37), 賺(37), 接(37), 許多(37), 敬老(36), 狗(36), 區(36), 懂(36), 媽媽(36), 門(36), 太太(36), 假(35), 搞(35), 道理(35), 地(35), 請(35), 草紙(35), 課(34), 單位名(34), 最後(34), 更加(33), 窮(33), 肯(33), 老婆(33), 撤(33), 屁股(33), 性(33), 條(33), 鞋裏(33), 小姐(32), 收(32), 火鍋(32), 同學(31), 零(31), 名(31), 牛(31), 月(31), 電話(31), 造(31), 歇(31), 舊(30), 女(30), 當時(30), 代理(30), 晚(30), 朋友(30), 身體(30), 調(30), 准備(30)

5.2.2.2. 단어 결합 패턴 분석

SSC 코퍼스는 단어 분리가 되어 있어 컴퓨터 프로그램을 사용하여 단어 결합 패턴을 조사할 수 있다. 비록 품사 정보나 통사 분석이 되어 있지 않더라도 단어 결합 패턴만을 조사해도 어순 배열의 경향성이 어느 정도는 파악된다.[43] 어순이라는 것도 결국 단어의 배열에 따라 결정되는 것이므로 고빈도로 출현하는 단어 결합 패턴은 어순 경향성을 파악하는데 도움이 된다. 예를 들어 다음의 상해 방언 문장을 보기로 하자.

> (64) a. 天亮快勒，我要走勒。
> b. 단어 배열 연쇄 : 天 亮 快 勒, 我 要 走 勒。
> c. 표준 중국어 해석 : 天快亮了，我要動身了。
> (한국어 해석 :   날이 곧 밝아지려고 하니 가야겠어요.)

(64.a)는 상해 방언 문장이다. (64.b)는 단어 배열 순서를 제시한 것이다. 이 중에서 표준중국어와 단어 배열이 다른 것은 "亮 快 勒"이다. 표준중국어에서는 가까운 미래를 나타낼 때 "快 亮 了"처럼 "快＋형용사/동사＋了" 어순을 사용한다. 그러나 상해 방언은 반대로 "형용사/동사＋快＋勒(了)" 형식으로 사용된다.

상해 방언 코퍼스에서 단어 결합 패턴을 추출하는 방법은 광동어와 마찬가지로 'n-gram' 통계 방법을 사용하였다. n-gram 통계 결과 사용빈도가 가장 높은 단어 결합은 대부분 2-gram(두 단어 결합)이다. 그 다음으로 3-gram(세 단어 결합), 4-gram(네 단어 결합) 패턴도 일부 추출되었다. 반면에 5개 이상의 단어가 결합되어 관습적으로 사용되는 예들은 거의 없다. 아래는 단어 결합

---

43) 본고에서 수집한 상해 방언 코퍼스는 품사 표기가 되어 있지 않아서 품사 배열 정보를 자동으로 계산할 수가 없다. 또한 상해 방언 코퍼스에 대한 품사 분석 프로그램도 구하지 못했다. 이에 본고에서는 단어 배열 정보만을 사용하여 n-gram 통계 분석을 실시하게 되었다.

패턴 중에 사용빈도가 높은 것을 제시한 표이다.

<표 40> 상해 방언 코퍼스(SSC)의 고빈도 단어 결합 패턴

對＋伐(527), 就＋是＋講(349), 搿＋辰光(251), 伊＋講(249), 就＋講(243), 搿＋種(230), 搿＋能(228), 會＋得(216), 搿＋搭(211), 是＋伐(182), 好＋個(162), 還＋有(155), 勿＋好(143), 有＋得(142), 迭＋個(137), 也＋是(130), 屋＋裏(122), 眞＋個(118), 一＋只(117), 儂＋講(116), 咾＋啥(116), 還＋是(116), 蹲＋辣(114), 我＋講(110), 啥＋物事(109), 僑＋是(107), 浪＋向(105), 脫＋勒(101), 所以＋講(87), 阿＋是(85), 蠻＋好(84), 兩＋個(83), 勿＋大(81), 對＋個(81), 搿＋是(77), 一＋眼(75), 啥＋人(74), 得＋來(74), 勿＋曉得(72), 一定＋要(71), 還＋要(70), 實際＋浪(68), 好＋伐(66), 讀＋書(66), 好＋唻(63), 老＋好(60), 耐末＋搿(60), 有＋一＋個(58), 勒＋對＋伐(56), 勿＋會＋得(56), 對＋伐＋啦(53), 屋＋裏＋向(53), 慢＋叫(48), 住＋辣(47), 好＋勒(47), 一＋個＋人(46), 也＋好(46), 吃＋飯(46), 儂＋想(45), 沒＋啥(45), 阿＋是＋啊(45), 啥＋地方(41), 講＋講(41), 勿＋多(39), 啥＋物事＋啊(39), 老＋大(39), 幾＋年(38), 就＋要(38), 搿＋能＋樣子(38), 算＋勒(38), 自家＋個(38), 裏＋向＋個(38), 有＋啥(37), 快＋點(36), 我＋曉得(36), 末＋就＋是(36), 譬如＋講(36), 迭＋能＋介(36), 多＋個(35), 老＋好＋個(35), 有＋點(34), 沒＋辦法(34), 一樣＋個(33), 哪＋能＋辦(33), 眞＋是(33), 迭＋個＋迭＋個(33), 啥＋事體(32), 差＋勿＋多(31), 有＋辰光(30), 基本＋浪(29), 我＋覺著(29), 耐末＋就＋是(29), 兩＋個＋人(28), 勿＋吃(28), 哪＋能＋介(28), 大家＋僑(28), 就＋像(28), 曉得＋伐(28), 儂＋曉得(27), 勿＋是＋講(27), 勿＋肯(27), 想＋看(27), 上海＋閑話(25), 到＋現在(25), 勿＋可能(25), 好＋仔(25), 想＋想＋看(25), 慢＋慢＋叫(25), 蠻＋好＋個(25), 講＋起＋來(25), 買＋房子(24), 賣＋脫(24), 末＋是(24), 末＋要(24), 耐末＋就＋是＋講(24), 勿＋一樣(23), 搿＋房子(22), 搿＋物事(22), 有＋交關(22), 那＋囡兒(22), 勿＋對(21), 老＋多(21), 儂＋想＋想＋看(19)

위의 표에서 보이듯이 상해 방언 코퍼스에서 자주 출현하는 단어 결합은 표준중국어와 단어의 유형이 상당히 다르다. 그러나 단어의 배열 순서는 대체로 표준중국어와 유사한 것으로 보인다. 대부분의 경우에 표준중국어와 비슷한 순서대로 배열된다. 예를 들어 "對＋伐(對嗎)", "搿＋辰光(這時候)", "伊＋講(他說)", "搿＋種(這種)", "好＋個(好的)", "勿＋好(不好)", "眞＋個(眞的)", "儂＋講(你說)", "啥＋物事(什麽事)"처럼 자주 사용되는 단어 형태는 큰 차이를 보인다. 그러나 단어 배열 순서는 표준중국어와 같다.

한편 관찰의 범위를 조금 더 좁혀서 조사해 보면 표준중국어와 다른 예들

도 보인다. 예를 들어 "想+想+看"과 같은 "VV看" 용법은 표준중국어에서
는 자주 사용되지 않는 단어 결합이다. 이것은 상해 방언 동사의 중첩 형식
과 관계되는데 그 배열 순서가 "VV看" 형식이다. SSC 코퍼스에서 이러한 용
례를 더 조사해 보면 다음과 같다.

<표 41> "VV看" 유형의 사용빈도

유형	사용빈도
想 想 看	25회
試 試 看	5회
聽 聽 看	4회
問 問 看	4회
算 算 看	2회
蹲 蹲 看	2회
講 講 看	1회
用 用 看	1회
學 學 看	1회
唱 唱 看	1회

또한 상해 방언의 단어 결합을 살펴보면 후치 방위사가 풍부하게 사용된
다는 점도 주목할 필요가 있다. 예를 들어 "屋 裏 向(53회)", "屋 裏(122회)",
"弇 裏 向(17회)", "弇 裏(24회)"처럼 후치 방위사로 '裏', '裏 向' 두 가지가 모
두 많이 사용된다. 이 밖에도 상해 방언 코퍼스에서 "X浪", "X浪 向"의 사용
빈도도 매우 높다. 물론 표준중국어도 후치 방위사가 있기는 하지만 대부분
단음절 형태로 많이 사용되는데 상해 방언은 단음절 후치사 이외에 2음절
형태의 후치사도 많이 사용되는 것을 알 수 있다.

<표 42> 상해 방언 후치사 용례

유형	사용빈도
屋 裏	122회
屋 裏 向	53회
揩 裏	24회
揩 裏 向	17회
實際 浪	68회
基本 浪	29회
基本 浪 向	8회
网 浪	9회
网 浪 向	8회
輪船 浪 向	10회

위의 표에서 보이듯이 상해 방언 코퍼스에서는 다양한 후치 방위사가 사용된다는 것을 알 수 있다. 물론 표준중국어도 방위사가 사용되지만 상해 방언만큼 다양한 변이형이 사용되지는 않는다.

5.2.3. 상해 방언 코퍼스에 기초한 어순 유형 분석

위에서는 단어 배열 패턴을 통해서 상해 방언의 몇 가지 특징을 포착할수 있었다. 이제는 상해 방언과 표준중국어 해석이 제시된 병렬 코퍼스의 용례를 검토해 보기로 하겠다. 분석에 사용된 병렬 코퍼스는 상해 방언 회화교재 등에서 추출한 3,000개 내외의 문장이다.

상해 방언 코퍼스와 표준중국어가 대조된 자료를 분석한 결과 상해 방언의 기본어순은 표준중국어와 대체로 유사하였다. 상해 방언은 기본적으로동사, 목적어, 전치사구, 부사어, 수량사구, 관계절, 비교구문 등의 어순 유형이 표준중국어와 비슷한 양상을 보인다. 그러나 일부 문장 성분의 어순이나특정 문법 표현 형식은 표준중국어와는 다른 경향성을 가지기도 한다. 아래에서는 상해 방언이 가지는 몇 가지 특징을 중심으로 논의를 전개하기로 하겠다.

5.2.3.1. 동사와 목적어의 어순

(A) 목적어의 화제화 : SVO → S+T(O)+V/T(O)+S+V → SOV

상해 방언의 기본어순은 SVO 어순이다. 그런데 실제 용례에서 목적어 성분이 동사 앞으로 위치하여 화제화 되는 경우가 자주 관찰된다. 표준중국어에서도 화제화 되는 성분이 많지만 상해 방언은 그 비율이 더 높은 것으로 판단된다. 다음의 예를 보자.

(65) a. 상해 방언 :　大家電風扇吹吹。　　　S+T(O)+V
　　　b. 표준중국어 :　大家吹吹電風扇。
　　　　　　　　　　　모두들 선풍기 바람을 쐬십시오.

(66) a. 상해 방언 :　我六扇窗儕關上了　　　S+T(O)+V
　　　b. 표준중국어 :　我把六扇窗都關上了。
　　　　　　　　　　　나는 6개의 창문을 모두 닫았습니다.

(67) a. 상해 방언 :　儂身份證帶來口伐?　　　S+T(O)+V
　　　b. 표준중국어 :　身份證你帶來嗎?
　　　　　　　　　　　신분증은 가져 왔습니까?

(68) a. 상해 방언 :　搿樁事體伊告我講個。　　T(O)+S+V
　　　b. 표준중국어 :　這件事情是他跟我說的。
　　　　　　　　　　　이 일은 그가 나에게 말해 준 것입니다.

(69) a. 상해 방언 :　搿能個沙發我勿想買。　　T(O)+S+V
　　　b. 표준중국어 :　這樣的沙發我不想買。
　　　　　　　　　　　이런 소파는 사고 싶지 않습니다.

(65-67)에서는 '선풍기(電風扇)', '신분증(身份證)'과 같은 목적어 성분이 동사 앞으로 이동한 경우이다. 편의상 동사 앞에 위치한 목적어 성분을 화제화 되었다는 의미에서 'T(topic)'라고 하면 어순은 'STV' 유형이 된다. (68-69)에서는 '이 일(辭椿事體)', '이러한 소파(辭能個沙發)'와 같은 성분이 주어 앞에 위치한 경우이다. 이는 'TSV' 어순 유형이다. 상해 방언에서는 이러한 'S+T(O)+V' · 'T(O)+S+V' 어순 유형이 빈번하게 사용된다.

상해 방언을 비롯한 오(吳) 방언에서 목적어가 화제화 되는 현상은 이미 여러 학자들이 주목한 바 있다. 그 중에 대표적으로 劉丹靑(2002:337)의 논의를 보기로 하자. 劉丹靑(2002:337)은 전형적인 오 방언 일수록 목적어 성분이 화제화 되는 경향이 강하다고 하였다. 화제화 되는 경향성은 상해 방언을 포함한 오(吳) 방언 지역에서 보편적인 현상이다. 심지어 어떤 오 방언 지역에서는 대상 논항이 목적어 자리에 오는 것이 잘 선호되지 않아 비문으로 간주되기도 한다. 예를 들어 "나는 이 영화를 보았다.(我看了這部電影)"라는 문장을 말할 때 소흥(紹興) · 온주(溫州) 방언은 대상 논항이 화제화 되는 것이 일반적이다. 경우에 따라 SVO 어순은 비문으로 간주될 정도로 선호되지 않는다. 다음의 예를 보자.

(70) a. 상해 방언 : 我看過辭部電影勒。　　　SVO (덜 선호됨)
　　 b. 소흥 방언 : *我看過辭只電影哉。　　　SVO (선호되지 않음)
　　 c. 온주 방언 : *我束見見爻該部電影罷。　SVO (선호되지 않음)
　　　　　　　　　　　　　　　　　　　　　　나는 이 영화를 봤다

(71) a. 상해 방언 : 我辭部電影看過勒。　　　S+T(O)+V (선호됨)
　　 b. 소흥 방언 : 我辭只電影看過哉。　　　S+T(O)+V (선호됨)
　　 c. 온주 방언 : 我該部電影束見見爻罷。　S+T(O)+V (선호됨)
　　　　　　　　　　　　　　　　　　　　　　나는 이 영화를 봤다

(72) a. 상해 방언 : 辭部電影我看過勒。　　　T(O)+S+V (선호됨)

　　　b. 소흥 방언 : 辯只電影我看過哉。　　　T(O)+S+V (선호됨)
　　　c. 온주 방언 : 該部電影我束見見爻罷。　T(O)+S+V (선호됨)
　　　　　　　　　　　　　　　　　　　　　　나는 이 영화를 봤다

　　위의 예에서 상해 방언, 소흥 방언, 온주 방언 모두 대상 논항이 화제화
되어 동사 앞이나 주어 앞에 오는 것이 선호된다. 오히려 SVO 어순은 덜
선호된다. 이런 점에서 상해 방언을 비롯한 오(吳) 방언은 전형적인 SVO 어
순 유형이 아닌 셈이다.

　　상해 방언에서 일반적으로 "밥을 먹었습니까?", "운동을 했습니까?"라는
표현은 SVO 어순으로 말할 수도 있지만 S+T(O)+V 어순으로 표현하는 것
이 자연스럽다. 즉, 식사했는지를 물을 때 "儂吃過飯勒伐?(SVO)"보다는 "儂飯
吃過勒伐?(S+T(O)+V)"가 더 선호된다. 劉丹靑(2001:337)에 따르면 심지어 절강
성 지역의 온주 방언에서는 이런 경우에 SVO 어순은 배제되고 S+T(O)+V
어순만 허용된다. 이 밖에도 명령문에서도 대상 논항이 SVO 어순보다는 동
사 앞으로 화제화 되는 S+T(O)+V, T(O)+S+V 어순이 활발하게 사용된다.

　　언어유형학적으로 볼 때 상해 방언의 기본어순은 VO 어순이지만 많은 경
우에 목적어가 동사 앞으로 화제화 된다는 점에서 전형적인 SVO 언어는 아
니다. 상해 방언에서 무표적으로는 SVO 어순을 취하지만 유표적인 상황에
서 S+T(O)+V, T(O)+S+V 어순이 혼재되어 있다. 비록 상해 방언을 SOV
어순 유형을 가졌다고 볼 수는 없지만 적어도 전형적인 SVO 어순이 아닌
중간적인 형태(화제화된 S+T(O)+V, T(O)+S+V)가 활발하게 사용되는 언어이다.

　　그러나 한 가지 주목할 점은 최근의 상해 방언 코퍼스에서 SVO 어순이
점점 늘어난다는 점이다. 孫凱旋(2016:156)에서도 이러한 언급을 하였다. 그는
청나라 말기의 오(吳) 방언 소설 작품인 ≪海上花列傳≫에서 목적어 논항이
동사 앞으로 오는 예들이 아주 많다고 하였다. 그러나 최근의 상해 사람들은
표준중국어의 영향을 받아서 점점 VO 어순을 쓰는 경향이 있다는 것이다.

예를 들어 상해 방언에서 식사했는지를 물을 때 원래는 "儂飯吃過勒伐?"라고 하는데 최근에는 "儂吃過飯勒伐?"처럼 목적어를 뒤에 위치시키는 경향이 있다는 것이다. 이는 상해 방언이 점점 표준중국어의 영향을 받아 어순도 변하고 있음을 보여주는 사례라고 하였다. 실제로 본고에서 구축한 현대 상해 방언 코퍼스에서는 "儂吃過飯勒伐?(SVO)" 어순도 많이 관찰된다.

(B) 처치 구문('拿(把)' 구문)과 S+T(O)+V 구문의 사용

표준중국어의 '把' 구문에 해당하는 오(吳) 방언(상해 방언 포함)의 표지는 '拿'이다. 그러나 '拿'자 구문의 사용빈도는 표준중국어(북경어)보다 훨씬 적다. 많은 경우에 'S+拿(把)+O+V'를 사용하기 보다는 'S+T(O)+V' 구문을 사용한다. 예를 들어 劉丹青(2001:336)이 조사한 20세기 초반의 老上海語에서는 '拿'자 구문이 거의 안 쓰인다고 하였다. 또한 청나라 말기 오(吳) 방언 소설인 ≪海上花列傳≫에서도 '拿' 구문은 사용빈도가 낮다고 하였다. 그 빈도는 동일한 규모의 표준중국어(북경어) 소설에서 '把' 구문에의 사용빈도의 절반에 그친다.

본고에서 조사한 현대 상해 방언 코퍼스에서도 처치 구문('拿(把)' 구문)의 사용은 상당히 수의적이다. 즉 동일한 상황에서도 '拿(把)'가 생략되는 경우와 생략되지 않는 경우 모두 관찰된다. 다음의 예에서 보이듯이 유사한 문형에서 '拿(把)'가 사용되기도 하고 생략되기도 한다.

(73) a. 상해 방언 : 我拿六扇窗儕關上了。　　S+拿(把)+O+V
　　 b. 표준중국어 : 我把六扇窗都關上了。
　　　　　　　　　그는 6개의 창문을 모두 닫았습니다.

(74) a. 상해 방언 : 我六扇窗儕關上了　　S+T+V
　　 b. 표준중국어 : 我把六扇窗都關上了。
　　　　　　　　　나는 6개의 창문을 모두 닫았습니다.

(75) a. 상해 방언 : 儂窗門開開, 拿空調關脫伊。　S+T+V / S+拿(把)+O+V
　　　b. 표준중국어 : 你把窗門打開, 把空調關了。
　　　　　　　　　　 창문을 열고 에어컨을 켜십시오.

(76) a. 상해 방언 : 請儂拿護照出示撥我看看。　S+拿(把)+O+V
　　　b. 표준중국어 : 請你把護照出示給我看看。
　　　　　　　　　　 여권을 보여주십시오.

(77) a. 상해 방언 : 請儂搿張表塡一塡。　　　 S+T+V
　　　b. 표준중국어 : 請你把這張表塡一下。
　　　　　　　　　　 이 표를 채워 주십시오.

　이처럼 상해 방언에서는 처치 구문의 사용이 수의적이다. 많은 경우에 전
치사 '拿(把)'가 생략된다. 즉, 'S+拿(把)+O+V'도 사용되지만 'S+T(O)+V'
구문이 아주 빈번하게 관찰된다. 이에 비해 표준중국어에서는 동작의 결과
로 목적어가 어떠한 영향을 받거나 처치의 의미를 부각시킬 때 '把'를 사용
하는 것이 일반적이다.

(C) 이중목적어 구문의 어순 유형
　상해 방언에서는 이중목적어 구문이 두 가지 어순으로 모두 표현될 수 있
다. 예를 들어 "나에게 종이 한 장을 주세요."라고 말할 때 '동사+ 간접목적
어 +직접목적어', '동사+직접목적어+ 간접목적어' 어순이 모두 가능하다.

(78) 撥　　　　我　　　　　張紙頭 。
　　 동사+ 간접목적어 +직접목적어
　　 나에게 종이를 주십시오.

(79) 撥　　　張紙頭　　 我 。
　　 동사+직접목적어+ 간접목적어
　　 종이를 나에게 주십시오.

본고의 상해 방언 코퍼스 조사에서도 이중목적어 구문의 어순은 두 가지 경우가 모두 관찰된다. 그러나 사용빈도의 측면에서 볼 때 '동사＋간접목적어＋직접목적어' 어순 유형이 절대 다수를 차지한다. 예를 들어 '주다(撥)' 동사가 이중목적어를 취할 때 '동사＋간접목적어＋직접목적어' 어순으로 많이 사용된다. 반면에 '동사＋직접목적어＋간접목적어' 어순은 사용빈도가 낮다.

(80) a. 상해 방언 : 請撥我兩只漢堡。   (사용빈도 높음)
    b. 표준중국어 : 請給我兩个漢堡。
        나에게 햄버거 2개를 주십시오.

(81) a. 상해 방언 : 請撥我一杯熱咖啡。   (사용빈도 높음)
    b. 표준중국어 : 請給我一杯熱咖啡。
        나에게 뜨거운 커피 한 잔을 주십시오.

(82) a. 상해 방언 : 撥一張寄款單我。   (사용빈도 낮음)
    b. 표준중국어 : 給我一張寄款單。
        나에게 소포 영수증을 주십시오.

이러한 경향성은 薛才德(2014:109)에서 실시한 설문조사 결과와도 비슷하다. 薛才德(2014:109)는 150명의 상해어 모어 화자에게 설문조사를 하였는데 대부분 '동사＋간접목적어＋직접목적어' 어순을 사용한다고 하였다. 현대 상해 방언에서는 '동사＋직접목적어＋간접목적어'가 사용되는 비율이 아주 낮다.

선행연구와 본 연구의 조사 결과에 근거할 때 과거 상해 방언의 이중목적어 구문의 어순은 두 유형이 혼재하며 경쟁 관계에 있었지만 현재는 점차 하나의 어순으로 통일되어 가는 추세라고 할 수 있다. 卜杭賓(2016:71)에서도 이러한 점을 지적하였다. 卜杭賓(2016:71)은 전통적인 오(吳) 방언에서 '동사＋직접목적어＋간접목적어'으로 사용되는 비율이 높지만 현대 오(吳) 방언에서는 이러한 경향성이 점점 약해지고 있다고 하였다. 특히 상해 방언은 그 변화가 더 심하다. 卜杭賓(2016:71)·薛才德(2014:109) 이러한 변화의 주요 원인으로 표준중국어의 영향을 제시하였다. 표준중국어는 '동사+간접목적어+직접목적어' 어순만을 허용한다. 이러한 어순이 오(吳) 방언의 이중목적어 구문 어순에도 영향을 주어 '동사+간접목적어+직접목적어' 어순으로 통일되었다는 것이다. 물론 표준중국어의 영향만이 유일한 원인은 아닐 것이다. 이유가 여하튼간에 상해 방언의 이중목적어 어순이 하나로 통일되어 가는 추세임에는 틀림없다.

(D) 가능보어와 목적어의 어순

상해 방언의 가능보어는 부정형으로 사용될 때 목적어 앞에 오기도 하고 뒤에 오기도 한다. 표준중국어는 하나의 어순만 허용하지만 상해 방언은 두 가지 어순이 모두 가능하다.

(83) 동사 + 목적어 + 가능보어
 (a) 追 + 我 + 勿 + 上 　 나를 쫓아올 수 없다
 (b) 看 + 伊 + 勿 + 起 　 그를 업신여기다

(84) 동사 + 가능보어 + 목적어
 (a) 追 + 勿 + 上 + 我 　 나를 쫓아올 수 없다
 (b) 看 + 勿 + 起 + 伊 　 그를 업신여기다

위의 두 가지 어순 중에 '동사+목적어+가능보어'는 전통적인 상해 방언의 어순 유형이고 '동사+가능보어+목적어'는 새로운 형식이다. 많은 학자들은 후자의 어순 유형이 표준중국어의 영향을 받아서 생겨난 것이라고 보고 있다.

현대 상해 방언 코퍼스 용례 분석에 따르면 가능보어의 어순도 표준중국

어와 유사하다. 대부분 '동사+가능보어+목적어' 어순을 사용된다. 상해 방언에서 '동사+목적어+가능보어' 어순으로 사용되는 경우는 소수에 불과하다. 이러한 경향성은 薛才德(2014:109)에서 실시한 설문조사 결과와도 비슷하다. 薛才德(2014:109)는 150명의 상해어 모어 화자에게 설문조사를 하였는데 대부분 '동사+가능보어+목적어' 어순을 사용한다고 하였다. 결국 상해 방언의 가능보어 어순도 점점 표준중국어와 비슷해지고 있다고 판단된다.

5.2.3.2. 후치사의 활발한 사용

(A) 후치사의 발달

표준중국어에서 '上', '下', '裏', '中' 등과 같은 방위사는 공간적 개념을 가지는 명사에서 점점 문법화 되어 추상적 개념에도 사용된다. 상해 방언의 방위사는 표준중국어보다 더 문법화 되어 후치사적인 기능이 강하다. 상해 방언의 방위사는 본래의 어휘적 의미가 거의 소실되었고 명사 뒤에 부가되어 다양한 문법 관계를 나타낸다. 상해 방언의 방위사는 이미 전치사에 준하는 문법적 기능을 가졌다고 할 수 있다. 실제로 다수의 상해 방언 연구자들도 이러한 방위사를 '후치형 전치사(後置介詞)'로 분류한다(劉丹靑, 2002:340-342).

상해 방언에서 후치형 전치사는 상황에 따라 전치사와 같은 기능을 가진다. 예를 들어 상해 방언에서는 장소를 나타낼 때 전치사와 함께 쓰이기도 하지만 때로는 전치사를 생략하고 후치형 전치사(후치사)만을 사용하기도 한다. 아래의 문장에서 전치사는 생략이 가능하지만 후치사는 오히려 생략이 불가하다.

(85) 전치사 + 명사 + 후치사 + 동사
　　　辣　　　學堂　　裏　　　上課　　　　　　　　(선호됨)
　　교실에서 수업한다

(86) 명사 + 후치사 + 동사

    學堂   裏   上課   (선호됨)

(87) 전치사 + 명사 + 동사

    辣   學堂   上課   (어색함)

이처럼 상해 방언에서 후치사는 경우에 따라 전치사의 기능을 대체하는 역할을 한다. 표준중국어에서 "他在教室裏上課", "他從商場回來"에서 전치사 '在', '從'은 생략될 수 없다. 이에 비해 상해 방언에서는 전치사의 생략이 빈번하다. 그러나 후치사는 생략되지 않는 것이 일반적이다. 이런 의미에서 상해 방언의 후치사는 사용 범위도 넓고 문법적으로도 상당히 허화된 범주인 셈이다.

(B) 후치형 접속사

상해 방언에서 일부 접속사는 후치형으로 사용된다. 예를 들어 인과관계를 나타낼 때 후치형 접속사 '哰(또는 佬)'가 사용된다. 물론 "因爲……所以……"와 같은 전치형 접속사를 사용할 수도 있다. 전자는 상해 방언의 독특한 형식이고 후자는 표준중국어의 영향을 받아서 새롭게 생긴 것이다. 다음의 예를 보자.

(88) a. 상해 방언 : 頭兩日落雨佬, 小菜儕漲價來。

     b. 표준중국어 : 因爲這兩天下雨, 小菜都漲價了。

                요 며칠 비가 와서 채소 값이 올랐습니다.

(89) a. 상해 방언 : 因爲頭兩日落雨, 所以小菜儕漲價勒。

     b. 표준중국어 : 因爲這兩天下雨, 所以小菜都漲價了。

                요 며칠 비가 와서 채소 값이 올랐습니다.

위의 예문에서 하나는 후치형 접속사 '哰(또는 佬)'를 사용한 것이고 다른

하나는 전치형 접속사 '因爲'를 사용한 것이다. 상해 방언에서는 이 두 가지
가 모두 인과관계를 나타낼 때 사용된다.

본고의 조사 결과에 따르면 상해 방언 코퍼스에서 후치형 접속사 '咾(또는
佬)'의 사용빈도는 매우 높은 편이다. 후치형 접속사 '咾(또는 佬)'는 주로 앞
절과 뒷 절을 연결시켜주는 역할을 하는데 논리적 순차적 연결을 나타낸다.
상황에 따라서는 병렬, 시간적 선후, 인과 관계 등 다양한 의미를 가지기도
한다. 대개는 인과관계로 해석이 가능하다.

(90) a. 상해 방언 : 吾辰光來大勿及咾, 只好出門買大餅油條。
　　 b. 표준중국어 : 我時間快來不及了, 只能出門買大餅油條。
　　　　　　　　　나는 시간이 빠듯해서 나가서 중국식 빵과 꽈배기만
　　　　　　　　　사올 수밖에 없습니다.

(91) a. 상해 방언 : 今朝明朝我休息咾, 趁機會快點搬好伊。
　　 b. 표준중국어 : 因爲今天明天我休息, 所以趁機會快點搬好它。
　　　　　　　　　오늘과 내일은 내가 쉬는 날이니까 이번 기회에 빨리
　　　　　　　　　그것을 옮기려고 합니다.

(92) a. 상해 방언 : 心口頭有眼痛咾, 飯吃勿落。
　　 b. 표준중국어 : 胸口有點疼, 所以吃不下飯。
　　　　　　　　　명치가 조금 아파서 식사를 못하겠습니다.

(93) a. 상해 방언 : 伊平常注意鍛煉咾, 胸肌腹肌都是邦邦硬個。
　　 b. 표준중국어 : 他平常注意鍛煉, 所以胸肌腹肌都非常硬。
　　　　　　　　　그는 평소에 운동을 열심히 해서 가슴 근육과 복근이
　　　　　　　　　아주 단단합니다.

이처럼 상해 방언에서는 절과 절을 연결하는 과정에서도 전치형과 후치
형 접속사를 빈번하게 사용한다는 것을 알 수 있다.

5.2.3.4. 부사의 어순

(A) 정도부사 '老'와 '快'의 어순

상해 방언에서 정도부사는 대부분 앞에서 수식한다. 예를 들어 상해 방언에서 정도부사 '蠻', '老'는 형용사나 동사 앞에 위치한다. 그런데 흥미로운 것은 '老'는 단독으로 사용되기도 하고 '老老'처럼 중첩되어 사용되기도 한다.

(94) a. 상해 방언 : 我老好額, 儂呢?
  b. 표준중국어 : 我很好, 你呢?
        나는 아주 좋습니다. 당신은요?

(95) a. 상해 방언 : 認得儂老開心額。
  b. 표준중국어 : 認識你很高興。
        당신을 알게 되어 기쁩니다.

(96) a. 상해 방언 : 搿個小姑娘老老好看。
  b. 표준중국어 : 這個姑娘很好看。
        이 아가씨는 아주 예쁩니다.

한편 형용사 뒤에 사용되는 정도부사도 있다. 대표적인 것이 '煞快'이다. '煞快'는 정도가 매우 심함을 나타낸다. 그런데 전통적인 상해 방언에서 '煞快'는 표준중국어 정도부사와는 반대로 '형용사+煞快' 어순으로 사용된다. 다음의 예가 그러하다.

(97) a. 상해 방언 : 我眞是急煞快！
  b. 표준중국어 : 我眞快急死了！
        정말 초조해 죽겠습니다!

(98) a. 상해 방언 : 眞是熱煞快！
  b. 표준중국어 : 眞快熱死了！

정말 더워 죽겠습니다!

그러나 최근에는 표준중국어의 영향을 받아 '太＋형용사＋勒' 구문도 많이 사용되고 있다. 현대 상해 방언 코퍼스에서도 그러한 용례가 자주 관찰된다. 따라서 현대 상해 방언에서는 아래의 경우처럼 두 가지 어순 유형이 모두 사용된다고 볼 수 있다.

(99) a. 熱煞快   b. 太熱勒   매우 덥다
(100) a. 凍煞快   b. 太冷勒   매우 춥다
(101) a. 氣煞快   b. 太氣勒   매우 화가 난다

(B) 부사 '快'의 어순

상해 방언에서는 가까운 미래에 발생하는 상황을 표현할 때 '快'를 사용한다. 그런데 주목할 것은 '快'가 일반적으로 동사 뒤에 위치한다는 점이다. '동사＋快' 형태의 예들은 다음과 같다.

(102) a. 상해 방언 : 天亮快勒。
      b. 표준중국어 : 天快亮了。
                    날이 곧 밝아지려 합니다.

(103) a. 상해 방언 : 辰光要到快勒。
      b. 표준중국어 : 時間快要到了。
                    시간이 곧 다 되어 갑니다.

(104) a. 상해 방언 : 火車來快勒。
      b. 표준중국어 : 火車快來了。
                    기차가 곧 도착합니다.

위의 예에서 사용되는 '동사＋快＋勒' 형식은 전통적인 상해 방언의 어순

유형이다. 그러나 현대 상해 방언에서는 표준중국어의 영향을 받아 '快+동사+了' 형식도 종종 관찰된다.

5.2.3.5. 소결

상해 방언 코퍼스에 기초하여 단어 빈도, 단어 결합 패턴, 어순 유형을 분석한 결과는 다음과 같이 요약할 수 있다.

첫째, 상해 방언에서 자주 사용되는 단어는 그 형태가 표준중국어와 상당히 다르지만 단어 결합 패턴이나 어순 유형은 대체적으로 유사하다.

둘째, 상해 방언의 문법과 어순 중에 표준중국어와 다른 양상을 보이는 부분이 관찰되는데 특히 화제화 구문, 처치 구문(拿字구), 후치사, 이중목적어 구문, 가능보어, 부사어 등이 그러하다.

셋째, 상해 방언 어순 유형의 가장 큰 특징은 다양한 어순이 혼재한다는 점이다. 상해 방언의 기본어순은 VO 유형이기는 하지만 동사 앞에 목적어 성분이 화제화 되는 비율도 높다. 이중목적어 구문이나 가능보어의 목적어도 하나로 고정되어 있지 않다. 전치사와 후치사가 모두 문법적으로 문법화되어 다양한 기능을 한다. 또한 일부 부사는 동사에 선행하기도 하지만 후행하기도 한다. 따라서 전형적인 SVO 어순이 아니라 혼합적인 어순 유형을 가지는 방언이라고 할 수 있다.

넷째, 현대 상해 방언의 어법과 어순은 표준중국어의 영향을 받아 점점 표준중국어와 유사해지는 추세이다. 상해 방언은 고유한 어법 형식과 어순 유형이 존재하지만 표준중국어의 영향을 받아 새롭게 출현한 어법 형식과 경쟁관계에 있거나 쇠퇴되는 사례들이 적지 않다. 본고에서도 선행연구에서 지적했던 몇 가지 변화현상을 관찰할 수 있었다. 광동어와 비교했을 때 상해 방언은 상대적으로 표준중국어에 동화되는 속도가 빨라 표준중국어와 점점 유사해져가고 있는 추세이다.

5.3. 북경 구어 코퍼스의 어순 유형 분석

5.3.1. 북경 구어 코퍼스 개요

북경(北京) 구어 코퍼스 자료는 북경대학과 북경어언대학에서 구축한 자료를 중심으로 분석하였다. 북경대학 코퍼스(CCL Corpus) 안에는 전문적으로 구어 자료를 녹취한 코퍼스가 별도로 저장되어 있다. 필자는 이 자료를 북경대학 중문과 교수로부터 원문을 제공 받아 분석에 활용하였다. 한편 북경어언대학 코퍼스 자료는 온라인에서만 이용이 가능하여 참고용으로 사용하였다.

북경대학 CCL 코퍼스 중에 구어 자료는 장기간 북경에 거주(대부분 부모 세대부터 거주)한 48명의 화자의 대화로 구성되어 있다. 아래의 표는 북경대학 CCL 구어 코퍼스에 담겨 있는 화자의 연령, 성별, 교육수준, 북경 거주 기간 등을 정리한 것이다.

<표 43> 북경대학 구어 코퍼스 녹취자의 성별, 연령, 교육수준

이름	연령	민족	성별	교육수준	북경거주기간
童靜嫻	74	漢	女	大學	3/4代
馬增志	54	回	男	初中	6代
馮振	27	回	男	大專	3/4代
王殿元	80	回	男	文盲	2代
馬光英	53	回	女	識字班	2代
張國才	20	回	男	高中	3/4代
松淑琴	67	滿	女	初中	3代以上
査奎垣	65	滿	男	大學	5代
奎金寶	64	滿	男	文盲	3代以上
石昆山	75	回	男	小學	3代
胡天順	57	漢	男	初中	2代
畢永泉	41	漢	男	小學	2代
梁國柱	75	漢	男	幾年私塾	3代以上
劉秀華	45	漢	女	高小	2代
陳惠蘭	20	漢	女	高中	3代

閃文元	76	回	男	小學	4代
金淑惠	53	回	女	盲班掃	4代
沙超群	22	回	男	高中	5代
唐海忻	70	滿	男	私塾	5代
傅婉眞	65	滿	女	中專	4代以上
王德泉	82	滿	男	文盲	2代
王文山	63	漢	女	文盲	2代
李英良	85	滿	女	高小	3代
戴鼎培	53	蒙	男	初中	自清
白旭明	22	蒙	男	高中	2代
詹國英	80	回	女	識字班	3代
李保華	26	回	男	初中	6/7代
桑淩志	75	滿	男	大學	300多年
白文淵	63	滿	男	4年私塾	300多年
何秀珍	76	滿	女	幾年私塾	2代
劉錫壽	67	漢	男	識字班	3代
王秀蘭	49	回	女	掃盲班	3代
劉偉芝	25	漢	女	高中	4代
楊汝佶	75	回	男	大學	4代
薛晶如	46	漢	女	大學	3代
柳家旺	22	漢	男	大學	3代
侯崇忠	67	回	男	大學	3代
劉芳	75	回	男	小學	3代
張佩芳	70	漢	女	中專	3代
馬士良	69	滿	男	大學	4代
王亨年	61	滿	男	初中	7/8代
慈秀淸	50	滿	女	小學	2代
張秀英	60	漢	女	文盲	3/4代
郭榮勝	21	漢	男	高中	3代
鄧潤靜	18	漢	女	初中	4代

위의 표에서 보이듯이 북경대학 구어 코퍼스에는 청나라 때부터 북경에 거주한 원어민 화자도 있고 6代에 걸쳐 북경에 거주한 원어민 화자도 있다.

본고에서 추가로 참고한 것은 북경어언대학에서 구축한 '북경 구어 코퍼스 검색 시스템(北京口語語料査詢系統:BJKY)'이다. 북경 구어 코퍼스(BJKY)에 저장된 자료는 374명의 북경 원어민 화자의 대화 및 인터뷰 녹취 내용이 기록되어 있다. 이 BJKY 코퍼스는 규모면에서 북경대학 CCL 코퍼스보다 더 크다. 따라서 다양한 예문을 찾아볼 수 있는 장점이 있다. 그러나 이 자료는 온라인상에서 검색만 가능하고 원문을 내려 받을 수 없다는 단점이 있다.[44] 이에 본고에서는 북경어언대학의 BJKY 코퍼스를 참고용으로만 사용하였다. 아래의 그림은 코퍼스 검색 화면이다.

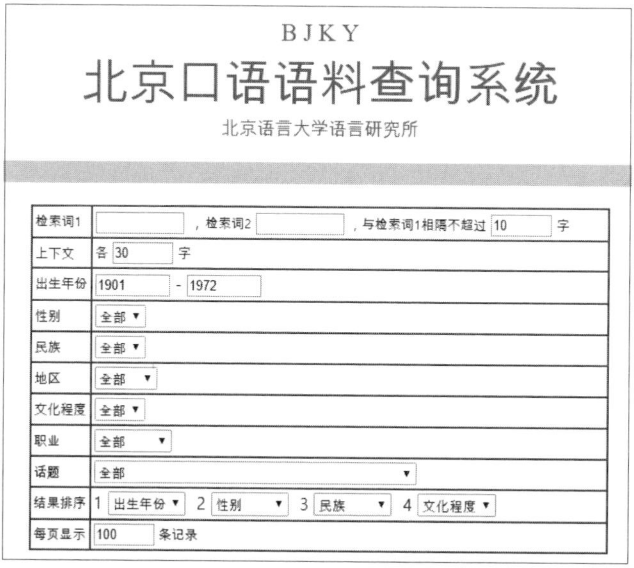

<그림 37> 북경어언대학의 BJKY 코퍼스 검색 시스템

---

44) 자세한 것은 코퍼스 홈페이지를 참고하기 바람.
   http://app.blcu.edu.cn/yys/6_beijing/6_beijing_chaxun.asp

5.3.2. 북경 구어 코퍼스의 단어와 품사 분석

본고에서는 북경대학 CCL 코퍼스 중에서 구어 녹취 자료만을 따로 분류하여 단어의 통계 분석을 진행하였다. 북경대학 CCL 코퍼스 원문은 단어 분리가 되어 있지 않다. 이에 우선적으로 코퍼스 품사 분석 프로그램[45]을 사용하여 단어 분리와 품사 분석을 하였다. 그리고 난 뒤 단어 사용빈도를 조사하였다. 분석 결과 북경대학 CCL 구어 코퍼스는 모두 6,217개의 단어로 구성되었으며 전체 단어 총 출현빈도는 77,669회라는 것을 알 수 있었다.

> (105) a. 단어 유형(Word Types) : 6,217
>   b. 단어 총 출현빈도(Word Tokens) : 77,669

북경 구어 코퍼스의 단어 사용빈도에 따르면 가장 높은 빈도를 보이는 단어는 구조조사 '的'이다. 그 다음으로 권설음화 현상을 반영하는 '儿'이다. 이 밖에 인칭대명사, 부사, 시태조사 등도 사용빈도가 높다.

북경 구어 코퍼스의 고빈도 단어 목록을 홍콩 광동어 코퍼스, 상해 방언 코퍼스와 비교해 보면 많은 차이가 있다는 알 수 있다. 아래의 표에서 보이듯이 50회 이상 사용된 고빈도 단어만 보아도 한자 형태소가 일치하지 않은 것이 매우 많다.

---

45) 본고에서 사용한 품사 분석 프로그램은 중국국가코퍼스 사이트에서 제공하는 품사 분석기이다. 자세한 것은 아래의 사이트를 참고하기 바람.
http://www.cncorpus.org/CpsParser.aspx

<표 44> 홍콩·상해·북경 구어 코퍼스의 고빈도 단어 비교

홍콩 광동어 코퍼스 (HKCanCor)		상해어 구어 코퍼스 (SSC)		북경 구어 코퍼스 (CCL)	
단어	빈도	단어	빈도	단어	빈도
係	5224	個	5530	的	2602
啊	4212	是	3021	兒	1891
呢	2951	搿	2641	我	1882
我	2917	就	2238	就	1790
嗽	2909	講	1983	了	1668
你	2738	伊	1979	是	1631
佢	2367	儂	1967	這	1545
都	2325	勿	1755	他	1321
唔	2078	我	1685	那	1303
即係	1960	一	1685	啊	1054
好	1919	好	1282	這個	1045
就	1919	勒	1213	就是	1026
嘅	1864	要	1208	也	953
㗎	1841	呢	1203	都	948
喇	1693	辣	1159	有	868
個	1540	有	1139	不	841
囉	1486	啊	1106	說	823
啲	1420	也	1106	呢	806
有	1392	來	1094	你	803
一	1162	對	1014	在	749
唔係	1123	伐	985	什麼	739
話	967	啥	861	一	604
又	964	去	798	我們	536
喎	950	到	745	給	481
到	899	末	713	叫	457
誒	886	人	707	還	446
咗	869	辰光	618	現在	431
但係	862	老	616	吧	398
嗰啲	853	只	611	一個	374
會	840	得	603	人	365
去	827	還	595	哎	355
冇	815	哦	593	跟	346
人	765	裏	588	去	335
嗽樣	730	能	585	到	332
喀	703	僑	577	來	317
幾	685	味	546	呀	311

嚼	678	吃	544	沒	310
覺得	669	耐末	541	上	308
嗎	667	阿拉	541	個	302
要	657	葛末	529	著	302
囟	656	沒	514	不是	287
講	656	向	492	那兒	286
乜嘢	654	伊拉	489	沒有	284
做	643	看	478	這兒	279
眞係	616	呀	462	他們	274
嘢	602	現在	456	您	268
知	600	啦	448	多	260
睇	571	做	435	看	230
嗌	548	想	413	咱們	228
得	538	頭	412	大	226
來	503	種	412	得	219
俾	494	咾	384	年	203
喺	491	叫	378	時候	202
其實	481	大	377	這麼	200
咁	480	出	361	哪	199
哦	460	脫	350	要	199
我哋	446	撥	336	嗎	192
咽	443	拿	320	知道	182
嘞	429	兩	306	反正	176
而家	418	會	304	以後	175
咪	416	因爲	303	那麼	173
下	408	點	302	過	170
呀	408	哪	301	家	168
哩個	405	年	301	後來	165
嗰個	404	搭	297	啦	163
過	403	蠻	287	錢	151
因爲	400	再	287	住	149
如果	388	閑	284	拿	146
喇	387	下	279	又	144
嗯	383	過	278	北京	142
返	366	多	270	像	138
諗	364	物事	268	能	136
跟住	363	介	265	兩	135
好似	357	天	260	所以	133
可以	350	自家	258	父親	132
多	334	眼	256	小	132
買	332	十	255	老	131

點	331	浪	253	怎麼	131
自己	318	曉得	247	因爲	129
同埋	294	所以	241	好	129
佢哋	291	小	238	白	124
同	291	那	234	死	124
哩	285	人名	230	三	123
咩	275	三	228	一般	123
住	269	嗹	227	點兒	123
嘩	269	鈔票	221	問	121
先	265	幫	220	吃	121
可能	262	事體	216	她	120
嗒	253	辣辣	214	挺	117
好多	252	但是	212	樣兒	115
所以	250	買	209	做	114
譬如	249	用	201	地方	113
囉	245	人家	200	過去	110
想	244	像	199	哪兒	110
兩	234	讀	183	賣	108
重	234	起	180	讓	108
搵	233	小人	179	一樣	108
隻	227	迭	179	再	107
不過	218	葛	178	幹	106
嗰陣時	209	教	177	工作	106
蚊	209	眞	174	裏頭	105
已經	201	房子	172	你們	104
最	198	聽	172	把	104
或者	196	閑話	170	姓	102
未	196	可以	163	還是	101
食	195	幾	163	對	98
點解	191	回	159	學	97
乜	189	已經	156	頭	95
見	187	蹲	155	念	94
錢	187	算	153	侯	92
應該	186	覺著	149	幾	91
年	184	又	147	歲	90
讀	184	勛	146	字	90
大	182	四	144	回來	90
聽	178	五	143	四	88
哩啲	176	上	142	買	87
識	172	大家	134	打	86
成日	171	娘	132	一塊兒	85

埋	170	後	132	比較	83
有冇	169	第	128	誰	82
喂	166	開	126	可是	81
度	164	萬	123	往	81
成	164	屋	123	人家	80
問	162	百	121	從	79
阿	158	總歸	121	特別	79
香港	157	九	119	管	77
鍾意	153	每	119	滿族	77
間	150	最	114	胡同	76
日	148	弄	113	原來	75
咋	146	爲	113	這樣	75
嚇	145	打	111	很	73
出來	143	比較	108	找	72
嗰度	142	尋	108	可以	71
次	140	可能	107	二	71
玩	134	多少	106	哈	71
喺度	133	喏	105	哇	69
死	133	我伲	104	要是	69
卽	132	塊	103	好象	69
邊個	128	著	103	塊	68
攞	127	以後	102	比	67
完	126	交關	101	事	67
用	126	辣海	100	個人	66
唔使	123	讓	99	哦	66
叫	122	一定	99	起來	65
養	122	肯定	98	東西	65
嚓	122	六	98	想	65
時候	120	快	98	十	65
開	120	剛	97	牛街	65
張	115	工作	96	全	65
出	114	辣該	96	一點兒	64
邊	111	地方	96	拉	63
驚	111	上海	95	裏	63
點樣	111	進	95	時	63
你哋	110	死	94	陣	63
唉	109	慢	93	幾個	62
之後	108	八	93	然後	62
梗係	108	阿	92	五	62
對	107	趟	92	張	62
搞	107	高	91	解放	62

三	105	等	91	帶	61
考	105	老早	91	方	61
再	103	好像	91	孩子	61
有啲	102	跟	90	搞	59
樣	102	飯	90	用	59
貴	102	住	87	出來	59
飮	99	之	87	孩兒	59
一啲	98	歡喜	87	多少	58
嘑	98	走	86	當	57
公司	97	囡兒	85	長	57
十	95	樣子	85	才	57
咦	95	面	84	行	57
同學	94	書	83	成	56
幾多	94	一直	83	兒子	56
賣	94	水	81	呵	55
靚	94	跑	81	天	54
份	93	開心	80	講	53
幫	92	嘸沒	80	寫	53
一定	90	然後	80	子	53
人哋	90	辦法	80	種	53
喏	89	實際	79	那邊	52
條	89	一樣	79	當兒	52
定	88	賣	78	禮拜	52
行	86	成	78	的話	52
本	85	仔	78	走	52
唔好	84	式	78	可能	51
喞	84	學堂	78	頭兒	51
快	84	燒	77	生活	51
算	84	中國	76	學校	51
上	83	先	74	可	50
屋企	82	間	73	有的	50
返來	82	問	73	天橋	50
月	80	七	73	聽	50

위의 표에서 보이듯이 북경 구어 코퍼스의 고빈도 단어 중에는 '這兒', '那兒', '一點兒', '一塊兒', '樣兒', '孩兒', '頭兒' 등과 같이 '兒'의 사용이 빈번하다. 또한 대명사 중에는 '我們' 이외에 '咱們'이 많이 사용된다는 것을 알 수 있다. 뿐만 아니라 '胡同(골목길)', '滿族(만주족)' 등과 같이 북경 문화적 색

채를 반영하는 단어가 많이 사용된다는 점도 주목할 만하다.

5.3.3. 북경 구어 코퍼스의 단어와 품사 배열 패턴 분석

북경 구어 코퍼스는 원시 코퍼스 형태로 되어 있어서 단어 분리, 품사 분석이 되어 있지 않다. 따라서 주요 어순에 대한 분석은 별도의 작업이 필요하다. 이에 대해 본고에서는 우선적으로 품사 분석을 진행하였다. 그리고 코퍼스 품사 분석에 기초하여 코퍼스에서 고빈도로 출현하는 단어와 품사의 배열을 조사하여 보았다. 어순이라는 것이 단어의 배열을 기초로 하는 것이므로 고빈도로 출현하는 단어 및 품사의 연쇄는 어순 배열 파악에 어느 정도 단서를 제공할 것이다. 예를 들어 다음의 문장을 보기로 하자.

> (106) a. 我/r 舅舅/n 從/p 美國/ns 回來/v ,/w 回來/v 以後/nt 呢/u ,/w 然
> 後/c 他/r 就/d 把/p 家譜/n 寄來/v 了/u 。/w
> b. 단어 배열 연쇄 : 我舅舅從美國回來,回來以後呢,然後他就把家譜寄來了。
> c. 품사 배열 연쇄 : r n p ns v w v nt u w c r d p n v u w
> (한국어 해석 : 우리 삼촌이 미국에서 돌아오고, 돌아온 뒤에는 집안
> 족보를 (우편으로) 보내왔다.)

(106.a)는 코퍼스에 제시된 북경 구어 문장이다. (106.b)는 이 중에서 단어 배열의 연쇄 정보만을 제시한 것이다. (106.c)는 품사 배열의 연쇄 정보를 제시한 것이다. 이렇게 하면 주로 많이 사용되는 문장 성분의 배열 순서를 찾아볼 수 있다.

북경 구어 코퍼스에서 단어와 품사 배열 패턴은 광동어, 상해어 분석과 마찬가지로 n-gram 통계 방법을 사용하였다.

n-gram 통계 결과 사용빈도가 20회 이상인 품사 배열의 조합은 대략 1,500개이다. 이 중에서 2-4개의 품사 배열 패턴이 대다수를 차지한다. 5개 이상

의 품사가 고정된 순서로 배열되는 경우는 많지 않았다. 아래는 품사 배열 패턴 중에서 사용빈도가 높은 일부의 예를 제시한 표이다. 아래의 표에서 보이듯이 명사+동사 결합 이외에 代詞(인칭대사, 지시대사 등)가 동사와 결합되는 비율이 높다. 예를 들어 '[동사(v)+대사(r)](2,812회), [대사(r)+동사(v)](2,578회) 등이 그러하다. 이를 통해 구어체 코퍼스에서는 인칭대사, 지시대사 등의 사용이 빈번함을 알 수 있다.

<표 45> 북경 구어 코퍼스의 고빈도 품사 기호 배열 패턴

[명사(n)+명사(n)](2891), [동사(v)+대사(r)](2812), [대사(r)+동사(v)](2578), [부사(d)+동사(v)](2571), [동사(v)+명사(n)](2220), [동사(v)+조사(u)](2219), [대사(r)+대사(r)](2169), [명사(n)+동사(v)](1961), [명사(n)+조사(u)](1711), [동사(v)+동사(v)](1704), [명사(n)+부사(d)](1590), [부사(d)+계사(vl)](1334), [조사(u)+명사(n)](1028), [부사(d)+부사(d)](1016), [부사(d)+형용사(a)](693), [대사(r)+동사(v)+대사(r)](686), [동사(v)+대사(r)+명사(n)](673), [계사(vl)+대사(r)](669), [형용사(a)+명사(n)](658), [대사(r)+부사(d)+동사(v)](599), [부사(d)+동사(v)+대사(r)](576), [동사(v)+조사(u)+대사(r)](557), [동사(v)+명사(n)+명사(n)](535), [대사(r)+형용사(a)](530), [명사(n)+형용사(a)](519), [수사(m)+명사(n)](503), [명사(n)+부사(d)+동사(v)](495), [계사(vl)+명사(n)](471), [부사(d)+동사(v)+조사(u)](467), [동사(v)+형용사(a)](450), [대사(r)+동사(v)+조사(u)](445), [대사(r)+명사(n)+동사(v)](432), [형용사(a)+동사(v)](416), [대사(r)+동사(v)+명사(n)](413), [부사(d)+부사(d)+동사(v)](412), [부사(d)+동사(v)+명사(n)](391), [명사(n)+동사(v)+명사(n)](388), [명사(n)+명사(n)+동사(v)](379), [명사(n)+동사(v)+대사(r)](375), [동사(v)+명사(n)+조사(u)](374), [대사(r)+대사(r)+대사(r)](374), [전치사(p)+명사(n)](361), [명사(n)+대사(r)+동사(v)](356), [부사(d)+계사(vl)+대사(r)](347), [시간사(nt)+부사(d)](344), [대사(r)+시간사(nt)](342), [수사(m)+양사(q)](338), [명사(n)+동사(v)+조사(u)](336), [대사(r)+대사(r)+동사(v)](332), [동사(v)+조사(u)+동사(v)](319), [동사(v)+동사(v)+대사(r)](313), [동사(v)+동사(v)+명사(n)](310), [명사(n)+부사(d)+계사(vl)](308), [부사(d)+동사(v)+동사(v)](303), [명사(n)+조사(u)+명사(n)](301), [수사(m)+동사(v)](297), [조사(u)+대사(r)+부사(d)](294), [부사(d)+전치사(p)+대사(r)](289), [동사(v)+동사(v)+조사(u)](289), [동사(v)+명사(n)+대사(r)](288), [조사(u)+형용사(a)](282), [대사(r)+대사(r)+부사(d)](280), [동사(v)+대사(r)+부사(d)](279), [조사(u)+대사(r)+동사(v)](278), [명사(n)+시간사(nt)](275), [대사(r)+부사(d)+계사(vl)](263), [동사(v)+조사(u)+명사(n)](249), [전치사(p)+대사(r)+명사(n)](229), [형용사(a)+형용사(a)](214), [동사(v)+전치사(p)](213), [부사(d)+형용사(a)+조사(u)](205), [수사(m)+양사(q)+명사(n)](161), [형용사(a)+조사(u)+대사(r)](159), [부사(d)+동사(v)+조사(u)](157), [대사(r)+부사(d)+동사(v)+대사(r)](144), [명사(n)+부사(d)+형용사(a)](143), [대사(r)+조사(u)+명사(n)](141), [대사(r)+부사(d)+부사(d)+동사(v)](138), [대사(r)+명사(n)+부사(d)+

동사(v)](137), [형용사(a)+조사(u)+명사(n)](130), [부사(d)+동사(v)+조사(u)+대사(r)](128), [대사(r)+동사(v)+조사(u)+대사(r)](127), [대사(r)+부사(d)+형용사(a)](126), [시간사(nt)+부사(d)+동사(v)](121), [명사(n)+대사(r)+부사(d)+동사(v)](119), [동사(v)+수사(m)+명사(n)](115), [대사(r)+명사(n)+형용사(a)](114), [부사(d)+부사(d)+형용사(a)](113), [대사(r)+형용사(a)+조사(u)](113), [부사(d)+동사(v)+명사(n)+명사(n)](105), [명사(n)+형용사(a)+명사(n)](102), [동사(v)+명사(n)+동사(v)+명사(n)](102), [명사(n)+명사(n)+형용사(a)](101), [대사(r)+부사(d)+동사(v)+조사(u)](100), …(중간 생략)… ,[동사(v)+동사(v)+조사(u)](50)

위에 제시된 품사 기호의 배열 패턴은 코퍼스의 사용빈도에 근거해서 추출된 것이다. 이 중에는 통사적으로 온전한 구조를 이루기도 하지만 그렇지 않은 것도 있다. 예를 들어 '[부사(d)+동사(v)]', '[부사(d)+형용사(a)]'는 온전한 동사구나 형용사구일 가능성이 높지만 '[부사(d)+부사(d)]', '[대사(r)+대사(r)+부사(d)]'는 그 자체로는 완전한 구를 이루지 못한다.

그러나 코퍼스에서 추출된 단어와 품사 기호 배열 패턴은 어순 유형을 파악하는데 일정한 단서로 활용될 수 있다. 예를 들어 북경 구어 코퍼스에서 [조사(u)+명사(n)](1028회) 배열 패턴이 아주 많이 관찰되는데 그 중에 다수를 차지하는 것이 다음과 같은 용례이다.

(107) 我小的時候兒是六歲上學呀。
　　　내가 어렸을 때는 6세에 진학했습니다.

(108) 到北京的時候兒……
　　　북경에 도착했을 때…

(109) 他父親在的時候兒……
　　　그의 부친이 계실 때에…

(110) 日本投降的時候兒, 哎, 我就在那時候兒結的婚。
　　　일본이 항복했을 때, 나는 바로 그 시기에 결혼을 했습니다.

위의 예에서 '…的時候兒'는 '的'라는 조사와 '時候兒'라는 명사가 결합된
형태이다. 이들은 분포나 기능면에서도 일정한 특징이 있다. 분포면에서는
선행절 뒤에 위치하여 후행절을 연결하는 역할을 한다. 의미 기능면에서도
사건발생의 시점을 나타낸다. 일반적으로 중국어에서 선행절과 후행절을 연
결하는 접속 표지는 종속절의 앞에 오는 것이 일반적이다. 예컨대 '如果
……, ~' '要是……, ~'등은 접속 표지가 선행절의 앞에 위치한다. 이에
비해 '…的時候兒'는 선행절의 뒤에 위치하는 특성을 보인다. 북경 구어코퍼
스에서는 이러한 후치형 접속 기능을 하는 다른 표현으로 '……的話'도 자
주 관찰된다. 아래의 용례가 그러하다.

(111) 如果這樣的話, ……　만약 이렇다면…

(112) 要是下雨的話, ……　만약 비가 온다면…

(113) 不然的話, ……　　그렇지 않으면…

(114) 平常的話兒, ……　평소대로라면…

언어유형론적으로 후치형 접속표지나 전치형 접속표지는 어순유형과 일
정한 상관성이 존재한다. 그런 측면에서 위와 같은 예들은 북경 중국어에도
핵 후행(head-final)적인 요소가 혼재한다는 점을 설명하는 방증자료가 될 수
있을 것이다. 이밖에도 핵 후행적인 요소로 들 수 있는 것이 방향동사 '去'의
위치이다. 북경 구어코퍼스에서 방향동사 '去(가다)'는 종종 장소목적어 뒤에
사용된다.

(115) 到他們那兒去了。
　　　그들이 있는 곳으로 갔습니다.

(116) 我就上他們那兒又玩兒去了。

나는 그들이 있는 곳으로 또 놀러갔습니다.

(117) 哎, (上)哪兒去了?

아니, 어디로 갔습니까?

(118) 到那兒去的時候, ……

그곳으로 갔을 때…

위와 같은 어순 유형은 남방 중국어인 광동어 코퍼스에서는 잘 관찰되지 않는다. 광동어에서는 "去+장소명사"가 많이 사용된다. 그에 비해 북경 구어 코퍼스에서는 "到(上)+장소명사+去" 형태로도 자주 사용된다. 이러한 구조는 '去(가다)'를 동사구의 중심어로 본다면 핵 후행적인 특징이라고 할 수 있다.

5.4. 홍콩·상해·북경 코퍼스에 기초한 어순의 공통점과 차이점

5.4.1. 홍콩·상해·북경 중국어 어순의 공통점

세계언어지도집(WALS) 자료에서는 표준중국어와 지역 방언(월(粵) 방언, 객가어 등)이 유사한 어순 유형을 가진다고 기록되어 있다[46]. 모든 중국 주요 방언이 기록되지는 않았지만 대개 동사-목적어(VO), 혼합형 부치사, 수식어-중심어, 판단의문문 표지의 위치, 부사 종속절 접속 표지의 어순 등이 모두 같다. 이러한 주요한 매개변수들의 어순을 보면 중국 내의 지역 방언은 표준

---

46) 세계언어지도집(WALS)에서 오(吳) 방언은 Changzhou 지역만 묘사되어 있고 상해 지역 방언에 대한 정보는 없다.

중국어와 거의 같은 것으로 묘사되어 있다. 예를 들어 월(粵) 방언과 표준중
국어의 어순에 대한 기록을 보기로 하자.

<표 46> WALS 자료상의 월(粵) 방언, 표준중국어 어순

	Cantonese	Mandarin
VO_OV	2 VO	2 VO
Adposition	4 No dominant order	4 No dominant order
Genitive_Noun	1 Genitive-Noun	1 Genitive-Noun
Adjective_Noun	1 Adjective-Noun	1 Adjective-Noun
Demonstrative_Noun	1 Demonstrative-Noun	1 Demonstrative-Noun
Numeral_Noun	1 Numeral-Noun	1 Numeral-Noun
Relative Clause_Noun	2 Relative clause-Noun	2 Relative clause-Noun
Degree Word_Adjective	1 Degree word-Adjective	1 Degree word-Adjective
Position of Polar Question Particles	2 Final	2 Final
Order of Adverbial Subordinator and Clause	5 Mixed	5 Mixed

본고의 코퍼스 용례를 조사한 결과에 따르면 홍콩 지역의 월(粵) 방언, 북
경 지역의 관화 방언, 표준중국어의 기본어순에는 큰 차이가 없다. WALS
자료집에 나와 있지는 않지만 상해 지역의 오(吳) 방언도 표준중국어와 유사
한 어순을 가진다. 홍콩, 상해, 북경의 중국어는 기본어순이 모두 VO 어순에
속함에는 틀림이 없다. 다만 홍콩의 월(粵) 방언이 상대적으로 전형적인 VO
어순 유형에 속하고 상해 오(吳) 방언과 북경 방언이 덜 전형적인 VO 어순
특징을 보일 뿐이다.

5.4.2. 홍콩·상해·북경 코퍼스에 기초한 어순의 차이점

홍콩, 상해, 북경 지역의 코퍼스 자료를 살펴보면 기본어순은 유사하지만
세부적으로 어순의 변이형이 존재한다. 앞에서의 논의에 기초하여 세 지역

의 어순상의 차이점을 정리하면 다음과 같다.

<표 47> 홍콩·상해·북경 방언의 어순 유형 비교

항목	홍콩 월(粤) 방언	상해 오(吴) 방언	북경 관화 방언
기본어순	(S)VO	(S)VO	(S)VO
목적어의 화제화	TSV 문두 화제화 가능함.	STV/TSV 화제화 현상이 상대적으로 가장 두드러짐. 대상 논항이 문두로 화제화 되기도 하고 주어 동사 사이에 위치하기도 함.	TSV 문두 화제화 구문은 가능하지만 STV 구문은 많지 않음.
처치문 사용	처치문 사용이 적음. 문어체의 제한된 상황에서 將자구를 사용함.	처치문 사용이 적음. 拿(把)자구 사용이 수의 적임.	처치문 사용이 빈번함. 把자구 사용을 통해 동작의 처치 의미를 부각시킴.
이중목적어 구문	[V+DO+IO](선호됨) [V+IO+DO](덜선호됨)	[V+DO+IO](덜선호됨) [V+IO+DO](선호됨)	[V+DO+IO](불가) [V+IO+DO](선호됨)
가능보어의 목적어	[V+O+C](선호됨) [V+C+O](덜선호됨)	[V+O+C](덜 선호됨) [V+C+O](선호됨)	[V+O+C](불가) [V+C+O](선호됨)
부사어 위치	[Adv+V]/ [V+Adv] 일부 부사(先)와 형용사(多; 少)는 동사 뒤에서 수식함.	[Adv+V]/ [V+Adv] 일부 부사(快)는 동사 뒤에서 수식함.	[Adv+V]만 가능함. 부사어는 동사 앞에서만 수식함.
전치사구 어순	[PP+V]/ [V+PP]/ 모두 가능함. 특히 동사에 후행하는 전치사구가 많이 관찰됨. 전치사구 배열에 있어서 시간순서 원칙이 엄격히 지켜지지는 않음.	[PP+V]의 어순이 다수를 차지함. [V+PP] 어순은 많이 관찰되지 않음.	[PP+V]의 어순이 다수를 차지함. [V+PP] 어순은 제한된 상황에서 사용됨. 전치사구 배열에 있어서 시간순서 원칙이 비교적 엄격히 지켜짐.
후치사의 사용	후치사의 사용이 적음	후치사의 사용이 매우 활발함. 전치사처럼 문법화된 후치사가 많이 존재하며 전치사의 기능을 대체하기도 함.	후치사의 사용이 빈번하지만 전치사의 기능을 완전히 대체하지는 못함.
명사구 수식어	지시사, 수사, 형용사, 관계절 모두 명사에 선행함.	지시사, 수사, 형용사, 관계절 모두 명사에 선행함.	지시사, 수사, 형용사, 관계절 모두 명사에 선행함.

수량사구	[수사+양사+명사]/ [양사+명사] 구조가 가능함. 양사가 수사의 부가없이 단독으로 명사와 결합하여 문장에서 한정적(definite) 의미를 나타냄.	[수사+양사+명사] 구조로 사용됨. 양사는 일반적으로 수사가 부가되어야 함.	[수사+양사+명사] 구조로 사용됨. 양사는 일반적으로 수사가 부가되어야 함.
비교급 어순	[A+Adj+過+B] 비교표지가 형용사에 후행함.	[A+比+B+Adj] 비교표지가 형용사에 선행함.	[A+比+B+Adj] 비교표지가 형용사에 선행함.
판단의문문 형식	"有右+VP"처럼 "V不V+VP" 형태의 의문문 형식이 많이 사용됨.	문말 의문조사(伐)를 통해 판단의문문을 표현하는 것이 일반적.	문말 의문조사(嗎)를 통해 판단의문문을 표현하는 것이 일반적.
절 접속 표지	일반적으로 전치형 접속표지를 사용함.	전치형 접속표지를 주로 사용하고 일부 후치형 접속표지가 사용됨. '…呢'가 대표적임.	전치형 접속표지를 주로 사용하고 일부 후치형 접속표지가 사용됨. '…的時候'/'……的話'가 대표적임.

—

제6장

중국어와 인접 언어의 어순 유형 비교

6.1. 동아시아 언어와의 비교를 통한 중국어 어순 유형학적 특징 고찰

중국을 중심으로 한 동아시아 지역에는 여러 종류의 언어가 혼재한다. 어족별로 보면 적어도 4-5개 이상이 분포한다. 예를 들어 한장어족(Sino-Tibetan), 티베트-버마어족(Tibet-Burman), 타이-카다이어족(Tai-Kadai), 알타이어족(Altaic), 오스트로-아시아어족(Austro-Asiatic) 등이 분포되어 있다. 그러나 이러한 어족의 구분으로만 이해하면 계통론적인 한계에 사로잡히기 쉽다. 어족의 구분에만 갇혀 있으면 언어 변화의 다양성을 간과하기 쉽다. 어족이란 용어는 서로 다른 계통적 기원과 유형학적 특징을 가지고 있음을 내포한다. 그러나 중국을 비롯한 아시아 일부 어휘의 관련성, 통사구조 및 어순의 지리적 유사성 등을 고려할 때 어족 간의 접촉도 빈번했음을 알 수 있다. 특히 지리적으로 인접한 언어 간에는 차용과 융합이 매우 활발하다.

본장에서는 중국어 어순 유형의 문제를 중심으로 다루되 아시아적인 차원에서 거시적으로 다루어 보고자 한다. 이를 위해 아시아 언어지도 자료를 검토하였다. 또한 중국과 인접해 있는 주변 언어와 중국 내부에 혼재하는 어족의 언어 관련 자료를 검토하였다.[47]

---

47) 본 장은 강병규(2015)의 논의를 기초로 작성되었음.

필자가 주로 사용한 언어지도 자료는 세계언어지도집(The World Atlas of Language Structures: 이하 WALS로 약칭)이다. 세계언어지도집은 독일, 미국 등의 55명의 저자들이 수집한 1,000개 이상의 언어에 대한 음운, 형태, 어휘, 문법 정보가 담긴 데이터베이스로서 온라인 구글지도 형태로 제공된다[48].

본 장에서는 동아시아 지역 언어의 특징을 고찰하기 위해 대략 위도상으로 '북위 7도~68도', 경도상으로 '동경 65도~135도' 범위 안에 있는 세계 언어지도집(WALS) 자료를 선별하였다. 아래의 그림은 그 대략적인 경계를 표시한 것이다. 이 범위 안에서 1차적으로 검토된 언어는 200여 개이다. 북쪽으로는 어윈키어(Evenki:알타이어족)에서부터 남쪽으로는 베트남어, 태국어 (타이-카다이어족)가 포함된다. 동쪽으로는 아이누어(Ainu)에서부터 서쪽으로는 티베트어, 위구르어까지 포함된다.

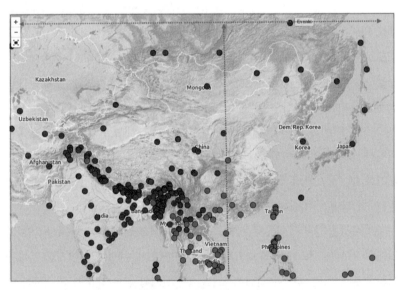

<그림 38> 세계언어지도집(WALS)에서 아시아 지역 언어 분포

---

48) WALS 자료는 해당 홈페이지에서 지도 형태로도 검색이 가능하고 엑셀 파일 형태로도 내려받기가 가능하다. 자세한 것은 아래의 사이트를 참고하기 바람.(http://wals.info)

이 중에서 필자는 'word order'로 표시된 어순 항목과 언어를 선별하여 연구에 활용하였다. 아래는 WALS 데이터에서 어순과 관련된 항목을 표로 정리한 것이다.

<표 48> 세계언어지도집(WALS)의 동사구와 명사구 어순 항목

자질번호	항목
81A	Order of Subject, Object and Verb
81B	Languages with two Dominant Orders of Subject, Object, and Verb
82A	Order of Subject and Verb
83A	Order of Object and Verb
84A	Order of Object, Oblique, and Verb
85A	Order of Adposition and Noun Phrase
86A	Order of Genitive and Noun
87A	Order of Adj and Noun
88A	Order of Dem and Noun
89A	Order of Numeral and Noun
90A	Order of Rel and Noun
90B	Prenominal Rels
90C	Postnominal Rels
90D	Internally-headed relative clauses
90E	Correlative Rels
90F	Adjoined Rels
90G	Double-headed relative clauses
91A	Order of Degree Word and Adj
92A	Position of Polar Question Particles
93A	Position of Interrogative Phrases in Content Questions
94A	Order of Adverbial Subordinator and Clause
95A	Relationship between the Order of Object and Verb and the Order of Adposition and Noun Phrase
96A	Relationship between the Order of Object and Verb and the Order of Relative Clause and Noun
97A	Relationship between the Order of Object and Verb and the Order of Adj and Noun

143A	Order of Negative Morpheme and Verb
143B	Obligatory Double Negation
143C	Optional Double Negation
143D	Optional Triple Negation
143E	Preverbal Negative Morphemes
143F	Postverbal Negative Morphemes
143G	Minor morphological means of signaling negation
144A	Position of Negative Word With Respect to Subject, Object, and Verb
144B	Position of negative words relative to beginning and end of clause and with respect to adjacency to verb
144C	Languages with different word order in negative clauses
144D	The Position of Negative Morphemes in SVO Languages
144E	Multiple Negative Constructions in SVO Languages
144F	Obligatory Double Negation in SVO languages
144G	Optional Double Negation in SVO languages
144H	NegSVO Order
144I	SNegVO Order
144J	SVNegO Order
144K	SVONeg Order
144L	The Position of Negative Morphemes in SOV Languages
144M	Multiple Negative Constructions in SOV Languages
144N	Obligatory Double Negation in SOV languages
144O	Optional Double Negation in SOV languages
144P	NegSOV Order
144Q	SNegOV Order
144R	SONegV Order
144S	SOVNeg Order
144T	The Position of Negative Morphemes in Verb-Initial Languages
144U	Double negation in verb-initial languages
144V	Verb-Initial with Preverbal Negative
144W	Verb-Initial with Negative that is Immediately Postverbal or between Subject and Object
144X	Verb-Initial with Clause-Final Negative
144Y	The Position of Negative Morphemes in Object-Initial Languages

위의 표에서 보이듯이 WALS 데이터베이스에는 어순과 관련된 항목이 모두 56개이다. 그 중에서 주어, 동사, 목적어의 어순 배열과 같은 주요어순 항목에 대한 정보는 여러 언어별로 다양하게 조사되어 있다. 물론 모든 어순 항목이 그러한 것은 아니다. 일부의 항목에서는 조사 언어의 숫자가 50개 미만인 경우도 있다. 조사 언어의 숫자가 적은 것은 주요 어순이 아닌 특정 어순에 대한 부분적인 연구를 반영한 것이다. 예를 들어 VSO 언어에서 이중 부정문의 어순은 조사 언어의 숫자가 17개에 불과하다. 본 연구에서는 이렇게 조사 언어의 숫자가 적은 것은 일단 배제하고 검토하였다.

지리적으로 동쪽으로는 일본어, 아이누어에서부터 서쪽으로는 신강지역 위구르어, 중앙아시아 지역의 언어에 이르기까지 정리를 했다. 남쪽으로는 동남아시아 지역의 베트남어, 태국어, 라오스어 등에서부터 북쪽으로는 몽골어, 어원키어, 퉁구스어에 이르기까지 어순 유형을 고찰하였다.

실례를 보이기 위해 위의 어순 항목 중에 '87A'를 살펴보기로 하겠다. 주지하듯이 중국어는 형용사 수식어와 명사를 매개변수로 하는 어순 유형에서 'Adj+N'의 유형에 속한다. 그러나 WALS 데이터베이스에 따르면 범언어적으로 형용사가 명사에 선행하는 것보다는 형용사가 명사에 후행하는 'N+Adj' 어순을 보이는 언어들이 더 많은 비중을 차지한다. 1300여 개의 언어 샘플 중에 약 63%의 언어는 형용사가 명사에 후행하며 명사가 선행하는 언어는 28%를 차지한다. 일부의 언어에서는 형용사가 명사의 앞뒤에 모두 출현하기도 한다.

Dryer(2005c:355)에 따르면 형용사의 어순은 지리적으로 그 분포가 비교적 분명하게 구분된다. 영어를 비롯한 유럽의 언어들은 대부분 형용사가 명사에 선행한다. 한국어, 중국어를 비롯한 동북아시아의 언어들도 'Adj+N'의 어순 유형을 가진다. 그러나 동남아시아 언어나 아프리카 언어들은 'N+Adj' 어순이 지배적이다. 히말라야 지역 티베트 버마어계 언어도 대부분 형용사가 명사에 후행한다. 호주 지역, 남태평양 지역의 언어들도 대체로 형용사가 명사에 후행한다.

6.2. 어순 매개변수별 분석

6.2.1. 동사-목적어(VO) 어순과 부치사(adposition) 어순

동사와 목적어의 기본어순은 지리적으로 상당한 차이를 보인다. 동아시아 지역의 언어에서 우세 어순은 목적어가 동사에 선행하는 OV 어순이라고 할 수 있다. WALS 자료에 따르면 중국어를 포함한 동아시아 언어는 VO 어순보다 OV 어순이 많은 비중을 차지한다. VO 어순이 67개(26%)인데 비해 OV 어순이 192개(74%)이다. 그러나 동아시아 이외의 지역에서는 VO 어순이 638개(55%)이고 OV 어순이 521개(45%)이다. 이를 도표로 나타내면 다음과 같다.

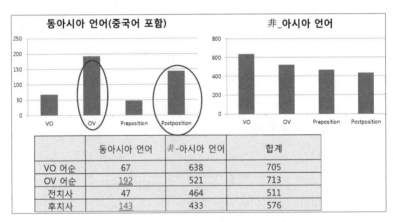

	동아시아 언어	非-아시아 언어	합계
VO 어순	67	638	705
OV 어순	192	521	713
전치사	47	464	511
후치사	143	433	576

<그림 39> VO/OV 어순과 전치사/후치사 어순의 지리적 분포

위의 그림에서 알 수 있듯이 동아시아 지역의 언어는 전치사형 언어보다는 후치사형 언어가 많다. 전치사를 가진 언어로 조사된 언어는 47개(25%)인

데 비해 후치사를 가지는 언어는 143개(75%)이다. 그러나 동아시아 이외의 지역의 상황은 이와 다르다. 동아시아 이외의 지역에서 전치사를 가지는 언어는 464개(52%)이고 후치사를 가지는 언어는 433개(48%)이다.

6.2.2. 형용사, 지시사, 수사, 속격어, 관계절 어순

언어유형론적으로 명사구 어순과 관련된 매개변수로는 형용사, 지시사, 수사, 속격어, 관계절 등을 들 수 있다. 본고에서는 WALS 자료를 참조하여 이러한 어순 매개변수별로 동아시아 언어와 다른 지역의 사용 양상을 조사하였다.

(가) 형용사의 어순

동아시아 언어에서는 형용사 수식어가 명사에 선행하는 어순이 더 많은 비중을 차지한다. WALS 자료에는 동아시아 지역의 54.7%에 해당하는 언어가 'Adj+N' 어순을 가지는 것으로 기록되어 있다. 이에 비해 동아시아 이외의 지역에서는 'Adj+N' 어순을 가진 언어가 24.7%에 불과하고 'N+Adj'어순의 언어가 75.3%를 차지한다.

<표 49> 지역별 형용사 어순 유형 비교

항목		동아시아 언어 (중국어 포함)		非_아시아 언어	
형용사 어순	Adj_N	**117**	**54.7%**	256	24.7%
	N_Adj	97	45.3%	**781**	**75.3%**
	합계	214	100%	1037	100%

(나) 지시사의 어순

지시사의 어순 유형에 있어서도 동아시아 지역의 언어는 다른 지역과 차이를 보인다. 동아시아 지역의 언어는 지시사와 명사를 매개변수로 하는 어순의 유형에서 'Dem+N'이 우세 어순이다. 본고의 분석에 따르면 동아시아 언어 중에서 69.8%가 이러한 유형에 속한다. 그러나 범언어적으로는 지시사가 명사에 후행하는 언어가 더 많은 편이다.

<표 50> 지역별 지시사 어순 유형 비교

항목		동아시아 언어 (중국어 포함)		非_아시아 언어	
지시사 어순	Dem_N	**134**	**69.8%**	408	44.8%
	N_Dem	58	30.2%	**503**	**55.2%**
	합계	192	100%	911	100%

(다) 수사의 어순

동아시아 언어 중에서 수사가 명사에 선행하는 어순을 가지는 비율은 54.3%이다. 수사가 명사 뒤에 위치하는 비율은 45.7%이다. 비율면으로 보자면 동아시아 지역에서 수사가 선행하는 언어의 수가 더 많다고 할 수 있다. 그러나 범언어적으로는 수사가 명사에 후행하는 언어가 더 많은 비중을 차지한다.

<표 51> 지역별 수사 어순 유형 비교

항목		동아시아 언어 (중국어 포함)		非_아시아 언어	
수사 어순	Num_N	**108**	**54.3%**	371	41.8%
	N_Num	91	45.7%	**516**	**58.2%**
	합계	199	100%	887	100%

(라) 속격어의 어순

동아시아 언어 중에서 소유관계를 표시하는 속격어는 명사에 선행하는 'Gen+N' 어순이 우세하다. WALS 자료에 따르면 동아시아의 78.4%의 언어가 속격어가 명사에 선행하는 분포를 보인다. 전 세계적으로도 속격어는 명사에 선행하는 언어의 비율이 다소 높다.

<표 52> 지역별 속격어 어순 유형 비교

항목		동아시아 언어 (중국어 포함)		非_아시아 언어	
속격어 어순	Gen_N	**149**	**78.4%**	**536**	**55.7%**
	N_Gen	41	21.6%	427	44.3%
	합계	190	100%	963	100%

(마) 관계절의 어순

동아시아 언어에서는 관계절이 명사에 선행하는 'Rel+N' 어순 유형이 다수를 차지한다. 조사 결과에 따르면 67.8%의 동아시아 언어가 'Rel+N' 어순으로 표현된다. 그러나 동아시아 지역을 제외한 다른 지역에서는 관계절이 명사에 선행하는 언어가 매우 적다. 동아시아 이외의 지역에서 관계절이 명사에 선행하는 언어는 61개로서 10.1%에 불과하다.

<표 53> 지역별 관계절 어순 유형 비교

항목		동아시아 언어 (중국어 포함)		非_아시아 언어	
관계절 어순	Rel_N	**80**	**67.8%**	61	10.1%
	N_Rel	38	32.2%	**541**	**89.9%**
	합계	118	100%	602	100%

이상의 조사 결과를 종합하여 하나의 도표로 나타내 보면 다음과
같다.

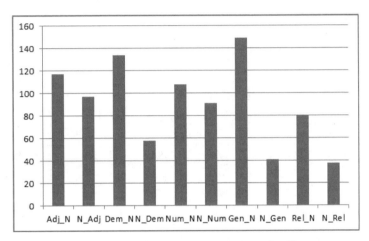

<그림 40> 동아시아 언어의 어순 유형(중국어 포함)

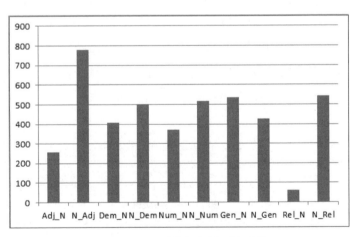

<그림 41> 非_아시아 언어의 어순 유형

위의 도표를 통해 볼 때 동아시아 언어의 어순 유형은 세계의 다른 지역 언어와 일정한 차이를 보인다. 형용사, 지시사, 속격어의 어순도 그러한 차이를 보여준다. 특히 관계절의 어순은 동아시아 지역의 언어와 그 이외의 지역에서의 차이가 매우 두드러진다. 전체적으로 종합해 보자면 형용사, 지시사, 속격어, 관계절 등이 선행하고 중심어가 후행하는 'Head-Final'의 특징을 보인다고 할 수 있다.

6.3. 구글 지도를 통해서 본 동아시아 언어의 지리적 차이

언어지도란 어떤 언어 현상의 지리적 분포를 한눈에 알아볼 수 있도록 지도 형식을 빌려 나타낸 것을 말한다. 언어적 특징을 지도라는 공간에 직접 표현하게 되면 그 분포를 지리적 공간 정보와 연관시켜 파악할 수 있게 된다. 이를 통해 지리적 인접성과 언어적 특징 간의 관련성을 이해하는 데에도 도움이 될 수 있다.

WALS 언어 자료는 구글 지도(Google Maps) 형식으로 표현할 수 있다. 동아시아의 어순 정보도 구글 지도와 연결하여 살펴보면 지리적 분포에 따라 일정한 경향성이 있음을 알 수 있다. 아래에서는 지도의 형태를 통해 중국과 주변 지역 언어의 어순 유형을 살펴보기로 하겠다.

6.3.1. 동사(V)와 목적어(O)의 어순 유형의 지리적 분포

동아시아 지역의 언어 중에 OV 어순을 가진 언어가 74%로서 다수를 차지한다고 했다. 이는 언어지도를 통해 보면 더 확연하게 알 수 있다. 아래의 그림은 동아시아 지역에서 관찰되는 동사와 목적어의 어순 유형을 나타낸 것이다. 지리적으로 볼 때 OV 어순을 가지는 언어는 중국의 북부(동북아시아), 서부(티베트, 중앙아시아) 지역의 언어이다.

한편 중국어를 포함한 VO 어순의 언어는 동아시아 지역에서 26%를 차지한다. 지리적으로는 중국의 동남부 지역과 동남 아시아 지역의 언어가 이러한 어순을 가지고 있다. 언어별로는 중국어를 비롯한 베트남어, 태국어, 라오스어 등이 VO 어순유형에 속한다.

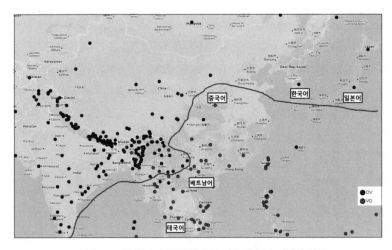

<그림 42> 동사(V)와 목적어(O)의 어순 유형의 지리적 분포

6.3.2. 부치사(전치사/후치사) 어순 유형의 지리적 분포

동아시아 지역에서 부치사(adposition)의 어순은 VO/OV 어순과 밀접한 상관성을 가진다. 대개 VO 어순을 가진 언어는 전치사(preposition) 어순을 가진다. 반대로 OV 어순을 가진 언어는 후치사(postposition)어순을 가진다.

그러나 중국어는 전치사와 후치사가 모두 존재하는 혼합형 언어에 속한다. WALS 지도상에서도 표준중국어는 부치사의 어순이 어느 하나로 고정되어 있지 않아서 회색으로 표시되어 있다. 이렇게 부치사의 지배적인 어순이 정해져 있지 않은 언어는 동아시아 지역에서 매우 드물다. 중국어가 상당히 예외적인 언어이다.

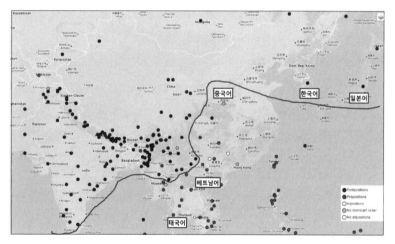

<그림 43> 부치사(전치사/후치사) 어순 유형의 지리적 분포

6.3.3. 형용사 어순 유형의 지리적 분포

아래의 그림은 동아시아 지역에서 관찰되는 형용사 수식어의 어순 유형
을 나타낸 것이다. 그림에서 보는 바와 같이 중국어는 한국어, 일본어와 같
이 형용사가 명사 앞에 오는 어순에 속한다. 반면 베트남어, 태국어 등과 같
은 동남아시아 언어들은 형용사가 명사 뒤에 위치하는 'N+Adj' 어순을 가
진다. 히말라야 경계에 있는 언어들은 2가지 어순이 혼재하는 양상을 보인
다. 한편 인도와 파키스탄 지역의 언어들은 대부분 형용사가 명사에 선행하
는 어순을 가진다.

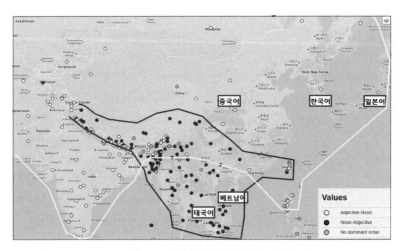

<그림 44> 형용사 수식어와 명사의 어순

6.3.4. 지시사 어순 유형의 지리적 분포

지시사의 어순 유형도 지리적으로 일정한 경향성을 보인다. 대개 동남아시아 지역의 언어들은 지시사가 중심명사에 후행한다. 이에 비해 중국어, 한국어, 일본어를 비롯한 나머지 지역의 언어들은 대부분 지시사가 명사에 선행한다.

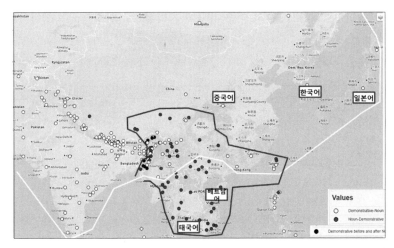

<그림 45> 지시사와 명사의 어순

6.3.5. 수사 어순 유형의 지리적 분포

아래의 그림은 수사의 어순 유형을 나타낸 것이다. 동아시아 지역에서 중국어, 한국어, 일본어 등은 모두 수사가 명사 앞에 위치한다. 뿐만 아니라 베트남어를 비롯한 동남아시아의 일부 언어들도 수사가 명사 앞에 위치한다. 그러나 히말라야 산맥을 경계로 하는 티베트-버마어계의 많은 언어들은 수사가 명사 뒤에 위치하는 어순 분포를 보인다. 구글 지도에 표시된 언어들의 색깔만 보더라도 수사의 어순 유형이 지리적으로 일정한 경향성이 있음을 알 수 있다.

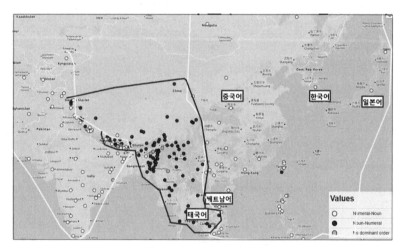

<그림 46> 수사와 명사의 어순

6.3.6. 속격어 어순 유형의 지리적 분포

동아시아 지역에서 속격어는 중심명사의 앞에 위치하는 언어가 다수를
차지한다. 이는 아래의 지도를 통해서도 확연히 드러난다.

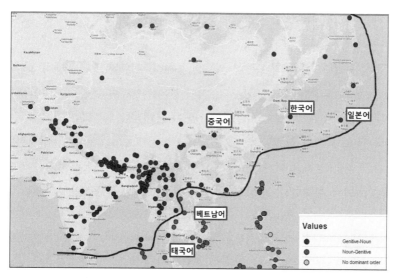

<그림 47> 속격어와 명사의 어순

위의 그림에서도 알 수 있듯이 표준중국어를 비롯한 동북아시아 언어들
은 모두가 속격어가 중심명사 앞에 오는 어순 유형을 가지고 있다. 뿐만 아
니라 히말라야 산맥 지역의 티베트어 계통도 모두가 속격어가 선행하는 어
순 분포를 보인다. 그러나 동남아시아 지역의 언어들은 동북아시아 언어와
대조적인 어순 유형을 가지고 있다. 베트남어, 태국어 등이 전형적인 예에
속한다.

6.3.7. 관계절 어순 유형의 지리적 분포

관계절의 어순은 동아시아 지역과 다른 지역 간의 분포적 특징이 아주 극명하게 대비된다. 동아시아 지역에서는 관계절이 중심어에 선행하는 언어가 더 많아 68%를 차지한다. 그러나 전 세계적으로는 정반대의 분포를 보인다. 관계절이 선행하는 비율은 10%에 불과하다. 90% 이상이 중심어에 후행하는 관계절 분포를 보인다.

관계절 어순의 지리적 특징은 지도를 통해 비교해 볼 때도 확연히 드러난다. 아래의 그림에서 파란 점으로 표시된 것은 관계절이 선행하는 언어를 나타낸다. 그리고 빨간 점으로 표시된 언어는 관계절이 후행하는 언어를 나타낸다. 그림에서 알 수 있듯이 빨간 점으로 표시된 언어가 다수를 차지한다. 파란 점으로 표시된 언어는 터키, 중앙아시아, 시베리아, 동북아시아, 인도 등의 지역에 집중되어 있을 뿐 다른 지역에는 아주 드물게 관찰된다.

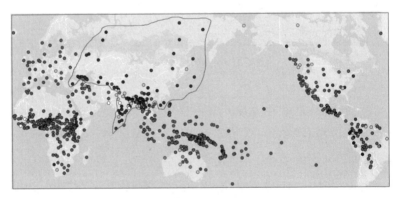

<그림 48> 관계절과 명사의 어순 분포

동아시아 지역으로 세분해서 다시 지도를 관찰해 보면 베트남어, 태국어를 비롯한 동남아시아 지역의 언어가 관계절이 선행하는 분포를 보인다. 그리고 그 이외의 지역은 대부분 관계절이 중심어에 선행하는 어순 유형을 가지고 있다.

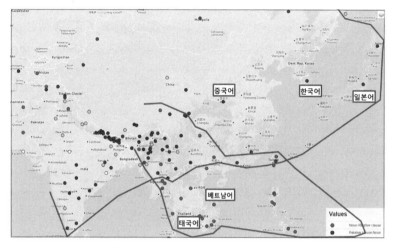

<그림 49> 동아시아 지역의 관계절과 명사의 어순

6.3.8. 종속절 접속표지 어순 유형의 지리적 분포

종속절 접속표지 어순 유형도 동아시아 지역에서 일정한 특징을 가지고 있다. 일반적으로 SVO형 언어는 절 접속 표지가 앞에 위치하고 SOV형 언어는 절 접속 표지가 뒤에 위치한다. 세계언어지도집(WALS 2018) 자료에 따르면 전 세계적으로 이러한 경향은 상관성이 높은 편이다. 전 세계에서 (S)VO형 어순을 가진 언어 중에 종속절 표지로 전치형 표지(Initial Subordinate Word)를 사용하는 비율은 341개 언어 중에 304개로서 89.1%를 차지한다. 이에 비해 전치형과 후치형 접속표지를 모두 사용하는 혼합형 언어는 31개로서 9.1%에 불과하다. 중국어는 (S)VO형 언어이면서 전치형과 후치형 표지를 모두 사용할 수 있는 소수의 언어에 속한다. 접속 표지가 선행하기도 하고 후행하기도 하는 것은 다른 언어에 비해 상당히 특이한 현상이다.

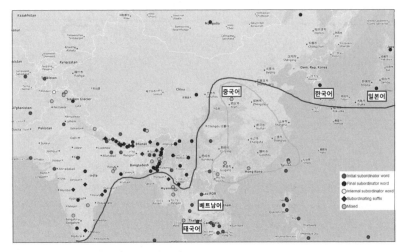

<그림 50> 종속절 접속표지 어순 유형의 지리적 분포

(1) VO형 절 접속 표지

   (a) [When I came back], he was watching the TV. (영어)

   (b) [Als ich zurück kam], wurde er mit dem Fernsehen. (독일어)

   (c) [Quand je suis revenu], il regardait la télévision. (프랑스어)

   (d) [Khi tôi trở lại], ông được xem TV. (베트남어)

(2) OV형 절 접속 표지

   (a) [내가 돌아 왔을 때], 그는 TV를 보고 있었다. (한국어)

   (b) [私が回ってきた時には]、彼はTVを見ていた. (일본어)

(3) 중국어의 실례

   (a) [我回來的時候], 他正在看電視。

   (b) [要是明天下雨的話], 我們就不去。

6.4. 참조문법 자료를 통한 중국어와 인접 언어의 어순 유형 비교

6.4.1. 중국어와 남방 인접 언어의 비교

본고에서는 중국어와 소수민족 언어의 지리적 인접성의 증거를 더 찾기 위해 구할 수 있는 참조문법 자료를 모아서 정리해 보았다. 본고에서는 아래와 같은 참조문법 연구자료를 검토하여 중국 경내에 존재하는 여러 언어들의 어순 유형을 비교 검토하였다. 예를 들어, "중국 소수민족 언어 참조문법 연구시리즈 총서(中國少數民族語言參考語法研究系列叢書, 2014)"로 ≪鄂溫克語參考語法≫, ≪梁河阿昌語參考語法≫, ≪燕齊壯語參考語法≫, ≪元江苦聰話參考語法≫, ≪湘西矮寨苗語參考語法≫, ≪居都仡佬語參考語法≫, ≪墨江哈尼族卡多話參考語法≫, ≪趙莊白語參考語法≫, ≪景頗語參考語法≫, ≪現代維吾爾語參考語法≫, ≪遮放載瓦語參考語法≫, ≪邦朵拉祜語參考語法≫ 등을 참고하였다.

이 밖에도 李雲兵(2008), WALS 등에서 제시한 중국소수민족언어의 어순 유형과 관계된 자료를 검토하였다. 예를 들어 동물 성별을 나타내는 중국 남부 소수민족 언어의 어순 유형을 살펴보면 중국 남방 방언과의 관련성을 쉽게 찾을 수 있다. 중국 남쪽의 소수민족 언어들은 대개 동물 성별 수식어가 명사 뒤에 위치한다. 이러한 것을 참고하면 중국 남방 방언의 '鷄公(수탉)', '牛公(수소)', '菜干(말린 채소)', '魚生(생선)' 등의 어순도 지리적으로 자연스럽게 닮아있음을 알 수 있다.

중국어와 인접 언어의 비교는 지역별로 크게 중국 대륙의 남쪽(남서부, 남동부)에 인접한 언어들과 중국 대륙의 북쪽에 인접한 언어들을 대상으로 한다. 남방 인접 언어들은 티베트-버마어군(藏緬語群), 동태어군(侗台語群, 타이-카다이어족의 일부), 묘요어군(苗瑤語群), 남아어군(南亞語群) 및 기타 동남아시아 언어의 어순을 비교한다. 중국 대륙의 북쪽으로는 몽골어군, 튀르크어군, 만주

퉁구스어군에 속하는 언어의 어순에 대해서 조사하고 중국어와 비교하였다.

(가) 티베트-버마어군(藏緬語群)의 어순

중국 경내에 분포하는 티베트-버마어군(藏緬語群)은 적어도 30개 이상의 언어로 분화된다. 언어 간의 어순 변이도 다양한 양상을 보인다. 본고에서는 지면 관계상 4개의 언어를 표본으로 제시하기로 한다.

언어명	백어 (白語:Bai)	경포어 (景頗語:Jingpo)	보미어 (普米語:Pumi)	강어 (羌語:Qiang)
위도	26.0	25.4	28.0	32.0
경도	100.0	97.0	101.0	102.7
어족명	Sino-Tibetan	Sino-Tibetan	Sino-Tibetan	Sino-Tibetan
주어, 목적어, 동사 어순	SVO	SOV	SOV	SOV
부치사(Adposition) 어순	Mixed	Postpositions	Postpositions	Postpositions
속격(Genitive) 어순	Gen-Noun	Gen-Noun	Gen-Noun	Gen-Noun
형용사(Adjective) 어순	Adj-Noun	Noun-Adj	Noun-Adj	Noun-Adj
지시사(Demonstrative) 어순	Noun-Dem	Dem-Noun	Dem-Noun	Noun-Dem
수사(Numeral) 어순	Noun-Num	Noun-Num	Noun-Num	Noun-Num
관계절(Relative Clause) 어순	Rel-Noun	Rel-Noun	Rel-Noun	Rel-Noun
의문조사 위치	Final	Final	Final	없음
동사, 목적어, 부치사의 관계	Other	OV & Postpositions	OV & Postpositions	OV & Postpositions
동사, 목적어, 관계절의 관계	VO & RelN	OV & RelN	OV & RelN	OV & RelN
동사, 목적어, 형용사의 관계	VO & AdjN	OV & NAdj	OV & NAdj	OV & NAdj
동사, 부정사 어순	NegV	NegV	MorphNegV	MorphNegV

(나) 동태어군(侗台語群)의 어순

동태어군(侗台語群)은 '타이-카다이어(Tai-Kadai)'라고도 불린다. 李雲兵(2008: 111)에 따르면 이 어군에 속하는 15개의 언어가 중국 경내에 분포한다. 아래 에서는 지면 관계상 4개의 언어를 표본으로 제시하기로 한다.

언어명	동어 (侗語:Dong)	걸로어 (仡佬語:Gelao)	태어 (傣語:Dai)	노과어 (老撾語:Lao)
위도	27.0	22.9	21.0	18.0
경도	109.0	105.5	100.0	103.0
어족명	Tai-Kadai	Tai-Kadai	Tai-Kadai	Tai-Kadai
주어, 목적어, 동사 어순	SVO	SVO	SVO	SVO
부치사(Adposition)	Prepositions	Prepositions	Prepositions	Prepositions
속격(Genitive) 어순	Noun-Gen	Noun-Gen	Noun-Gen	Noun-Gen
형용사(Adjective) 어순	Noun-Adj	Noun-Adj	Noun-Adj	Noun-Adj
지시사(Demonstrative) 어순	Noun-Dem	Noun-Dem	Noun-Dem	Noun-Dem
수사(Numeral) 어순	Num-Noun	Num-Noun	Noun-Num	Noun-Num
관계절(Relative Clause) 어순	Rel-Noun	Mixed	Noun-Rel	Noun-Rel
의문조사 위치	Final	Final	Final	Final
동사, 목적어, 부치사의 관계	VO & Prepositions	VO & Prepositions	VO & Prepositions	VO & Prepositions
동사, 목적어, 관계절의 관계	VO & RelN	VO & Mixed	VO & NRel	VO & NRel
동사, 목적어, 형용사의 관계	VO & NAdj	VO & NAdj	VO & NAdj	VO & NAdj
동사, 부정사 어순	NegV	VNeg	NegV	NegV

(다) 묘요어군(苗瑤語群)의 어순

묘요어군(苗瑤語群)은 중국과 동남아시아 일부 지역에 분포되어 있다. 이 중에서 중국 경내에 분포하는 10여 개의 묘요어는 중국어와의 언어접촉이 빈번하여 어순 변이가 많은 편이다. 이 언어들은 SVO 어순과 SOV 어순의 혼합적인 특징을 가지고 있다. 기본어순은 SVO 어순이지만 수식어 어순은 중국어와 유사한 측면도 적지 않다. 아래에서는 지면 관계상 3개의 언어를 표본으로 제시하기로 한다.

언어명	묘어 (苗語:Hmong)	면어 (勉語:Mien)	포노어 (布努語:Punu)
위도	28.0	25.0	24.0
경도	105.0	111.0	107.0
어족명	Hmong-Mien	Hmong-Mien	Hmong-Mien
주어, 목적어, 동사 어순	SVO	SVO	SVO
부치사(Adposition)	Prepositions	Mixed	Mixed
속격(Genitive) 어순	Gen-Noun	Gen-Noun	Gen-Noun
형용사(Adjective) 어순	Noun-Adj	Noun-Adj	Noun-Adj
지시사(Demonstrative) 어순	Noun-Dem	Dem-Noun	Noun-Dem
수사(Numeral) 어순	Num-Noun	Num-Noun	Num-Noun
관계절(Relative Clause) 어순	Noun-Rel	Noun-Rel	Noun-Rel
의문조사 위치	Other position	Final	Final
동사, 목적어, 부치사의 관계	VO & Prepositions	VO & Mixed	VO & Mixed
동사, 목적어, 관계절의 관계	VO & NRel	VO & NRel	VO & NRel
동사, 목적어, 형용사의 관계	VO & NAdj	VO & NAdj	VO & NAdj
동사, 부정사 어순	NegV	NegV	NegV

(라) 남아어군(南亞語群)의 어순

남아어군(南亞語群)은 오스트로-아시아어(Austro-Asiatic) 어족에 속하는 언어
군으로서 중국 남부 지역과 베트남, 라오스, 버마, 캄보디아, 태국, 말레이시
아 등에 분포한다. 李雲兵(2008:217)은 중국 경내에 분포하는 11개의 남아어
군 언어의 어순 유형을 조사한 결과 대체로 SVO 유형에 속한다고 하였다.
이 언어는 중국 광서성과 운남성 일대에서 사용된다. 아래에서는 지면 관계
상 3개의 언어를 표본으로 제시하기로 한다.

언어명	와어 (佤語:Wa)	덕앙어 (德昻語:De—ang)	포낭어 (布朗語:Bulang)
위도	23.5	24.0	21.5
경도	98.5	98.0	99.5
어족명	Austro-Asiatic	Austro-Asiatic	Austro-Asiatic
주어, 목적어, 동사 어순	SVO	SVO	SVO
부치사(Adposition)	Prepositions	Prepositions	Prepositions
속격(Genitive) 어순	Noun-Gen	Noun-Gen	Noun-Gen
형용사(Adjective) 어순	Noun-Adj	Noun-Adj	Noun-Adj
지시사(Demonstrative) 어순	Noun-Dem	Noun-Dem	Noun-Dem
수사(Numeral) 어순	Mixed	Mixed	Mixed
관계절(Relative Clause) 어순	Noun-Rel	Noun-Rel	Noun-Rel
의문조사 위치	Final	Final	Final
동사, 목적어, 부치사의 관계	VO & Prepositions	VO & Prepositions	VO & Prepositions
동사, 목적어, 관계절의 관계	VO & NRel	VO & NRel	VO & NRel
동사, 목적어, 형용사의 관계	VO & NAdj	VO & NAdj	VO & NAdj
동사, 부정사 어순	NegV	NegV	NegV

(마) 기타 동남아시아 언어의 어순

중국 남부 지역과 인접한 동남아시아 지역의 주요 언어는 베트남어, 태국어, 버마어, 말레이시아어, 라오스어 등을 들 수 있다. 이들은 언어 계통의 측면에서 한장어족, 타이-카다이어족, 오스트로-아시아어족 등으로 분류된다. 이러한 언어들은 중국 경내에 분포하는 소수민족 언어들과 계통론적으로나 유형론적으로 일정한 관련성을 가진다. 아래에서는 이 중에 4가지 언어를 실례로 들어서 어순 유형을 정리하였다.

언어명	버마어 (Burmese)	라오스어 (Lao)	태국어 (Thai)	베트남어 (Vietnamese)
위도	21.0	18.0	16.0	10.5
경도	96.0	103.0	101.0	106.5
어족명	Sino-Tibetan	Tai-Kadai	Tai-Kadai	Austro-Asiatic
주어, 목적어, 동사 어순	SOV	SVO	SVO	SVO
부치사(Adposition)	Postpositions	Prepositions	Prepositions	Prepositions
속격(Genitive) 어순	Gen-Noun	Noun-Gen	Noun-Gen	Noun-Gen
형용사(Adjective) 어순	Noun-Adj	Noun-Adj	Noun-Adj	Noun-Adj
지시사(Demonstrative) 어순	Dem-Noun	Noun-Dem	Noun-Dem	Noun-Dem
수사(Numeral) 어순	Noun-Num	Noun-Num	Noun-Num	Num-Noun
관계절(Relative Clause) 어순	Rel-Noun	Noun-Rel	Noun-Rel	Noun-Rel
의문조사 위치	의문조사없음	Final	Final	Final
동사, 목적어, 부치사의 관계	OV& Postpositions	VO& Prepositions	VO& Prepositions	VO& Prepositions
동사, 목적어, 관계절의 관계	OV & RelN	VO & NRel	VO & NRel	VO & NRel
동사, 목적어, 형용사의 관계	OV & NAdj	VO & NAdj	VO & NAdj	VO & NAdj
동사, 부정사 어순	ObligDoubleNeg	NegV	NegV	NegV

6.5. 동아시아 지역별 어순 유형 통계 분석

언어지도나 참조문법 자료를 통해 우리는 동아시아 언어의 어순 유형이
어족과 지역별로 일정한 차이를 보인다는 것을 알 수 있다. 이번에는 지역별
어순 유형의 차이가 유의미한 것인지를 알아보기 위해 어족과 지역을 고려
하여 4개의 권역으로 나누어서 통계적인 분석을 시도해 보기로 하겠다.

> (A) 동북아시아 지역의 언어 : 중국어, 한국어, 일본어, 어원키어 등
> (B) 동남아시아 지역의 언어 : 베트남어, 태국어 등
> (C) 히말라야 산맥 지역의 언어 : 티베트어, 버마어 등
> (D) 남아시아 지역의 언어49) : 힌디어, 벵갈어 등

(A)~(D) 지역을 중심으로 참조문법 및 WALS 데이터베이스를 검토한 결
과 어순정보가 모두 온전하게 기록된 언어는 많지 않았다. 형용사 어순에 대
한 정보만 있는 언어가 있는가 하면 지시사 어순에 대한 정보만 있는 언어
가 있다. 특히 관계절의 어순에 대한 정보는 상당히 빈약한 편이다. 그래서
일단 관계절을 제외하고 형용사, 지시사, 수사, 속격어의 어순 정보가 온전
하게 기록된 언어를 선별하였다. 그 결과 총 134개의 언어가 선택되었다.
통계적 검증 방법은 범주형 자료의 특성을 고려하여 카이 검정(Chi Square
Test) 방식을 사용하였다. 카이 검정은 일반적으로 범주형 자료의 집단간 차
이가 유의미한지를 분석하는 통계 방식이다. 어순 유형도 일종의 범주형 자
료이므로 집단 간의 사용 양상을 빈도와 교차표(cross tabulation) 형식으로 변환
하면 카이 검정이 가능하다. 본고에서는 (A)~(D)로 나눈 언어들을 각각의
집단으로 놓고 분석을 실시하였다. 분석 결과는 다음과 같다.

---

49) 남아시아 지역은 엄밀한 의미에서 인도유럽어적인 특징을 가지는 언어가 다수이고 지역
   적으로도 동아시아 언어로 분류할 수는 없다. 다만 본고에서는 남아시아 지역도 중국어
   와 히말라야 산맥을 경계로 언어적 접촉 가능성이 있어 참고적으로 검토하였다.

(가) 형용사 수식어와 명사 어순 유형에 대한 카이 검정 결과

<표 54> 형용사 수식어와 명사 어순 유형에 대한 카이 검정 결과

구분		Adj_Noun			전체
		Adj_N	N_Adj	우세어순없음	
동북아시아	언어수	12	0	0	12
(중국어, 알타이어 등)	백분율	100.0%	.0%	.0%	100.0%
동남아시아	언어수	9	19	4	32
(베트남어, 태국어 등)	백분율	28.1%	59.4%	12.5%	100.0%
히말라야 산맥 지역	언어수	22	38	8	68
(티베트어, 버마어등)	백분율	32.4%	55.9%	11.8%	100.0%
남아시아	언어수	21	1	0	22
(힌디어, 벵갈어 등)	백분율	95.5%	4.5%	.0%	100.0%
전체	언어수	64	58	12	134
	백분율	47.8%	43.3%	9.0%	100.0%

	값	자유도	점근유의확률
Pearson Chi Square[50]	44.620	6	.000
우도비	54.101	6	.000
유효 케이스 수	134		

---

50) 피어슨 카이제곱 수치는 획득도수와 기대도수가 5 이하인 비율이 20% 이하일 때 통계
적으로 유의미하다고 알려져 있다. 그러나 본고의 분석과정에서 획득도수와 기대도수가
5 이하인 항목들이 적지 않음을 발견하였다. 따라서 표에 제시된 카이제곱 수치는 참고
용으로만 보면 될 것이다. 만약 획득도수와 기대도수가 5 이하인 항목이 많을 경우에는
피셔의 정확성 검증(Fisher's Exact test)을 하는 것이 더 바람직하다. 이에 대해서는 추가
적으로 작업을 통해 정확한 수치를 계산하면 좋으리라 판단된다. 다만 피셔의 정확성
검증을 하더라도 언어들 간의 유의미한 차이가 있다는 것은 충분히 예측된다.

(나) 지시사와 명사 어순 유형에 대한 카이 검정 결과

<표 55> 지시사와 명사 어순 유형에 대한 카이 검정 결과

구분		Dem_Noun			전체
		Dem_N	N_Dem	우세어순없음	
동북아시아	언어수	12	0	0	12
(중국어, 알타이어 등)	백분율	100.0%	.0%	.0%	100.0%
동남아시아	언어수	13	18	1	32
(베트남어, 태국어 등)	백분율	40.6%	56.3%	3.1%	100.0%
히말라야 산맥 지역	언어수	40	22	6	68
(티베트어, 버마어 등)	백분율	58.8%	32.4%	8.8%	100.0%
남아시아	언어수	22	0	0	22
(힌디어, 벵갈어 등)	백분율	100.0%	.0%	.0%	100.0%
전체	언어수	87	40	7	134
	백분율	64.9%	29.9%	5.2%	100.0%

	값	자유도	점근 유의확률
Pearson Chi Square	31.238	6	.000
우도비	40.899	6	.000
유효 케이스 수	134		

(다) 수사와 명사 어순 유형에 대한 카이 검정 결과

<표 56> 수사와 명사 어순 유형에 대한 카이 검정 결과

구분		Numeral_Noun			전체
		Num_N	N_Num	우세어순없음	
동북아시아	언어수	11	0	1	12
(중국어, 알타이어 등)	백분율	91.7%	.0%	8.3%	100.0%
동남아시아	언어수	22	7	3	32
(베트남어, 태국어 등)	백분율	68.8%	21.9%	9.4%	100.0%
히말라야 산맥 지역	언어수	15	48	5	68
(티베트어, 버마어 등)	백분율	22.1%	70.6%	7.4%	100.0%
남아시아	언어수	22	0	0	22
(힌디어, 벵갈어 등)	백분율	100.0%	.0%	.0%	100.0%
전체	언어수	70	55	9	134
	백분율	52.2%	41.0%	6.7%	100.0%

	값	자유도	점근 유의확률
Pearson Chi Square	59.887	6	.000
우도비	73.742	6	.000
유효 케이스 수	134		

(라) 속격어 명사 어순 유형에 대한 카이 검정 결과

<표 57> 속격어와 명사 어순 유형에 대한 카이 검정 결과

구분		Genitive_Noun			전체
		Gen_N	N_Gen		
동북아시아	언어수	12	0		12
(중국어, 알타이어 등)	백분율	100.0%	.0%		100.0%
동남아시아	언어수	5	27		32
(베트남어, 태국어 등)	백분율	15.6%	84.4%		100.0%
히말라야 산맥 지역	언어수	68	0		68
(티베트어, 버마어 등)	백분율	100.0%	.0%		100.0%
남아시아	언어수	21	1		22
(힌디어, 벵갈어 등)	백분율	95.5%	4.5%		100.0%
전체	언어수	106	28		134
	백분율	79.1%	20.9%		100.0%

	값	자유도	점근유의확률
Pearson Chi Square	102.702	3	.000
우도비	101.495	3	.000
유효 케이스 수	134		

위의 표에 제시된 바와 같이 동북아시아 지역, 동남아시아 지역, 히말라야 산맥 지역, 남아시아 지역에 분포하는 언어들은 명사구의 어순 유형의 측면에서 상당한 차이가 존재한다. 바꿔 말하면 어순 유형은 지리적 분포와 일정한 상관성이 있다고 할 수 있다.

6.6. 어순상관성에 대한 언어지리유형학적인 접근

6.6.1. 어순상관성에 관한 선행 연구

어순상관성(word order correlation)과 함축적 보편성 원리는 어순유형론에서 중요하게 다루어져 온 주제이다. 언어의 유형적 특징을 단순히 기술하는 것에 그치지 않고 성분 배열 순서의 함축적 상관관계를 밝히고 있기 때문이다. 예컨대 Greenberg(1963)에 따르면 "전치사가 있는 언어는 속격어가 항상 중심명사 뒤에 온다('보편성-2')"는 경향성이 있다. 또한 전형적인 VSO 어순의 언어는 항상 전치사를 가지고('보편성-3'), SOV 어순의 언어는 대개 후치사를 가진다.('보편성-4')고 하였다. Lehman(1973)에서도 VO/OV어순과 수식어 어순은 상관성이 높다고 하였다. 즉 VO/OV 어순 유형에 따라 형용사, 지시사, 속격어, 관계절, 부치사 등의 어순도 결정된다고 보았다. Hawkins(1983:288)에서도 300여 개의 언어 자료를 사용하여 어순상관성에 대한 상세한 논의를 전개하였다. 예를 들어 '명사+속격어(N+Gen)' 어순을 가지는 언어는 '명사+관계절(N+Rel)' 어순을 가진다고 하였다. Dryer(1992)에서도 VO 어순이 '명사+속격어(N+Gen)' 어순, '명사+관계절(N+Rel)' 어순과 높은 상관관계를 가진다고 하였다. Rijkhoff(2004:262)에서도 VO 언어와 속격어 관계절의 어순은 밀접한 상관관계를 가진다고 주장하였다. 예를 들어 VO 어순을 가진 언어에서는 '명사+속격어(N+Gen)' 어순이 '속격어+명사(Gen+N)'보다 2배나 많이 관찰된다고 하였다. 반면 OV 언어에서는 '속격어+명사(Gen+N)' 어순이 '명사+속격어(N+Gen)' 어순보다 5배 이상 많이 관찰된다고 하였다. 이상의 선행 연구를 종합해서 볼 때 어순상관성은 어순 매개변수 사이에 일련의 관련성을 찾는 관점에서 꾸준히 진행되어 왔음을 알 수 있다.

6.6.2. 동아시아 언어의 어순 매개변수 간의 상관성 분석

본고에서는 선행 연구에서 논의한 어순상관성과 함축적 보편성 이론이 중국어를 비롯한 동아시아 지역의 언어에 부합하는지를 검증해 보았다. 상관성 검증의 방법으로는 통계적 상관분석법(Correlation Analysis)을 사용하였다. 통계 분석에 사용된 언어는 동아시아 지역의 134개 언어이다. 이 언어들의 어순 유형을 표로 정리한 다음 각각의 어순 매개변수 간의 상관성 분석을 실시하였다. 아래의 표는 분석 언어의 실례를 보인 것이다.

<표 58> 어순상관성 분석에 사용된 동아시아 언어의 실례

언어	어족	목적어	부치사	속격어	형용사	관계절
Mandarin 표준중국어	Sino-Tibetan	VO	Prep_N/N_Post	Gen_N	Adj_N	Rel_N
Khmer	Austro-Asiatic	VO	Prep_N	N_Gen	N_Adj	N_Rel
Vietnamese	Austro-Asiatic	VO	Prep_N	N_Gen	N_Adj	N_Rel
Indonesian	Austronesian	VO	Prep_N	N_Gen	N_Adj	N_Rel
Lao	Tai-Kadai	VO	Prep_N	N_Gen	N_Adj	N_Rel
Nung	Tai-Kadai	VO	Prep_N	N_Gen	N_Adj	N_Rel
Thai	Tai-Kadai	VO	Prep_N	N_Gen	N_Adj	N_Rel
Ainu	Ainu	OV	N_Post	Gen_N	Adj_N	Rel_N
Evenki	Altaic	OV	N_Post	Gen_N	Adj_N	Rel_N
Tamil	Dravidian	OV	N_Post	Gen_N	Adj_N	Rel_N
Tajik	Indo-European	OV	Prep_N	N_Gen	N_Adj	N_Rel
Japanese	Japanese	OV	N_Post	Gen_N	Adj_N	Rel_N
Korean	Korean	OV	N_Post	Gen_N	Adj_N	Rel_N
Achang	Sino-Tibetan	OV	N_Post	Gen_N	Mixed	Rel_N
Burmese	Sino-Tibetan	OV	N_Post	Gen_N	N_Adj	Rel_N
Garo	Sino-Tibetan	OV	N_Post	Gen_N	N_Adj	Rel_N
Jingpho	Sino-Tibetan	OV	N_Post	Gen_N	N_Adj	Rel_N
Kham	Sino-Tibetan	OV	N_Post	Gen_N	N_Adj	N_Rel
Lahu	Sino-Tibetan	OV	N_Post	Gen_N	Mixed	Rel_N

Lisu	Sino-Tibetan	OV	N_Post	Gen_N	N_Adj	Rel_N
Rawang	Sino-Tibetan	OV	N_Post	Gen_N	N_Adj	Rel_N
Tibetan	Sino-Tibetan	OV	N_Post	Gen_N	N_Adj	Rel_N

본고에서는 위의 표를 기초로 하여 통계적 상관분석을 실시하였다. 통계 분석에 사용된 프로그램은 SPSS 통계 패키지이다. 상관성 분석의 결과는 '-1'과 '1' 사이의 값으로 제시되는데 절대값이 '1'에 가까울수록 두 변수 사이에는 높은 상관성이 있다는 것을 의미한다. 일반적으로 변수 간의 상관계수(coefficient value)가 '0.6'보다 크면 상관성이 높다고 본다. 아래의 표는 상관분석의 결과이다.

<표 59> 동아시아 언어의 어순 매개변수 상관성 분석 결과

항목	VO/OV	부치사	속격어	형용사	지시사	수사	관계절
VO/OV	**1.000**	**.931**	**.762**	.286	.383	-.103	.598
부치사	**.931**	**1.000**	**.723**	.271	.350	-.125	**.661**
속격어	**.762**	**.723**	**1.000**	.297	.287	-.094	.569
형용사	.286	.271	.297	**1.000**	.527	.502	.232
지시사	.383	.350	.287	.527	**1.000**	.358	.314
수사	-.103	-.125	-.094	.502	.358	**1.000**	.016
관계절	.598	**.661**	.569	.232	.314	.016	**1.000**

위의 표에서 제시된 것은 Spearman 상관계수이고 '0.6' 이상인 항목은 진한 글씨로 표시하였다. 진한 글씨로 표시한 항목은 유의성 검증 결과 유의수준 99%에서 유의한 것으로 나타났다. 분석 결과에 따르면 동아시아 언어에는 다음과 같은 언어지리유형학적인 경향이 발견된다.

(가) 어순 매개변수 간의 상관성이 높은 항목

첫째, 동아시아 언어에서 목적어 어순과 가장 상관성이 높은 것은 부치사의 어순이다. 이 두 변수 간의 상관계수는 0.931로서 매우 높은 상관성이 있음을 말해준다. 즉, 어떤 언어가 'VO'어순을 가지면 대부분의 경우에 부치사가 명사 앞에 오는 전치사구 어순을 가진다. 반대로 'OV' 어순의 언어는 대부분 부치사가 명사 뒤에 오는 후치사구 어순을 가진다. 이런 상관성 분석 결과에 따르면 Greenberg(1963)에서 제시한 '보편성-4'는 동아시아의 언어에도 관찰된다. '보편성-4'는 SOV 어순의 언어가 대부분 후치사 어순을 가짐을 말하는 것인데 동아시아 언어에서도 (S)OV가 많고 거의 예외 없이 후치사가 발달해 있기 때문이다.

둘째, 동아시아 언어에서 목적어 어순과 속격어의 어순도 상당히 상관성이 높다. 'VO' 어순과 '명사+속격어(N+Gen)' 어순의 상관계수는 '0.762'로서 상관성이 높은 편에 속한다. 이는 Rijkhoff(2004:262)에서 "VO 언어와 속격어 어순은 밀접한 상관관계를 가진다."는 주장이 동아시아 언어적 상황에도 부합된다고 할 수 있다.

셋째, 동아시아 언어에서 목적어 어순과 관계절의 어순은 어느 정도 상관성이 존재한다. 'VO' 어순과 '명사+관계절(N+Rel)' 어순의 상관계수는 '0.598'로서 일정한 상관성이 있다. 그러나 Dryer(1992)와 Rijkhoff(2004)에서 말한 것만큼 상관성이 절대적으로 높다고만은 할 수 없다. 왜냐하면 동아시아 언어에서는 'VO'/'OV' 어순을 막론하고 관계절이 명사에 선행하는 '관계절(Rel)+명사'의 비율이 높기 때문이다. 중국어도 'VO' 어순이면서 '관계절(Rel)+명사' 어순을 가진다. 다만 동남아시아의 베트남어나 태국어의 경우에 '명사+관계절(N+Rel)'의 어순을 가진다.

넷째, 부치사의 어순과 속격어의 어순은 상관계수가 '0.723'으로서 상관성이 높다. 위의 표에 제시된 결과에 근거하면 '전치사(Prep)+명사' 어순이면 일반적으로 '명사+속격어(Gen)' 어순의 경향성을 가진다. 반대로 '명사+후치사(Post)' 어순을 가지는 언어는 '속격어(Gen)+명사' 어순을 가진다. 따라서 Greenberg(1963)에서 제시한 '보편성-2' 원리도 동아시아 언어적 상황과 부합된다.

다섯째, 부치사의 어순과 관계절의 어순도 상관성이 있다. 이 두 변수 간의 상관계수는 '0.661'이다. 즉, 만약 어떤 동아시아 지역의 언어가 '전치사(Prep)+명사' 어순을 가지면 부치사의 어순도 대개 '명사+관계절(Rel)'의 상관성을 가진다. 반대로 '명사+후치사(Post)' 어순을 가지는 언어는 일반적으로 '관계절(Rel)+명사' 어순을 가진다.

(나) 어순 매개변수 간의 상관성이 낮은 항목

첫째, 목적어의 어순과 형용사, 지시사, 수사의 어순은 상관성이 낮다.
둘째, 부치사의 어순과 형용사, 지시사, 수사의 어순은 상관성이 낮다.
셋째, 속격어의 어순과 형용사, 지시사, 수사의 어순은 상관성이 낮다.
넷째, 형용사의 어순은 다른 대부분의 어순 매개변수와 상관성이 매우 낮다.
다섯째, 지시사의 어순은 다른 대부분의 어순 매개변수와 상관성이 매우 낮다.
여섯째, 수사의 어순은 다른 대부분의 어순 매개변수와 상관성이 매우 낮다.
따라서 Greenberg(1963), Lehman(1973), Hawkins(1983), Dryer(1992), Rijkhoff(2004) 등에서 제시한 일부의 어순상관성 원리는 동아시아 언어적 사실에 부합되지 않는다고 할 수 있다.

6.7. 언어지리유형학적인 관점에서 본 중국어의 어순 유형

언어지리유형학적인 관점에서 볼 때 언어적 특징은 지리적 요인과 일정한 관계를 가진다. 위에서 살펴본 바와 같이 동아시아 지역의 언어는 다른 대륙의 언어와는 구별되는 일정한 특징이 있다.

동아시아 지역에 위치한 중국어의 어순 유형도 지리적 요인과 일정한 상관성이 있다. 중국어는 (S)VO형 언어임에도 불구하고 수식어가 모두 중심어에 선행하는 특징을 가지고 있다. 특히 형용사 수식어, 지시사, 수사, 속격어, 관계절과 같은 명사 수식어가 모두 중심어에 선행한다. 이것은 전형적인 (S)VO형 언어에서는 상당히 드문 현상이다. 그런데 중국어의 주변 언어를 보면 (S)OV형 언어가 매우 많다. 중국 북부의 알타이어와 중국서남부의 한장어족의 언어가 대부분 (S)OV형 언어이다. WALS 자료에 따르면 중국 주변의 동아시아 언어 중에 (S)OV형 언어는 192개로서 전체의 74%를 차지한다. 지리적으로 중국 주변에 (S)OV형 언어가 많다는 것은 그만큼 중국어의 유형도 그 언어들과 닮아갈 수 있는 조건을 가지고 있는 셈이다.

중국어의 어순 유형은 동북아시아 언어와 동남아시아 언어의 중간적인 특징을 가진다. 거시적으로 볼 때 중국어는 북쪽의 (S)OV형 언어적 특징과 남쪽의 (S)VO형 언어적 특징이 혼합된 언어이다. 중국 내부에서도 북방 지역은 동북아시아와 언어적 특징이 유사한 반면에 중국 남방 지역은 동남아시아와 언어적 특징이 유사하다. 이러한 어순 유형학적인 특징에 대해서는 이미 하시모토 만타로(1976[1998]), Norman(1988[2003])에서 역사적인 언어접촉의 관점에서 상세히 논증한 바 있다.

본고는 Comrie(2008)에서 제시한 새로운 방법론을 통해서 중국어의 언어지리유형학적인 특징을 증명해 보고자 한다. 그 방법론은 세계언어지도집(WALS)의 통계자료를 이용하는 것이다. 본고는 Comrie(2008)의 방법론을 다시 통계적 분석의 관점에서 재해석해 보았다. 통계적 분석 방법으로 사용한 것은 다차원척도분석(multidimensional scaling)이다. 다차원척도분석 방법은 개체들을 상대적 거리에 기초하여 다차원(2차원 또는 3차원) 공간에 표현하는 방법이다. 다차원척도분석 방법으로 동아시아 언어들을 2차원 공간상에 표현하면 언어 간의 상대적인 위치를 파악할 수 있다. 다음은 그 분석 결과이다.

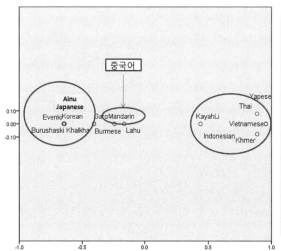

Final Coordinates		
	Dimension	
	1	2
Ainu	-.578	.000
Burmese	-.342	.000
Burushaski	-.578	.000
Cantonese	-.197	.000
Evenki	-.578	.000
Garo	-.342	.000
Japanese	-.578	.000
Khalkha	-.578	.000
Khmer	1.020	-.088
Korean	-.578	.000
Kayah Li	.565	.000
Lahu	-.096	.000
Mandarin	-.197	.000
Newari	-.598	.000
Nivkh	-.586	.000
Thai	1.020	.088
Vietnamese	1.073	.000
Yapese	1.073	.000
Indonesian	1.073	.000

<그림 51> 다차원척도법을 활용한 중국어 어순의 상대적 좌표 분석

본고는 PROXSCAL 알고리즘을 활용한 다차원 분석 방식으로 중국어와 주변 동아시아 언어를 2차원 공간상에 표현해 보았다. 위의 그림에서 알 수 있듯이 중국어는 WALS 언어 매개변수들을 종합한 결과 좌표 중간에 위치한다. 2차원 좌표 왼쪽에는 아이누어, 어원키어, 일본어, 한국어 등이 위치해 있다. 이들은 지리적으로 동북아시아 지역에 있는 언어들이다. 2차원 좌표 중간에는 중국어를 비롯한 버마어, 라후어(Lahu) 등의 언어가 놓여 있다. 그리고 2차원 좌표 오른쪽에는 태국어, 베트남어, 인도네시아어, 크메르어 등과 같은 동남아시아 언어들이 위치해 있다.

다차원척도 분석을 통해서도 확인할 수 있듯이 중국어는 동아시아 지역에서 중간적인 위치에 있다. Comrie(2008:5)의 표현대로 하자면 중국어는 일종의 점이지대(transition zone)를 형성하고 있다고 보인다. 언어지리유형학적으로 중국어의 어순 유형은 지리적인 위치와도 무관하지 않다. Hammarstrom(2015)는 전 세계 언어의 어순 유형을 공시적 통시적 관점에서 고찰하였는데 한

언어의 어순 유형을 결정하는 요인으로 지리적 요인이 8% 정도를 차지한다
고 보았다. Hammarström(2015)은 범언어적으로 SVO 어순 유형에서 SOV 어
순 유형으로 변하는 적지 않은 사례들을 제시하였다. 예컨대 한장어족(Sino-
Tibetan)의 5.4%는 역사적으로 SVO 어순 유형에서 SOV 어순 유형으로 변했
다고 한다. 이러한 어순 유형의 변화에서 지리적인 요인도 일정한 작용을 하
는 것이다. 물론 한 언어의 어순을 결정하는 가장 중요한 요인은 계통론적인
조상 언어이지만 지리적으로 인접한 이웃 언어들과의 접촉 등의 지리적 요
인도 일정한 관련이 있다는 것이다. 따라서 중국어의 어순 유형도 언어지리
유형학적인 선행 연구와 본고의 분석 결과에 의거할 때 (S)VO 어순 자질과
(S)OV 어순 자질을 복합적으로 담고 있는 형태이다. 이는 중국어가 그만큼
조상 언어의 특징 위에 주변 언어적 특징을 흡수해 가고 있는 역동적인 언
어라는 증거이기도 하다.

6.8. 동아시아 언어의 지리적 인접성과 언어 유형

본 장에서는 중국어와 인접해 있는 동아시아 언어의 어순 유형을 고찰해
보았다. 본 연구가 선행 연구에 비해 가지는 차별적인 특징은 세계언어지도
집(WALS)과 참조문법의 자료를 데이터베이스 형태로 변환하여 다양한 통계
적인 분석을 시도하였다는 점이다. 기존의 연구에서는 언어 자료에 대한 개
별적인 묘사에 그쳤지만 본 연구에서는 동아시아 언어의 어순 유형을 종합
적으로 정리하고 통합적인 분석을 실시하였다. 특히 중국어라는 개별 언어
의 어순 유형을 논하기 이전에 동아시아 언어가 전 세계 언어와 비교해서
가지는 특징을 조망하고 그 안에서 중국어가 차지하는 위치를 고찰하고자
하였다. 본고에서는 세계언어지도집(WALS)과 참조문법 자료에서 자주 언급
된 언어들의 어순 자질과 지리적 분포를 검토하였다. 특히 중국어와 중국 주

변 동아시아 언어 중에 어순 정보가 기록된 200여 개의 표본을 뽑아서 통계적 분석을 실시하였다. 통계적 분석 방법으로 사용한 것은 빈도 분석, 교차 분석(카이검정), 상관 분석, 다차원척도 분석 방법이다.

본 연구의 기본적인 가정은 언어지리유형학적인 관점에서 출발하였다. 즉 언어 유형적 특징은 지리적 인접성과 일정한 상관관계를 가진다는 것이다. 이러한 가정에 기초하여 통계 분석을 실시하였다. 그 결과 중국어를 비롯한 동아시아 언어는 세계 다른 지역의 언어에 비해 일정한 언어지리유형학적인 특징을 가진다는 것을 알 수 있었다. 어순 유형의 측면에서 동아시아 언어는 (S)VO 어순보다는 (S)OV 어순을 가진 언어가 다수를 차지하고 있고 중심명사 뒤에 부치사가 사용되는 후치사가 두드러지게 관찰된다. 한편 지리적으로 동북아시아 지역의 언어나 히말라야 산맥 주변의 언어들은 (S)OV 어순 특징이 강한 반면 동남아시아 지역은 전형적인 (S)VO 어순 특징을 가진다.

언어지리유형학적으로 볼 때 중국어의 어순 유형은 동북아시아 언어와 동남아시아 언어의 중간적인 특징을 가진다고 할 수 있다. 다시 말하면 중국어는 북쪽의 (S)OV형 언어적 특징과 남쪽의 (S)VO형 언어적 특징이 혼합된 형태의 언어이다. 이는 언어지리유형학적으로 중국어의 지리적인 위치와 일정한 상관성을 가진다는 관점과도 부합되는 특징이다. 요컨대 중국어는 기본적인 (S)VO 어순 유형의 기초 위에 지리적으로 인접한 여러 (S)OV 어순의 특징이 융합된 역동적으로 변화 중인 언어라고 할 수 있다.

—
제7장

중국어와 인접 언어의 언어접촉과 어순 변화

언어의 접촉과 확산은 지리적으로 가까운 곳부터 시작된다. 언어 간의 접촉과 확산은 화선지 위에 떨어진 잉크가 주변으로 번지는 형상과 유사하다. 가까운 곳은 빨리 물들고 색깔도 진하다. 주변으로 갈수록 색깔은 점점 더 옅어진다. 앞 장에서 살펴본 바와 같이 중국이라는 지리적 공간 위에 언어적 속성을 표시해 보면 가까운 지역의 언어는 서로 유사한 속성을 보이고 멀리 떨어진 곳은 차이를 보인다.

언어적 특성은 지리적 거리에 따라 일련의 연속체를 이룬다. 이것은 한 언어에만 국한되지 않고 언어 간의 경계를 넘나들 수도 있다. 문화적으로 교류가 있고, 경제적인 교류가 있으며, 정치적인 통합과정에서 언어접촉과 확산은 더욱 활발하게 이루어진다. 지도를 펼치고 보면 중국 북쪽의 지리적 환경은 북방 언어와의 접촉이 빈번했음을 짐작하게 한다. 반대로 중국 남쪽의 지리적 환경에서는 남방중국어가 남방 언어와의 접촉에 노출될 가능성이 높다는 것도 알 수 있다. 언어지리학적인 관점에서 보면 북방 중국어와 남방 중국어는 지리적 환경이 확실히 다르다. 중국어의 유형학적 다양성은 지리적 요인과 밀접한 관계를 가진다. 본 장에서는 언어접촉의 관점에서 중국어의 지리언어학적 특징을 고찰해 보기로 하겠다.

7.1. 언어접촉의 관점에서 본 중국어의 다양성

7.1.1. 언어접촉의 개념

언어접촉(language contact)은 일반적으로 두 개 이상의 언어가 서로 만나는 현상을 가리킨다. 이러한 언어접촉에는 동질 언어의 접촉도 있고 이질 언어의 접촉도 있다. 동질 언어의 접촉은 흔히 방언의 접촉을 말하며, 이질 언어의 접촉은 민족이 다른 두 언어의 접촉을 말한다. 동질 언어든 이질 언어든 순수하게 접촉의 시각으로 본다면 본질적인 차이는 없다.

중국 내에서 동질 언어접촉의 예로는 북방 방언과 남방 방언의 접촉을 들 수 있다. 역사적으로 중국의 북방 방언은 늘 권위 방언으로서 남방 방언과 접촉을 해 왔다. 북방 방언은 정치적으로나 인구 이동의 원인으로 인하여 접촉에 있어서 항상 우세 방언이었다. 潘悟雲(2004)은 다음과 같이 중국 방언이 북방 방언의 분화와 남방 방언과의 접촉을 통해 영향을 주면서 분화되어 왔다고 하였다.

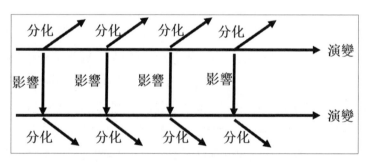

<그림 52> 동질 언어접촉에 의한 중국 방언 변화

위의 그림에서 화살표의 방향은 분화되거나 변화하는 방향이다. 그리고 영향관계가 아래로 오는 것은 북방 방언에서 남방 방언으로의 영향을 의미

한다.

陳保亞(1996)에서는 언어접촉의 과정을 두 단계로 나누었는데 하나는 이중언어화자의 전달단계이고 다른 하나는 순수모어화자의 차용단계이다. 그는 중국 운남성 지역 소수민족인 다이족(傣族)의 언어, 즉 다이어(傣語)와 중국어의 접촉을 구체적인 실례로 제시하였다. 다이족은 운남 지역에서 작은 그룹을 이루어 한족들과 잡거하고 있다. 그들이 살고 있는 지역에 모두 한족이 있으므로, 다이족 사람들은 대부분 자신의 모어인 다이어 외의 중국어에도 능통하다. 또한 해당지역 일부 한족들도 다이어를 알고 있다. 이들은 다이어와 중국어를 각각 모어로 사용하면서 혼합어를 만들어 내기도 한다. 다이족의 중국어 습득과 한족의 다이어 습득은 모두 일종의 제2언어 습득이다. 다이족이 말하는 중국어는 다이(傣)중국어, 한족이 말하는 다이어는 한다이어(漢傣語)이다. 모어는 차용을 받아들이고 목표어는 차용을 주는 위치에 있다. 그는 언어접촉을 크게 '모어의 간섭'과 '차용' 두 단계로 나누어 첫 단계는 '모어의 간섭' 단계로 이중언어화자가 제2외국어 습득에 의해 외국어를 모어에 전달하는 것이고 두 번째 단계는 '차용' 단계로 외국어를 모르는 순수 모어화자가 외국어를 차용하는 것이라고 하였다. 좀 더 세부적으로 나누면 첫 단계에는 대응(匹配), 회귀(回歸), 병합(幷合)의 과정이 있고, 두 번째 단계에는 재대응(再匹配), 재회귀(再回歸)의 과정이 있다. 이 모든 단계를 거친 후 최종적으로 두 언어는 융합(同構)을 이루게 된다.

언어접촉은 정도에 따라 삼투, 교체, 혼합 등의 현상이 발생한다. 언어접촉이 일어나면 처음에는 흔히 상대 언어를 부분적으로 차용하는 현상이 발생한다. 접촉의 과정에서 상호간에 언어적 요소가 스며드는 삼투현상이 일어날 수도 있다. 만약 어느 한 언어의 세력이 월등히 강하면 세력이 약한 언어에 많은 영향을 줄 수도 있다. 심한 경우에는 우세한 언어가 세력이 약한 언어를 소멸시킬 정도로 강력한 영향력을 행사하기도 한다. 언어 간에 전면적인 접촉이 일어났을 때 그 결과는 기층(substratum), 상층(superstratum), 방층

(adtratum)과 같은 방식으로 나타난다. 기층은 군사적 정복 등의 이유로 인하여 한 언어가 다른 언어로 대체되었을 때 화석처럼 잔존하는 현상이다. 상층은 정복민족이 피정복민족의 언어를 배우면서 그 언어에 자기 언어의 특징을 남기는 현상이다. 방층은 인접하고 있는 언어 간에 서로 영향을 미치는 현상이다. 이 중에 가장 흔하게 일어나는 것은 상호 간에 차용으로 인해 생기는 방층 현상이다.

중국어는 역사적으로 언어접촉의 여러 양상을 통해 큰 변화를 겪었다. 중국의 역사를 살펴보면 한족은 고대부터 여러 민족과 접촉하며 지내왔다. 한대(漢代)에는 흉노족 및 선비족 등과의 접촉이 있었고, 당송(唐宋) 시기에는 서역 지방의 민족과 접촉이 있었다. 그 후에도 요(遼), 금(金)을 거쳐 원대(元代), 청대(淸代) 시기에 북방 몽고족, 만주족과 대규모 언어접촉 현상이 발생했다.

언어접촉으로 일어나는 변화는 외적인 변화(external change)로서 정도에 따라서 몇 가지로 나눌 수 있다.

(1) 다른 언어와의 접촉으로 초래되는 외적 변화(external change)
　　(a) 코드전환(code-switching), 스타일시프트(style-shift)
　　(b) 접촉한 언어의 혼용(피진(pidgin)·크레올(creole)·코이네(koine) 등)
　　(c) 언어 교체(기층, 상층 등)

7.1.2. 중국 경내에 언어접촉으로 생겨난 혼합어

중국에는 13억이 넘는 약 56개의 민족이 각기 자신의 언어를 사용하고 있는 다민족국가이다. 이중에서 94%를 차지하는 다수종족인 한족(漢族)이 사용하는 중국어가 가장 많다. 그러나 나머지 6%를 구성하는 소수민족도 중국이라는 거대한 국가 안에서 자신들의 언어를 사용하며 살고 있다. 현재 중국에서 사용되고 있는 언어들을 분류해보면 세계의 5대 어족에 속하는 언어가 모두 나타난다. 중국어와 같은 한장어족에 속하는 언어가 있고, 몽고어, 터키어와 같은 알타이어족에 속하는 언어, 몬-크메르어에 속하는 남아어족, 남도어족에 속하는 언어, 인도-유럽어족에 속하는 언어도 있다. 중국에서 사용되는 언어는 중국어만이 아니다. 민족의 다양성만큼이나 언어가 다양한 나라가 중국이다. Ethnologue(2016) 자료에 따르면 중국에는 299개의 언어가 사용되고 있다.[51] 이 중에서 14개는 매우 안정적이고 23개는 발전되어가고 있으며 104개는 비교적 활발히 사용되며 126개는 위태로운 단계에 직면해 있으며 32개는 거의 사라져가는 추세이다.

중국어와 인접 언어들은 역사적으로 오랫동안 밀접한 관계를 맺어왔다. 물론 정치적, 군사적, 문화적으로 중국어가 다른 이웃 언어들에게 더 큰 영향을 준 것은 사실이다. 그러나 중국어만이 일방적으로 다른 언어에 영향을 준 것이 아니다. 중국어와 이웃 언어 간의 영향 관계는 일방적이지 않고 쌍방적이다. 우리는 은연중에 중국어는 문화의 중심에 버티고 있어 주변에 영향을 주기만 해왔다고 생각할 수 있다. 그러나 중국어도 다른 언어로부터 영향을 받은 부분도 많다. 중국은 하나의 언어권이 아니라 다양한 언어권의 사람들이 서로 접촉하면서 살고 있는 나라이다.

중국의 대다수 민족들은 대부분 모어를 사용하지만 일부는 모어 이외의 제2언어를 사용하기도 한다. 일부는 이중언어를 모두 사용하기도 한다. 이 중에는 혼합어도 포함된다. 혼합어는 두 개의 언어가 접촉하여 언어 구조에 질적 변화가 생겨 A 언어와 B 언어가 섞인 복합적인 형태를 말한다. 현재 중국에서 사용되는 언어 가운데 단일한 언어가 아닌 혼합어로 간주되는 언어는 오돈어(㐀屯話), 도어(倒話), 당왕어(唐汪話), 찰어(扎話), 오색어(五色話) 등이 있다.[52] 아래에서는 그 중에 몇 가지 사례를 들어보기로 한다.

---

51) https://www.ethnologue.com/country/CN 참조.
52) 이연주(2007:60) 참조.

(가) 오돈어(吾屯話)

오돈어는 중국 언어학계에서 일찍부터 주목을 받아 연구된 언어이다. 이 언어는 중국 청해성 황남(黃南) 티베트 자치구 동인현(同仁縣) 일대의 토착민들이 사용하고 있다. 오돈 민족은 자치구 내에서 사용되는 표준중국어, 티베트어, 몽골어, 투어, 사랄어 등 5가지 언어를 공유하는 환경에서 살고 있다. 이렇게 복합적인 언어 환경에서 탄생한 것이 오돈어이다. 오돈어는 중국어가 장기간 티베트 지역의 언어와 접촉하여 만들어진 전형적인 혼합어이다.

(나) 도어(倒話)

도어(倒話)는 중국 사천성 감자(甘孜) 티베트 자치구 아강현(雅江縣) 일대에서 사용되는 언어이다. 이 언어는 단어는 주로 중국어에서 기원했으며 어법은 티베트어와 유사하다. 일종의 티베트식 중국어인 셈이다.

(다) 당왕어(唐汪話)

당왕어(唐汪話)는 중국 감숙성(甘肅省) 임조현(臨洮縣) 당가촌(唐家村)과 왕가촌(汪家村) 일대의 회족들이 사용하는 언어이다. 이 언어는 중국어와 알타이어의 혼합어로 간주된다. 단어는 주로 중국어에서 기원했으며 어법은 알타이어와 유사하다.

(라) 오색어(五色話)

오색어(五色話)는 중국 광서성 융수(融水) 묘족(苗族) 자치현에 거주하는 장족(壯族)들이 사용하는 언어이다. 이 언어는 중국어와 타이-카다이어계 언어의 혼합어로 간주된다. 발음과 단어는 타이-카이어의 특징을 가지고 있으며 어법은 중국어의 특징을 보인다.

이처럼 중국 대륙 안에는 언어접촉을 통해 중국어와 소수민족 언어가 혼합된 새로운 형태의 언어가 적지 않다.

7.2. 언어유형론 관점에서 본 언어접촉과 어순 변이

7.2.1. 언어유형론적 관점에서 언어접촉과 어순 변화

언어유형론적인 관점에서 지리적으로 인접한 언어는 언어접촉이 일어나기 쉽고 그 결과로서 다양한 변화가 수반된다. 음운 체계가 변하기도 하고 어휘의 차용으로 인해 어휘 체계가 변하게 되며 어순도 변할 수 있다. Koptjevskaja-Tamm(2011)은 언어유형론적 관점에서 언어접촉으로 언어 구조가 바뀌기도 하고 어순 유형도 바뀌는 사례들이 적지 않다고 하였다.

Como, P.(2000:387)에 따르면 어순은 지리적 인접성 및 언어접촉과 밀접한 관련을 가진다. 시간이 지나면서 인접한 지역은 점점 유사한 특성을 가지게 되는 것이다.

지리적 인접성의 관점에서 어순 변이를 연구한 예로 들 수 있는 사례는 영국 영어의 방언 분포이다. 현대 영어에서는 수여동사의 목적어가 모두 대명사이면 "give me it"이라고 하는 것은 어색하다. 일반적으로는 "give it to me"라고 하는 것이 일반적이다. 그러나 영국의 방언 지역에서는 ① "give me it", ② "give it me", ③ "give it to me"라는 세 가지 형태의 변이형이 존재한다. 이러한 어순의 분포는 지리적 인접성과 관련이 있다.

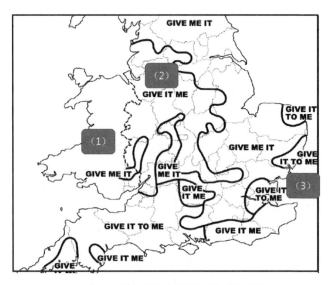

<그림 53> 영국 영어의 이중목적어 어순 변이

Hammarström(2015)는 전 세계 언어의 어순 유형을 공시적·통시적 관점에서 고찰하였는데 한 언어의 어순 유형을 결정하는 요인으로 언어접촉이 일어나는 지리적 요인이 8% 정도를 차지한다고 보았다. Hammarström(2015)은 범언어적으로 SVO 어순 유형에서 SOV 어순 유형으로 변하는 적지 않은 사례들을 제시하였다. 예컨대 한장어족(Sino-Tibetan)의 5.4%는 역사적으로 SVO 어순 유형에서 SOV 어순 유형으로 변했다고 한다. 이러한 어순 유형의 변화에서 지리적 인접성으로 인한 언어접촉 요인도 일정한 작용을 하는 것이다. 물론 한 언어의 어순을 결정하는 중요한 요인은 계통론적인 조상 언어이지만 지리적으로 인접한 이웃 언어들과의 접촉 등의 지리적 요인도 일정한 관련이 있다는 것이다.

7.2.2. 언어접촉으로 인한 어순 변화의 사례

(가) 인도-유럽어족(Indo-European families)

Donohue(2011:385)에 따르면 인도-유럽어족(Indo-European families)은 역사적으로 수많은 언어와 접촉해 왔다. 인도-유럽어는 적어도 15개 이상의 다른 어족과 언어접촉이 발생했고 그로 인한 변화의 양상도 다양하다. 예를 들어 아시아-아프리카어족(Afro-Asiatic), 오스트로-아프리카어족(Austro-Asiatic), 바스크어족(Basque), 드라비다어족(Dravidian), 핀란드-우그리아어족(Finno-Ugric), 카트베리안어족(Kartvelian), 쿠순다어족(Kusunda), 몽골어족(Mongolic), 나크-다케스타니안어족(Nakh-Daghestanian), 코카서스어족(Caucasian), 티베트-버마어족(Tibeto-Burman), 퉁구스어족(Tungusic), 터키어족(Turkic) 등과 접촉을 해 왔다.

인도-유럽어족에 속하는 언어는 언어접촉과 지리적 인접성에 민감한 언어이다. 그 중에 전형적인 예가 남아시아 지역에 분포하는 인도-유럽어이다. 이 지역은 다른 인도-유럽어와는 계통론적으로는 같지만 어순 유형면에서 상당히 다른 특징을 가진다. 유럽 지역을 비롯한 대부분 지역은 기본어순이 SVO 유형이다. 그러나 남아시아 지역의 인도-유럽어는 기본어순이 SOV 어순이다. 아래의 그림에서 우측 하단에 검정색으로 표시한 지역이 SOV 어순을 가지는 곳인데 이곳에는 인도-유럽어와 드라비다어(Dravidian), 티베트-버마어(Tibeto-Burman)가 분포한다. 반대로 유럽 지역에 회색으로 표시된 지역은 모두가 SVO 어순에 속하는 언어이다.

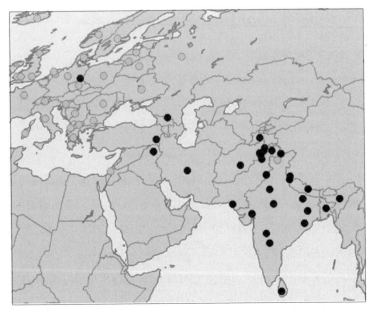

<그림 54> 인도-유럽어족의 어순분포와 언어접촉의 관련성

Donohue(2011:385)은 이 지역이 인도-유럽어 중에 거의 예외적으로 SOV 어순을 가지는 이유가 남아시아 지역 주변에 SOV 어순을 가지는 언어와의 접촉 때문이라고 하였다. 인도-유럽어의 예를 통해 볼 때에 어순 분포에 있어서는 계통론적 유사성 뿐만 아니라 지리적 인접성, 언어접촉 등이 중요한 변수로 작용한다는 것을 알 수 있다.

(나) 오스트로네시아어족(Austronesian families)과 파푸아 제어(Papuan languages)

오스트로네시아어족(Austronesian families)은 동남아시아에서부터 남태평양의 파푸아 뉴기니아, 아프리카의 마다가스타르, 오세아니아의 뉴질랜드까지 분포하는 어족이다. 그 범위가 매우 넓고 언어의 종류도 다양하다. 세계언어지도집(WALS)에는 325개의 오스트로네시아어족에 속하는 언어가 수록되어 있다. 그러나 실제로는 이 보다 훨씬 많은 종류의 언어가 존재한다. 오스트로네시아어족에 속하는 대표적인 언어로는 말레이어, 타갈로그어, 말라가시어, 폴리네시아어(Polynesian) 등이 있다.

파푸아 제어(Papuan languages)는 파푸아 뉴기니아, 인도네시아 등에 분포하는 언어이다. 그런데 이 언어는 뚜렷한 계통관계를 파악할 수가 없어서 하나의 어족으로 분류되지 않은 상태이다. 파푸아 제어는 계통론적으로 오스트로네시아어족과도 다르고 오스트레일리아 원주민 언어와도 다르다. 파푸아 제어의 가장 큰 비중을 차지하는 것은 소위 트랜스뉴기니어족53)이라고 하는 뉴기니 섬 일대의 수많은 언어이다. 현재 파푸아 제어의 1/4정도만이 연구된 상태이며, 이 언어들에 대한 언어학적 이해는 시간이 지나면서 달라질 것이다.

오스트로네시아어족과 파푸아 제어의 접촉이 가장 활발한 지역은 뉴기니 섬이다. 뉴기니 섬은 세계에서 언어학적으로 가장 복잡한 지역 중의 하나로 알려져 있다. 이 섬에는 오스트로네시아어족에 속하는 언어들 외에도 60개의 독립된 어족들로 나누어지는 800여 개의 언어가 사용되며 고립된 언어의 수도 많다. 이곳에는 어순 유형의 측면에서 크게 SVO 어순의 언어와 SOV 어순의 언어들로 나누어진다. 아래의 그림에서 빨간색으로 표시된 지점은 SVO 어순을 가리키고, 파란색으로 표시된 지점은 SOV 어순을 가리킨다. 이 중에서 오스트로네시아어족에 속하는 언어는 일반적으로 SVO 어순을 가진다. 반면에 그 밖의 파푸아 제어는 SOV 어순을 가지는 경향이 있다.

---

53) 트랜스뉴기니어족은 편의상 뉴기니 섬 일대의 언어를 지칭하지만 실제로는 이 어족이 성립하는지에 대한 논란이 많다.

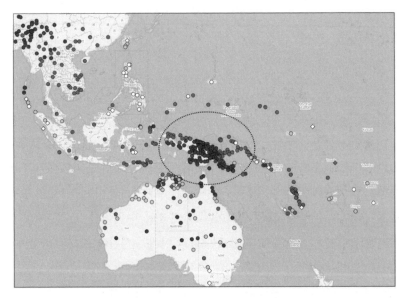

<그림 55> 뉴기니 섬에서의 SVO·SOV 언어의 접촉 현상

Foley(1986), Ross(2001), Donohue(2010)의 연구에 따르면 뉴기니 섬 동쪽 연안에 분포하는 오스트로네시아어는 SOV 어순을 가지는 경우가 상당수 존재한다. 이 지역은 다른 오스트로네시아어와는 다른 어순 분포를 보인다. 일반적으로 오스트로네시아어는 동사가 앞에 오는 'V-initial' 언어로서 SVO 어순 또는 VSO 어순을 가진다. 그러나 뉴기니 섬 동쪽 연안은 SOV 어순을 가지는 예들이 다수 존재한다. Donohue(2011:385)에 따르면 뉴기니 섬 동쪽 연안은 오스트로네시아어와 파푸아 제어의 접촉이 많은 곳이고 그에 따른 어순 변화가 발생했을 가능성이 높다고 하였다. 이 지역은 파푸아 제어가 다수를 차지하고 SOV 어순이 우세한 곳이다. 이곳에 분포한 오스트로네시아어가 SVO 어순에서 SOV 어순으로 변하게 된 과정에는 언어접촉이 중요한 요인으로 작용했다. 이들의 연구에 따르면 오스트로네시아어족의 언어들은 파푸아 제어 특히 트랜스뉴기니어족과의 접촉에 따라 어순 이외에 문법체계도 유사하다.

(다) 아이슬란드어의 어순변화와 언어접촉

아이슬란드어(Icelandic)는 역사적으로 SVO 언어에서 SOV 언어로 바뀐 대표적인 사례이다. 고대 아이슬란드어는 SVO 어순이 우세하였다. 그러나 시간이 점점 지나면서 SOV 어순으로 변해갔다. 그 결과 현대 아이슬란드어는 SOV 어순이 기본어순으로 굳어졌다. 많은 학자들은 이러한 어순 유형의 변화에는 언어 내적인 요소도 있지만 언어 외적인 요소가 작용했다고 본다. (Hróarsdóttir, 2001)

아이슬란드어의 어순 유형 변화의 외적 요인으로는 덴마크어, 독일어, 라틴어 등과의 언어접촉을 들 수 있다. 고대 아이슬란드 시기에는 덴마크인들과의 교류가 활발했다. 교류가 많은 만큼 광범위한 지역에서 언어접촉이 이루어졌다. 이 과정에서 SOV 유형의 덴마크어가 직간접적으로 아이슬란드어에 영향을 주었다. 또한 15세기 전후에 아이슬란드어 문헌 자료에서 SOV 어순의 사용빈도가 증가하는데 이것은 당시 독일어로 된 종교적 산문집(religious prose)을 아이슬란드어로 옮기는 과정에서 번역투의 문장이 늘어난 것과 관련이 있다. 즉 독일어 어순 형식을 모방한 아이슬란드어가 늘어난 것이다. 비록 번역투의 문어체 언어자료가 당시의 아이슬란드어를 대표한다고 할 수는 없다. 그러나 그 자료의 양이 많아지면서 문어투의 표현이 일상생활에서도 사용되면서 부분적으로 OV 형태의 어순으로 변하게 되었다.[54] 이러한 외부 언어를 수용하는 과정에서 어느 정도 OV 어순의 빈도가 늘어난 것도 어순 변화에 일정한 요인으로 작용했다.

(라) 발칸반도 언어의 어순과 언어접촉의 관련성

발칸반도 지역의 언어에도 지리적 인접성으로 인한 언어접촉의 가능성과 그로 인한 어순 유형의 유사성이 관찰된다. Koptjevskaja-Tamm(2011:583)은

---

54) Lehmann(1978), Antonsen(1981), Hróarsdóttir(2001) 참조.

이 지역에 핀란드어계 언어와 발칸어계 언어와 슬라브어계의 언어가 분포하
는데 이들 사이에 유사한 형태·통사론적 특징과 어순 유형이 관찰된다고
하였다. 이 지역의 세 종류의 언어는 어순 유형이 유연한(flexible) 형태의 SVO
어순이다. 기본어순은 SVO 어순이지만 격 체계의 발달로 문장성분의 위치
가 고정적이지 않고 가변적이다. 한편 이 지역의 언어에서 의문표지는 모두
동사 앞에 위치한다. 비교구문도 첨사(particle)을 사용하는 형식으로 표현된
다. 한편 형태·통사론적으로는 수사 구문(numeral construction)에 따른 격 교체
(case alternation) 현상이 세 종류의 언어에 공통적으로 존재한다. 또한 '전체
(total)'와 '부분(partial)'을 나타내는 격 표지의 교체현상도 유사하다. 도구격
표지(instrument)와 동반격(commitative) 표지가 구별되어 사용된다는 점도 유사
하다. 이처럼 발칸반도 지역에 위치하는 핀란드어계 언어, 발칸어계 언어,
슬라브어계 언어는 계통론적으로는 다른 유형이지만 상당히 많은 언어적 특
징을 공유한다. Koptjevskaja-Tamm & Walchli(2001), Koptjevskaja-Tamm(2011)
은 계통론적으로 다른 언어가 유사한 어순, 어법 특징을 가지는 것은 지리적
인접성에 기초한 언어접촉과 일정한 상관성이 있다고 하였다.

7.3. 중국어와 남방 언어의 접촉과 어순 변화

중국 대륙의 남쪽에는 중국어와 수많은 소수민족 언어가 분포한다. 토착
민들과 대규모 인구이동으로 정착한 중국 한족들은 정치적, 경제적, 군사적
영향 관계를 주고받았다. 여러 역사 기록을 통해서도 이 지역에서 소수민족
과 북방의 한족 사이의 빈번한 접촉이 일어났음을 확인할 수 있다. 이 과정
에서 발생한 언어접촉은 당연한 결과이다.

중국어와 남방 소수민족 언어의 접촉 과정에서 중국어는 일반적으로 더
우세한 영향력을 가진다. 북방 한족의 정치적, 군사적, 문화적 힘이 상대적

으로 강했기에 소수민족은 중국의 언어와 문화를 많이 차용하게 되었다. 남방 소수 민족 언어는 여러 가지 측면에서 중국어의 영향으로부터 자유로울 수 없었다. 그러나 부분적으로는 쌍방향적인 영향관계가 존재한다. 남방 지역에 정착한 한족들의 중국어가 소수민족 언어의 영향을 받아 변한 경우도 있기 때문이다. 아래에서는 그 중에 몇 가지 사례를 통해 언어접촉으로 인해 생겨난 언어 변화에 대해 설명하기로 한다.

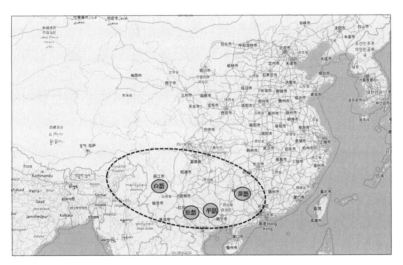

<그림 56> 중국 남방 지역 언어의 접촉 현상 관찰 지점

7.3.1. 중국어와 한장어족(漢藏語族) 언어의 접촉: 백어(白语)를 중심으로

백어(白語)는 중국 운남성 일대에서 사용되는 언어로서 사용인구는 대략 120만 명(2003년 기준)이다. 이 언어는 계통론적으로 티베트-버마어계에 속한다. 음성적으로는 성조를 가지고 있으며 모음에 긴장음과 이완음의 대립이 있고, 복합 모음이 적고 폐음절(어미의 자음)이 없다는 특징이 있다. 기본어휘의 측면에서는 이족의 언어인 이어(彝語)와 공통어원을 가진 것이 많다. 그러나 문법적인 측면에서는 다른 티베트-버마어와는 다르게 SVO 언어의 특징을 많이 가진다.

백어(白語)는 역사적으로 중국어의 영향을 아주 많이 받은 언어로 알려져 있다. 그 결과로 유형론적인 변화가 일어난 언어 중의 하나이다. 이러한 특징은 음운 측면, 어휘 측면, 어법 측면에서 모두 관찰된다.

7.3.1.1. 중국어의 영향을 받은 백어(白語)의 음운적 특징

음운적인 측면에서 백어(白語)는 중국어의 영향을 받은 여러 가지 성모, 운모, 성조의 특성이 존재한다. 백어의 차용어 중에 중국어에서 차용된 어휘들의 음운을 고찰하면 중고한어의 음운 체계과 유사한 특징을 보인다.[55] 예를 들어 경순음과 중순음이 구별되기도 하며, 구개음화되지 않은 설근음이 다수 존재한다. 또한 백어 고유의 음운체계에서도 변화가 일어나서 유기/무기 마찰음의 구별이 모호해지고, [f] / [v] 자음의 구별 및 운모와의 결합 형태도 중국어의 영향을 받아 변화되었다. 운모의 측면에서도 원래 백어에는 존재하지 않던 중국어식의 복운모 [iɔ], [uɔ], [ai], [uai]와 비음운미[-m], [-n], [-ŋ] 등이 존재한다. 아래에는 이 중에 몇 가지 예를 들어 보이기로 하겠다.

(1) 중순음(重脣音)의 실례 (李義祝, 2012:48)

蚊 māu⁴⁴	蚍蜉蚂蚁 pi²¹pɯ²¹	浮动词 pɯ²¹	敷 pɯ⁴²	亡 maŋ²²
风 pĩ³⁵	狗吠 piaŋ⁴²	斧 pər²²	皮 pæ²¹	筏筏子 pʰa⁴²

---

55) 《白語簡志》(徐琳、趙衍荪, 1964), 《鶴慶白語研究》(趙金燦, 2010) 등을 참고하기 바람.

(2) 구개음화 되지 않은 설근음 (李義祝, 2012:48)

价 kər⁴²	鸡 ke³⁵	江 kõ³⁵	救 kɯ⁴²	韭韭菜 kɯ²²
见 kæ̃	夹 kər⁴²	今 kẽ³⁵	镜 kə̃r²²	间一间房 kə̃r³⁵

(3) 백어 고유의 운모와 중국어의 영향을 받은 복운모

의미	백어 고유 발음	중국어 [ai] 운모 영향으로 인한 발음
走(달리다)	[pe⁴⁴]	[pai⁴⁴]
節(관절)	[tse⁴⁴]	[tsai⁴⁴]
鷄(닭)	[ke³⁵]	[kai³⁵]

7.3.1.2. 중국어의 영향을 받은 백어(白語)의 어휘 차용 현상

언어접촉의 결과로 가장 두드러지는 것이 어휘의 차용이다. 백어도 원래의 고유어의 토대 위에 중국어와 접촉의 결과로 수많은 차용어가 사용된다. 중국어에 기원한 차용어는 일상생활의 어휘부터 정치, 경제, 역사, 문화, 교육 등 여러 방면에 걸쳐 있다. 李義祝(2012:52-53)는 範俊軍(2011)에서 제시한 ≪언어조사 코퍼스 기록과 문서 작성 규범(語言調査語料記錄與立檔規範)≫에 기초하여 백어에서 많이 사용되는 상용어휘 3,338개를 분석하였다. 분석 결과에 따르면 고유어가 차지하는 비율은 50.4%이고 중국어 차용어(형태소 포함)의 비율은 49.6%에 달한다.[56]

---

56) 본고에서는 李義祝(2012:52-53)의 표의 합계와 비율에 약간의 오류가 있는 것을 수정하여 제시하였다.

<표 60> 백어(白語) 상용어휘의 고유어와 중국어 차용어의 비율

의미 분류	단어 수량	중국어 차용어	중국어+백어 혼합형	백어 고유어	중국어 단어(형태소) 차용 비율
天文	100	16	12	72	28.0%
地理	143	35	23	85	40.6%
地點, 方位	92	24	10	58	37.0%
時令	147	37	16	94	36.1%
農業	108	26	20	62	42.6%
植物	250	89	45	116	53.6%
動物	244	37	26	181	25.8%
房屋, 建築	71	17	10	44	38.0%
器具, 用品	159	62	37	60	62.3%
稱謂, 姓氏	96	27	17	52	45.8%
親屬	105	36	13	56	46.7%
身體	119	23	32	64	46.2%
醫療	120	35	44	41	65.8%
服飾	70	28	18	24	65.7%
飲食	90	33	21	36	60.0%
紅白事, 信仰	79	25	24	30	62.0%
日常生活	139	17	32	90	35.3%
人際交往	49	21	14	14	71.4%
商貿交通通訊	91	41	24	26	71.4%
行政訟事軍事	53	27	18	8	84.9%
教育科技	62	34	15	13	79.0%
文體活動	77	34	13	30	61.0%
行爲, 動作	180	105	29	46	74.4%
人稱代詞, 疑問	82	1	4	77	6.1%
形狀, 情態	260	116	35	109	58.1%
副詞	95	37	14	44	53.7%
數量	176	63	11	102	42.0%
介詞, 連詞	30	16	0	14	53.3%
虛詞	30	7	1	22	26.7%
擬聲	21	4	3	14	33.3%
合計	3338	1073	581	1684	49.6%

위의 표에서 보이듯이 백어(白語)에는 많은 중국어 차용어가 존재한다. 이 중에 몇 가지 사례를 들어 보이기로 하겠다.

(4) 숫자 및 요일

  (a) 하나(一) : [ji⁴⁴]   셋(三) : [saŋ⁵⁵]

    넷(四) : [ɕi⁴⁴]   일곱(七) : [tɕʰi⁴⁴]

    여덟(八) : [pia⁴⁴]   아홉(九) : [tɕiɯ²²]

  (b) 5월1일(五月一號) : [wu³¹ jyɛ¹² ji²¹ xau⁵⁵]

  (c) 수요일(星期三) : [ɕiəŋ²²tɕʰi²² saŋ⁵⁵]

(5) 부사

    (a) 매우(相當) : [ɕiaŋ²²taŋ²²]

    (b) 특히(特別) : [tæ¹²piɛ¹²]

백어에는 중국어 접미사를 차용하여 만들어진 어휘도 적지 않다. 그 중에 대표적인 것이 '子[tsɿ²²]'를 들 수 있다. '子[tsɿ²²]'는 후치형 접미사로서 백어 에서도 다양하게 사용된다.

(6) 후치형 접미사 (李義祝, 2012:56)

蒜苗汉借 suaŋ³¹ miaŋ²¹ tsɿ²²   芫荽香菜，汉借 jɛn³⁵ sue⁴⁴ tsɿ²²

     蒜   苗   子   芫   荽   子

浆糊汉借 tɕiaŋ⁴² tsɿ²²   鞭炮炮仗，汉借 pʰau⁴⁴ tsaŋ⁴⁴ tsɿ²²

     浆   子   炮   仗   子

백어는 형용사 수식어가 뒤에 오는데 일부 단어는 한자 형태소를 차용할 때 이러한 어순이 조어과정에 반영되기도 한다. 예를 들어 '大[ta⁴²]'가 그러하다.

(7) 중심어+형용사 어순의 형태소

    (a) 크다(大[ta⁴²])

      [waŋ⁴⁴ta⁴²] 大月   [ʃɯ²²ta⁴²pæ⁴²] 手背 [kər⁴²ta⁴²]價格

7.3.1.3. 중국어의 영향을 받은 백어(白語)의 문법과 어순 유형

백어의 어순은 SVO/SOV 혼합형 어순이다. 평서문에서는 SVO어순을 기본어순으로 한다. 예를 들어 "나는 밥을 먹는다"는 "我+吃+飯"처럼 말한다. 그러나 의문문이나 부정문에서는 SOV 어순으로 사용되는 경우가 많다. 예를 들어 "당신은 식사를 했습니까?"는 "你+飯+吃+了+嗎"처럼 말한다. 한편 명사수식어는 많은 경우에 중심어 뒤에 위치한다. 예를 들어 "빨간 사과"는 "苹果+紅"처럼 말한다. 이렇게 어순이 혼합적인 이유는 백어(白語) 고유의 어순과 중국어의 영향을 받은 어순이 공존하기 때문이다. 아래에서는 李義祝(2012)의 논의를 중심으로 중국어의 영향을 받은 몇 가지 사례를 소개하기로 한다.

(A) 부정문의 어순

백어에서 부정문의 어순은 원래 [동사 + 부정사] 형태이다. 그러나 중국어의 영향을 받아 부정사가 동사 앞에 올 수도 있다.

(8) (a) ŋãu³¹ ɣɯ⁴² sɔ³⁵ nɛ¹² ṽɔ²²   (백어(白語) 고유의 어순)
　　　 我　　學　　書　(助)　沒有
　　(b) ŋãu³¹ pɯ²¹ ɣɯ⁴² sɔ³⁵   (중국어 영향을 받은 어순)
　　　 我　　不　　學　　書
　　　 (나는 공부하지 않는다)

(B) 계사(copula)구문의 어순

전통적인 백어의 계사구문에서 계사는 문미에 사용된다. 긍정형의 경우 문미에 계사 '[tsa²²]'가 부가되고 부정형의 경우에는 '[piau²²]'가 부가된다. 그러나 중국어 계사 '是'와 '不是'가 차용되면서 두 가지 어순이 혼용되고 있다. 다음의 예문을 보자.

(9) (a) ŋãu³¹ pər⁴² tsʅ²² tsa²²   (백어(白語) 고유의 어순)
我   白   子   是

(b) ŋãu³¹ zʅ²² pər⁴² tsʅ²²   (중국어 영향을 받은 어순)
我   是   白   子

(나는 백족(白族) 사람이다)

(C) 비교구문의 어순

백어의 비교구문의 어순은 일반적으로 "X＋형용사＋비교표지[ku⁴²]＋Y＋
기타" 형식이다. 그러나 중국어 비교표지가 차용되면서 중국어 어순 형태로
표현되기도 한다. 중국어에서 차용된 비교표지는 2종류이다. 하나는 표준중
국어에서 차용된 '比'이고 다른 하나는 운남지역의 서남관화에서 차용된 '比
塔'이다.

(10) (a) mɯ³¹ ta⁴² ku⁴² ŋãu³¹ kãu²² sʰua⁴⁴   (백어(白語) 고유의 어순)
他   大   比   我   兩   歲

(b) mɯ³¹ pi³¹ ŋãu³¹ ta⁴² kãu²² sʰua⁴⁴   (표준중국어 영향을 받은 어순)
他   比   我   大   兩   歲

(c) mɯ³¹ pi³¹ta⁴⁴ ŋãu³¹ ta⁴² kãu²² sʰua⁴⁴ (서남관화 영향을 받은 어순)
他   比塔   我   大   兩   歲

(그는 나보다 2살이 많다)

(D) 피동문의 어순

백어의 피동문은 중국어의 영향을 받아 피동표지가 앞에 오는 어순을 취
한다. 백어에서 차용한 중국어의 피동표지는 '着[tsɔ¹²]'와 '挨[ai³⁵]'이다. '着
[tsɔ¹²]'는 [着＋동작주＋동사] 형식으로 사용된다. '挨[ai³⁵]'는 동사 바로 앞
에 부가되어 [挨＋동사] 형식으로 피동을 나타낸다.

(11) mɯ³¹ tsɔ¹² ji²¹kər³⁵ tər⁴⁴ tɯ⁴⁴ tʰe⁵⁵

他　着　別人　打　了　一頓
(그는 다른 사람에게 한 대 맞았다)

(12) lau^{31} saŋ^{22}　ke^{35}ji^{44}　ai^{35}　ta^{31}
老 三　　今天　挨　偸
(老三이 오늘 (물건을) 도둑 맞았다.)

7.3.1.4. 백어(白語)의 영향을 받은 중국어

백어(白語)와 접촉하는 지역에서 현지의 중국어도 어느 정도 영향을 받았다. 예를 들어 운남성 학경(鶴慶) 지역에 사용되는 중국 방언이 그러하다. 李義祝(2012:66)는 이러한 경향이 주로 이중언어 사용 환경에서 드러난다고 하였다. 특히 白語를 모어로 하는 사람이 중국어를 제2언어로 사용하는 경우에 음운, 어휘 등의 측면에서 혼합어적인 특징이 나타난다. 본고에서는 李義祝(2012:66)의 연구를 중심으로 이러한 경향을 설명하기로 한다.

(가) 백어 음운이 중국 방언에 끼친 영향

운남성 학경(鶴慶) 방언에서 중국어 성모 [l]은 [n]으로 읽히는 경향이 있다.

(13) [l] → [n]

蓝篮兰栏 naŋ^{42}　缆懒 naŋ^{31}　烂 naŋ^{44}　连联怜莲廉 niɛn^{42}　恋练炼 niɛn^{55}

林菱菱角 niəŋ^{42}　领领导 niəŋ^{31}　令命令 niəŋ^{55}　零 niəŋ^{42}　卵 nuan^{31}　乱 nuan^{44}

论讨论 nuəŋ^{55}　轮 nuəŋ^{42}　凉 niaŋ^{35}　粮量动词 niaŋ^{42}　亮 niaŋ^{44}龙隆 笼 noŋ^{42}

또한 학경(鶴慶) 방언 중에 비음 운모 '[-n]'은 '[-ŋ]'으로 발음되는 경우가 많다. 이는 백어에 '[-n]' 모음이 없는 것과 관련이 있다. 백어를 모어로 사용하는 사람이 중국 방언을 발음할 때 모어의 영향을 받아 '[-n]'을 '[-ŋ]'으로 발음하는 과정에서 다음과 같은 현상이 생겨났다.

(14) [-n] → [-ŋ]

en→əŋ韵母: 笨 pəŋ⁴⁴ 喷 pʰəŋ²² 闷 məŋ⁴⁴ 人工人 zəŋ⁴² 忍 zəŋ³¹ 恨 xəŋ⁴⁴

in→iəŋ韵母: 拼 pʰiəŋ⁵⁵ 抿 miəŋ³¹ 紧 tɕiəŋ³¹ 筋 tɕiəŋ³⁵ 芹 tɕʰiəŋ⁴² 瘾 jəŋ³¹

(나) 백어 어휘를 차용한 중국 방언

운남성 학경 방언 중에 백어에서 차용된 어휘로는 '上咐(구하다, 요구하다)'와 같은 동사, '楞(고집스럽다)'과 같은 형용사, '紅黑(늘, 항상, 어쨌든)'과 같은 부사 등이 있다. 이러한 단어는 모두 백어에서 차용된 단어이다.

그러나 종합적으로 보았을 때 백어(白語)가 중국어에 영향을 준 것은 상대적으로 적다. 두 언어의 접촉 과정에서 중국어가 우세한 위치에 있어서 백어에 준 영향이 더 크다. 중국어의 영향으로 백어는 음운, 어휘, 어법, 어순 등의 여러 측면에서 유형적 변화가 일어났다. 이에 비해 백어의 영향을 받은 현지 중국 방언은 일부 음운 동화 또는 어휘 차용 현상에 국한된다.

7.3.2. 중국어와 동태어(侗台語)의 언어접촉과 어순 변이

동태어(侗台語) 계통의 언어는 현재 알려진 것만 해도 15 종류가 있다. 예를 들어 장어(壯語), 포의어(布依語), 태어(傣語), 임고어(臨高語), 차동어(茶洞語), 동어(侗語), 수어(水語), 모남어(毛南語), 요로어(仫佬語), 양광어(佯僙語), 막어(莫語), 랍가어(拉珈語), 표어(標話), 여어(黎語), 촌어(村語)가 동태어 계열에 속한다. 이 중에서 차동어(茶洞語), 요로어(仫佬語), 랍가어(拉珈語), 표어(標話) 등은 중국어의 영향을 비교적 많이 받았다. 그 결과로 문장의 어순 유형이 혼합적인 양상을 보이기도 한다.

7.3.2.1. 동태어의 형용사와 정도부사의 어순 유형

동태어(侗台語)는 [형용사(Adj)+정도부사(AD)] 어순과 [정도부사(AD)+형용사(Adj)] 어순이 혼재되어 있다. 먼저 정도부사가 형용사 뒤에 오는 예는 다음과 같다.

(15) 장어(壯語) : [형용사(Adj)+정도부사(AD)]
    (a) lak^8 ɣa:i^{4}ɕa:i^4 매우 깊다
        深 十分

(16) 포의어(布依語) : [형용사(Adj)+정도부사(AD)]
    (a) zai^2 ta^{2}za:i^4 아주 길다
        長 眞
    (b) siu^3 la:i^1 아주 적다
        少 太

위의 예는 [형용사(Adj)+정도부사(AD)] 어순 유형에 속하는 것을 보여준다. 그러나 동태어에 중에는 이와는 반대의 어순을 보이는 경우가 더 많이 관찰된다. 그 예로 들 수 있는 것이 촌어(村語)와 양광어(佯僙語)이다. 그런데 이 언어에서 사용되는 정도부사는 중국어에서 차용되었을 가능성이 높다. 다음의 예에서도 보이듯이 발음면에서 중국어 정도부사 '太', '相當', '很', '最'와 매우 유사하며 어순도 [정도부사(AD)+형용사(Adj)] 형태를 가진다.

(17) 촌어(村語)
    (a) thai^1 tɵɔi^1 아주 많다.
        太 多
    (b) tɵiaŋ^{2}daŋ^2 mei^1 상당히 높다
        相當 高

(18) 양광어(佯僙語)

   (a) hən^1 da:i^1 아주 좋다

     很   好

   (b) tsui^1 la:u^4 가장 크다

     最   大

심지어 동태어 언어 중에는 두 가지 어순이 혼용되는 경우도 존재한다. 예를 들어 막어(莫語), 서태어(西傣語)는 '정도부사＋형용사' 어순과 '형용사＋정도부사' 어순이 혼용된다. 막어(莫語), 서태어(西傣語)는 원래 '형용사＋정도부사' 어순을 사용하였다. 그러나 중국어의 영향을 받아 '정도부사＋형용사' 어순이 혼용된다.

(19) 막어(莫語)

   (a) vuŋ^1 han^5 아주 높다

     高   很

   (b) hən^4 vəi^2 아주 통통하다

     很   肥

   (c) swəi^1 jam^1 han^5 가장 깊다.

     最   深   很

(20) 서태어(西傣語)

   (a) di^1 tɛ^4 아주 좋다

     好   很

   (b) tsa:t^8 hɔn^4 아주 덥다

     眞   熱

李雲兵(2008)에 따르면 동태어 계열에서 속하는 언어의 고유 어순은 '형용사＋정도부사'이다. 그러나 중국어와 장기간의 언어접촉으로 중국어의 정도부사도 차용하고 이와 함께 '정도부사＋형용사' 어순도 혼용하게 되었다. 막

어(莫語), 서태어(西傣語)의 문장에서 중국어에서 차용된 정도부사는 어순 유형
도 중국어와 비슷하다. 심지어 (19.c)에서는 '정도부사＋형용사＋정도부사'처
럼 형용사 앞뒤에 정도부사가 부가되었다. 이러한 어순 혼합 현상은 언어접
촉과 밀접한 관련이 있다.

7.3.2.2. 동태어의 처소 전치사구 어순 유형

동태어(侗台語)에 속하는 남방소수민족 언어는 기본어순이 대개 SVO 어순
이고 전치사를 사용하며, 형태변화가 적어 고립어적 특성이 강하다. 또한 시
제표지 대신 상표지가 발달했으며 수량사가 풍부하다. 음성적으로 대개 성
조를 가지고 있다.

이러한 동태어에서 전치사구의 어순은 일반적으로 [V+PP] 형식을 가진
다. 다음의 예를 보자.

> (21) 덕태어(德傣語) : [V+PP] 형식
>   (a) kau^6 het^9 la^{3}xɔŋ^1 ti^6 pe^{3}tsin^6 나는 북경에서 일한다.
>   我   做   工作   在 北京
>
> (22) 장어(壯語) : [V+PP] 형식
>   (a) bin^6 kɯn^2 fai^4 나무 위에서 날다
>   飛   上面 樹
>   (b) pu:t^7 to^6 ɣoŋ^2 아래로 뛰다
>   跑   往 下

그러나 동태어계에 속하는 일부 소수민족 언어에서는 전치사구가 동사
앞에 위치하는 경향이 관찰된다. [PP+V] 어순을 가지는 언어로는 표어(標
話), 랍가어(拉珈語), 양광어(佯僙語) 등이 있다. 다음의 예를 보기로 하자.

(23) 표어(標話) (梁敏·張均如, 2002) : [PP+V] 형식

(a) tsia¹ ŋy⁴ mui¹ to³ phiam³ thu¹ 나는 그 산에서 나무를 베고 있다.

我　在　那　山　砍　　柴

(24) 보표어(普標語)　(梁敏·張均如·李雲兵, 2007) : [PP+V] 형식

(a) pək⁴⁵ qa³³mei⁴⁵ qui³³ lju:ŋ⁴⁵ gɯa⁴⁵ ɕiŋ²¹³ la:ŋ⁴⁵

些　　姑娘　在　里　村子　唱　歌

아가씨들이 마을에서 노래를 하고 있다.

이렇게 동태어에서 전치사구의 어순은 [V+PP] 형식과 [PP+V] 형식이 있는데 통시적으로 전자에서 후자로 바뀌는 추세에 있다. 吳福祥(2008)은 중국 남부 소수민족어의 전치사구의 어순이 [V+PP] 형식에서 [PP+V] 형식으로 변화하는 것은 언어접촉과 밀접한 관련이 있다고 하였다. 그는 이러한 현상이 중국어가 중국 남부로 확산되면서 그 지역의 소수민족 언어와 접촉하는 과정에서 촉발되었다고 하였다.

7.3.2.3. 비교구문의 어순

동태어(侗台語)의 비교구문은 두 가지가 혼재한다. 이 중에 고유 어순은 '형용사+비교표지+비교대상'이다. 그러나 일부 지역에서는 중국어 비교표지 '比'를 차용하여 '비교표지(比)+비교대상+형용사' 어순을 사용하기도 한다. 장어(壯語), 포의어(布依語) 등에서는 한 언어 안에 두 가지 어순이 혼재한다. 아래의 예에서 하나는 고유 어순이고 하나는 중국어의 영향을 받은 어순이다.

(25) 장어(壯語)

(a) (고유 어순)

kou¹ sa:ŋ¹ kva⁵ mɯŋ² 나는 너보다 크다

我　高　過　你

(b) (중국어의 영향을 받은 어순)

kou¹ pei³ mɯɯŋ² sa:ŋ¹　나는 너보다 크다

我　比　你　高

(26) 포의어(布依語)

(a) (고유 어순)

ku¹ sa:ŋ¹ to¹ mɯɯŋ²　나는 너보다 크다

我　高　過　你

(b) (중국어의 영향을 받은 어순)

ku¹ pi¹ mɯɯŋ² sa:ŋ¹　나는 너보다 크다

我　比　你　高

동태어 계열에 속하는 언어 중에 비교구문의 어순이 혼재하는 언어로는 이 밖에도 수어(水語), 모남어(毛南語), 요로어(仫佬語), 양광어(佯僙語), 막어(莫語), 태어(傣語), 임고어(臨高語), 차동어(茶洞語), 동어(侗語) 등이 있다. 李雲兵(2008:125)은 비교급 어순이 혼재하는 것이 중국어의 접촉으로 인한 결과라고 하였다. 특히 동태어계의 언어들이 차용한 중국어 비교급 표지는 남방 방언(서남관화, 월 방언 등)에서 유래한 것이다.

7.3.3. 중국어와 묘요어(苗瑤語)의 언어접촉과 어순 변이

通時的으로 묘요어(苗瑤語)와 중국어는 지속적인 언어접촉의 결과로 음운, 어휘, 어순 유형 면에서 많은 변화가 발생했다. 이 과정에서 중국어가 묘요어에 미친 영향력은 아주 크다. 소수민족 언어에 속하는 묘요어는 중국어의 영향을 받아 음운 동화나 어휘의 차용이 빈번하게 일어났다. 뿐만 아니라 문법적 요소 및 어순 유형 면에서도 큰 변화가 있었다.

7.3.3.1. 어휘 차용 현상

묘요어(苗瑤語)에는 중국어에서 차용한 어휘가 다양하게 사용된다. 이러한 차용어는 단음절 어휘도 있고 다음절 어휘도 있다. 차용방식 측면에서는 전체를 차용한 경우도 있고 부분적으로 차용한 경우도 있다. 예를 들어 강영(江永) 지역의 면어(勉語)를 보기로 하자. 아래의 예는 중국어 어휘를 완전히 차용한 것이다.

(27) 단음절 차용어
    (a) thiŋ³¹ (天) 하늘   (b) siu³³ (收) 받다
    (c) khəu⁴³⁴ (苦) 쓰다   (d) lau³¹ (牢) 우리

(28) 이음절 차용어
    (a) lau³¹toŋ³⁵ (勞動) 노동   (b) miŋ³¹tsu³¹ (民族) 민족
    (c) tsəŋ³⁵tsɿ³⁵ (政治) 정치   (d) tɕau³⁵ɕi³¹ (敎室) 교실

(29) 다음절 차용어
    (a) kuŋ³⁵tshaŋ⁴³⁴taŋ⁴³⁴ (共産黨) 공산당
    (b) ɕə³⁵fei³⁵tɕy⁴³⁴ȵi³⁵ (社會主義) 사회주의

묘요어 고유 형태소에 중국어 형태소가 차용되어 만들어진 어휘도 있다. 예를 들어 '비행기', '배추', '무', '오이', '이름', '주인' 등이 그러하다.

(30) [묘요어 형태소+중국어 형태소]
    (a) dai³⁵+tɕai³³ (飛機) 비행기
    (b) lai³¹+pɛ²¹ (白菜) 배추
    (c) lai³¹+pa²¹ (蘿卜) 무

(31) [중국어 형태소+묘요어 형태소]
    (a) tsjəu⁴³⁴+mjəŋ³¹ (主人) 주인

      (b) miŋ^{31}+bu^{35}　　(名字) 이름

      (c) tɕoŋ^{21}+mjən^{31}　　(窮人) 가난한 사람

    묘요어는 분석형 언어(고립어)로서 단어의 형태 변화가 없고 허사도 적은 편이다. 술어와 명사구의 의미관계를 나타낼 때에도 어순으로 표현하지 명시적인 문법표지가 많지 않다. 선행절과 후행절을 연결하는 접속표지도 'thiŋ^{33}(~와)' 같은 소수의 접속사만 사용된다. 그러다가 묘요어는 언어접촉 과정에서 중국어로부터 차용된 다양한 문법적 기능어가 사용되어 왔다. 중국어로부터 차용된 문법적 기능어로는 전치사, 조사, 접속사 등을 들 수 있다.

    (32) 전치사(介詞)

        (a) pei^{434}　(比) ~보다(비교)

        (b) tsɔŋ^{31}　(從) ~에서부터(기점)

        (c) huŋ^{35}　(向) ~로(방향)

        (d) pa^{434}　(把) ~를(처치)

    (33) 조사

        (a) liu^{434} (了) (완료)

        (b) tsə^{35} (着) (지속, 진행)

    (34) 접속사

        (a) sə^{33}　(雖) 비록(양보)

        (b) so^{434}i^{434}　(所以) 그래서(인과)

        (c) je^{31}kwo^{434} (如果) 만약(가정)

7.3.3.2. 어순 변이 현상: [형용사+정도부사]

    묘요어의 정도부사는 고유어와 중국어 차용어가 혼재한다. 수량 면에서는 고유의 정도부사는 소수이고 중국어 차용어가 다수를 차지한다. 묘요어 고유의 정도부사가 형용사를 수식할 때는 일반적으로 [형용사(Adj)+정도부사

(AD)] 어순으로 표현된다. 그러나 중국어 차용어가 형용사를 수식할 때는 [정도부사(AD)＋형용사(Adj)] 어순으로 표현된다. 아래의 예에서 전자는 고유어 어순이고 후자는 중국어의 영향을 받은 어순이다.

(35) 검동묘어(黔東苗語)
    (a) (고유 어순)
        ɕo⁵³ va⁴⁴   아주 붉다
        紅   很
    (b) (중국어의 영향을 받은 어순)
        sha⁴⁴ ta³³   가장 두껍다
        最   厚

(36) 파형어(巴哼語)
    (a) (고유 어순)
        kwɔ³⁵ ŋ³⁵   아주 하얗다
        白   很
    (b) (중국어의 영향을 받은 어순)
        hẽ⁵³ tɕɣ⁴⁴   아주 붉다
        很   紅

(37) 면어(勉語)
    (a) (고유 어순)
        njɛn³⁵ ŋ̥ən³⁵   아주 많다
        多   很
    (b) (중국어의 영향을 받은 어순)
        hən⁵³ tɔŋ³⁵   아주 춥다
        很   冷

7.3.3.3. 어순 변이 현상: 비교급 어순

묘요어의 비교구문은 두 가지 어순이 혼재한다. 이러한 어순의 혼재 현상은 언어접촉과 관계가 밀접하다. 묘요어에서 고유의 어순은 '형용사+비교표지+비교대상'이다. 그러나 많은 묘요어 사용 지역에서 중국어 비교표지 '比'가 차용되어 '비교표지(比)+비교대상+형용사' 어순이 관찰된다. 특히 서남 관화, 노상 방언(老湘方言), 객가 방언 등의 비교표지가 묘요어에 영향을 많이 주었다. 李雲兵(2008:165)은 묘요어가 역사적으로 오랫동안 언어접촉으로 인해 고유의 비교구문 형식보다 중국어에서 차용된 비교구문이 더 많이 쓰이고 어순 유형도 변했다고 하였다. 다음의 묘오어는 기본적으로 모두 중국어의 영향을 받은 비교구문으로서 어순도 중국어와 유사하다.

(38) 파형어(巴哼語)
    (a) pʰɣ³³ tʰɣ⁴⁴ pi³¹ pʰɣ³³ kwɔ³⁵ jɔ̃⁵⁵ jɦɔ³³
        花   紅   比 花   白   好   看
        붉은 꽃이 하얀 꽃보다 예쁘다

(39) 형내어(炯奈語)
    (a) laŋ⁴⁴ pen³³ ne⁵³ pi⁵³ laŋ⁴⁴ pen³³ mi⁴⁴ ŋaŋ³⁵ leŋ³⁵
        이 꽃이 저 꽃보다 예쁘다

(40) 우낙어(優諾語)
    (a) vɔ²² pi²² naŋ²² ljou³³
        我 比 你   大
        내가 너보다 나이가 많다.

7.3.3.4. 어순 변이 현상: 명사 수식어의 어순

묘요어 계통의 언어 중에는 명사 수식어가 중심명사 앞에도 오고 뒤에도 오는 사례가 적지 않다. 즉, [명사 수식어+중심명사] 어순과 [중심명사+명사 수식어] 어순이 혼재하는 것이다. 이러한 현상의 이면에도 역시 중국어와의 언어접촉이 관련되어 있다. 묘요어 계통의 고유 어순은 [중심명사+명사 수식어]이지만 중국어의 영향을 받아 [명사 수식어＋중심명사] 어순이 점점 많아지고 있는 추세이다. 다음의 예를 보자.

(41) 포노어(布努語)

    (a) ŋka^{13} mpai^{41} (b) kjuŋ^{33} nuŋ^{13}

       肉　猪   角　牛

       돼지 고기   소　뿔

(42) 파형어(巴哼語)

    (a) nqɦɛ^{33} mpe^{55} (b) tɦɤ^{33}qɔ^{35} ŋɦ^{33}

       肉　猪   角　牛

       돼지 고기   소　뿔

(43) 형내어(烔奈語)

    (a) mpe^{35} ŋkai^{33} (b) nɔ^{33} kjaŋ^{44}

       猪　肉   牛　角

       돼지 고기   소　뿔

(44) 우낙어(優諾語)

    (a) mai^{35} pe^{33} (b) ŋu^{13}kə^{33} kuŋ^{44}

       猪　肉   牛　角

       돼지 고기   소　뿔

위의 예에서 포노어(布努語)와 파형어(巴哼語)는 명사 수식어가 뒤에 위치한다. 그러나 형내어(烔奈語), 우낙어(優諾語)는 그 순서가 반대이다. 같은 묘요어 계통이지만 서로 다른 어순 분포를 가지는 것은 역사적으로 언어접촉에 의한 변화의 정도가 다르기 때문이다. 전자는 묘요어 고유의 어순을 보존한 경우라면 후자는 중국어 어순의 영향을 받아 변한 경우이다.

한편 중국어와 언어접촉이 빈번한 지역 중에 두 가지 어순이 경쟁관계를 가지는 경우도 있다. 예를 들어 호남성 지역의 묘요어 중에는 '강물'이라는 합성어가 '水+河'/ '河+水'로 모두 사용이 가능하며 '월말'이라는 합성어도 '底+月'/'月+底'처럼 두 가지 어순으로 표현된다. 더 나아가 방위사(上 , 中, 下, 裏 등)와 명사의 결합도 두 가지 어순이 혼재한다. 묘요어 계통의 언어에서는 '위(上)+나무(樹)'/'나무(樹)+위(上)', '뒤(後面)+집(屋)'/'집(屋)+뒤(後面)', '안(裏)+집(屋)'/'집(屋)+안(裏)' 등이 혼재하는 현상이 비일비재하다. 이러한 어순 변이 현상은 중국어와 접촉이 빈번한 지역일수록 더 자주 관찰된다.

7.3.4. 광서성 평화(平話) 방언에서의 언어접촉 현상

평화(平話) 방언은 중국 광서성(廣西省) 일대에 분포하는 중국 방언이다. 평화 (平話) 방언은 다른 중국 방언과 달리 지난 수천 년 동안 동태어(侗台語) 계통에 속하는 장어(壯語)와 지속적인 언어접촉이 발생했다. 평화 방언의 기층은 분명 중국 한족이 사용했던 고대 중국어이지만 장족의 언어도 상당히 섞여 있다.

李心釋(2012:9-16)에 따르면 한족(漢族)과 장족(壯族)은 선진시기와 한대(漢代)부터 상호 간의 교류가 활발했다는 기록이 있다. 그 시기에 광서성 일대에는 남월국(南越國)의 토착민과 한족들이 어울려 살았다. 당대(唐代) 시기에 이르러서는 대규모 군대가 파견되면서 광서성 일대에 한족의 인구가 큰 폭으로 늘어났다. 송대(宋代)에도 광서성 지역으로 많은 한족들이 이주해 왔다. 천년이 넘는 기간 동안 한족의 인구 이동은 광서성 일대의 토착민의 언어에도 큰 영향을 끼쳤다. 그러나 한족의 언어와 문화가 일방적으로 토착민에게 영향을 준 것만은 아니다. 한족들의 생활 속에도 그 지역 토착민들의 언어와 문화가 자연스럽게 영향을 미쳤다.

7.3.4.1. 어휘 차용 현상

광서성 지역에서 언어 간의 어휘의 차용 현상은 쌍방향적이다. 첫째는 중국어에서 소수민족 언어(壯語)로 차용된 경우이다. 둘째는 소수민족 언어(壯語)에서 중국어로 차용된 경우이다. 전체적인 경향으로 보자면 당연히 중국어에서 소수민족 언어로 차용된 비율이 높다. 그러나 그 반대의 경우도 적지 않다. 광서 지역의 중국 평화(平話) 방언에도 상당히 많은 어휘가 차용되었다. 선행연구를 기초로 두 언어 간의 어휘 차용의 양상을 정리하면 다음과 같다.

(45) 중국어(平話 방언)→ 장어(壯語) - 상대적으로 강한 영향을 줌
 : 장어 어휘의 30% 이상이 차용됨. (張均如·梁敏, 1996; 李心釋, 2012)

(46) 장어(壯語)→ 중국어(平話 방언) - 상대적으로 약한 영향을 줌.
 : 중국 평화 방언의 3,000개 상용어휘 중에 3.3%가 장어에서 차용됨.
 (張均如·梁敏, 1996)
 : 수정된 Swadesh 기본어휘표 200개에 대응하는 평화 방언 중에 90%는 중국 고유의 어휘이고 10%가 장어에서 차용된 것임. (李心釋, 2012)

아래는 장어에서 차용된 평화 방언의 어휘를 예로 든 것이다. '여동생', '손자/손녀', '좋아하다', '생각하다'처럼 일상생활에 자주 사용되는 어휘가 모두 소수민족의 언어에서 중국어로 차용되어 쓰이고 있다는 것은 주목할 만하다.

(47) 장어(壯語)　　　　　→ 중국 평화(平和) 방언 (李心釋, 2012:218-220)
 (a) ha^{22} 　　　　　 → 　　　ha^2 　　(속이다)
 (b) me^{33} 　　　　　 → 　　　me^1 　　(굽다, 구부정하다)
 (c) ke^{24} 　　　　　 → 　　　kei^5 　　(나이가 많다)
 (d) tat^7 　　　　　 → 　　　tat^7 　　(자르다)
 (e) len^{35} 　　→ 　　lan^3 　　(손자, 손녀)

(f) haŋ^{22} → haŋ^3 (좋아하다, 원하다)

(g) noŋ^{35} → nu:ŋ^4 (여동생)

(h) kam^{31} → kam^1 (손으로 잡다)

(i) loŋ^{31} → loŋ^1 (틀리다)

(j) ŋau^{42} → ŋa:u^2 (흔들다, 흔들리다)

장어에서 중국 평화 방언으로 차용된 어휘는 광서성의 사회와 문화를 반영하는 것들도 상당히 많다. 예를 들어 평화 방언에서 사용되는 '과일', '야채', '곡식', '농기구', '곤충(바퀴벌레, 벼룩, 잠자리)', '가축(소, 돼지, 닭)' 등의 어휘가 소수민족의 언어인 장어(壯語)에서 유래한 것들이다. 李心釋(2012:74, 231-233)에 따르면 Swadesh 기본어휘표에 대응되는 광서성 남녕(南寧) 평화 방언 어휘 200개를 조사한 결과 12%가 소수민족 언어(壯語)에서 차용된 것이다. 광서성 빈양(賓陽) 평화 방언 어휘 중에는 10%가 소수민족 언어(壯語)에서 차용되었고, 광서성 전양(田陽) 평화 방언 어휘 중에는 15%가 소수민족 언어(壯語)에서 차용되었다. 이를 통해 볼 때 중국 평화 방언의 기본어휘 중에 중국어가 아닌 소수민족 언어에서 유래한 것이 적지 않다는 것을 알 수 있다.

7.3.4.2. 언어접촉과 어순의 동화 현상: [중심명사+수식어]

중국 평화 방언의 명사 수식어 중에 '중심어+수식어' 구조를 가지는 경우가 적지 않다. 이러한 어순은 표준중국어와는 다르고 오히려 소수민족 언어인 장어와 유사하다. 예를 들어 '암탉', '수탉', '암소', '수소' 등과 같은 동물 명칭도 표준중국어와 다르게 수식어가 뒤에 위치한다. 이러한 어순은 장어를 비롯한 광서성 소수민족 언어와 유사하다. 심지어 '鴨lau^{55}(허약한 오리)', '狗lau^{55}(들개)' 같은 단어는 어순도 장어와 유사할 뿐만 아니라 수식어도 한자로 표기할 수 없는 특이한 형태소이다. 이 수식어 형태소는 장어에서 차

용되었을 가능성이 크다. 한편 형용사 수식어도 중심명사 뒤에 위치하는 예
들도 많다. 다음의 예를 보자.

(48) 평화 방언의 동물 성별 형태소 어순 : [중심어+수식어]
  (a) 雞公(수탉)　　　雞母(암탉)
  (b) 鴨公(수컷 오리)　鴨母(암컷 오리)
  (c) 牛公(수소)　　　牛母(암소)
  (d) 豬文(수컷 돼지)　豬草(암컷 돼지)

(49) 평화 방언의 명사 수식어 어순 : [중심어+수식어]
  (a) 雞禿　　(벼슬이 있는 닭)
  (b) 鴨lau⁵⁵ (가장 허약한 오리)
  (c) 狗lau⁵⁵ (들개 : 사방으로 먹을 것을 찾아다니는 개)
  (d) 人客　　(손님)

(50) 평화 방언의 형용사 수식어 어순 : [중심어+수식어]
  (a) 魚干　　(말린 생선)
  (b) 豆角干 (말린 콩깍지)
  (c) 豬黑　　(검은 돼지, 흑돼지)
  (d) 人好　　(좋은 사람)
  (e) 山高　　(높은 산)

　중심명사를 수식하는 명사 수식어, 형용사 수식어가 뒤에 위치하는 현상
은 광서성 소수민족 언어에서 보편적인 현상이다. 광서 평화(平話) 방언에서
도 수식어가 후치하는 경향이 있다. 이는 지리적으로 인접한 소수민족 언어
와의 장기적인 접촉으로 인해 어순이 동화되었기 때문이다. 역사적으로 평
화 방언 지역에서는 한족과 장족이 활발한 교류를 해 왔고 언어와 문화가
혼합되는 현상이 종종 발생했다. 특히 한족과 장족이 결혼 등을 통하여 한
가족을 이루는 경우에는 중국어와 소수민족 언어가 혼용되면서 두 언어의

음운, 어휘, 문법, 어순 등도 유사해지는 경향이 있다.

7.3.4.3. 언어접촉과 어순의 동화 현상: [양사+(명사)+지시사]

중국 평화 방언에서 양사와 지시사의 어순은 표준중국어와 다르다. 표준중국어에서는 [지시사+양사+명사]의 어순이지만 평화 방언에서는 [양사+명사+지시사]의 어순을 가진다. 이러한 어순은 소수민족 언어인 장어(壯語)와 유사하다. 다음의 예를 보자.

> (51) 堆 果 這 比 堆 果 那 多 三倍。
> (這堆水果比那堆水果多了三倍)
> 이 과일이 저 과일보다 세 배 더 많다.

> (52) 個 人 那 有 三十 歲 左右。
> (那個人有三十歲左右)
> 그 사람은 서른 살 정도이다.

> (53) 只 這 是 我 個, 只 那 是 渠 個。
> (這只是我的, 那只是他的)
> 이것은 내 것이고 저것은 그의 것이다.

위의 예문처럼 중국 평화 방언에서는 지시사가 양사와 명사 뒤에 위치하는 현상이 관찰된다. 이처럼 평화 방언의 지시사 어순이 중국어와 다르고 오히려 소수민족 언어와 유사한 것은 언어접촉으로 인해 발생한 어순 동화 현상과 관련이 있다.

7.3.4.4. 언어접촉과 어순의 동화 현상: [동사+(목적어)+전치사+명사]

중국 평화 방언에서 전치사구의 어순도 소수민족 언어인 장어(壯語)와 유

사하다. 평화 방언에서는 전치사구가 동사에 후행하는 경향이 강하다. 즉,
[동사+(목적어)+전치사+명사]의 어순이다. 이러한 어순은 표준중국어와
다르고 오히려 장어와 유사하다. 다음의 예를 보자.

(54) 讀書 在 廣西大學。
   (在廣西大學讀書)
   광서대학에서 공부한다.

(55) 洗 碗 在 這。
   (在這洗碗)
   여기에서 그릇을 씻는다.

(56) 寫 字 在 台。
   (在台上寫字)
   책상에서 글씨를 쓴다.

(57) 我看書在屋裏頭。
   (我在屋裏看書)
   나는 집에서 책을 본다.

위의 예처럼 동작의 발생 장소를 나타내는 전치사구가 동사에 후행하는
어순이 평화 방언에서 자주 사용된다. 이는 장어(壯語)에서도 마찬가지이다.
장어에서도 "밥 먹다+여기에서(吃飯在這)", "과일을 놓다+책상 위에(放水果在
台上)"처럼 전치사구가 동사에 후행한다.

7.3.4.5. 언어접촉과 어순의 동화 현상: [동사+직접목적어+간접목적어]

일반적으로 표준중국어에서 이중목적어 구문은 [동사+간접목적어+직접
목적어] 어순으로 표현되는데 평화 방언의 어순은 반대이다. 중국 평화 방언

의 이중목적어 구문은 장어(壯語)와 유사하게 [동사＋직접목적어＋간접목적어] 어순으로 표현된다. 다음의 예를 보자.

(58) 送 一 瓶 酒 我。
(送我一瓶酒)
나에게 술 한 병을 보낸다.

(59) 借 一 雙 鞋 我。
(借我一雙鞋)
나에게 신발 한 켤레를 빌린다.

(60) 教 山歌 我們 吧。
(教我們山歌吧)
우리에게 민요를 가르쳐 주세요.

위의 예처럼 평화 방언에서는 직접목적어가 선행하고 간접목적어가 후행한다. 장어(壯語)의 이중목적어 구문의 어순도 유사하다. 예를 들어 장어에서도 "주다＋과일을＋나에게(給水果我)", "주다＋돈을＋나에게(給錢我)"처럼 [동사＋직접목적어＋간접목적어] 어순이 일반적이다.

7.3.4.6. 언어접촉과 어순의 동화 현상: 비교구문의 어순

평화 방언의 비교구문의 전형적인 어순은 [X＋형용사＋비교표지(過)＋Y] 형식이다. 물론 부분적으로 표준중국어의 '比'를 사용하는 어순도 사용되기는 하지만 일반적으로는 비교표지 '過'를 사용한다. 다음의 예를 보자.

(61) 牛公 使田 快 過 牛母。
(公牛犁地比母牛快)
수소가 암소보다 밭을 빨리 간다.

(62) 我 個 碗 大 過 你 個 碗。

(我的碗比你的碗大)

내 그릇이 너의 그릇보다 크다.

(63) 渠 高 過 我 三 厘 米。

(他比我高三厘米)

그가 나보다 3cm 더 크다.

평화 방언에서 비교구문의 어순은 [X+형용사+비교표지(過)+Y] 형식으로 사용된다. 이러한 어순은 장어(壯語)의 비교구문의 어순과 유사하다. 장어에서도 고유의 비교구문의 어순은 [X+형용사+비교표지(過)+Y]이다. 이러한 어순은 남방 소수민족 언어의 비교구문의 주요한 특징이다.

주의할 점은 남방 소수민족언어인 장어(壯語), 포의어(布依語) 등에서는 반대로 중국 관화의 영향을 받은 어순도 혼재한다는 사실이다.

(64) 장어(壯語)

(a) (고유 어순)

kou^1 sa:ŋ^1 kva^5 mɯɯŋ^2 나는 너보다 크다

我 高 過 你

(b) (중국 관화의 영향을 받은 어순)

kou^1 pei^3 mɯɯŋ^2 sa:ŋ^1 나는 너보다 크다

我 比 你 高

위의 예에서 (a)는 장어(壯語) 고유의 비교구문 어순이고 (b)는 중국 관화의 영향을 받은 것이다. 이렇게 볼 때 광서성 지역의 언어는 상호 간의 접촉으로 어순이 혼용되는데 그 관계가 쌍방향적이다. 중국 평화 방언은 소수민족 언어의 영향을 받고 소수민족 언어도 중국어의 영향을 받은 것이다.

7.3.4.7. 언어접촉과 어순의 동화 현상: [동사/형용사+부사]

평화 방언에서 동사나 형용사에 후행하는 부사의 종류는 다양하다. 예를 들어 '先', '空', '多', '添', '淨', '頭先', '尾底', '非常' 등이 그러하다. 이러한 부사는 모두 [동사+부사], [형용사+부사]의 어순으로 사용된다. 동사나 형용사를 수식하는 부사가 후행하는 평화 방언의 어순은 표준중국어와 다르다. 표준중국어는 일반적으로 부사어가 모두 동사 앞에 사용되기 때문이다. 반면에 [동사+부사], [동사+형용사] 형태는 장어(壯語)를 포함한 광서성 소수민족 언어에서 아주 일반적으로 사용되는 어순이다. 다음의 예를 보자.

(65) 장어(壯語) : [형용사+정도부사]
　　(a) lak^8　γa:i^{4}ɕa:i^4 매우 깊다
　　　　深　　十分

(66) 포의어(布依語) : [형용사+정도부사]
　　(a) zai^2　ta^{2}za:i^4 아주 길다
　　　　長　　眞
　　(b) siu^3 la:i^1 아주 적다
　　　　少　太

(67) 중국 평화(平話) 방언 [형용사/동사+정도부사]
　　(a) 這些菜貴多。
　　　　(這些菜很貴)
　　　　이 채소는 아주 비싸다.
　　(b) 件衫濕淨。
　　　　(這件衣服全濕了)
　　　　이 옷이 흠뻑 젖었다.
　　(c) 個人難教非常。
　　　　(這個人非常難教)
　　　　이 사람은 가르치기가 아주 어렵다.

(d) 我知齊。

(我全都知道)

나는 다 알고 있다.

(e) 我去頭先。

(我先去)

내가 먼저 간다.

중국 평화 방언에서는 심지어 동사 뒤에 형용사나 부사를 중첩하여 사용하기도 한다. 다음의 예를 보자.

(68) 중국 평화(平話) 방언 [동사+형용사/부사중첩]

(a) 渠來我家多多。

(他常常來我家)

그는 자주 우리 집에 온다.

(b) 你上課好好。

(你好好上課)

너 수업 잘 해.

위의 예처럼 평화 방언은 표준중국어와 다른 후행 부사어가 자주 사용된다. 이렇게 동작이나 상태를 수식하는 형태가 모두 동사에 후행하는 형식은 전형적인 남방 소수민족의 어순과 동화된 현상이라고 할 수 있다.

이상으로 중국의 남방 방언으로 분류되는 평화(平話) 방언의 어순 특징을 살펴보았다. 평화(平話) 방언의 기층은 고대중국어이지만 수천 년 동안의 언어접촉의 과정에서 남방 소수민족 언어의 영향을 많이 받았다. 특히 장족의 언어인 장어(壯語)와 장기간의 접촉으로 두 언어는 어순 유형에도 많은 유사성이 존재한다. 위에서 살펴본 바와 같이 평화(平話) 방언의 명사수식어 어순, 형용사 수식어 어순, 지시사 어순, 전치사구 어순, 비교구문 어순, 부사어 어순 등이 장어(壯語)와 유사하다. 李雲兵(2008:111)과 李心釋(2012:175)에 따르면 어순 매개변수 18개 중에 평화 방언과 장어(壯語)가 일치하는 어순이 16개 (89%)이다. 어순의 일치성의 관점에서 보더라도 두 언어는 상당히 유사한 경향을 보인다.

7.4. 중국어와 북방 언어의 접촉과 어순 변화

중국 대륙의 북쪽에는 중국어와 수많은 북방 소수민족 언어가 분포한다. 몽골어, 만주어, 어원키어, 위구르어 등이 그러하다. 북방 소수민족과 한족은 역사적으로 대규모 인구이동으로 정치적, 군사적, 경제적, 영향관계를 가져왔다. 여러 역사 기록을 통해서도 이 지역에서는 북방 소수민족과 한족 사이에 빈번한 접촉이 일어났음을 알 수 있다. 이 과정에서 언어접촉은 빈번하게 발생했으며 그 흔적은 언어의 여러 측면에 남아 있다.

중국어와 북방 소수민족 언어의 접촉 과정에서 중국어는 일반적으로 더 우세한 영향력을 가진다. 한족의 정치적, 군사적, 문화적 힘이 상대적으로 강했기에 소수민족은 중국의 언어와 문화의 영향을 더 많이 받았다. 그러나 역사를 거슬러 올라가면 항상 한족이 정치적으로 강성한 것은 아니었다. 오히려 송대(宋代) 말기의 선비족이나, 원대의 몽고족이나, 청대의 만주족은 한족을 통치할 정도로 세력이 막강하였다. 이 과정에서 중국어가 영향을 많이 받은 것도 사실이다. 아래에서는 그 중에 알타이어의 영향을 받은 사례를 중심으로 중국어의 변화에 대해 고찰하기로 한다. 주요 고찰 지점은 중국의 서북 지역(청해성, 감숙성)과 내몽골 지역이다.

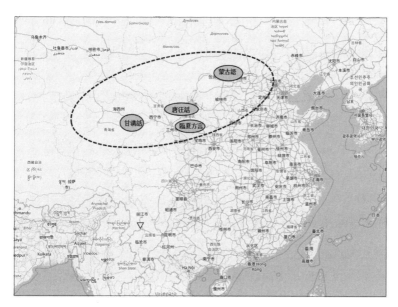

<그림 57> 중국 북방 지역 언어의 접촉 현상 관찰 지점

7.4.1. 몽골어와 접촉을 통한 원대(元代) 북방 중국어의 어순 변이

역사적으로 북방 언어와의 접촉에 의해 어순변이가 발생한 대표적인 사례로는 요(遼), 금(金), 원(元) 시기의 중국어를 들 수 있다. 그 중에서 특히 '한아언어(漢兒言語)'로 불리는 중국어는 언어접촉의 영향으로 변화된 대표적인 중국어이다. '한아언어(漢兒言語)'란 중국 북방의 한족 또는 한화(漢化)된 북방 소수민족이 사용했던 언어이다. 신용권(2009, 2015)에 따르면 원대 시기의 중국어 자료에서는 어휘 뿐만 아니라 문법, 어순 등의 측면에서 북방 알타이어의 영향에 의한 변화가 나타난다.57)

신용권(2015)에서는 조선시대에 사용했던 중국어 교과서인 ≪노걸대(老乞

---

57) 그러나 원대 시기에 형성된 한아언어(漢兒言語) 체계는 지속적으로 남아있지 못하고 명대(明代)에는 관화(官話) 체계로 대체된다. 자세한 것은 신용권(2007, 2009, 2015) 참조.

大)≫를 주요 자료로 하여 북방의 알타이어가 중국어의 언어 유형 변화에 미친 사례들을 고찰하여 중국어가 외부의 요인에 의해서도 어순이 변하고 후치사가 늘어나게 된 점을 논의하였다.

원대(元代) 시기에 중국어가 알타이어(몽골어)의 영향을 많이 받았다는 사실을 가장 잘 드러내주는 것은 ≪노걸대(老乞大)≫의 여러 판본 중에서 전기간본(前期刊本)이다. 전기간본으로는 최초의 ≪노걸대(老乞大)≫ 판본인 ≪구간노걸대(舊刊老乞大)≫(14세기 후반)와 최초의 노걸대언해서인 ≪번역노걸대(飜譯老乞大)≫(1515년경)를 들 수 있다. 이 중에 ≪구간노걸대(舊刊老乞大)≫는 특히 원대의 중국어 특성을 잘 반영하고 있다.

≪구간노걸대(舊刊老乞大)≫와 ≪번역노걸대(飜譯老乞大)≫에 나타난 중국어 문장 중에 상당수는 [목적어(O)+동사(V)]의 어순을 가진다. 그러다가 후기 판본으로 갈수록 이 문장이 다시 [동사(V)+목적어(O)] 어순으로 변화된다. 다음의 예를 보자.

(69) [목적어(O)+동사(V)] → [동사(V)+목적어(O)] (신용권, 2015)

  (a) 俺漢兒言語不甚理會的。(≪舊刊老乞大≫21b-7)   OV

  (b) 我漢兒言語不理會的。(≪飜譯老乞大≫下6a-7)   OV

  (c) 我中國的話，我不能會。(≪老新≫24b-8)   OV

  (d) 我們不會中國的話。(≪重老≫23b-8)   VO
      우리는 중국어를 할 줄 모릅니다.

(70) [목적어(O)+동사(V)] → [동사(V)+목적어(O)] (신용권, 2015)

  (a) 爲甚麼這般的歹人有? (≪舊刊老乞大≫8a-5)   OV

  (b) 爲甚麼有這般的歹人? (≪飜譯老乞大≫上26b-7)   VO

  (c) 爲甚麼有歹人呢? (≪老新≫9a-4)   VO

  (d) 爲甚麼有歹人? (≪重老≫8b-6)   VO
      왜 (이런) 도둑이 있습니까?

(71) [목적어(O)+동사(V)] → [동사(V)+목적어(O)] (신용권, 2015)

  (a) 俺老實對你說, 俺自穿的不是, 要將投鄉外轉賣, 覓些利錢去.

                                      (≪舊刊老乞大≫26b-10)　OV

  (b) 我老實對你說, 不是我自穿的, 要拿去別處轉賣, 尋些利錢的.

                                      (≪飜譯老乞大≫下26b-8)　VO

  (c) 我老實對你說, 不是我自己穿的, 要拿去別處轉賣, 尋些利錢的.

                                      (≪老新≫31a-6)　　VO

  (d) 我老實對你說, 不是我自己穿的, 要拿去別處轉賣, 尋些利錢的.

                                      (≪重老≫30a-2)　　VO

  내가 당신에게 사실대로 말하는데 (이것은) 내가 입으려는 것이 아니고 다른 곳으로 가져가서 팔아서 돈을 벌려고 한 것입니다.

(72) [목적어(O)+동사(V)] → [동사(V)+목적어(O)] (신용권, 2015)

  (a) 過的義州, 漢兒田地裏來, 都是漢兒言語. (≪舊刊老乞大≫2a-7)　　OV

  (b) 過的義州, 漢兒地面來, 都是漢兒言語. (≪飜譯老乞大≫上5b-3)　　OV

  (c) 過了義州, 到了中國地方, 都是官話. (≪老新≫2b-1)　　　　VO

  (d) 過了義州, 到了中國地方, 都是官話. (≪重老≫2a-10)　　　VO

  의주(義州)를 지나 중국 지역에 도착하니 모두 관화(官話)를 사용합니다.

위의 예에서 (a), (b)는 원대 시기의 중국어의 특성을 보여주는 ≪노걸대(老乞大)≫의 전기간본(前期刊本)의 용례이다. 그리고 (c), (d)는 후기에 간행된 ≪노걸대(老乞大)≫ 판본의 용례이다. 전자는 OV 어순으로 표현되었고 후자는 VO 어순으로 표현되었다. 이는 그 당시의 언어 현황을 보여주는 것이라고 할 수 있다. 즉, 원대 시기에는 몽골어의 OV 어순이 당시의 중국어(漢兒言語)에도 영향을 끼쳤다는 것을 알 수 있다. 원대 시기의 다른 자료인 ≪원조비사(元朝秘史)≫에서도 중국어의 기본어순인 VO 형식의 문장과 알타이어(몽골어)의 기본어순인 OV 형식의 문장이 혼용되고 있다. ≪老乞大≫ 전기간본 특히 ≪舊刊老乞大≫에서 보이는 알타이 언어의 영향을 받은 이질적인 중국어 어순은 원대의 한아언어(漢兒言語)에서 나타나는 전형적인 특성인데, 위에

서 제시한 예는 漢兒言語에서 나타난 (S)OV형 어순을 보여주고 있다. 이는
OV형 언어인 몽골어와의 접촉에 의해 중국어의 기본어순이 영향을 받았음
을 보여 준다.

원대 시기의 한화된 중국어에서 몽골어의 언어접촉과 관련한 표현으로
들 수 있는 것으로는 '有'가 있다. '有'는 문미에 나타나는 조사로서 원대 시
기 중국어에만 자주 관찰되는 문법 표지이다. ≪노걸대(老乞大)≫의 판본에서
나타난 몇 가지 용례를 제시하면 다음과 같다. 아래의 예문에서 보이듯이 원
대 시기의 중국어를 반영하는 초기 판본에서는 문미에 '有'가 사용된다.

(73) 是漢兒人有. (≪舊刊老乞大≫2b-3) (신용권, 2015)
→ 是漢兒人有. (≪飜譯老乞大≫上6b-4)
→ 是漢人啊. (≪老新≫2b-7)
→ 是漢人. (≪重老≫2b-6)
한족 사람입니다.

(74) 如今那賊現在官司牢裏禁著有. (≪舊刊老乞大≫9a-6) (신용권, 2015)
→ 如今那賊現在官司牢裏禁着. (≪飜譯老乞大≫上30b-5)
→ 如今那賊現在牢裏監禁着. (≪老新≫10a-9)
→ 如今那賊現在牢裏監禁着. (≪重老≫9b-9)
지금 그 도둑은 감옥에 갇혀 있습니다.

(75) 這橋便是我夜來說的橋, 比在前哏好有. (≪舊刊老乞大≫11a-10)
→ 這橋便是我夜來說的橋, 比在前十分好. (≪飜譯老乞大≫上38b-6)
→ 這坐橋就是我夜來說的橋, 比從前十分修好了. (≪老新≫12b-8)
→ 這坐橋就是我夜來說的橋, 比從前十分收拾的好了. (≪重老≫12a-7) (신용권, 2015)
그 다리가 바로 내가 밤새 말했던 다리인데 예전보다 아주 수리가 잘 되
어 있습니다.

위의 용례에서 '有'는 ≪구간노걸대(舊刊老乞大)≫에서만 출현한다. 그러나

그 이후의 판본에서는 사용되지 않는다. 신용권(2015)은 이러한 '有'가 원대 시기에만 자주 출현하는 문말 조사로서 몽골어의 영향을 받은 문법표지라고 보았다. 문미에 사용되는 '有'가 판단, 존재, 진술, 확정 등의 기능을 하는데 이러한 용법은 중국어에는 없던 현상이다. 그러나 알타이어에 속하는 몽골어에서는 문미에 계사가 사용되는 것이 아주 일반적인 현상이다. 이와 관련하여 신용권(2015)은 余志鴻(1988:32-33), 정광(2004) 등의 선행연구와 같은 맥락에서 교착어적 문법구조를 가지는 알타이어의 문말 계사(copula)가 원대 시기의 중국어에 영향을 주어 일시적으로 나타난 현상이라고 하였다. 그러나 이러한 용법으로 사용되던 '有'는 원대 시기에만 나타나고 그 이후의 ≪노걸대(老乞大)≫ 판본에서는 거의 출현하지 않는다.

명대 이후에는 중국어에 대한 몽골어의 영향이 사라지게 된다. 이 과정에서 몽골어의 영향을 받았던 중국어도 본래의 중국어 구조에 부합하도록 변화하게 된다. ≪노걸대(老乞大)≫는 이러한 시대에 따른 중국어의 변화 과정을 반영해 준다. 특히 언어접촉으로 인한 변화 과정을 보여주는 좋은 사례라고 할 수 있다. 원대 시기의 중국어를 반영하는 ≪노걸대(老乞大)≫ 전기 판본은 몽골어와 유사한 언어현상이 많지만 후기 판본에서는 그러한 특징이 거의 없어진다. 몽고족이 한족을 지배하면서 정치, 경제, 문화, 언어 등 모든 측면에서 막강한 영향력을 행사하였으니 왕조의 몰락과 함께 그 흔적만 남기고 많은 부분에서 한족 원래의 모습을 되찾기 시작하였다. 요컨대 역사적으로 가장 이질적인 특징을 보이는 중국어가 원대 시기의 중국어인데 그 원인은 내부적인 것보다는 몽골어와의 접촉과 같은 외부적인 요인에 있다고 할 수 있다.

7.4.2. 청해성(靑海省) 회족 자치구 감구(甘溝) 방언의 어순 변이

감구(甘溝) 방언은 중국 청해성(靑海省) 회족 자치구에서 사용되는 방언이다. 감구(甘溝) 지역에는 한족, 회족, 티베트족 등 여러 민족이 어울려 사는 지역이다. 여러 민족이 한 지역에 사는 만큼 그 언어접촉에 의한 다양한 현상이 관찰된다. 어순 변이도 그 중의 하나이다.

7.4.2.1. 감구(甘溝) 방언의 기본어순: VO → OV

감구 방언의 기본어순은 OV 어순이다. 사용되는 단어는 중국어이지만 기본어순은 알타이어의 영향을 받아서 OV 어순으로 변했다. 다음의 예를 보자.

(76) 你 苞谷哈 吃哩不吃? (SOV)
　　(你吃玉米不吃?)
　　당신은 옥수수를 먹습니까?

(77) 狼 傢們的羊哈 吃過了。(SOV)
　　(狼吃掉了他們的羊)
　　늑대가 그들의 양을 (잡아)먹어 버렸다.

위의 예문에서 '哈'는 후치사로서 목적격 조사로 분류된다. 이렇게 목적격을 나타내며 분포적으로 후치사에 속하는 문법표지가 사용되는 것도 표준중국어에서는 없는 현상이다. 목적어가 동사 앞에 위치하고 목적격 후치사가 사용되는 것은 어순 유형이 알타이어, 티베트어와 아주 유사한 현상이다. 감구 방언에서 사용되는 중국어는 그 지역의 다수를 차지하는 알타이어 계통의 화자들의 영향을 받아 어순 유형이 변해왔다고 할 수 있다.

7.4.2.2. 감구(甘溝) 방언의 계사 구문의 어순: [是+NP] → [NP+是]

감구 방언에서 사용되는 계사구문에서 계사(copula)는 문미에 위치한다. 이것도 알타이어를 비롯한 OV 어순의 특징이다. 감구 방언의 계사구문은 표준중국어와는 반대이다. 표준중국어의 계사구문은 [是+NP] 어순이지만 감구 방언은 [NP+是] 어순으로 표현된다. 다음의 예를 보자.

    (78) 噯傢 老師個 是 哩呀。 [NP+是]
        (他是個老師)
        그는 선생님이다.

    (79) 噯傢 老師 不是。 [NP+不是]
        (他不是老師)
        그는 선생님이 아니다.

    중국 청해성의 감구 지역의 방언은 알타이어의 영향을 많이 받아 계사구
문도 [NP+是]과 같이 사용된다. 그러나 楊永龍(2015:17)에 따르면 최근 들어
표준중국어의 영향을 받아 젊은 계층을 중심으로 [是+NP] 어순이 사용되는
경향이 있다고 한다. 예를 들어 "我是老師。"처럼 사용된다. 심지어는 "我是
老師個是哩呀。"처럼 [是+NP+是]로 사용되기도 한다. 그러나 노인 계층에
서는 [NP+是] 어순을 선호한다고 한다. 이러한 특징은 전형적인 알타이어
의 영향을 받은 북방 중국어의 사례라고 할 수 있다.

7.4.2.3. 감구(甘溝) 방언의 소유구문/존재구문의 어순: [有+NP] → [NP+有]

    감구 방언에서 소유나 존재를 나타내는 구문에서는 '有'가 사용된다. 그런
데 그 어순은 표준중국어와 다르게 [NP+有] 형식이다. 이러한 어순도 북방
알타이어와 유사한 특징이다.

    (80) 我哈 書一本 有 哩啊。 [NP+有]
        (我有一本書)
        나는 책 한 권이 있다.

(81) 我 學哩　有 哩啊。 [NP+有]
(我在學校)
나는 학교에 있다.

7.4.2.4. 감구(甘溝) 방언의 부치사(adposition)의 어순: 전치사 → 후치사

감구 방언에서 명사의 의미 관계를 나타내는 부치사는 모두 후치사이다. 표준중국어는 전치사(전치사)가 많이 사용되지만 감구 방언은 전치사가 거의 사용되지 않는다. 명사의 의미 관계나 격 관계는 모두 후치사로 표현된다. 예를 들어 표준중국어의 '在', '從', '把', '被', '對' 등과 같은 전치형 전치사는 감구 방언에서 거의 사용되지 않는다. 이러한 장소, 기점, 처치, 피동, 대상 등의 의미를 나타낼 때는 후치사를 사용하여 표현한다. 감구 방언에서 자주 사용되는 후치사는 '哈', '裏', '些', '倆', '上' 등이 있다.

(82) 籃籃裏
(從籃子裏) 바구니에서

(83) 鍋口上
(從鍋裏；鍋上) 솥에서

(84) 刀子倆
(用刀子) 칼로

(85) 我哈
((對)我) 나에게; 나를 ; 나는

언어유형론적인 관점에서 전치사가 사용되지 않고 후치사가 사용되는 것은 OV형 어순과 밀접한 관련을 가진다. 동아시아 지역에서 후치사를 사용하는 대부분의 언어는 OV형 어순을 가진다. 반대로 전치사를 사용하는 언

어는 VO형 어순을 가지는 경향성이 강하다. 또한 후치사를 사용하여 문법
기능을 나타내는 것은 알타이 언어의 중요한 특징이다. 알타이 언어의 후치
사는 매우 발달되어 있어서 여러 문법적 의미를 나타낼 수 있다. 이러한 측
면에서 보자면 후치사의 발달은 감구 방언이 OV형 알타이 언어로 변했다는
강력한 증거가 된다.

7.4.2.5. 감구(甘溝) 방언의 부치사구(PP)의 어순: 후치사구(PP)+동사구(VP)

감구 방언에서는 부치사구(PP)가 동사 앞에 사용된다. 품사의 측면에서
전치사는 거의 사용되지 않고 후치사가 사용되고 통사적 측면에서 부치사구
가 동사 앞에 사용된다. 그 어순은 [PP+VP]이다. 예를 들어 "나는 방에서
책을 본다."라는 표현은 "我+房子裏+書+看着"라고 표현된다. 이러한 어순
도 전형적인 알타이어와 유사하다.

(86) 我 房子裏 書 看着。
　　 (我在房間裏看書)
　　 나는 방에서 책을 보고 있다.

(87) 嗳傢 北京些 來。
　　 (他從北京來)
　　 그는 북경에서 왔다.

(88) 陌生人倆 話 說 着倆。
　　 (跟陌生人談話)
　　 낯선 사람과 이야기를 나눈다.

위의 예문에서 감구 방언의 후치사구는 모두 동사 앞에 위치한다. 이러한
어순은 감구 지역에서 사용되는 토착민의 언어(土族語)와 티베트어와 완전히
같은 유형이다. 즉 지리적으로 인접한 지역에서 중국 방언이 완전히 토착어

와 동화되어 어순 유형이 변한 것이다.

이처럼 감구(甘溝) 방언은 전형적인 알타이어의 특징을 가지고 있는 중국 방언이다. 楊永龍(2015:17)은 청해성 주변에 있는 서녕(西寧), 임하(臨夏), 당왕(唐汪) 방언도 알타이어의 특징을 가지고 있지만 감구(甘溝) 방언은 아니라고 하였다. 감구(甘溝) 방언이야말로 알타이어의 영향을 받은 전형적인 중국 방언이라고 하였다.

7.4.3. 감숙성(甘肅省) 당왕 방언(唐汪話)의 어순 변이

중국 북서부에 위치한 감숙성(甘肅省) 지역에는 중국어, 티베트어, 알타이어(몽골어, 터키어) 등 적어도 3가지 이상의 언어 유형이 혼용되는 지역이다. 거시적 관점에서 볼 때 이 지역은 언어적 다양성과 유전적 다양성이 모두 관찰된다. 언어적으로는 계통이 다른 언어가 섞여서 새로운 형태의 유형이 관찰된다. 또한 최근의 인간 유전자 친소관계 분석에 따르면 이 지역 주민들의 유전자는 한족, 티베트족, 몽고족, 터키족 등이 혼합된 특징을 보인다.(Dan Xu & Hui Li, 2017) 이러한 언어 유형분석과 유전자 분석을 통해서 볼 때 감숙성의 여러 지역에서는 언어접촉에 따른 유형 변화가 활발하게 일어났다고 할 수 있다. 일찍이 王森(1993)은 감숙성 임하(臨夏) 방언에서 중국어의 어순 유형과 알타이어의 어순 유형이 혼재한다는 현상에 주목하였고 그 원인이 언어접촉과 관련이 있다는 논의를 하였다. 또한 최근에는 徐丹(2013, 2017)이 감숙성 임하(臨夏) 지역의 당왕 방언(唐汪)에 대한 조사를 통해 당왕 방언이 혼합어적인 특징이 강한 언어라고 주장하였다. 본고에서는 이 중에 최근의 선행연구에 기초하여 감숙성 임하(臨夏) 지역을 중심으로 언어접촉과 어순 변이 현상에 대해 논의하고자 한다.

徐丹(2013), Xu. et al(2017)은 임하(臨夏) 지역의 당왕 방언 화자 151명을 대상으로 진행한 유전자 분석과 언어 유형 조사를 토대로 민족 간의 접촉을 통한 언어 변이의 양상을 연구하였다. 이 연구에 따르면 임하 지역의 당왕 방언은 중국어 계통의 언어와 알타이어, 티베트어 계통의 언어가 혼합되어 있다. 뿐만 아니라 주민들은 유전적으로도 다른 혈통이 혼합된 민족이다. 결국 다른 민족 간의 교류와 접촉을 통해 언어도 새로운 양상을 가지게 된 것이다.

중국 감숙성 임하(臨夏) 지역의 당왕 방언(唐汪話)은 기본 어휘 측면에서 중국어와 유사하다. 그러나 문법 형식은 중국어와 알타이어(몽골어)의 혼합적인 특징을 가진다. 이 언어의 기본어순은 OV 어순이다. 어순의 측면에서는 알타이어와 유사하다. 그러나 일부 문장에서는 VO 어순도 사용된다. 또한 당왕 방언은 후치사가 발달하였고 후치사가 격 표지로 사용될 만큼 문법화 되었다.

7.4.3.1. 임하(臨夏) 당왕 방언(唐汪話)의 기본어순: OV 어순과 VO 어순의 혼용

당왕 방언(唐汪話)의 기본어순은 OV 어순이지만 VO 어순도 사용된다. 사용빈도의 측면에서는 OV 어순이 우세하다. 주목할 것은 OV 어순으로 사용될 때는 목적어 뒤에 후치사 '哈'가 사용된다는 점이다. 다음의 예를 보자.

(89) 羊 現在 草哈 吃着。
    (羊現在吃着草)
    양이 지금 풀을 먹고 있다.

(90) 他 書哈 看下呢。
    (他看完書了)
    그는 책을 다 봤다.

(91) 我 他哈 比不過。
    (我比不過他)
    나는 그와 비교가 안 된다.

(92) 你 作業哈 做下啦沒?

(你把作業做完了沒有)

너는 숙제를 다 했니?

위의 예는 OV 어순으로 사용된 경우이다. 일반적으로 당왕 방언에서는 OV 어순으로 사용될 때 후치형 격조사 '哈'가 부가된다. 그러나 이 문장을 VO 어순으로도 표현할 수 있는데 그 경우에는 격조사가 부가되지 않는다. 또한 당왕 방언에서는 표준중국어의 영향을 받아 사용빈도가 높은 상용구는 VO 어순으로 표현할 수 있다. 예를 들어 "밥 먹다(吃飯)", "책 보다(看書)" 등과 같이 거의 단어처럼 사용되는 상용구는 VO 어순으로 표현할 수 있다. 다음의 예문이 그러하다.

(93) 我 屋裏 吃 飯 着 。

(我在屋裏吃飯)

나는 방에서 밥 먹고 있다.

(94) 他 黑板-ã 寫 字 着 。

(他在黑板上寫字)

그는 칠판에 글자를 쓰고 있다.

(95) 羊 現在 吃 着 草 。

(羊現在吃着草)

양이 지금 풀을 먹고 있다.

7.4.3.2. 표준중국어의 영향으로 인한 OV 어순과 把字句의 혼용

당왕 방언(唐汪話)의 기본어순은 OV 어순이고 목적격 표지 '哈'를 사용하여 목적어의 피영향성(affectedness)이나 타동성(transitivity)을 나타낸다. 설령 목적어의 피영향성이나 타동성이 강하더라도 표준중국어의 처치 구문(把字句)이 사용되지 않는 것이 일반적이다. 그러나 최근 들어 표준중국어의 영향을 받아 타동성이 강한 경우에는 목적어 앞에 '把'를 부가하는 경향이 있다. 王森 (1993:193)과 徐丹(2003:211)에서는 이러한 구문이 특히 젊은 세대를 중심으로 사용된다고 하였다. 감숙성 지역의 젊은이들이 표준중국어 교육을 받고 방송매체를 자주 접하면서 표준중국어의 영향을 받는 경향이 증가한 것이다. 다음의 예를 보자.

> (96) 我 把-我的親人-哈 想 着 。
>
> (我實在想念我的親人)
>
> 나는 우리 가족을 그리워하고 있다.

> (97) 你 把-你的工作-哈 做 好 麽 !
>
> (你把你的工作做好)
>
> 너는 너의 일을 잘 해.

위의 예문은 [주어(S)+把+목적어(O)+哈+동사(V)] 형태를 가진다. 이처럼 OV 어순에 把자구가 부가된 것은 표준중국어의 영향을 받은 최근의 경향이라고 할 수 있다.

7.4.3.3. 계사 구문의 어순: [NP+是]와 [是+NP]의 혼용

당왕 방언(唐汪話)의 계사구문은 다양한 어순으로 표현된다. 가장 전형적인 어순은 [NP+是]이지만 [是+NP], [是+NP+是] 형식으로도 사용될 수 있다. 이 중에 [NP+是]는 알타이어 계통의 어순 체계이고 [是+NP]는 중국어 계통의 어순 체계이다. 심지어 [是+NP+是]처럼 혼합적인 형식도 가능한데 이는 언어접촉 과정에서 생긴 혼합어적인 현상이다.

> (98) 唐汪 村子 是-ʂɛ(囉)。   [NP+是]

(唐汪是村子)

당왕은 마을이다.

(99) 我 但 老師 是, 我 就 不 去. [NP+是]

(我如果是老師, 我就不去)

내가 만약 선생님이라면 가지 않을 것이다.

(100) 他 是 老師, 我 是 學生。   [是+NP]

(他是老師, 我是學生)

그는 선생님이고 나는 학생이다.

(101) 這個車子 是 你的 就 是 啦? [是+NP+是]

(這輛車子是你的吧?)

이 자동차가 당신 것이지요?

7.4.3.4. 동사와 부사의 어순: [부사(AD)+목적어(O)+동사(V)]

당왕 방언(唐汪話)에서 부사는 일반적으로 동사에 선행한다. 만약 타동사 구문처럼 목적어가 있는 경우라면 부사는 목적어 앞에 위치한다. 즉, [부사 (AD)+목적어(O)+동사(V)] 어순이다. 예를 들어 당왕 방언에서는 "나는(我)+ 자주(常)+ 책을(書哈)+ 본다(看)"처럼 표현한다. 이러한 어순은 표준중국어에 서는 거의 사용되지 않는다. 당왕 방언에서 부사가 동사나 목적어에 선행하 는 어순은 알타이어 영향을 받은 것으로 보인다.

(102) 他 常 書哈 看 着。

(他常常看書)

그는 자주 책을 본다.

(103) 我 北京 去 過, 還 天津 去 過。

(我去過北京, 還去過天津)

나는 북경도 간 적이 있고 또 천진도 간 적이 있다.

(104) 他底兄弟 也 蘋果哈 吃 着。

(他的兄弟也吃蘋果)

그의 형제도 사과를 먹고 있다.

(105) 我 今個 才 他哈 認 下 了。

(我今天才認識他了)

나는 오늘에서야 그를 알게 되었다.

위의 예문에서 당왕 방언의 부사 '常', '還', '也', '才'는 모두 목적어 앞에 위치한다. 당왕 방언에서는 목적격 조사 '哈'가 부가되고 부사와 동사 가 배열될 때 일반적으로 [주어(S)+부사(AD)+목적어(O)-哈+동사(V)] 어순 으로 표현된다.

한편 당왕 방언의 부정사의 위치도 표준중국어와는 다르다. 예를 들어 표 준중국어에서 도구격을 나타내는 전치사구가 부정사와 같이 쓰일 때는 부정 사가 전치사구 앞에 위치한다. 그러나 당왕 방언에서는 부정사가 도구격 표 지 뒤에 온다. 당왕 방언에서 부사는 일반적으로 목적어나 부치사구 앞에 위 치하지만 부정사는 뒤에 위치한다. 다음의 예문이 그러하다.

(106) 我 也 筷子-la 不 吃。

(我也不用筷子吃)

나도 젓가락으로 먹지 않는다.

(107) 娃娃 病 下 了， 我 還 醫院裏 沒 看 去。

(孩子生病，我還沒去醫院看病)

아이가 병이 났는데 나는 아직 병원에 가보지 않았다.

(108) 他 飯 也 一口哈 不 吃。

(他一口飯也不吃)

그는 밥을 한 입도 먹지 않는다.

이처럼 중국 감숙성의 임하(臨夏) 지역의 당왕 방언의 어순 유형을 보면 알타이어의 특징과 중국어의 특징이 혼합되어 있음을 알 수 있다. 이는 감숙성 지리적으로 알타이어와 중국어가 빈번하게 접촉하는 곳이기 때문이다. 감숙성 주변 지역은 알타이어를 비롯하여 OV 어순의 언어가 다수를 차지한다. 이곳에서 한족들과 토착민들이 융합되면서 형성된 당왕 방언은 OV 어순의 기초 위에 VO 어순이 결합된 새로운 언어 유형이라고 할 수 있다.

7.5. 중국어와 인접 언어의 영향 관계

본 장에서는 언어접촉(language contact)의 관점에서 남방 중국어와 소수민족 언어의 관계, 북방 중국어와 소수민족 언어의 관계를 고찰하였다. 일반적으로 언어접촉이 일어날 때 음운의 차용이나 어휘의 차용은 쉽게 일어나지만 문법이나 어순은 차용되거나 변하기 어려운 것으로 알려져 있다. 그러나 본 장에서 중국 남방 지역과 북방 지역의 언어의 사례를 통해 보았을 때 언어접촉을 통해 문법 요소나 어순 유형도 변할 수 있다는 사실을 알 수 있었다.

중국어와 인접 언어들은 역사적으로 오랫동안 밀접한 접촉을 해 왔다. 특히 중국 남방 지역(광서성, 운남성, 귀주성, 호남성)과 북서부 지역(청해서, 감숙성, 신강위구르자치구, 내몽고 자치구)은 중국어가 확산되는 가장자리에 위치하는 지역으로서 토착민의 언어와 끊임없는 접촉과 변화의 과정을 거쳤다. 이 과정에서 두 민족이 사용하는 언어는 음운, 어휘, 문법의 측면에서 상호 영향을 주고받게 된다. 물론 정치적으로나 문화적으로 중국어가 우세한 위치를 점한 것은 사실이다. 그러나 중국어만이 일방적으로 다른 언어에 영향을 준 것은 아니다. 중국어와 인접한 소수민족 언어 간의 영향관계는 일방적이지 않고 쌍방향적이다. 중국어도 다른 언어로부터 적지 않은 영향을 받았다. 남방 중국어는 티베트어와 동태어 계통의 언어와 많은 영향 관계를 가져왔다. 이에 비해 북방 중국어는 알타이어와 많은 영향 관계를 가져왔다. 요컨대 중국은 하나의 언어권이 아니라 다양한 언어권의 사람들이 크고 작은 접촉을 통해 언어가 역동적으로 변해온 지역이라고 할 수 있다.

—

제8장

통시적 관점에서 본 중국어의 어순 변화와
유형학적인 의미

통시적 관점에서 언어를 관찰할 때 발견하는 중요한 사실 중의 하나는 언어는 항상 변한다는 것이다. 중국어의 발전과정을 살펴보면 중국어 역시 많은 변화를 겪어온 언어임을 알 수 있다. 본 장에서는 통시적 관점에서 중국어 어순이 어떻게 변해왔고 이것이 가지는 유형학적인 의미는 무엇인지 고찰해 보고자 한다.

우리는 고대중국어의 어순 변화에 대한 선행연구를 통해 몇 가지 상반된 입장이 존재함을 알 수 있다. 하나는 SVO 어순과 관련된 논의이고 다른 하나는 SOV 어순과 관계되는 논의이다. 전자는 중국어의 동사와 목적어의 기본적 배열 순서에 대한 논의, 대명사 목적어가 동사 앞에서 동사 뒤로 이동하는 어순 변화, 전치사(介詞)의 문법화 등을 포함한다. 후자는 부사성 전치사구가 동사 뒤에서 동사 앞으로 이동하는 어순 변화, '把字句'와 '被字句'의 출현, 비교구문의 어순 변화, 부정문과 의문문에서 수량사와 관계절이 명사 뒤에서 명사 앞으로 이동하는 어순 변화 등을 포함한다. 전자는 중국어의 기본 어순이 SVO 유형이라는 주장의 근거로 사용되어 왔다. 후자는 Li &

Thompson (1974), Tai(1976, 1984), 하시모토(1976, 1983) 등이 주장한 것처럼 중국어가 SVO 언어에서 알타이어의 영향을 받은 SOV 언어로 변해왔다는 논거로 사용되었다. 본고는 이러한 몇 가지 쟁점이 되는 주제를 중심으로 논의를 전개하고자 한다.

8.1. 중국어의 통시적인 어순변화에 대한 선행 연구 검토

Li & Thompson(1974)은 중국어가 2천 년의 시간 동안 점진적으로 SVO 어순에서 SOV 언어로 변해 왔다고 주장하였다. 이러한 변화의 증거로는 전치사구의 어순 변화, '把字句'와 '被字句'의 출현, 2음절 복합어, 후치사, 동사접미사(verbal suffix)의 출현을 제시하였다.

(A) 전치사구(PP)의 어순 변화

중국어의 통시적 변화 과정에서 전치사구는 동사의 뒤에서 점차 동사 앞으로 이동하게 된다. 고대중국어의 처소, 기점, 종점, 원인, 도구, 목적 등을 나타내는 전치사는 동사 뒤에 위치하는 비율이 높았다. 그러나 현대중국어 시기로 오면서 이러한 전치사구는 점차 동사 앞으로 이동하게 된다. 특히 기점, 종점, 도구, 대상, 원인 등을 나타내는 전치사는 현대중국어 시기에 대부분 동사 앞에 위치하게 된다. (1.a), (2.a)에서처럼 고대중국어의 기점이나 대상을 나타내는 전치사는 동사에 후행한다. 이에 비해 (1.b), (2.b)처럼 현대중국어는 기점이나 대상을 나타내는 전치사는 동사에 선행한다.

<고대중국어>　　　　　→　<현대중국어>
S+V+PP　　　　　　　　S+PP+V　　(PP= 전치사+NP)

(1) a. 出於幽谷。 (고대중국어 : 孟子≫)
　　 b. 從幽谷出來。(현대중국어)
　　 　깊은 골짜기에서 나오다.

(2) a. 己所不欲, 勿施於人。(고대중국어 : ≪論語≫)
　　 b. 自己不喜歡, 也不要給對方增添煩惱。(현대중국어)
　　 　자기가 원하지 않는 일을 남에게 하지 말아라.

(B) '把字句'의 출현

　'把字句'는 당대(唐代) 말기 (A.D. 9세기)에 출현하기 시작하였다. Li & Thompson (1974:202-203)은 '把字句'가 점차 확산되어 SVO 문장을 대체하게 된 것은 현대중국어의 어순 변화에 매우 중요한 현상이라고 하였다. 그는 '把字句'를 목적격 표지가 사용되는 일종의 SOV 구문이라고 보았다. 아래의 예문 중에서 (3-5)는 각각 '把'가 본동사로 사용된 예문이다. 고대중국어 시기에 '把'는 '잡다'라는 동작동사로 사용되었다. 그러나 당송 시기를 거치면서 점점 목적어가 전치되는 처치구문의 표지로 사용된다. (6)에서 보이듯이 이들은 "S+把+O+V" 형식으로 사용된다. 명청시기부터 이러한 용법의 사용빈도는 급격하게 증가한다. (7-8)은 "S+把+O+V" 형식의 용법을 보여주고 있다.

<고대중국어>　　→　　<현대중국어>
NP ＋ V ＋ NP　　　NP ＋ 把 ＋ NP ＋ V
(동작주)　(피동작주)　　(동작주) (피동작주)

(3) 禹親把天之瑞令, 以征有苗。(고대중국어 : 先秦 ≪墨子≫)
　　우(禹) 임금은 친히 하늘의 명령을 받들어 묘(苗)나라를 정벌하였다.

(4) 臣左手把其袖, 右手揕其胸。 (고대중국어 : 漢代 ≪史記≫)
　　신하는 왼손으로 그 소매를 잡고 오른손으로 그 가슴을 쳤다.

(5) a. 詩句無人識, 應須把劍看。(근대중국어 : 唐代 姚合 ≪送杜觀罷擧東遊≫)
　　　시구를 알아주는 이 없으나 칼을 잡고서 봐야 하리라.

　　b. 兩鬢愁應白, 何勞把鏡看。(근대중국어 : 唐代 李頻 ≪送杜觀罷擧東遊≫)
　　　두 귀밑털이 근심으로 희끗희끗해지려는데 어찌 거울을 잡고 보리오.

(6) 欲把西湖比西子, 淡粧濃抹總相宜。

　　　　　　　　　　　(근대중국어 : 宋代 蘇軾 ≪飮湖上初晴後雨≫)

　서호를 미인 서시에 비유하자면 옅은 화장을 하든지 진한 화장을 하든지
　항상 잘 어울리고 아름답다.

(7) 想是心上不感激夫人, 故意把我出氣。(근대중국어 : 淸代 李漁 ≪奈何天・逼嫁≫)
　마음속으로 부인에게 감사하지 않고 일부러 나를 화나게 한다고 생각한다.

(8) 他就進了小屋, 准備把屋子里的東西收拾一下。

　　　　　　　　　　　(현대중국어 : 莫言 ≪師傅越來越幽默≫)

　그는 집으로 들어가서 방 안의 물건을 정리하려고 하였다.

(C) '被字句'의 출현

　'被字句'는 전국시대(戰國時代) 말기(B.C. 3세기)에 출현하기 시작하였다. 고
대중국어의 피동구문은 피동표지가 동사에 후행한다. 그러다가 피동표지가
점차 동사에 선행하는 어순으로 변해왔다. Li & Thompson(1974:204)은 '把'의
경우처럼 '被'를 수동태의 동작주(agent) 표지로 보았다. 그는 동사 앞으로 행
위주 명사구가 이동하고 격표지가 사용되는 것도 중국어가 SOV 언어로 변
했다는 중요한 증거로 간주하였다. (9-10)에서 보이듯이 선진 시기의 고대중
국어에서는 '동사+피동표지+동작주'의 어순으로 사용되는 용례가 많다. 그
러나 근대중국어 시기를 지나면서 '被字句'의 사용이 증가하면서 '被+동작
주+동사' 형태로 사용되는 예들이 자주 관찰된다. (11-12)가 그러한 용법으
로 사용된 예문이다.

<고대중국어>　　　　　　→　　　　<현대중국어>

NP + V+ prepositon + NP　　　　　　NP + 被 + NP + V

　(피동작주)　　　　　(행위주)　　　　(피동작주)　　(행위주)

(9) 勞心者治人，勞力者治於人。(고대중국어 : 先秦 ≪孟子≫)

　　마음을 쓰는 자는 남을 다스리고, 힘을 쓰는 자는 남에게 다스림을 당한다.

(10) 智力不用，則君窮乎臣。(고대중국어 : 先秦 ≪韓非子≫)

　　지혜의 힘을 쓰지 않으면 군주는 신하에게 궁지로 몰린다.

(11) 這客人被賊一箭射的昏了。(근대중국어 : 元代 ≪老乞大新釋≫)

　　이 나그네는 도둑에게 화살을 맞아 기절했다.

(12) a. 鴛鴦已知話俱被寶玉聽了。(근대중국어 : 淸代 ≪紅樓夢≫)

　　　김원앙이 이미 안다는 말을 가보옥이 들었다.

　　b. 你到底燒什麼紙？被我姨媽看見了。(근대중국어 : 淸代 ≪紅樓夢≫)

　　　당신은 도대체 무슨 종이를 태운 것이오? 우리 이모님에게 발각되었소

(D) 복합어(compound), 후치사(postposition), 동사 접미사(verbal suffix)의 출현

현대중국어의 형태론적인 특징 중의 하나는 2음절 복합어가 풍부하다는 것이다. 통시적으로 볼 때 2음절 복합어의 발전은 2천년 이상 지속되었다. 고대 중국어(B.C. 3세기 이전)에는 단일 형태소 어휘가 대다수를 차지하였고 복합어의 비율은 3% 미만이었다.(Dobson, 1959:6) 그러나 한대(漢代)에 2음절 복합어의 비율이 급격히 증가하게 된다. 그리고 중고시기를 지나면서는 복합어가 어휘의 대다수를 차지한다. Li & Thompson(1974:205)은 중국어의 복합어가 증가한 것이 교착어적인 성격을 가지는 SOV 언어로 변해가는 중요한 증거라고 하였다. 고대중국어는 굴절어적인 음운적 증거가 있었지만 시간이 지나면서 굴절적인 요소는 약화된다. 그는 중국어가 고대의 굴절적인 특징이 사라지면서 2음절 복합어가 증가하게 되었다고 보았다.

현대중국어의 후치사는 고대중국어의 명사에서 유래하였다. 원래의 방위 명사였던 단어들이 점점 음운적으로 약화되면서 명사 뒤에 부가되는 후치형 접미사로 발전하게 된다.

(13) 我在床上睡覺。
나는 침대에서 잠을 잔다.

(14) 我在房間裏聽音樂。
나는 방에서 음악을 듣는다.

동사 접미사(verbal suffix)는 동사 뒤에 붙는 접미사적인 문법표지이다. Li & Thompson(1974:205)은 중국어에서 대표적인 동사 접미사로 '了', '着', '過' 와 같은 상표지(aspect marker)를 제시하였다. 이러한 접미사는 고대중국어에서 는 원래 동사였는데 현대중국어 시기로 오면서 완료, 지속, 경험을 나타내는 상표지로 문법화되었다.

(15) 我把張三罵了二十分鐘。
나는 장삼을 20분 동안 야단쳤다.

(E) [동사(V)+목적어(O)] 구문에서 [전치목적어(O)+동사(V)] 구문으로의 변화
Li & Thompson(1974:205-206)은 고대중국어에서 자주 사용되던 일부 [동사 (V)+목적어(O)] 구문이 [전치목적어(O)+동사(V)] 구문으로 변했다고 하였다. 특히 [전치목적어(O)+동사(V)] 구문에서 동사는 단음절 형태소가 아니고 복 합동사라고 하였다. (16)은 고대중국어에서 자주 사용되던 [동사(V)+목적어 (O)] 어순인데 현대중국어에서는 사용빈도가 낮다. 현대중국어에서는 (17)처 럼 기점을 나타내는 전치사구를 사용하여 표현하는 것이 더 일반적이다.

(16) 出房子。
　　 방을 나가다.

(17) 從房子出來。
　　 방에서 나오다.

고대중국어의 일부 구문이 [전치목적어(O)+동사(V)] 구문으로 변하고 중심술어가 교착어적인 2음절 복합동사의 특징을 가지는 것은 형태론과 통사론이 평행적으로 발전하고 있음을 보여주는 것이다. Li & Thompson(1974:206)은 통사 층위의 어순이 점점 SOV로 변화됨에 따라 형태도 SOV 특징(교착어적 특징)을 가지게 되었다고 주장하였다. 더 나아가 그는 현대중국어에서 [동사(V)+목적어(O)] 구문과 [전치목적어(O)+동사(V)] 구문이 공존하는데 이것은 SVO 어순과 SOV 어순이 경쟁하는 과도기적 상태임을 보여주는 사례라고 하였다.

(18) 你去哪兒?
　　 당신은 어디를 갑니까?

(19) 你到哪兒去?
　　 당신은 어디로 갑니까?

그러나 현대중국어 중에는 여전히 SVO 어순으로 표현되는 많은 예들이 존재한다. 이러한 점을 고려하여 Li & Thompson(1974:206)은 중국어가 완전히 SOV 어순 유형으로 변화된 것은 아니라고 하였다. 중요한 것은 중국어가 굴절적인 형태변화와 SVO 유형을 가진 언어에서 점점 교착어적인 특징을 가지고 SOV 어순의 특징으로 변해가고 있다는 점이다.
　Li & Thompson(1974)의 논의가 Tai(1976), 하시모토(1976)와 다른 점은 중국

어의 어순변화가 내부적 요인에 의해 촉발되었다는 것이다. 그는 과거 2천 년동안 중국 문명이 아시아에서 월등한 우위를 점하고 있었다는 사실을 볼 때 중국어의 어순이 변화하는데 어떠한 외부적 영향도 개입될 여지가 없었 을 것이라고 주장하였다. 즉 중국어의 어순에서 관찰되는 모든 변화는 전적 으로 중국어 내부에서의 변화일 따름이라는 것이다.

Tai(1973, 1976, 1984)와 하시모토(1976, 1983a, 1983b)는 다른 관점에서 표준중 국어가 SOV 어순 유형과 알타이어의 특징을 가지게 되었다고 주장하였다. Tai(1976)와 하시모토(1976)는 현대의 중국 방언에도 명백하게 반영되어 있는 인접 언어의 영향을 지적하면서 중국어의 어순 변화가 언어접촉과 같은 외 부적 요인과 밀접한 관계를 가진다고 하였다. 이러한 주장의 증거로 사용된 것은 중국 남부 지역에 사용되는 타이-카다이어(동태어) 계통의 언어와 중국 북부의 알타이어 계통의 언어이다. Tai(1976)와 하시모토(1976, 1983a)에 따르 면 타이-카다이어(동태어) 계통의 언어가 분포하는 중국 남부 지역의 중국 방 언(광동어, 민남어)은 SVO 언어의 특징이 강하게 남아 있다. 이것은 중국 남부 소수민족 언어가 전형적인 SVO 유형의 언어인 것과 상관관계를 가진다. 반 면에 중국 북방 관화는 알타이어의 SOV 언어와 유사한 음운·형태·문법 적 특징을 공유한다. 즉 이들의 관점은 중국어의 역사를 기술할 때 북방 중 국어와 남방 중국어 사이에서 발견되는 언어적 변이와 인접해 있는 이웃 언 어를 같이 고려해야 한다는 것이다. 이러한 주장은 중국어의 변화가 내적인 요인으로 일어났다는 Li & Thompson(1974)의 견해와는 상반되는 관점이다.

하시모토(1976, 1983a)는 중국이 역사적으로 동아시아에서 문화적 우위를 점해 왔기 때문에 어떠한 외부적 영향을 받지 않은 것처럼 보이지만 실상은 그 반대라고 하였다. 특히 지난 천 년 동안 거의 600년에 가까운 이민족 왕 조의 중국 통치는 중요하게 고려할 필요가 있는 요인이다. 수백 년 동안의 이민족 통치는 중국 북방 지역의 언어와 문화에 지대한 영향을 끼쳤다. 언어 적 측면에서 보자면 금(金) 왕조에는 퉁구스어 영향이 컸고, 원(元) 왕조에는 몽골어의 영향이 지대하였다. 청(淸) 왕조에는 만주어가 북방 중국어에 큰 영향을 미쳤다. 이러한 언어는 모두 계통론적으로 알타이어에 속한다. 하시모토(1976, 1983a)는 이러한 역사적 배경을 기초로 북방 이민족의 알타이어가 수백 년 동안 끊임없이 중국어의 유형을 변화시켜왔다고 주장한다. 그 중에 몇 가지 예를 제시해 보기로 한다. 아래는 ≪원조비사(元朝秘史)≫ '총역(總譯)'에 나오는 문장이다. (20-21)은 존재동사 '有', '無'가 문미에 사용되어 술어로 기능하는 실례이다. 이는 원래 중국어에는 사용되지 않던 몽골어의 SOV 어순이 반영된 것이다. (22-23)에는 문법적 관계를 나타내는 '跟前(향격)' '敎(사역표지)'가 명사 뒤에 사용되었다. 이는 SOV 언어에서 관찰되는 전형적인 후치사이다.

(20) [在前] [塔塔兒] [[將我祖宗父親] [廢了]   的   寃仇] 有。
　　 이전　타타르　 ~을 나 조부 부친 죽다(완료)(수식) 원한 있다.
　　 이전에 타타르가 나의 조부와 부친을 죽인 원한이 있다.

(21) [大凡] [女孩兒] [生了],   [老 [在家裏] 的   理] 無。
　　 무릇　딸　 태어나다(완료) 늘 있다 집 (수식) 이유 없다.
　　 무릇 딸이 태어나면 항상 집에 있어야 할 이유가 없다.

(22) [兄跟前]   [忘了的提]   說。
　　 형 ~에게 잊다(완료) (수식)일 말하다
　　 형에게 잊어버린 일을 좀 말해줘라.

(23) [這兒子敎]   [與你]   [講 鞍子]   [開門子]。
　　 이 아이 ~에게 ~위하여 당신 준비하다 말안장 열다 문
　　 이 아이에게 당신을 위해 말안장을 준비하고 문을 열게 하시오.

　하시모토는 이러한 용례를 들면서 오오타 다츠오(太田辰夫:1957)가 주장한 원대(元代)의 북방 한어가 알타이어의 영향을 많이 받았다는 점을 강조하였

다. 이들이 제시한 ≪원조비사(元朝秘史)≫문헌 중에는 예외라고 하기에는 너무나 많은 SOV 어순을 가지는 문장이 관찰된다. 이밖에도 북방의 알타이어가 중국어에 영향을 주었다는 사실은 청대(淸代)의 만주어와 중국어의 혼합 현상을 통해서도 확인할 수 있다. 청대의 만주어는 퉁구스어 계통에 속하는 알타이어이다. 지배계층이 사용하는 만주어가 직간접적으로 당시의 중국어에 큰 영향을 주었다는 것은 여러 문헌을 통해서도 증명이 된다.

Li & Thompson(1974)과 Tai(1973, 1976, 1984)와 하시모토(1976)의 주장은 중국어의 유형변화를 촉발한 원인에 대한 입장은 다르지만 결론적으로 SVO 언어에서 SOV 언어로 변하고 있다는 것이다. 이러한 주장은 중국언어학계에서 한동안 뜨거운 논쟁이 되어 왔다. Givon(1978), Huang(1978), Li Meng Chen(1978), Light(1979), Sun Chaofen(1993), Xu Dan(2003), Comrie(2008) 등 그 이후 많은 연구자들이 중국어의 유형변화에 대한 연구를 진행해 왔다.

그러나 중국어의 언어유형 변화를 SVO 유형인지 아니면 SOV 유형인지 양분하여 접근하는 것은 문제를 너무 단순하게 접근하는 것이다. 사실상 세계의 언어가 그러하듯이 중국어의 어순 유형도 완벽하게 SVO 특징을 가진다고 보기도 힘들고 SOV 특징을 가진다고 보기도 힘든 모호한 측면이 많다. 세계의 대부분의 언어들은 SVO 유형과 SOV 유형 사이에서 일종의 스펙트럼처럼 분포한다. 여러 언어들은 아주 극단적인 SVO 언어에서부터 아주 극단적인 SOV 언어 사이의 어느 한 점에 위치한다. 중국어는 고대중국어 시기와 현대중국어 시기를 막론하고 전형적인 SVO 유형 또는 전형적인 SOV 언어가 아니다. 고대중국어에도 SVO 어순 유형에 맞지 않은 여러 현상이 존재한다. 고대 중국어에서도 형용사, 속격, 수사, 관계절 등의 수식어는 대부분 중심어에 선행한다. 이러한 현상은 전형적인 SVO 어순 유형과는 다른 특징이다. 따라서 고대중국어가 SVO 유형인데 현대중국어 시기를 거치면서 SOV 유형으로 변해간다는 주장은 옳지 않다. 중국어는 애초부터 SVO 어순과 SOV 어순의 성격을 모두 가지고 있었던 혼합적 유형이었다. 비록 부분적인 어순의 변화가 일어난 것은 분명하지만 그렇다고 어순 유형이 전면적으로 변화되었다고 볼만한 결정적인 증거는 없다. 본고는 이러한 관점에서 Li MengChen(1978), Light(1979), Sun Chaofen(1993) 등과 같이 Li & Thompson(1974)의 급진적인 주장에 동의하지 않는다.

중국어의 변화가 내적인 요인 이외에 외적인 요인이 작용했다는 점은 충분히 개연성이 존재하고 부분적으로 타당하다. 그러나 이러한 주장 역시 2천년이 넘는 중국어의 역사에서 언어접촉의 방향, 언어 세력의 강약, 언어 변화의 시기 등을 모두 고찰한 결과를 토대로 내려진 것은 아니다. 언어접촉에 의한 전면적인 어순 변화를 증명하는 것은 현실적으로 매우 어려운 일이다. 설령 중국어가 인접 언어의 영향을 받았다고 하더라도 어떻게 받았는지, 어느 시기에 영향을 받았는지, 어느 정도 받았는지는 방대한 연구를 하지 않고서는 밝혀내기 힘든 측면이 많다. 따라서 섣부르게 중국어의 유형변화가 전적으로 외적인 요인에 의해서 촉발되었다고 말하는 것도 위험한 주장일 수 있다.

8.2. 중국어의 어순 변화의 유형과 기제

본 절에서는 중국어의 어순 변화 논의 과정에서 자주 언급되는 몇 가지 항목을 중심으로 그 경향성과 변화 기제를 살펴보고자 한다. 본고의 기본적인 관점은 중국어의 어순 변화는 불연속적으로 뚜렷이 구분되는 것이 아니라 연속적이면서 점진적이라는 것이다. 비록 역사적 맥락에서 급격한 언어 변화가 발생한 시기는 존재하지만 중국어가 일부 학자들이 주장한 것처럼 SVO 어순에서 SOV 어순으로 전면적으로 변화했다고 보지는 않는다. 적어도 과거 2천 년 간의 언어 변화 과정에서 중국어의 무표적인 어순은 SVO 유형을 유지해 왔다. 다만 고립어의 특성상 어순 이외에 의미 · 화용론적 기능을 구별할 문법적 수단이 부족한 상황에서 어순을 통해 의미 차이를 구별해가는 방향으로의 변화는 지속적으로 일어났다. 이러한 어순은 기본어순의 토대 위에서 운용되는 일종의 유표적인 문법적 수단이다.

8.2.1. 부사성 전치사구의 어순 변화

부사성 전치사구의 어순 변화는 여러 선행 연구에서 논의되어 온 주제이다. 다수의 연구에서는 고대중국어의 부사성 전치사구(介詞短語)가 동사의 뒤에 출현한 반면 현대중국어에서는 동사에 선행한다고 하였다. 큰 틀에서 보자면 이러한 주장이 틀린 것은 아니다. 그러나 고대중국어라고 해서 모든 전치사구가 동사의 뒤에 출현하지는 않는다. 현대중국어에서도 모든 전치사구가 동사의 앞에 출현하는 것은 아니다. 전치사구의 종류에 따라서 동사의 앞에 올 수 있는 유형과 그렇지 않은 유형이 존재한다. 또한 전달하고자 하는 의미에 따라 동일한 전치사구가 동사의 앞에 위치하기도 하고 동사 뒤에 위치하기도 한다. 전치사구의 어순 변화는 획일적이지 않다. 또한 전치사구의 어순 변화는 현대중국어보다 훨씬 이른 시기부터 점진적으로 발생했다.

고대중국어에서 자주 사용되는 전치사로는 '于', '於', '以', '自', '由', '在', '爲' 등을 들 수 있다. 그러나 고대중국어 시기에도 전치사의 종류별로 동사의 뒤에만 분포하는 것도 있고 동사의 앞뒤에 모두 분포하는 것도 있다. 아래의 예문에서 "自遠方來(먼 곳에서 오다)"는 전치사구가 동사에 선행하지만 "問於子貢(자공에게 묻다)"에서는 전치사구가 동사에 후행한다. 모두 先秦시기 문헌인 ≪論語≫·≪孟子≫에서 사용된 예문이다. 뿐만 아니라 '以'는 동사에 선행하기도 하고 후행하기도 한다. "以其兄之子妻之(형의 딸을 그에게 시집보냈다)"에서는 전치사구가 동사에 선행하지만 "事之以禮(예로써 섬기다)"에서는 동사에 후행한다.

(8) 有朋自遠方來, 不亦樂乎?   ≪論語≫
  친구가 멀리서 찾아오니 또한 기쁘지 않겠는가?

(9) 生, 事之以禮 ; 死, 葬之以禮, 祭之以禮。   ≪論語≫
  살아서는 예로써 섬기고 죽어서는 예로써 장사지내고 제사지낸다.

(10) 以其兄之子妻之。   ≪論語≫
  형의 딸을 그에게 시집보낸다.

(11) 子禽問於子貢。   ≪論語≫
  자금이 자공에게 물었다.

(12) 吾十有五而志于學   ≪論語≫
  나는 15살이 되어서 배움에 뜻을 두었다.

(13) 今以燕伐燕, 何爲勸之哉?   ≪孟子≫
  지금 연이 연을 벌했는데, 무엇 때문에 그것을 권한단 말인가?

(14) 以其數則過矣, 以其時考之則可矣。   ≪孟子≫
  숫자로서는 이미 때가 지났지만 그 시기를 보자면 (지금이) 적절합니다.

　전치사구가 동사 앞으로 이동한 시기에 대해서도 주목할 필요가 있다. 선진(先秦)시기 이전에는 전치사구가 동사 뒤에 위치하는 비율이 높았지만 이미 한대(漢代)에 들어오면서 전치사구가 동사 앞으로 이동하는 비율이 높아진다. 程湘淸(1985:239-252)은 ≪史記≫와 ≪左轉≫을 비교한 결과 동사 뒤의 전치사구가 대량으로 감소하고 동사 앞의 전치사구가 현저히 증가하였음을 밝혔는데 이를 통하여 전치사구의 어순변화가 서한(西漢) 시기에 이미 나타났음을 알 수 있다.[58] 백은희(2001:338)에 따르면 선진시기의 문헌인 ≪孟子≫

---

58) 백은희(2001:337)에서 재인용함.

원문과 한대(漢代)에 기록된 주석을 비교해 볼 때 전치사구의 어순이 이미 동사 앞으로 이동한 예들이 종종 관찰된다. 다음의 예를 보자.

> (15) 子貢反築室於場。《孟子 滕文公上》
> 자공은 돌아와 마당에 집을 지었다.
> 子貢獨於場左右築室。(注)

> (16) 天下溺, 援之以道 ; 嫂溺, 援之以手。《孟子 離婁上》
> 천하가 (도탄에) 빠지면 도(진리)로 구원하고
> 형수가 (물에) 빠지면 손으로 구원한다.
> 當以道援天下。(注)

위에서 보이듯이 漢代(특히 동한(東漢))에 전치사구는 동사 앞에 위치하는 추세에 있었음을 알 수 있다. 따라서 전치사구가 동사 앞으로 이동하는 현상은 거의 2,000년 전부터 시작되었다고 할 수 있다.

전치사구의 어순 변화에 대한 계량적인 분석 결과는 Sun Chaofen(1996), Xu Dan(2003), 백지영(2008) 등에 비교적 자세하게 제시되어 있다. 논의의 편의상 이 중에 백지영(2008)의 연구 결과를 보기로 하자. 백지영(2008:74)에서는 대만 중앙연구원 코퍼스(Sinica Corpus) 자료 분석을 기초로 중국어 전치사구의 어순의 통시적인 변화 양상을 제시하였다.[59] 아래의 그래프에서는 시기별 중국어 코퍼스의 전치사구(PP)의 사용빈도가 제시되어 있다.

---

59) 자세한 것은 대만중앙연구원 "上古漢語標記語料庫"를 참고하기 바람.
http://lingcorpus.iis.sinica.edu.tw/cgi-bin/kiwi/akiwi/kiwi.sh

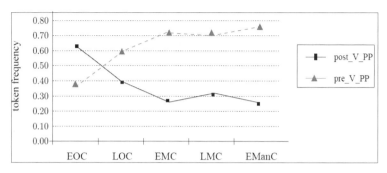

<그림 58> 중국어 코퍼스에 기초한 전치사구의 어순 변화 양상(백지영, 2008:74)

위의 그래프에서 보이듯이 전치사구가 동사 앞(pre-verbal)으로 이동한 시기는 상당히 이른 시기(Early Old Chinese~Late Old Chinese)부터 시작되었다. 전치사구가 동사에 선행하는 비율이 높아진 것은 서한(西漢)과 동한(東漢)이 교체하는 시기이다. 즉, 고대중국어는 이미 2,000년 전부터 점차 전치사구가 동사 앞으로 이동하기 시작했다는 것을 알 수 있다.

고대중국어의 역사 중에서 양한(兩漢) 시대는 음운적 복잡성이 감소하면서 동음어가 증가하여 대량의 2음절 어휘가 사용된 시기이다. 선진(先秦) 시기의 많은 단음절어는 이미 양한 시대에 이르러 2음절로 대체된다. 이러한 과정에서 공교롭게 전치사구도 동사 앞으로 이동하게 된다. 즉 양한 시대에 음운 구조가 단순화되는 현상은 어휘의 2음절화, 전치사구의 어순변화 등과 밀접한 관련성을 가지는 것으로 보인다. 통계적인 상관분석을 통해서 보더라도 이들 간에는 매우 높은 관련이 있다[60]. 중국어 역사에서 중국어 동사가 단음절에서 이음절로 변하는 비율이 높을수록 전치사구는 동사 앞으로 이동하는

───────────────

60) 백지영(2008)에서는 전치사구의 출현빈도와 다른 음운·통사·의미적 특징들과 상관관계를 조사하였다. 코퍼스 출현빈도에 대한 교차 분석표를 활용한 카이검정(χ^2) 통계분석을 통해 볼 때 중국어 동사구의 단음절성, 전치사구의 사건 종결성(endpoint), 전치사구의 경제성(복잡성) 등이 전치사구의 위치와 밀접한 관련를 가진다고 할 수 있다. 이를 통해 중국어 동사가 단음절에서 다음절화해 갈수록 전치사구는 동사구 앞으로 이동하는 경향이 관찰된다.

비율이 높아진다. 또한 동사 뒤의 빈어나 보어 등과 같은 다른 성분들이 발달하면서 전치사구는 구조의 복잡성을 피해 앞으로 이동하게 되었다고 추정할 수 있다.

부사성 전치사구의 어순 변화 기제와 관련해서 Light(1979), Tai(1983)은 의미·화용론적인 요인이 작용하였다고 주장했다. Light(1979)는 '위치의존적 의미 규칙(The Rule of Positional Meaning)'을 제시하면서 중국어의 전치사구는 그 위치가 주요 동사에 선행하느냐 후행하느냐에 따라 그 의미해석이 달라진다고 하였다. 즉 어순에 따라 전치사구의 의미가 일정하게 구별되는 방향으로 발전해 왔다는 것이다. 고대중국어에는 전치사구 어순에 따른 의미 기능의 구별이 분명하지 않지만 현대중국어 시기로 올수록 전치사구가 동사에 선행하는지의 여부에 따라 의미 해석이 달라진다고 하였다. 예를 들어 (17-18)처럼 고대중국어에서는 도구격 전치사 '以'가 사용된 성분이 동사에 선행하기도 하고 후행하기도 하는데 그 의미는 유사하다.

    (17) 報怨以德。   《道德經》
         덕으로 원한을 갚는다.

    (18) 以德報怨。   《論語》
         덕으로 원한을 갚는다.

그러나 현대중국어에서는 전치사구의 어순이 변하면 전체적인 문장의 의미가 달라진다. Tai(1973:155)도 지적했듯이 동사에 선행하는 처소 전치사구

	χ^2	d.f.	P
monosyllabicity of V	15.28	1	0.0001
endpoint of PPs ([±del])	35.03	1	<.0001
economy of Post-Verbal Structure	79.31	1	<.0001
Historical period	9.65	4	0.0468
TOTAL	122.04	7	<.0001

<그림 59> 전치사구 어순 변화와 관련된 언어 변수와의 통계분석

는 동작이 행해지는 장소를 가리킨다. 이에 비해 동사에 후행하는 처소 전치사구는 동작의 결과로 어떤 대상이 처하게 되는 장소를 가리킨다. 예를 들어 (19.a)는 전치사구가 동사에 선행하여 동작이 행해지는 장소를 나타낸다. 이에 비해 (20.b)는 전치사구가 동사에 후행하여 동작의 결과로 어떤 대상이 처하게 되는 장소를 나타낸다. 만약 문장이 나타내는 의미에 따라 전치사구의 어순이 적절히 조정되지 않으면 어색한 문장이 된다. 예컨대 (19.b)처럼 동작 발생의 공간을 나타내는 전치사구가 동사 뒤에 오거나, (20.a)처럼 동작의 결과를 나타내는 처소 전치사구가 동사 앞에 오면 어색한 문장이 된다.

(19) a. 他在家裏看電視。
　　 b. *他看電視在家裏。
　　　　 그는 집에서 TV를 본다.

(20) a. *(把)書在桌子上放。
　　 b. (把)書放在桌子上。
　　　　 책을 책상 위에 놓아라.

　중국어의 발전 과정에서 전치사구의 어순 변화는 의미·화용적 요인이 일관되게 작용한 결과로 해석할 수 있다. 중국어 전치사구는 의미·화용적 기능에 따라 서로 다른 어순이 사용된다. 중국어 전치사구의 어순은 일정한 문법적 의미를 나타내는 수단이 된다. 바꿔 말하면 Light(1979, 정수연 역 [1998:138])의 주장처럼 중국어 전치사구의 의미는 그 위치가 주요 동사에 선행하느냐 후행하느냐에 의존적이다. 이러한 주장은 Tai(1983)의 '시간순서의 원리(The Principle of Time Sequence)'와도 연관된다. 즉 동사에 선행하는 전치사구는 시간순서상 후행 동사보다 먼저 발생하거나 전제가 되는 성분이다. 이에 비해 동사에 후행하는 전치사구는 동작의 결과로 발생한 상황을 나타낸다. 즉 동사에 후행하는 전치사구는 시간적으로 나중에 발생한 결과물이다.

8.2.2. '把字句'와 '被字句'의 출현

많은 학자들이 중국어의 어순 변화와 관련하여 '把字句'와 '被字句'의 출현 현상을 언급한다. '把字句'는 의미상 목적어 성분이 동사 앞으로 전치되어 'S把OV' 형식으로 사용되는 구문을 가리킨다. '被字句'는 동작주가 피해를 당한 경우에 사용되는 구문으로서 'O被SV' 어순을 가진다. 이 두 가지 문형의 공통점은 의미상 목적어가 되는 성분이 동사 술어 앞으로 이동한다는 것이다. 일부 학자들은 '把'를 피동작주 표지(patient marker), '被'를 동작주 표지(agent marker)로 간주하기도 한다. 만약 이들을 문법화 된 격 표지로 간주한다면 격 표지를 가지는 명사성 성분이 동사 앞으로 이동한 현상이 중국어에 존재하는 것이 된다. 유형학적 측면에서 보자면 격 표지가 존재하고 명사성 성분이 앞에 오고 동사 술어가 뒤에 위치하는 것은 SOV 언어에서 자주 관찰되는 특징이다. 이러한 관점에서 적지 않은 학자들이 고대중국어에 발달하지 않던 '把字句'와 '被字句'가 출현했다는 것을 기초로 중국어의 어순 유형이 변했다는 논거로 사용해 왔다.

그러나 '把字句'와 '被字句'의 발전 과정을 보면 이것이 중국어 어순 유형의 전면적인 변화를 뒷받침하는 결정적인 증거가 될 수는 없다. 오히려 이러한 구문은 특수한 의미를 나타내기 위한 유표적인 표현 수단으로 보는 것이 바람직하다.

먼저 '把字句'의 발전과정에 대해 간단히 살펴보기로 한다. 고대중국어에서 '把'는 '잡다', '들다' 등의 의미를 가진 동사로 사용되었다. 그러다가 A.D. 8세기 전후에 연동구문(serial verb construction)으로 사용되는 용례가 늘어난다. 연동구문에서 '把'는 일반적으로 제1동사로 사용되고 제2동사는 목적어에 영향력이 가해지는 동작을 나타낸다. 다음의 예문을 보기로 하자.

(21) 復恭把酒，潛盡飮。　≪五代史平話≫ [V1+NP+V2+NP]
　　 다시 술을 들고 실컷 마셨다.

(22) 把劍向空擲去　　　≪五代史平話≫ [V1+NP+V2+NP]
　　 검을 잡아 하늘을 향해 던졌다.

(23) 把小人殺了。　　　≪五代史平話≫ [V1+NP+V2+NP]
　　 소인을 죽였다.

　연동구문의 용법이 활발해짐에 따라 '把'의 기능은 점점 문법화 되기 시작한다. 위의 (17), (18)은 동사의 원래의 의미가 남아 있지만 (19)에서는 그 의미가 상당히 문법화 되었다. 동일 문헌인 ≪五代史平話≫에서도 '把'는 경우에 따라 어휘 기능이 남아 있는 것도 있고 상당히 문법화 된 예문도 관찰된다. 이러한 '把'의 의미는 明代 시기에 이르러서는 더욱 문법화 된다. 예를 들어 ≪水滸傳≫ 용례 중에 상당수는 처치의 의미를 나타내는 '把字句'로 분류할 수 있다. 아래의 예문은 모두 연동구문에서 처치구문 표지로 문법화 된 것이다.

(24) 人把門推開。　　　≪水滸傳≫　　[P+NP+V2+NP]
　　 어떤 사람이 문을 밀어서 열었다.

(25) 把馬拴在柳樹上。　≪水滸傳≫　　[P+NP+V2+NP]
　　 말을 버드나무에 매어 두었다.

(26) 把石板一齊扛起。　≪水滸傳≫　　[P+NP+V2+NP]
　　 돌판을 함께 들어 올렸다.

　중국어의 역사적 변화 과정에서 이러한 '把字句'의 출현은 구조적으로 SVO 구문에서 목적어가 동사 앞으로 이동하는 중요한 문법적 변화이다. 그러나 이러한 구문이 활발하게 사용된다고 해서 중국어가 SOV 어순으로 변했다고 단정할 수는 없다. 왜냐하면 '把字句'는 모든 목적어를 전치시킬 때 사용되는 것이 아니고 유표적인 상황에서 사용되기 때문이다. 일반적으로 이러한 구문은 ①주어가 유생이어야 하고 ②목적어가 한정적이고 ③동사가 변화의 의미를 가지거나 보어성분이 추가될 때 사용된다. 만약 중국어 어순이 SOV 유형으로 변했다면 '把字句'는 이러한 제약 조건이 없이 자유롭게 사용되어야 한다.

屈承熹(1983, [남궁양석 역(1998:200-204)])도 'S把OV' 구문은 특수한 의미 기능을 가지는 문장이지 전형적인 SOV 어순이 될 수는 없다고 하였다. 만약 'S把OV' 구문에서 '把'가 목적어를 나타내는 격 표지이라면 SVO, (S)OV 어순의 문장과 동일한 의미를 나타내야 한다. 그러나 아래의 예문에서 세 종류의 구문이 나타내는 의미는 동일하지 않다. (27.a)는 그가 컵을 깨뜨렸다는 일반적 사실을 나타낸다. 문장의 초점은 동사구 전체에 놓이며 '컵(杯子)'은 비한정적인 물건을 가리킨다. 이에 비해 (27.b)는 그가 어떤 특정한 '컵(杯子)'을 '깨뜨렸다(打破)'는 의미를 나타낸다. 이 때의 목적어는 화자와 청자가 알고 있는 한정적인 성분이고 의미의 초점은 동사 술어에 놓인다. (27.c)는 어떠한 표지 없이 목적어 성분이 동사 앞으로 화제화된 것이다. 이 때는 한정적인 특정한 컵이 깨졌다는 사실을 나타낸다.

> (27) a. 他打破了杯子。　　[S V O]
>   b. 他把杯子打破了。　[S 把 O V]
>   c. (他), 杯子打破了。[(S) O V]
>   그는 컵을 깨뜨렸다.

'S把OV' 구문은 'SVO' 구문보다 유표적이다. 즉 'S把OV' 구문은 동작주가 대상에 대해 일정한 동작을 행하여 변화시키거나 영향을 주었다는 것을 부각시킬 때 사용된다. 소위 '처지'의 의미가 있어야 한다. 만약 그렇지 않은 일반적인 사실을 진술할 때는 'SVO' 어순으로 표현되는 것이 일반적이다. Sun & Givón(1985, [강병규 역(1998:248-249)])에서도 현대중국어에서 '(S)VO' 어순이 90% 이상 사용된다고 하였다. 그의 조사에 따르면 문어체에서는 '(S)VO' 어순의 사용비율이 94%이고 구어체에서의 사용 비율은 92%이다. 특히 지시적 비한정(referential indefinite) 목적어는 대부분(99%) '(S)VO' 어순으로 표현된다. 요컨대 '(S)VO' 어순과 '(S)OV' 어순의 분포를 통해 볼 때 중국어는 기본적으로 '(S)VO'형 언어에 속한다. '(S)OV' 어순은 그 사용빈도가 10% 미만이다. 게다가 '(S)OV' 어순으로 사용되는 문장은 특별한 의미를 나타내는 유표적인 상황에서 사용된다. '把字句'도 이러한 유표적인 어순에 속한다.

'被字句'는 중국어의 피동구문의 변화와 관련이 있다. 고대중국어의 피동구문은 적어도 두 가지 방법으로 표현된다. 하나는 [피동작주(O)+(見)+동사(V)+於+동작주(S)] 형식을 사용하는 것이고 다른 하나는 [피동작주(O)+爲+동작주(S)+所+동사(V)] 형식을 사용하는 것이다. 전자는 전치사구가 동사에 후행하는 어순이고 후자는 전치사구가 동사에 선행하는 어순이다. 예를 들어 "見欺於王(왕에게 속임을 당하다)", "治於人(다른 사람의 지배를 받다)"은 전치사구가 동사에 후행하는 어순이다. 반면에 "爲人之所制(다른 사람에게 제압을 당하다)", "不爲酒困"은 전치사구가 동사에 선행하는 어순이다.

(28) 臣誠恐見欺於王而負趙　　　　　　　《史記》
　　　신은 진실로 왕께 속임을 당해 조나라를 배반하게 될까 두렵습니다.

(29) 有制人者, 有爲人之所制者。　　　　《管子》
　　　남을 제압하는 자가 있고, 남에게 제압 당하는 자가 있다.

(30) 勞力者治於人。　　　　　　　　　《孟子》
　　　힘을 쓰는 자는 다른 사람의 지배를 받는다.

(31) 不爲酒困，何有於我哉?　　　　　　　　　《論語》
　　　술 때문에 곤경에 처하지 않으니 어찌 내게 어려울 것이 있겠는가?

　　'被'는 고대중국어에서 '見'을 대체하는 과정에서 생겨났다. 예를 들어 《史記》에서 '見'의 의미로 '被'가 사용된 용례가 관찰된다. 아래의 예에서 "見+疑"와 "被+謗"은 구조적으로나 기능면에서 유사하다.

(32) 信而見疑，忠而被謗，能無怨乎?　　　　《史記》
　　　신의를 지켰으나 의심을 받고 충성을 다하고도 비방을 받았으니 어찌 원망스럽지 않겠는가?

　　위진남북조 시기에 이르러서는 피동문에서 '被'가 사용되는 비율이 더 늘어난다. 사용빈도 측면에서 '被' 구문은 '爲……所' 구문을 압도하게 된다. 그리고 동사 앞에 부가되었던 '被'가 동작주(agent) 앞에도 부가되는 용법이 관찰된다.
　　당송(唐宋) 시기를 거쳐 원명(元明) 시기에 이르면 '被'는 완전한 피동표지로 문법화 된다. 다음은 《水滸傳》, 《金瓶梅》 중에서 '被'가 피동표지로 사용된 용례이다.

(33) 我又不曾被他騙了。　　　　《水滸傳》
　　　나도 그에게 속임을 당하지는 않았다.

(34) 不到半路，盡被賊人劫了。　　《水滸傳》
　　　길을 나선지 얼마 안 되어 도둑에게 겁탈을 당했다.

(35) 馬也被他牽去了。　　　　　《水滸傳》
　　　말도 그가 끌고 가 버렸다.

(36) 不幸被仇人武松所殺。　　　《金瓶梅》
　　　불행하게도 원수 무송에게 죽임을 당했다.

(37) 被人欺負。   ≪金瓶梅≫
　　다른 사람에게 속임을 당했다.

(38) 今日卻眞實被我看見了   ≪金瓶梅≫
　　오늘에서야 정말로 나에게 발각되었다.

　　Li & Thompson(1974)은 '被字句'가 출현한 것은 중국어가 SVO 어순에서 SOV 어순으로 변화했음을 보여주는 사례라고 하였다. 즉 피동표지를 가진 명사구가 동사 뒤에서 앞으로 이동한 현상은 SOV 어순의 특징과 유사하다는 것이다. 그러나 '被字句'가 사용되는 것은 '把字句'와 마찬가지로 유표적인 상황에서 사용된다. 문법적으로 '被'가 동작주(agent)를 나타내는 표지이기는 하지만 이러한 구문은 일반적인 피동 관계를 표현하지는 않는다. 일반적으로 '被'는 불이익을 당하거나 피해를 입은 제한적인 상황에서 부가되는 표지이다. 단순한 능동과 수동의 관계를 표현할 때는 '被'를 사용하지 않아도 얼마든지 표현이 가능하다. Sun & Givón(1985, [강병규 역(1998:248-249)])에서도 '被'와 같은 특정한 표지가 사용되는 비율을 아주 소수에 불과하다고 하였다. 단순한 피동의 의미를 나타내는 문장은 대부분 피동표지의 부가없이도 얼마든지 화제화되어 표현될 수 있다. 그에 비해 '被字句'는 불이익을 당하거나 피해를 당한 상황에서만 제한적으로 사용되는 구문이다. 따라서 '被'가 문법화되는 과정은 분명 의미 있는 변화이지만 중국어가 SOV 어순으로 변했다는 증거로 볼 수는 없다.

　　중국어의 어순 변화 과정에서 우리는 주어(S)와 목적어(O)의 통사적 배열 구조의 변화보다는 어순에 따른 의미 기능의 구별이 일정한 방향으로 변해 왔음에 주목할 필요가 있다. 여기에서 말하는 의미 기능이라는 것은 명사구의 한정성과 비한정성, 화제화, 전제와 초점, 대조와 강조, 도상성(시간 순서) 등과 관련되는 화용론적 의미도 포함하는 것이다. 중국어 기본어순은 SVO 어순이지만 문장에서 화제화되는 부분은 문두나 동사 앞으로 이동하게 되

고, 대조와 강조가 되는 부분도 일정한 표지와 함께 동사 앞으로 이동하게
된다. 그것은 명사성 목적어이든지 전치사구이든지 상관없이 적용되는 원리
이다. 역사적으로 중국어의 어순은 지시물의 한정성과 비한정성을 구별하는
방향으로 어순이 분화되어 왔다. 대조적이고 한정성을 가진 목적어를 표시
하기 위해서는 화제화하거나 처치의 의미를 가지는 '把'를 사용하기도 한다.
이들은 동사에 선행한다. 반면에 비한정성을 나타내는 명사성 성분은 동사
뒤에 위치하는 것이 일반적이다. SVO 어순에서 목적어의 위치 변화는 구조
보다는 한정성과 같은 의미 기능에 의해 제한을 받는 경향이 강하다. 역사적
으로 중국어는 이러한 방향으로 변화되어 왔다. 요컨대 중국어는 의미적 요
소가 어순 배열에 중요한 역할을 한다.

8.2.3. 비교구문의 어순변화

고대중국어에서 비교구문은 [비교대상(X)+형용사(A)+於+비교기준(Y)]
형식으로 사용된다. 어순 유형의 측면에서 보면 '於+비교기준(Y)'는 고대중
국어 전치사구의 어순과 유사하다. 아래의 예에서 보이듯이 비교 표지를 수
반하는 성분이 모두 형용사 뒤에 위치한다.

> (39) 季氏富於周公。   《論語》
>   이씨는 주공보다 부유하다.

> (40) 苛政猛於虎。   《孟子》
>   가혹한 정치는 호랑이보다 무섭다.

> (41) 一少於二而多於五。   《墨子》
>   하나는 둘 보다 적지만 다섯 보다 많다.

(42) 霜葉紅於二月花。   ≪杜牧詩≫

서리 맞은 나뭇잎은 2월에 피는 꽃보다 붉다.

(43) 一樹春風萬萬枝, 嫩於金色軟於絲。   ≪白居易・詠柳≫

한 그루 나무에 봄바람이 불어 온 가지가 나부끼니 황금색보다 아름답
고 실보다 부드럽다.

그러나 중국어의 역사적 발전과정에서 [비교대상(X)＋형용사(A)＋於＋비
교기준(Y)]과 같은 형식은 점점 사용빈도가 감소한다. 근대중국어 이후에는
이러한 어순이 더욱 쇠퇴하게 된다. 대신에 전치사로 문법화 된 '比字句'의
사용이 점점 늘어나고 어순도 변하게 된다. 즉, 고대중국어에서의 [비교대상
(X)＋형용사(A)＋於＋비교기준(Y)] 어순은 [비교대상(X)＋比＋비교기준(Y)＋
형용사(A)]로 변해 왔다.

새로운 비교급 표지로 사용되는 '比'는 고대중국어 시기에 '비교하다'라
는 동사의 용법만이 존재했다. 아래의 예문에서 보이듯이 선진(先秦) 시기의
'比'는 동사적 기능을 가진다. 그 어순은 일반적으로 [比＋X＋於＋Y(X를 Y
와 비교하다)] 형식이다.

(44) 爾何曾比予於管仲?   ≪孟子≫

당신은 어찌하여 나를 관중과 비교하는가?

(45) 若將比予於文木邪?   ≪莊子・人世間≫

당신은 나를 무늬목(좋은 나무)에 비유하겠는가?

위진남북조 시기와 당송 시기를 거치면서 '比'는 "比＋X＋동사/형용사(～
와 비교해서 ～하다)"라는 형식으로 사용되기 시작한다. 이 시기 일부 문헌에서
'比'는 비교의 의미를 가지는 전치사의 용법으로 간주할 수 있는 용례가 관
찰된다. 아래의 예문에서 '比'는 '～와 비교하다' 또는 '～에 비해서'라는 의미

로 해석되고 뒤에 다시 술어 성분이 추가된다. 이러한 용례는 전치사의 용법
으로 발전할 수 있는 가능성이 있다.

(46) 聖人比善人自是不同。　　　　　　　　　《朱子語類》
성인은 (보통의) 선한 사람에 비해 이점에서 다르다.

(47) 孟子比顔子如何?　　　　　　　　　　　《朱子語類》
맹자는 안자에 비해 어떠한가?

(48) 仲舒比似古人又淺。　　　　　　　　　《朱子語類》
동중서는 옛날 성인에 비해서 또한 천박합니다.

근대중국어 시기에 오면서 '比'의 사용빈도는 더욱 증가하고 비교의 의
미를 가지는 전치사로 문법화된다. 그 사용 형식은 [비교대상(X)+比+비
교기준(Y)+형용사(A)] 이다. 여기에서 '比+X'는 동사에 선행한다. 다음의
예를 보자.

(49) 布價比往年的價錢差不多。　　　　　　《老乞大新釋》
옷감 가격이 예년과 비슷하다.

(50) 人家可比我漂亮。　　　　　　　　　　《兒女英雄傳》
그는 정말로 나보다 예쁘다.

(51) 人家比咱們知道的多著呢。　　　　　　《兒女英雄傳》
그는 우리보다 아는 것이 훨씬 많습니다.

(52) 他比我們還强呢。　　　　　　　　　　《紅樓夢》
그는 우리보다 더 강합니다.

(53) 錢卻比他們多。　　　　　　　　　　　　《紅樓夢》
　　　돈은 오히려 그들보다 많습니다.

이처럼 중국어 비교구문의 어순은 비교표지가 형용사 술어 앞으로 이동하는 방향으로 변해 왔다. 여기에서 비교표지의 위치는 전치사구의 어순과 유사하다. 즉, 중국어의 비교구문의 어순변화는 전치사구가 동사 앞으로 이동한 것과 같은 맥락에서 이해할 수 있다. [비교대상(X)+형용사(A)+於+비교기준(Y)] 구조에서 [비교대상(X)+比+비교기준(Y)+형용사(A)] 형식으로 변해온 것은 전치사구의 어순 변화와 궤를 같이 한다.

그러나 현대중국어의 대표적인 비교구문인 '比字句'는 다른 전치사구와는 다르게 비교적 후대에 발전된 형식이다. 고대중국어 시기부터 사용된 전치사구는 이미 양한(兩漢) 시기부터 동사에 선행하는 비율이 높아진다. 이에 비해 '比字句'는 宋代 이후에 점차 사용빈도가 증가하였고 明淸 시기를 거치면서 비로소 현대중국어와 같은 비교구문으로 발전하였다. 또한 '比字句'는 일반적인 처소 전치사구와는 달리 하나의 어순만을 허용한다. 처소를 나타내는 전치사구는 동사 술어의 앞에도 위치하고 뒤에도 위치할 수 있지만 '比字句'는 비교표지가 형용사 술어 앞에만 위치한다.

8.2.4. 수량사의 어순 변화

고대중국어에서 수사와 양사는 현대중국어만큼 풍부하게 발달하지는 않았다. 현대중국어에서는 양사가 반드시 수사와 결합해서 명사를 수식하지만 고대중국어는 그러한 제약이 약하다. 또한 수사와 명사의 어순도 고정되지 않아서 [수사+명사], [명사+수사] 등의 어순이 모두 관찰된다.

고대중국어에서 수량사의 원형은 명사를 다시 반복해서 사용하는 형식이다. 이 때의 어순은 [명사+수사+명사]이다. 예를 들어 "사람-한-사람", "물긴-열-물건"처럼 표현하는 것이다. Aikhenvald(2000:103-104)에 따르면 동남아시아의 많은 언어(베트남어, 태국어 등)는 일반명사를 반복하여 수 분류사(numeral classifier)로 사용한다. 중국의 소수민족 언어 중에도 명사를 반복하여 수 분류사처럼 사용하는 예들이 적지 않다.

백은희·류동춘·박정구(2012)에서는 갑골문의 수량 표현을 조사한 결과 [수사+명사], [명사+수사], [명사+수사+명사]의 형식이 혼재한다고 하였다. 그리고 이중에 [명사+수사+명사]의 형식이 양사의 발생과 직접적인 관련이 있음을 제시하였다.

> (54) 三牛　　[수사+명사] 백은희·류동춘·박정구(2012:212)
> 세 마리 소

> (55) 牛三　　[명사+수사]
> 소 세 마리

> (56) 羌十羌　[명사1+수사+명사1]
> 강족 10 강족

> (57) 羌十人　[명사1+수사+명사2]
> 강족 10 인

백은희·류동춘·박정구(2012)는 위의 용례 중에서 (56)과 (57)이 수량사 구조로 발전하게 되는 출발점이 된다고 하였다. [명사+수사+명사]의 형식은 [명사+[수사+명사]]로 재분석될 수 있고 점차 [명사+[수사+양사]]로 발전하게 되는 것이다.

언어유형론적으로 볼 때 수량사와 명사의 어순 유형은 4가지가 존재한다. Aikhenvald(2000:104-105)에서는 Greenberg(1990:227-228)의 수 분류사(수량사)의 어순 유형을 참고하여 4가지 어순 유형별로 언어를 분류하였다.

(58) 수 분류사의 4가지 어순 유형

 (a) [수사+양사]+명사 : 중국어, 베트남어, 묘어(苗語), 우즈베크어, 헝가리어

 (b) 명사+[수사+양사] : 태국어, 크메르어

 (c) [양사+수사]+명사 : 이비비오어(Ibibio)

 (d) 명사+[양사+수사] : 보도어(Bodo)

위의 4가지 어순 유형 중에 갑골문을 비롯한 고대중국어는 (b) 유형에 속한다. 그러나 현대중국어에서는 (a) 어순 유형을 가진다. 수량사의 어순 유형의 측면에서 고대중국어에서 현대중국어 시기로 오면서 큰 변화가 발생한 것이다.

박정구(2015:39)에서는 고대중국어의 수 분류사(수량사)의 어순이 (b) 유형에서 (a) 유형으로 변해왔다고 하였다. 선진 시기까지는 (b) 유형(명사+[수사+양사])이 주류를 이루었다. 그리고 양한(兩漢) 시기와 위진남북조 시기를 거쳐 점차 [수사+양사] 구조가 명사 앞으로 이동하게 된다. 그리고 현대중국어 시기에 이르러서는 완전히 (a) 유형([수사+양사]+명사)으로 변하게 된다. 중국어의 역사 속에서 수량사의 어순은 자유로운 어순에서 점차 고정된 어순으로 변한 것이다. 현대중국어에서는 수 분류사의 사용이 필수적이며 고정된 한 가지 어순만 허용한다. 이러한 변화는 어순 유형학적으로도 주목할 만한 현상이다.

8.2.5. 대명사와 의문사의 어순 변화

고대중국어에서 대명사 목적어는 긍정문과 부정문에서 어순이 다른 경우가 많다. 긍정문일 때는 대명사 목적어가 동사에 후행하지만 부정문일 때는 동사에 선행한다. 고대중국어의 기본어순은 VO 어순이지만 대명사 목적어인 경우에는 분포적으로 OV 어순으로 표현된다. 孫良明(1989)에 따르면 ≪詩經≫에는 대명사 목적어가 동사에 선행하는 예들이 존재하는데 이는 상고중

국어의 구어를 반영한다고 하였다. 시기적으로는 대략 서주(西周) 시기에서부터 춘추전국 시기에 걸쳐 이러한 대명사 목적어 전치 현상이 나타난다고 하였다. 先秦 시기의 문헌을 조사하면 부정문에서의 대명사 전치 현상은 종종 찾아볼 수 있다. ≪詩經≫이외에도 ≪論語≫, ≪左傳≫, ≪韓非子≫ 등에도 [부정사＋대명사(O)＋동사(V)] 어순 유형이 관찰된다. 다음의 예를 보자.

> (59) 不吾知也！   ≪論語≫
>   나를 이해하지 못하는구나.

> (60) 我無爾詐，爾無我虞。   ≪左傳≫
>   내가 당신을 속이지 않을 테니 당신도 나를 속이지 마시오.

> (61) 莫之養也。   ≪韓非子≫
>   그를 돌보는 사람이 없다.

박정구(2015:34-35)에서는 馮英(1993)의 대명사 목적어 분석 결과를 정리하여 시기별 사용비율을 제시하였다. 예를 들어 선진 시기에 OV 형태의 대명사 목적어 용례가 차지하는 비율을 51.1%이다. 아래는 고대중국어 시기별 문헌에 나타나는 부정문에서의 대명사의 어순 분포를 제시한 것이다.

<표 61> 부정문에서의 대명사 목적어의 어순 변화(박정구, 2015:35)

시기	대명사(O)＋동사(V)	동사(V)＋대명사(O)
선진(先秦) 시기	51.1%	48.9%
한대(漢代) 시기	39.7%	60.3%
위진(魏晉) 시기	13.4%	86.6%

위의 표에서 알 수 있듯이 先秦 시기에는 대명사가 동사에 선행하는 비율

이 높다. 그러나 漢代에 이르면 대명사 목적어가 동사에 후행하는 비율이 60.3%이다. 동사에 후행하는 비율은 위진남북조 시기에 더욱 높아져서 86.6%에 달한다. 즉 부정문에서 특수하게 대명사만이 선행하는 OV 어순은 점차 사라지고 일반명사와 마찬가지로 모두 VO 어순으로 통일되는 경향성이 관찰된다.

고대중국어에서 의문사를 사용한 의문문의 경우에도 어순의 변이가 존재한다. 의문사는 주어로 사용되거나 목적어로 사용되는데 모두 동사에 선행하는 것이 일반적이다. 예를 들어 고대중국어의 의문사 '誰', '孰', '何', '安', '胡', '焉' 등이 목적어로 사용될 때는 동사에 선행한다. 즉 의문사 목적어의 어순은 [주어(S)+의문사(O)+동사(V)] 형태이다. 다음의 예를 보자.

(62) 吾誰欺? 欺天乎?   ≪論語≫
     내가 누구를 속이겠는가? 하늘을 속이겠는가?

(63) 大王來何操?   ≪史記≫
     왕께서는 무엇을 가지고 오셨는지요?

(64) 沛公安在?   ≪史記≫
     패공(유방)은 어디에 있습니까?

魏培泉(2004:217)에서는 의문사가 목적어로 사용될 때 [주어(S)+의문사(O)+동사(V)] 어순으로 표현되는 어순이 선진시기에 아주 빈번했으며 양한(兩漢) 시기에도 OV 어순의 사용비율이 높다고 하였다. 이러한 어순 변이는 부정문에서의 대명사 어순보다도 더 오래 지속되었다고 하였다. 백은희(2001:338)에서는 선진 시기의 문헌과 동한(東漢) 시기의 주석본을 대조 분석하여 동사에 선행한 의문사가 동사에 후행하는 용례를 제시하였다. 아래의 예에서 보이듯이 ≪孟子≫원문에서는 의문사가 목적어로 사용될 때 [의문사(O)+동사(V)] 어순으로 표현된다. 그러나 동일한 문구에 대한 동한(東漢) 시기의 주석본에서는 [동사(V)+의문사(O)]로 표현된다. 다음의 예를 보자.

(65) 鄉人長於伯兄一歲, 則誰敬?　　　　　　《孟子 告子上》
동네 사람이 맏형보다 한 살 많다면 누구를 공경하겠습니까?
季子曰敬誰也?(注)

(66) 酌則誰先?　　　　　　　　　　　　《孟子 告子上》
술을 따를 때는 누구를 먼저 따르겠습니까?
季子曰酌酒則先酌誰?(注)

이를 통해 볼 때 漢代 후기에 이르러서는 의문사 목적어도 일반명사와 마찬가지로 동사 뒤에 위치하여 VO 어순으로 통일되는 추세임을 알 수 있다.

언어유형론적인 관점에서 볼 때 굴절체계가 발달한 언어에서는 VO 어순이라고 하더라도 대명사 목적어가 동사에 선행하는 경우가 관찰된다. 예를 들어 프랑스어에서는 "나는 너를 본 적이 있다"는 표현을 [주어(S)+대명사(O)+동사(V)] 어순으로 나타낼 수 있다. 일반명사나 고유명사 목적어는 불가능하지만 대명사일 때는 목적어 전치가 가능하다. 이와 관련해서 박정구(2015:36)에서는 대명사 목적어가 어순 변화에 훨씬 보수적으로 반응한다고 하였다. 그 예로 라틴어→프랑스어→영어로 이어지는 어순변화의 과정에서 가장 늦게 VO 어순으로 변하는 것이 대명사 목적어라는 점을 들었다. 이러한 경향성은 Greenberg(1963)의 보편성 원칙에도 부합한다.

(67) 보편성 25 (Greenberg, 1963)
: 모든 언어에서, 대명사성 목적어(pronominal object)가 동사의 뒤에 오면, 명사성 목적어(nominal object)도 동사의 뒤에 온다.

범언어적으로 관찰되는 목적어의 어순 변화의 경향성을 고찰할 때 고대

중국어에서 대명사 목적어가 OV 어순에서 VO 어순으로 변하는 것은 보편적인 현상의 하나로 이해할 수 있다. 즉 일반명사가 먼저 OV 어순에서 VO로 변하고 나중에 대명사 목적어도 VO 어순으로 변하는 것이 여러 언어에서 관찰되는 어순 변화의 경향성이다. 이런 관점에서 보자면 Li & Thompson(1974)이 중국어가 SVO에서 SOV 언어로 변했다는 주장은 오히려 설득력이 떨어진다. 중국어 기본어순의 변화의 방향성은 오히려 OV에서 VO로 변했을 수도 있다. 만약 원시중국어까지 가정을 한다면 중국어 어순은 굴절체계가 있는 SOV 어순에서 점차 굴절형태소가 소실되면서 SVO 어순으로 변해가는 단계를 거쳐왔다고 할 수 있다. 이 과정에서 대명사 목적어나 의문사 목적어는 상당히 오랜 기간 동안 SOV 어순으로 사용되었다가 중고중국어 시기를 거치면서 SVO 어순에 편입되었다고 해석할 수도 있다.

8.3. 중국어 어순 변화의 유형학적인 의미

본 장에서는 통시적인 관점에서 중국어의 어순 변화 양상을 논의하였다. 고대중국어에서 현대중국어로 이어지는 어순 변화 양상을 보면 몇 가지 경향성이 발견된다. 첫째는 부사성 전치사구는 양한 시기를 기점으로 점차 동사 앞으로 이동한다. 둘째, 중고 시기를 거쳐 근대중국어 시기에 이르러 '把字句'와 '被字句', '比字句' 같은 특수 구문이 활발하게 사용되는데 어순 유형의 측면에서는 부사성 전치사구와 유사한 양상을 보인다. 셋째, 중국어 수분류사(수량사)의 어순은 명사 뒤에서 명사 앞으로 이동하는 방향으로 변해왔다. 넷째, 고대중국어에서는 부정문의 대명사 목적어와 의문문의 의문사 목적어가 동사에 선행하였으나 중고 시기를 기점으로 동사에 후행한다. 이 밖에도 연동문에서 문법화된 다양한 상표지('了', '着', '過')와 복합어로 발전해 가는 보어(결과보어, 방향보어, 정도보어, 가능보어 등)의 사용빈도가 증가하는

데 이들은 모두 동사에 후행하는 성분이다. 동사 뒤에 상표지와 보어가 부가
되는 것도 전치사구의 전치나 '把字句'와 '被字句'의 어순과 밀접한 관련이
있다. 뿐만 아니라 지금도 계속 논란이 되고 있는 후치사의 문법화 현상도
중국어 어순변화와 상관성이 있다.

중국어 어순의 변화는 음운·형태론적인 변화와도 일정한 관련이 있다.
상고중국어를 연구하는 많은 학자들이 원시중국어부터 상고중국어 시기에
굴절형태소가 풍부하게 사용되었다는 점을 인정한다. 상고중국어에서 다양
한 의문사, 부정사, 대명사가 존재하는 것도 일종의 굴절형태의 흔적일 가능
성이 높다. 언어유형론적으로 굴절형태소가 발달한 언어는 명사의 격 관계
(주격, 대격, 사격 등)나 동사의 의미(능동, 피동, 사동, 완료 등)를 음운·형태적 수
단으로 표현할 수 있다. 음운·형태적 수단이 발달하면 어순은 상대적으로
자유로운 편이다. 그러나 양한(兩漢) 시기를 전후로 고대중국어의 음운·형
태적 요소들이 거의 소실되면서 중국어는 굴절어(종합어)에서 고립어(분석어)
유형으로 변해간다. 형태적 수단이 적은 고립어에서는 어순을 통해 문법 관
계를 표현하는 것이 범언어적인 특징이다. 중국어가 양한 시기 이후로 어순
의 변화가 일어난 이면에는 이러한 음운·형태적 요소들의 소실과 관련이
있다고 판단된다. 그러나 음운·형태적 요소와 어순 간의 관련성에 대한 연
구는 면밀한 고찰이 필요하다. 앞으로 중국어의 언어 체계에 대한 연구가 축
적이 되면 중국어 어순 변화의 방향성과 기제가 더 밝혀질 수 있을 것이다.

결론적으로 중국어는 통시적으로 하나의 어순 유형을 일관되게 지켜온
언어가 아니다. 따라서 명사구의 어순이나 동사구의 어순을 종합해 볼 때 Li
& Thompson(1974), Tai(1976)가 말한 것처럼 중국어가 SVO 어순에서 SOV 어
순으로 일관성 있게 변했다는 것은 타당하지 않다. 오히려 그 반대로 원시중
국어가 굴절형태소가 풍부한 티베트어와 같은 SOV 유형에서 점차 SVO 유
형으로 변해 왔다고 볼 수도 있다. 한편 중국어와 인접 언어의 접촉을 통한
언어 변화의 증거를 통해 볼 때 원시중국어가 단일한 언어가 아니고 동태어,

티베트어, 알타이어 등이 혼합된 언어에서 점차 고립어(분석어) 형태로 체계화 되면서 기본어순은 SVO 어순으로 고정되고 수식어는 알타이어나 티베트어와 유사한 형태로 자리 잡았을 가능성도 존재한다.

—

제9장

중국어 어순 유형의 요약적 제시

본고에서는 언어유형론적인 관점에서 중국 대륙에 분포하는 중국어와 방언 및 인접 언어의 다양한 어순 변이형을 고찰하였다. 또한 언어지리학적인 관점에서 중국어를 북방형과 남방형으로 나누고 지리적 거리에 따라 그 차이가 얼마나 큰 지를 살펴보았다. 뿐만 아니라 중국어가 주변 지역으로 확산되어 가는 과정에서 인접 언어들과 어떤 영향 관계를 가지는지에 대해서도 논의하였다.

중국어는 지역별로 다양한 방언이 존재한다. 중국의 방언은 중국 북쪽의 흑룡강성에서부터 남쪽의 광동성까지 3,000km가 넘는 지리적 거리만큼이나 서로 이질적인 언어적 특징을 가지고 있다. 또한 중국 서북쪽의 청해성, 감숙성에서부터 남서쪽의 운남성, 광서성에 이르는 지역에는 여러 소수민족 언어와 끊임없는 접촉을 통해 전형적인 중국어와는 다른 새로운 형태의 중국어가 사용되고 있다. 중국은 공시적으로나 통시적으로 알타이어, 티베트어, 동태어, 묘어 계통의 언어와 인접하여 역동적인 언어 변화가 발생한 지역이다. 본고에서는 이러한 지리적 조건과 역사적 배경을 감안할 때 중국어가 여러 언어의 특징이 혼합된 유형의 언어일 것이라는 가정을 하였고 실제

어순 유형학적 자질을 분석한 결과 어느 한 유형에 귀속시키기 어려운 복합적인 언어라는 것을 확인할 수 있었다.

본고에서 논의된 사항을 간단히 정리하면 다음과 같다.

첫째, 어순유형론의 관점에서 볼 때 중국어는 동사구와 명사구의 어순 분포가 대립적이다. 중국어 동사구는 일반적으로 핵이 선행하는 어순이다. 동사구의 핵인 중심술어가 선행하고 목적어가 뒤에 오는 SVO형 어순을 가진다. 그러나 이에 비해 중국어 명사구는 수식어 성분이 선행하고 중심어가 후행하는 어순이다. 명사 수식어, 형용사 수식어, 지시사, 속격, 관계절에 이르기까지 모든 수식어 성분이 선행하고 중심어가 뒤에 온다. 이러한 특징은 세계의 1,000여 개 언어와 비교했을 때에도 중국어만이 가지는 독특한 점이다. 범언어적으로 볼 때 중국어는 동사구의 범주와 명사구의 범주가 서로 다른 어순 유형을 가지는 특별한 언어이다.

둘째, 본 연구는 중국어의 이러한 어순 유형의 배경을 살피기 위해 언어지리유형학적인 관점에서 중국어와 동아시아 주변의 언어를 고찰하였다. 언어지리유형학적인 관점에서 어순 유형은 지리적 인접성과 일정한 상관관계를 가진다고 가정할 수 있다. 이러한 가정에 기초하여 중국어와 주변 언어의 특징을 비교 분석하였다. 중국어를 비롯한 동아시아 언어의 어순은 세계 다른 지역의 언어와 비교할 때 일정한 경향성이 존재한다. 어순 유형의 측면에서 동아시아 언어는 SVO 어순보다는 SOV 어순을 가진 언어가 다수를 차지한다. 그런데 지리적으로 다시 관찰해 보면 중국 북부와 서부 지역의 언어들은 SOV 어순 특징이 강한 반면 중국 남부 지역의 언어들은 SVO 어순 특징을 가진다. 즉, 중국어는 지리적으로 북쪽과 서쪽의 SOV 유형의 언어와 남쪽의 SVO 유형의 언어에 둘러싸여 있다. 결과적으로 중국어의 어순 유형은 북쪽의 SOV 언어적 특징과 남쪽의 SVO 언어적 특징이 혼합된 형태로 변할 수 있는 환경에 놓여 있는 것이다.

셋째, 본고에서는 중국어 내부의 언어적 변이형이 지리적 요인과 어떤 상관성이 있는지를 고찰하기 위해 방언 자료를 비교 분석하였다. 본고에서 고찰한 지역은 중국의 200여 개 방언지점이다. 방언지점은 지리적으로 북쪽 흑룡강성에서 남쪽 광동성까지 넓게 분포한다. 방언지점에 대한 어순 유형을 조사한 결과 방언의 지리적 분포와 어순 유형은 높은 상관성을 가진다. 장강 이북 지역의 북방 방언과 장강 인접 지역의 중부 방언, 그리고 장강 이남의 남방 방언은 지역별로 놀라울 정도로 서로 다른 특성을 보인다. 중국 북방 방언은 어순 유형 측면에서 모든 수식어가 선행한다. 반면에 중국 남방 방언은 명사 수식어가 후행하거나 부사가 동사 뒤에 사용되기도 하며 비교구문의 비교표지가 동사에 후행하며 이중목적어 구문의 어순도 다른 특징을 가진다. 중부 방언에 속하는 오 방언과 상 방언은 북방 방언과 남방 방언의 혼합적인 어순 유형을 가진다. 이러한 결과는 중국 내부의 지역 방언도 지리적 분포에 따라 일정한 차이가 존재한다는 본고의 가설에 부합된다.

넷째, 본고는 중국 내부의 지역 방언이 지리적 거리와 상관성이 어느 정도 존재하는지를 객관적으로 측정하기 위해 다변량 통계 분석 방법을 이용하였다. 특히 계량적 방언 연구를 위해 많이 사용되는 군집분석과 다차원 척도분석 방법을 활용하였다. 중국 방언에 대한 군집분석 결과 중국 북방 방언은 예외 없이 거의 하나의 군집으로 묶인다는 것을 알 수 있다. 다시 말해 관화 방언으로 불리는 북방 방언은 내부적으로 상당히 유사한 특징을 공유한다. 그러나 중국 남방 방언은 북방 방언에 비해 어순 유형상의 내부적 유사성이 적어서 하나의 군집으로 분류되지 못한다는 점도 확인할 수 있었다. 이는 중국 남부 방언이 민 방언, 월 방언, 감 방언, 객가 방언 등과 같이 다양한 방언으로 분화된다는 전통적인 방언 분류 결과에도 부합한다.

다섯째, 본고에서는 기존의 방언지도 또는 참조문법 자료와 더불어 지역 방언 코퍼스 자료를 분석하였다. 구어 코퍼스 용례를 조사한 결과에 따르면 홍콩(광주) 지역의 월 방언, 상해 지역의 오 방언, 북경 지역의 관화 방언의 기본어순은 큰 차이가 없다. 홍콩, 상해, 북경의 구어 코퍼스를 분석한 결과 기본어순은 SVO 유형이라고 할 수 있다. 그러나 세부적으로 살펴보면 홍콩의 월 방언이 가장 전형적인 SVO 어순을 가진다. 이에 비해 상해 오 방언과 북경의 관화 방언은 상대적으로 덜 전형적인 SVO 어순이다. 오 방언과 관화 방언이 덜 전형적인 SVO 어순 유형이라고 말할 수 있는 이유는 목적어 성분의 화제화(topicalization)와 '把' 구문(상해는 '拿' 구문)의 사용과 관련이 있다. 홍콩의 월 방언은 화제화 구문이나 '把' 구문의 사용빈도가 낮은 반면 상해 방언은 목적어 논항이 빈번하게 문두로 화제화 된다. 한편 북경 방언에서는 화제화 되는 구문도 많고 '把'구문과 같은 처치 구문의 사용빈도도 높다. 또한 수식어 어순의 측면에서도 월 방언 코퍼스에서는 중심어에 후행하는 예들이 관찰되지만 북경 방언 코퍼스에서는 그러한 예들이 관찰되지 않는다.

여섯째, 본고에서는 언어접촉(language contact)의 관점에서 남방 중국어와 소수민족 언어의 관계, 북방 중국어와 소수민족 언어의 관계를 고찰하였다. 일반적으로 언어접촉이 일어날 때 음운의 차용이나 어휘의 차용은 쉽게 일어나지만 문법이나 어순은 차용되거나 변하기 어려운 것으로 알려져 있다. 그러나 중국 남방 지역과 북방 지역 언어의 사례를 통해 보았을 때 언어접촉을 통해 문법 요소나 어순 유형도 변할 수 있다는 사실을 알 수 있었다. 특히 중국 남방 지역(광서성, 운남성, 귀주성, 호남성)과 북서부 지역(청해성, 감숙성, 신강위구르자치구, 내몽고 자치구)은 중국어가 확산되는 가장자리에 위치하는 지역으로서 토착민의 언어와 끊임없는 접촉과 변화의 과정을 거쳤다. 이 과정에서 두 민족이 사용하는 언어는 음운, 어휘, 문법의 측면에서 상호 영향을 주고받게 된다. 물론 정치적으로나 문화적으로 중국어가 우세한 위치를 점한 것은 사실이다. 그러나 중국어만이 일방적으로 다른 언어에 영향을 준 것은 아니다. 중국어와 인접한 소수민족 언어 간의 영향관계는 일방적이지 않고 쌍방향적이다. 중국어도 다른 언어로부터 적지 않은 영향을 받았다. 남방 중국어는 티베트어와 동태어 계통의 언어와 많은 영향 관계를 가져왔다. 이에 비해 북방 중국어는 알타이어와 많은 영향 관계를 가져왔다. 요컨대 중국은 하나의 언어권이 아니라 다양한 언어권의 사람들이 크고 작은 접촉을 통해 언어가 역동적으로 변해온 지역이라고 할 수 있다.

일곱째, 본고에서는 통시적인 관점에서 중국어의 어순 변화 양상을 논의하였다. 고대중국어에서 현대중국어로 이어지는 어순 변화 양상을 보면 몇 가지 경향성이 발견된다. 부사성 전치사구는 양한(兩漢) 시기를 기점으로 점차 동사 앞으로 이동한다. 또한 중고 시기를 거쳐 '把字句'와 '被字句', '比字句' 같은 특수 구문이 활발하게 사용되는데 어순 유형의 측면에서는 부사성 전치사구와 유사한 양상을 보인다. 중국어의 수량사 어순은 명사 뒤에서 명사 앞으로 이동하는 방향으로 변해 왔다. 고대중국어에서는 부정문의 대명사 목적어와 의문문의 의문사 목적어가 동사에 선행하였으나 중고(中古) 시기를 기점으로 동사에 후행한다. 이밖에도 연동문에서 문법화된 다양한 상표지('了', '着', '過')와 복합어로 발전해 가는 보어(결과보어, 방향보어, 정도보어, 가능보어 등)의 사용빈도가 증가하는데 이들은 모두 동사에 후행하는 성분이다. 동사 뒤에 상표지와 보어가 부가되는 것도 전치사구의 전치나 '把字句'와 '被字句'의 어순과 밀접한 관련이 있다.

결론적으로 중국어는 통시적으로나 공시적으로 하나의 단일한 어순 유형을 일관되게 지켜온 언어가 아니다. 또한 명사구의 어순이나 동사구의 어순을 종합해 볼 때 중국어가 SVO 어순 또는 SOV 어순으로 일관성 있게 변했다는 것도 타당하지 않다. 한편 중국어와 인접 언어의 접촉을 통한 언어 변화의 증거를 통해 볼 때 원시중국어가 단일한 언어가 아니고 동태어, 티베트어, 알타이어 등이 혼합된 언어에서 점차 고립어(분석어) 형태로 체계화 되면서 기본어순은 SVO 어순으로 고정되고 수식어는 알타이어나 티베트어와 유사한 형태로 자리잡았을 가능성도 생각해 볼 수 있다.

본 연구를 통해 우리는 Greenberg의 어순상관성과 함축적 보편성 이론이

중국어를 비롯한 아시아 대륙의 언어에 적용될 수 있다는 점을 확인할 수 있었다. 더 나아가 본 연구에서 살펴본 내부적인 요인과 외부적인 언어 환경으로 형성된 중국어의 지역적 다양성 고찰을 통해 언어유형론과 언어지리학 연구 분야에 풍부한 경험적 증거를 제공할 수 있을 것이다.

참고문헌

강병규(1999), <중국어의 기본어순에 대한 고찰>, ≪공군사관학교논문집≫ 제44집.

강병규(2009), <중국문학 텍스트 번역을 위한 상용구 자동 추출과 언어학적인 고찰>, ≪중국어문논역총간≫ 제25집.

강병규(2011), <중국어 명사구 어순에 대한 언어유형론적인 고찰>, ≪중국문학≫ 제69집.

강병규(2015), <IACL23 논문: 중국어와 동아시아 언어의 어순 유형>, ≪중국언어연구≫ 제61집.

강병주·이상규·김덕호저(2006), ≪언어지도의 미래≫, 한국문화사.

橋本萬太郎 著(1976), 엄익상 역(1998), <아시아 대륙에서의 언어 확산: 한장어의 유형학적 다양성 문제>, ≪中國語語順研究≫, 송산출판사.

橋本萬太郎 著(1983a), 임병권 역(1998), <북방한어 통사구조의 발전>, ≪中國語語順研究≫, 송산출판사.

屈承熹 저(1983), 남궁양석 역(1998), <한어 어순과 어순 변천상의 문제>, ≪中國語語順研究≫, 송산출판사.

김덕호(2006), ≪경북방언의지리언어학≫, 월인출판사.

김덕호(2009), ≪지리언어학의 동향과 활용≫, 역락출판사.

박정구(2006), <중국어 어순유형론 연구의 성과와 전망>, ≪중국학보≫ 제54집.

박정구(2015), <언어유형론적 관점에서 본 중국어의 유형적 변화와 문법 체계의 발전>, ≪일어일문학연구>> 제94집.

백은희(2001), <선진, 양한 간의 한어변이에 대한 역사언어학적 고찰>, ≪중국문학≫ 35집.

백은희·류동춘·박정구(2012), <갑골문을 통해서 본 중국어 양사의 출현기제>, ≪중국언어연구≫ 제40집.

손정애(2010), <HSK 작문 답안을 통한 중국어 어순 오류 분석>, ≪중국문학≫ 제63집.

송경안(2008), ≪언어유형론1,2,3≫, 월인출판사.

신미섭(2010), ≪현대 중국어 어순 연구≫, 영남대학교 박사학위 논문.

신용권(2009), <≪老乞大≫에 나타난 한아언어(漢兒言語에 대하여>, ≪알타이학보≫ 제19권.

신용권(2015), <알타이 언어의 영향에 의한 중국어 어순 유형의 변화-≪老乞大≫에 나

타난 어순과 후치사를 중심으로>, ≪중국문학≫ 제85집.

안영희(2015), <언어접촉과 시기층위>, ≪국어학≫ 75집.

엄익상 (2004a), <중국 방언의 전통적 분류와 계량적 분석>, ≪중국언어연구≫ 제18집.

엄익상 (2004b), <계량적 연구를 통해 본 중국 방언의 분리와 통합>, ≪중어중문학≫ 제34집.

연재훈(2011), ≪한국어 구문 유형론≫, 태학사.

윤유정(2011), <한국인의 중국어 어순오류 유형에 대한 소고>, ≪중국어문학논집≫ 제 66집.

이가 · 김정은 · 박덕유(2012), <한국어교육 : 한국어교육을 위한 한국어와 중국어의 어순 대조 연구>, ≪새국어교육≫ 제93집.

이경진(2012), <현대 중국어 동등비교구문의 어순 연구 : '一樣'을 중심으로>, ≪중국어문학논집≫ 제72집.

이연주 (2007). <중국어의 언어접촉과 혼합어의 문제>. ≪중국학연구회 학술발표회 논문집≫.

이연주(2005), <중국어와의 언어접촉으로 인한 백어의 혼합적 특성에 관한 고찰>, ≪중국문학≫ 제45집.

이익섭 · 전광현 · 이병근 · 이광호 · 최명옥(2008), ≪한국언어지도≫, 태학사.

이재돈 (2007) ≪중국어음운학≫, 학고방.

이지은 · 강병규(2014), <통계적 분석 방법을 통해 본 중국어 방언 분류 – 음운 · 형태 · 어법 자질을 중심으로>, ≪중국언어연구≫ 제54집.

임홍빈(2007), <어순에 관한 언어 유형적 접근과 한국어의 기본어순>, ≪서강인문논총≫ 제22집.

장호득(2004), <중국어 어순에 대한 고찰>, ≪동양학≫ 제35집.

제리 노먼 ([1988]2003) 전광진 옮김, ≪중국언어학총론≫. 서울: 동문선.

조희무 · 안기섭(2004), <중국어의 주요 기본어순과 유형론적 특징 : 부사어 어순을 중심으로 한 한국어 · 영어와의 비교를 통하여>, ≪중국인문과학≫ 제29집.

최운호(2010), <레벤시타인 거리를 이용한 방언거리의 계산과 몽골어의 분석>, ≪알타이학보≫ 제20호.

최형용(2013), ≪한국어 형태론의 유형론≫, 박이정.

한국중국언어학회편(1998), ≪中國語語順研究≫, 송산출판사.

Lehmann 저(1973), 이은수 역(1998), <언어의 구조 원리와 그 함축>, ≪中國語語順硏究≫,
　　송산출판사.

Lindsay J. Whaley 저, 김기혁 역(2010), ≪언어유형론≫, 소통

Simon C. Dik 저(1978), 육준철 역(2006), ≪기능문법론≫, 홍익출판사.

Sun, C. F., & Givón, T. 저(1985), 강병규 역(1998), <중국어에서 SOV 어순의 존재에 관
　　하여: 양적 문헌 연구와 그 의미>, ≪中國語順硏究≫, 송산출판사.

Timothy Light 저(1973), 정수연 역(1998), <중국어의 어순과 어순 변화>, ≪中國語語順
　　硏究≫, 송산출판사.

姜柄圭・李知恩(2013), <漢語方言的語序類型統計分析-Cluster&MDS方法>, ≪首屆語言類
　　型學國際學術硏討會暨第二屆方言語音與語法論壇論文集≫.

橋本萬太郎 著(1983b), 餘志鴻譯(2008), ≪語言地理類型學≫, 世界圖書出版社.

單韻鳴(2016), ≪廣州話語法變異硏究≫, 商務印書館

唐正大(2007), <關系化對象與關系從句的位置>, ≪當代語言學≫ 第2期.

鄧思穎(2003), ≪漢語方言語法參數理論≫, 北京大學出版社.

鄧思穎(2006), <粵語疑問句"先"的句法特點>, ≪中國語文≫ 第3期.

劉曉華・王士元(2009) ≪中國的語言及方言的分類≫, 中華書局.

羅昕如・劉宗豔(2013), <方言接觸中的語序個案考察－－以桂北湘語爲例>, ≪湖南師範大
　　學社會科學學報≫ 第3期.

魏培泉(2004), ≪漢魏六朝稱代詞硏究≫, 中央硏究院語言硏究所

劉丹靑(1996), <中國東南方言的體貌標記動詞的體>, ≪中國東南部方言比較硏究叢書≫,
　　香港中文大學中國文化硏究所吳多泰中國語文硏究中心出版

劉丹靑(2001), <吳語的句法類型特點>, ≪方言≫ 第4期.

劉丹靑(2003), <語序類型學與介詞理論>, 商務印書館.

劉丹靑(2004), <先秦漢語語序特點的類型學觀照>, ≪語言硏究≫ 第1期.

劉鑫民(2001), <80年代以來的漢語語序硏究>, ≪語言敎學與硏究≫ 第5期.

陸丙甫(2005), <語序優勢的認知解釋(下)>, ≪當代語言學≫ 第2期.

陸丙甫・徐陽春・劉小川(2012), <現代漢語語序的類型學硏究>, ≪東方語言學≫ 第2期.

李　榮(1989), <漢語方言的分區>, ≪方言≫ 第4期.

李啓群(2004), <湘西州漢語方言兩種特殊語序>, ≪方言≫ 第3期.

李小凡・項夢冰 編著(2009), ≪漢語方言學基礎敎程≫, 北京大學出版社.

李榮(1989), <漢語方言的分區>, ≪方言≫ 第4期.

李榮(2002), ≪現代漢語方言大詞典≫, 江蘇敎育出版社.

李如龍(2000), <論漢語方言比較硏究(上)>, ≪語文硏究≫ 第2期.

李如龍(2001), ≪漢語方言的比較硏究≫, 商務印書館.

李如龍(2007), ≪漢語方言學≫, 高等敎育出版社.

李永・劉乃仲(2011), <漢語語序的歷史變化對動詞語法化的影響>, ≪語言敎學與硏究≫ 第1期.

李英哲(2013), <空間順序對漢語語序的制約>, ≪漢語學報≫ 第5期.

李雲兵(2008), ≪中國南方民族語言語序類型硏究≫ 北京大學出版社.

李義祝(2012), ≪雲南鶴慶方言和白語的語言接觸硏究≫, 暨南大學碩士學位論文.

李蕭蕭(2008), ≪基於語料庫的上海話－普通話中介音韻母特徵硏究≫, 華東師範大學碩士論文.

林素娥(2006), <湘語與吳語雙及物句式比較--兼議漢語方言語序類型比較硏究>, ≪國際吳
方言學術硏討會論文集≫.

林素娥(2007), <漢語方言語序類型學比較硏究芻議>, ≪暨南學報(哲學社會科學版)≫ 第3期.

林素娥(2008), <漢語南方方言倒置雙賓結構初探>, ≪語言科學≫ 第3期.

馬夢玲(2007), ≪西寧方言SOV句式類型學特點初探≫, 南京師範大學博士學位論文.

潘悟雲(2010), <歷史層次分析的若幹理論問題>, ≪語言硏究≫ 第2期.

卜杭賓(2016), <吳語特殊語序初探>, ≪江蘇科技大學學報(社會科學版)≫ Vol.16.

北京大學中國語言文學系語言學敎硏室編(1962), ≪漢語方言字匯≫, 語文出版社.

北京大學中國語言文學系語言學敎硏室編(2008), ≪漢語方言字匯≫ (第二版重排本) , 語文
出版社.

徐丹(2013), <甘肅唐汪話的語序>, ≪方言≫ 第3期.

徐丹(2018), <中國境內的混合語及語言混合的机制>, ≪語言戰略硏究≫ 第2期.

石毓智(2008), <漢語方言語序變化的兩種動因及其性質差異>, ≪民族語文≫ 第6期.

薛才德(2014), <上海話若幹語法現象的調査和量化分析>, ≪遼東學院學報(社會科學版)≫
第1期.

孫凱旋(2016), <探究普通話與吳方言語法結構區別--以 ≪海上花列傳≫ 爲材料>, ≪靑年文
學家≫.

安玉霞(2006), <漢語語序問題硏究綜述>, ≪漢語學習≫ 第6期.

岩田禮編(2009), ≪漢語方言解釋地圖(Interpretative Maps of Chinese Dialects)≫, 白帝社.

岩田禮編(2012), ≪漢語方言解釋地圖(Interpretative Maps of Chinese Dialects)≫, 好文出版社.

楊永龍(2015), <靑海民和甘溝話的語序類型>, ≪民族語文≫ 第6期.

榮晶(2000), <漢語語序硏究的理論思考及其考察>, ≪語言文字應用≫ 第3期.

吳福祥(2012), <語序選擇與語序創新－－漢語語序演變的觀察和斷想>, ≪中國語文≫ 第4期.

吳子慧(2009), 紹興方言語序共時差異與語法演變－－基於方言類型學的考察, 紹興文理學院
　　　　　　學報, 29(5), 93-98.

王森(1993), <甘肅臨夏方言的兩種語序>, ≪方言≫ 第3期.

熊正輝・張振興(2008), <漢語方言的分區>, ≪方言≫ 第2期.

袁家驊 (2006), ≪漢語方言槪要≫, 語文出版社.

游汝杰(1992), ≪漢語方言學導論≫, 上海敎育出版社.

張宜生・張愛民(1996), <漢語語序硏究要略>, ≪江蘇社會科學≫ 第3期.

張振興(2003), <現代漢語方言語序問題的考察>, ≪方言≫ 第2期.

田小琳・馬毛朋(2013), <港式中文語序問題略論>, ≪漢語學報≫ 第1期.

錢曾怡(2002), ≪漢語方言硏究的方法与實踐≫, 商務印書館.

鄭錦全(1994), <漢語方言溝通度的計算>, ≪中國語文≫ 第1期.

鄭錦全(2003), 　<方言親疏關係的計算與驗證, 語言學之科學硏究：實驗的設計、方法及統
　　　　　　計分析>, ≪台灣大學硏習課程資料≫.

曹志耘 主編(2013), ≪漢語方言的地理語言學硏究≫, 商務印書館.

曹志耘(1998), <漢語方言裏表示動作次序的後置詞>, ≪語言敎學與硏究≫ 第1期.

曹志耘(2008a), ≪漢語方言地圖集・語音卷 ≫, 商務印書館.

曹志耘(2008b), ≪漢語方言地圖集・詞彙卷≫, 商務印書館.

曹志耘(2008c), ≪漢語方言地圖集・語法卷≫, 商務印書館.

曹志耘(2011), <漢語方言的地理分布類型>, ≪語言敎學与硏究≫ 第5期.

趙平(2006), ≪學說廣東話：粵語是怎樣"練"成的≫, 廣東印象出版社.

周韞(2012), <貴州黔南方言的特殊語序>, ≪貴陽學院學報(社會科學版)≫ 第3期.

曾夢春(2016), <東莞兒童語序調査硏究>, ≪語文學刊≫ 第2期.

陳保亞(1996), ≪論語言接觸與語言聯盟≫, 語文出版社.

陳忠敏(2007), <語言的底層理論與底層分析方法>, ≪語言科學≫ 第6期.

詹伯慧(2000), <二十年來漢語方言硏究述評>, ≪方言≫ 第4期.

詹伯慧(2004), <漢語方言語法硏究的回顧与前瞻>, ≪語言敎學与硏究≫ 第2期.

肖亞麗・關玲(2009), <少數民族語言對黔東南漢語方言語序的影響>, 《貴州民族研究》 第5期.
胡裕樹・陸丙甫(1988), <關於制約漢語語序的一些因素>, 《煙台大學學報(哲學社會科學版)》
    第1期.
黃家敎・詹伯慧(1983), <廣州方言中的特殊語序現象>, 《語文研究》 第2期.
懷寧(1992), <與漢語語序研究有關的三個問題>, 《漢語學習》 第2期.
侯精一(2000), <論晉語的歸屬>, 《語言變化与漢語方言-李方桂先生紀念論文集》, 中央研
    究院語言學研究所.

Cheng Chin-Chuan(1996), Quantifying dialect mutual intelligibility, *New Horizons in Chinese Linguistics*, Kluwer Academic Publishers.

Cinque(2005), Deriving Greenberg's Universal 20 and its exceptions. *Linguistic Inquiry* Vol.3.

Como, P. (2000). *Stability, variation and change of word-order patterns over time*, John Benjamins Publishing.

Comrie(2008), The areal typology of Chinese: between North and Southeast Asia, *Chinese Linguistics in Leipzig*, Centre de Recherches Linguistiques sur l'Asie Orientale.

Crochemore, M., Hancard, C., and Lecroq, T. (2007), *Algorithms on Strings*, Cambridge University Press.

Dobson(1959), *Early Archaic Chinese*, University of Toronto Press.

Dryer(1992), The Greenbergian Word Order Correlations, *Language* Vol 68.

Dryer(2005a), Order of Demonstrative and Noun, *The world atlas of language structures*.

Dryer(2005b), Order of Numeral and Noun, *The world atlas of language structures*.

Dryer(2005c), Order of Adjective and Noun, *The world atlas of language structures*.

Dryer(2005d), Order of Genitive and Noun, *The world atlas of language structures*.

Dryer(2005e), Order of Relative Clause and Noun, *The world atlas of language structures*.

Dryer(2005f), Order of Subject, Object and Verb, *The world atlas of language structures*.

Dryer(2008), Word order in Tibeto-Burman languages, *Linguistics of the Tibeto-Burman Area* Vol 31.

Dryer(2009), *The Branching Direction Theory of Word Order Correlations*, Universals of Language Today Vol 76.

Greenberg(1963), *Universals of Language*, MIT Press.

Hawkins, J.A.(1983), *Word Order Universals*, Academic Press.

Hawkins, J.A.(2004), *Efficiency and Complexity in Grammars*, Oxford University Press.

Heeringa, Wilbert (2004), *Measuring Dialect Pronunciation Differences using Levenshtein Distance*, Ph.D Thesis, University of Groningen.

Hróarsdóttir, T. (2001). *Word order change in Icelandic: from OV to VO*, John Benjamins Publishing.

Hsiao, F., & Gibson, E. (2003). Processing relative clauses in Chinese. *Cognition*, 90(1), 3-27.

Huang, C. T. J. (1994). More on Chinese word order and parametric theory. *Syntactic theory and first language acquisition: Cross-linguistic perspectives*, Vol 1, 15-35.

James, H. (1985), Temporal sequence and Chinese word order, In *Iconicity in Syntax: Proceedings of a Symposium on Iconicity in Syntax*, John Benjamins Publishing.

Koehn, Philipp, Och and Marcu(2003), Statistical phrase-based translation. *In Proceedings of HLT-NAACL2003.*

Koptjevskaja-Tamm, M. (2011). *Linguistic typology and language contact*. The Oxford handbook of linguistic typology.

LaPolla, R. J. (1995). Pragmatic relations and word order in Chinese. *Word order in discourse*, 30, 297.

Lehmann(1973), A Structural Principle of Language and Its Implications, *Language* Vol 49.

Li, C. N., & Thompson, S. A. (1974). An explanation of word order change SVO→ SOV. *Foundations of Language*, 12(2), 201-214.

Li, Y. H. A., & Li, A. Y. H. (1990). *Order and constituency in Mandarin Chinese*, Kluwer Academic Publishers.

Liejiong, X. U. (1995). Definiteness effects on Chinese word order. *Cahiers de linguistique-Asie orientale*, 24(1), 29-48.

Miao, X. C. (1981). Word order and semantic strategies in Chinese sentence comprehension. *International Journal of Psycholinguistics*, 8(3), 109-122.

Ming, T., & Chen, L. (2010). *A discourse-pragmatic study of the word order variation in Chinese relative clauses*, Journal of pragmatics, 42(1), 168-189.

Nagao & Mori(1994), A new method of N-gram statistics for large number of n and automatic extraction of words and phrases from large text data of Japanese. *Proceedings of the 15th conference on Computational linguistics.*

Nerbonne, John & W. Kretzschmar (2003), Introducing Computational Techniques in Dialectometry, *Computers and Humanities* 37: 245-255, Springer.

Nerbonne, John & W. Kretzschmar (2006), Progress in Dialectometry: Toward Explanation, *Literary and Linguistic Computing* 21(4), The Association for Literary & Linguistic Computing.

Qian Gao(2008), Word Order in Mandarin: Reading and Speaking, *Proceedings of the 20th North American Conference on Chinese Linguistics*, The Ohio State University.

Ray Iwata(2010), Chinese Geolinguistics: History, Current Trend and Theoretical Issues, *Dialectologia* Special Issue 1.

Rijkhoff(2004), *The Noun Phrase*, Oxford University Press.

Rijkhoff(2008), Layers, levels and contexts in Functional Discourse Grammar, *The Noun Phrase in Functional Discourse Grammar*, Mouton de Gruyter.

SongJaeJung(2012), *Word Order*, Cambridge University Press.

Sun, C. (1996). *Word-order Change and Grammaticalization in the History of Chinese*, Stanford University Press.

Sun, C. F., & Givón, T. (1985). On the so-called SOV word order in Mandarin Chinese: A quantified text study and its implications. *Language 61*, 329-351.

Szmrecsanyi, B., & Wälchli, B. (Eds.). (2014). *Aggregating dialectology, typology, and register analysis: linguistic variation in text and speech*, Walter de Gruyter.

Tai, J. H.(1973), Chinese as a SOV language, *In Chicago Linguistic Society* Vol. 9, 659-671.

Tai, J. H.(1975), On two functions of place adverbials in Mandarin Chinese, *Journal of Chinese Linguistics*, 154-179.

Tai, J. H.(1976), On the change from SVO to SOV in Chinese, *Parasession on Diachronic Syntax*, 291-304.

The World Atlas of Language Structures: http://wals.info

Xu Dan(2017), *The Tangwang Language-An Interdisciplinary Case Study in Northwest China*, Springer.

Xu, D., & Li, H. (Eds.). (2017). *Languages and Genes in Northwestern China and Adjacent Regions*, Springer.

색인

ㄱ /

가능보어 127, 236

간섭 303

감 방언 19, 184

감구 방언 349

객가 방언 19, 159, 179

계사 320, 350

계층적 군집분석 154

계통론 261

계통수 154

고대중국어 374, 377

고립어 33

관계절 45, 269, 278

관계절 표지 42

관계화 63

관화 방언 19

광동어 189

교차표 287

군집 167

군집분석 28, 153

근대중국어 388

기능주의 71

기본어순 19, 47

기층 304

ㄴ /

남방 방언 19, 86, 183

남아어군 285

ㄷ /

다변량 통계 분석 28

다음절 329

다이어 303

다차원척도법 28

다차원척도분석 172

단어 배열 226

단음절 329

당왕 방언 354

당왕어 306

대명사 194

대방언구 82, 84, 152

덴드로그램 157

도어 306

동물 성별 형태소 87

동작주 383

동태어 323

동태어군 283

ㅁ /

매개변수 29, 37

몽골어 345

묘요어 328

묘요어군 284

민 방언 19, 183

ㅂ /

발칸어계 314

방언 81

방언 코퍼스 28

방언거리측정론 139

방언지도집 18, 83, 85

방언지점 84

방위사 228

방층 304

백어 315

변이형 17, 83, 136

병렬코퍼스 203, 222

복잡성 증가의 원칙 70

부사 89

부사어 207

부사절 종속소 53

부정사 49

부치사 50, 266, 273, 352

북경 구어 243

북방 방언 19, 86, 183

분산분석 167

분석형 언어 330

비계층적 군집분석 154

비교구문 98, 169, 216, 386

ㅅ /

사용빈도 190, 224

산점도 148

상 방언 19

상관계수 155, 293

상관관계 22

상관성 148, 293

상대적 거리 140

상층 304

상표지 211, 368

상해 방언 220

선형 회귀분석 149

세계언어지도집 262

속격어 43, 269, 277

수 분류사 39, 40, 390

수량 층위 65

수사 39, 200, 268, 276

수여동사 214

스트레스 173

ㅇ /

아이슬란드어 313

알타이어 16, 346

어순 33

어순 배열 원리 69

어순 변이 330

어순 변화 374

어순 보편성 79

어순 위계 56

어순 유형 35, 136, 281, 287

어순상관성 25, 65, 291
어순유형론 18, 79, 291
어족 261
언어유형론 18, 31
언어접촉 302
언어지도 26, 272
언어지리유형학 16, 18, 295, 299
언어지리학 15
언어지리학적 17
엘보 테스트 174
연결자 76
연결표지 61
연동구문 72, 380
연동문 126
오 방언 19, 89, 164
오돈어 306
오색어 306
오스트로네시아어족 310
완료상 212
원시 코퍼스 188
월 방언 19, 90, 184
유의확률 167
유클리드 거리 139, 143
의문첨사 52
의문조사 219
이어 315
이중목적어 107, 214, 234
이중언어 322
인도-유럽어족 309
입성 165

ㅈ /
장소 층위 65
장어 334
전처리 195
전치사 267
전치사구 210, 364, 374
전치형 255
전탁상성 167
접속표지 279
정도부사 47, 240
정반의문문 217
조기 직접 성분 원리 72
주석 코퍼스 188
중고한어 316
중부 방언 109
중심어 근접성 원리 75
지도 271
지리적 거리 145
지리적 분포 136
지리적 인접성 307
지시사 37, 267, 275
진 방언 19, 159

ㅊ /
차용 303, 317, 329, 335
차용어 318
참조문법 26, 281
처치 구문 233
친소 관계 138

ㅋ /
카이 검정 287
코퍼스 185

ㅌ /
타이-카다이어 16
티베트-버마어군 282

ㅍ /
파푸아 제어 311
평균연결법 155
평화 방언 19, 166, 334
표준점수 142
표준중국어 81, 242
표준화 141
품사 배열 195, 203, 252
품사 분석 189
피동작주 383
핀란드어계 314

ㅎ /
한아언어 345
한장어족 298, 315
함축적 보편성 25, 292
핵 선행 20, 34
핵 후행 20, 34
현대중국어 389
형용사 41, 267, 274

혼합어 304, 322
화제화 230
후치사 237, 267
후치형 238, 255
후치형 전치사 237
휘 방언 19, 167

N /
N-gram 통계 197

P /
PROXSCAL 알고리즘 297

S /
SOV 어순 35
SVO 어순 35, 135

W /
WALS 18, 26

把 /
把字句 365, 380

指 /
指量詞 63

被 /
被字句 366, 383